임동석중국사상100

서보

書譜

孫過庭 撰 / 林東錫 譯註

象犀珠玉珎怪之物有悅於人之耳目而
不適於用金石草木絲麻五穀六材有適
於用而用之則弊取之則竭悅於人之耳
目而適於用用之而不弊取之而不竭賢
不肖之所得各因其才仁智之所見各隨
其分才分不同而求無不獲者惟書乎

丁亥菊秋錄東坡李氏山房藏書記 丘堂 呂元九

"상아, 물소 뿔, 진주, 옥. 진괴한 이런 물건들은 사람의 이목은 즐겁게 하지만 쓰임에는 적절하지 않다. 그런가 하면 금석이나 초목, 실, 삼베, 오곡, 육재는 쓰임에는 적절하나 이를 사용하면 닳아지고 취하면 고갈된다. 그렇다면 사람의 이목을 즐겁게 하면서 이를 사용하기에도 적절하며, 써도 닳지 아니하고 취하여도 고갈되지 않고, 똑똑한 자나 불초한 자라도 그를 통해 얻는 바가 각기 그 자신의 재능에 따라주고, 어진 사람이나 지혜로운 사람이나 그를 통해 보는 바가 각기 그 자신의 분수에 따라주되 무엇이든지 구하여 얻지 못할 것이 없는 것은 오직 책뿐이로다!"

《소농파전집》(34) 〈이씨산방장서기〉에서 구당(丘堂) 여원구(呂元九) 선생의 글씨

책머리에

30여 년 전 내가 박사학위를 받고 귀국하자 여초如初 김응현金膺顯 선생께서는 나에게 "배우는 자의 안개 같은 희미함을 거두어 주고, 가르칠 때는 설명도 시원하게 하라"는 뜻으로 「권무현하卷霧懸河」의 《진서晉書》 구절을 써 주셨고, 구당丘堂 여원구呂元九 선생께서는 그 유명한 《맹자》 고자장告子章에 실려 있는 "하늘이 장차 이 사람에게 큰 임무를 맡김에는"(天將降大任於是人也)의 전문을 단아한 예서로 써 주셨다. 게다가 구당 선생께서는 내 공부방에 걸도록 「부곽재負郭齋」와 「취벽헌醉碧軒」 두 현판 글씨를 써 주어 이를 판각하였다. 이 네 작품은 지금도 연구실과 집 거실에 걸어 두고 있으며 나의 교학教學에 지표로 삼고 가르침과 연구에 있어서의 그 의미를 되새기며 채찍으로 삼고 있다.

참으로 안타깝지만 나는 글씨를 전혀 쓸 줄 모른다. 그리고 알지도 못하며 감상할 능력도 가지고 있지 않다. 그러나 좋아한다. 공자는 "아는 것은 좋아하는 것만 못하고, 좋아하는 것은 즐겨하는 것만 못하다"(知之者不如好之者, 好之者不如樂之者)라 하였으니 아직 알지도 못하면서 즐긴다는 것이 참으로 외람된 논리이기는 하지만 모르고서도 즐길 수 있다면 이 또한 하나의 삶의 방법이 아니겠는가 하고 살아간다.

서법에 능력을 가지거나 알고자 한다면 나의 적성, 재능이 따라야 하며 게다가 각고의 노력이 보태어져야 함을 알기 때문이다. 그래서 "장지張芝가 임서臨書하느라 쓴 먹물이 못의 물을 모두 검게 물들였다"(張芝臨池學書, 池水

盡墨)는 고사가 있으며 추사秋史 같은 대가도 "70평생을 두고 벼루 열 개가 밑바닥이 뚫렸고 붓 천 자루가 몽당붓이 될 정도"(七十年磨穿十研(硯), 禿盡千毫)라 하였으니 어찌 「마추성침磨椎成針」의 공부工夫도 없이 글씨를 쓸 수 있겠는가? 그러나 《대학大學》에 "마음이 거기에 있으면 보이고, 마음이 거기에 있으면 들리는 법이며 마음을 두면 그 맛을 알 수 있다"(心不在焉, 視而不見, 聽而不聞, 食而不知其味)라 하였으니 우선 마음이라도 좋아하는 서법예술에 두고 싶어 늘 법첩이나 작품집을 들여다보기도 하고 그 묵향墨香을 그리워하며 그 결구結構를 유관流觀하는 시간을 가질 때가 가장 편안하였다.

이에 평소 무슨 내용이 들어있을까 하는 궁금증에, 소지하고 있던 이 《서보》라는 책에 손을 대어 보았으나 원래 이 방면에 문외한이요 게다가 분량은 많지 않으나 워낙 문장이 압축되어 있고 게다가 문체가 변려체騈驪體로 되어 있어 일부는 거의 감득感得을 할 수 없는 부분도 있었다. 정말 난해하고 어려워 감히 내가 손을 댄다는 것은 이 책에 대한 죄를 저지르는 심정이었다. 이에 이 방면의 전공자들에게 질문하여 고쳐 나가고 자문을 구하였으며 많은 도움을 받았음을 밝힌다. 그럼에도 미진한 부분이 너무 많아 중도에 그칠 것을 결심하기도 하였으나 문득 《논어》에 염구冉求가 공자에게 '역부족力不足'이라 말하자 공자가 나무란 내용(冉求曰: 「非不說子之道, 力不足也.」 子曰: 「力不足者, 中道而廢. 今女畫.」)이 떠올라 다시 필을 잡게 되었다. 이처럼 이미 벌여 놓은 춤(已張之舞)이라 어쩔 수 없이 전체를 억지로 마치기는 하였지만 실제로 이 방면에 관심을 가지고 전문적인 지식과 학문을 가진 이들에게 미안하고 부끄러울 뿐이다. 단지 이를 바탕으로 더욱 높은 연구자가 나타나

서법예술과 서예학문에 큰 공을 세울 수 있는 디딤돌이 되었으면 하는 소박한 기대를 하면서 책으로 꾸며 출간을 결정하게 되었다.

사계斯界 제현과 관련 학문의 전문가의 질책을 기다리며 질정을 달게 받을 것을 약속한다.

줄포茁浦 임동석林東錫 적음.

일러두기

1. 본 책은 마국권馬國權의 《서보역주書譜譯註》를 바탕으로 번역한 것이다.
2. 《서보역주》에 없는 인명, 용어 등은 필자가 다른 참고 문헌을 이용하여 추가한 것도 있다.
3. 단락은 《서보역주》를 따라 임의로 나눈 것이며 일련번호를 붙여 찾아보기 쉽도록 하였다.
4. 직역을 위주로 하되 병려문騈驪文의 특징상 부연 설명이 부득이한 것은 의역을 통해 본래의 의미를 이해할 수 있도록 하였다.
5. 해제解題는 마국권馬國權의 '도언導言' 부분을 요약하여 번역 정리한 것이며 일부 추가 설명한 것도 있다.
6. 부록으로 《삼국지三國志》 종요전鍾繇傳과 《진서晉書》 왕희지전王羲之傳, 〈난정집서蘭亭集序〉, 《태평광기太平廣記》에 수록된 각종各種 서체書體와 서가 인물에 대한 자료를 실어 연구에 참고가 되도록 하였다.
7. 아울러 끝에 〈사고전서四庫全書〉본 《서보書譜》와 《서단書斷》(上中下. 唐 張懷瓘)을 실어 연구자의 자료로 제공하였다.
8. 그리고 『중국 역대 서체 자료中國歷代書體資料』 부분을 설정하여 역시 연구자와 일반인의 감상 자료로 삼았다.
9. 본 책을 번역 역주하는데 초보적으로 참고한 문헌은 다음과 같다.

◉ 참고문헌

1. 《書譜譯註》(筆寫本) 馬國權 譯註 劭華文化服務社 1965년(?) 홍콩
2. 《書譜》 帖本
3. 《宣和書譜》 宋 軼名, 顧逸 校點. 上海書畫出版社. 1984. 上海
4. 唐, 孫過庭 《書譜》(上下) 雲林筆房 1978 서울

5. 梁, 庾肩吾《書品》〈四庫全書〉子部 藝術類 書畫之屬
6. 唐, 裴孝源《貞觀公私畫史》〈四庫全書〉子部 藝術類 書畫之屬
7. 唐, 張懷瓘《書斷》〈四庫全書〉子部 藝術類 書畫之屬
8. 唐, 竇蒙(註)《述書賦》〈四庫全書〉子部 藝術類 書畫之屬
9. 唐, 張彦遠《書法要錄》〈四庫全書〉子部 藝術類 書畫之屬
10. 唐, 張彦遠《歷代名畫紀》〈四庫全書〉子部 藝術類 書畫之屬
11. 唐, 韋續《墨藪》〈四庫全書〉子部 藝術類 書畫之屬
12. 宋, 不著撰人《宣和書譜》〈四庫全書〉子部 藝術類 書畫之屬
13. 宋, 姜夔《續書譜》〈四庫全書〉子部 藝術類 書畫之屬
14. 宋, 陳思《書苑菁華》〈四庫全書〉子部 藝術類 書畫之屬
15. 明, 豐坊《書訣》〈四庫全書〉子部 藝術類 書畫之屬
16. 明, 汪砢玉《珊瑚網》〈四庫全書〉子部 藝術類 書畫之屬
17. 明, 王圻·王思義(編集)《三才圖會》上海古籍出版社 2005 上海
18. 陳振濂《歷代書法欣賞》陝西人民出版社 1988 西安
19. 曹緯初《書學通論》正中書局 1975 臺北
20. 徐建融·李維琨(著)《中國書法》上海外語教育出版社 1999 上海
21. 弓英德《中國書學集成》臺灣中華書局 1966 臺北
22. 胡文煥《字學備考》臺灣商務印書館 1976 臺北
23. 史紫忱《書法今鑒》華岡出版社 1978 臺北
24. 啓功·秦永龍《書法常識》浙江古籍出版社 1988 杭州
25. 熊紹庚《書法教程》華東師範大學出版社 1989 上海
26. 王景芬·書杉《書法基礎知識》解放軍出版社 1988 北京
27. 莊伯和·古迪吉《魏碑大全》藝術圖書公司 1982 臺北

28. 古迪吉《篆書入門》藝術圖書公司 1981 臺北
29. 沈鴻根《行書概論》江蘇古籍出版社 1989 無錫
30. 李剛田·吉欣璋(著)《篆刻初步》河南美術出版社 1989 河南
31. 余雪曼《楷書入門》藝術圖書公司 1980 臺北
32. 何睿晃余·胡凡《楷書寫法全集》藝術圖書公司 1982 臺北
33. 何睿晃余·胡凡《楷書寫法全集》藝術圖書公司 1982 臺北
34. 羅福頤《漢印文字徵》中華書局 1979 홍콩
35. 《西安碑林名碑》(전집) 陝西人民美術出版社 1986 西安
36. 《漢碑大觀》天山出版社 1976 臺灣
37. 《中國歷代碑帖選粹》(총서) 書藝出版社 1982 臺北
38. 《歷代銘文碑帖叢觀》天山出版社 1974 臺北
39. 羅福頤《漢印文字徵》中華書局 1979 홍콩
40. 曹瑋《周原甲骨文》世界圖書出版社 2002 北京
41. 李浴《中國美術史綱》遼寧美術出版社 1986 沈陽
42. 蔣勳《中國美術史》三聯書店(서울) 1991 서울
43. 李福順(編著)《蘇軾論書畵史料》上海人民美術出版社 1988 上海
44. 宋, 李昉(등)《太平廣記》中華書局(活字本) 1994 北京
45. 宋, 李昉(등)《太平御覽》中華書局(印本) 1995 北京
46. 唐, 宋堅(등)《初學記》鼎文書局 1987 臺北
47. 淸, 葉昌熾《石語》上海書店 1986 上海
48. 朱琰(述)《陶說》天津古籍書店 1988 天津
49. 〈孫過庭書譜의 心手雙暢論〉 이인숙 《서학론집》(7) 大丘書學會 2002 대구
기타 史書, 十三經 및 工具書는 생략함.

해제

1. 손과정(孫過庭: 648~703 이전)

손과정은 대략 당唐 태종太宗 정관貞觀 22년(648)~당 무측천武則天 장안長安 3년(703) 이전에 생존하였던 인물이다. 오군吳郡 사람(一說에는 陳留人이라고도 하고 혹 富陽人이라고도 함)으로 자는 건례虔禮이다. 그러나 일설에는 이름이 건례虔禮이며 자가 과정過庭이라 하기도 한다.

이처럼 그의 자와 이름, 그리고 관적貫籍에 대한 역대 기록은 많은 차이를 보이고 있다. 즉 진자앙陳子昂의 〈손군묘지명孫君墓志銘〉에는 "그의 이름은 건례이며 자는 과정으로 당의 □□ 사람이다"(君諱虔禮, 字過庭, 有唐之□□人也)라 하여 우리가 알고 있는 자와 이름이 바뀌었으며 관적은 공교롭게도 판독이 불가능하다.

그런가 하면 장회관張懷瓘의 《서단書斷》에는 "손건례는 자가 과정이며 진류 사람이다"(孫虔禮, 字過庭, 陳留人)라 하였으며, 〈술서부述書賦〉의 두몽竇蒙 주에는 "손과정은 자가 건례이며 부양 사람이다"(孫過庭, 字虔禮, 富陽人)라 하였다. 그런가 하면 《서보》의 자서自署에는 "오군 사람 손과정"(吳郡孫過庭)이라 하여 '과정過庭'이 이름인지 호인지를 밝히지 않고 있다.

그는 우위주조참군右衛冑曹參軍, 솔부록사참군率府錄事參軍 등을 역임하였으며, 진자앙이 쓴 손과정의 《묘지명》에는 "나이 마흔에 임금을 뵈었다가 참특의 구설수를 만났다"(四十見君, 遭讒慝之議)라 하였고, 다시 "장차 늙어감에 글을 쓰면서 죽어도 썩지 않고자 하였다. 총애와 영광의 일이 나에게 어찌 있겠는가! 그 뜻을 끝내 이루지 못하고 갑작스러운 죽음을 만났으며 낙양의 식업리 객사에서 생을 마쳤다"(將期老有述, 死且不朽. 寵榮之事, 于我何有哉! 志竟不遂, 遇暴疾, 卒於洛陽植業里之客舍)라 하였다.

정서正書, 행서行書, 초서草書에 뛰어났으며 특히 초서에 이름이 높았다. 《서보》에 정초正草 이체二體의 서법書法을 논술하여 역대 서가書家의 중시를 받았으며 「서문병무書文並茂」를 주장하기도 하였다.

당唐 장회관의 《서단》(卷下)에 그를 칭하여 "박아하여 문장에 뛰어났고 초서는 이왕(왕희지, 왕헌지)을 법으로 삼았다. 용필에 뛰어났으며 준발하고 강단함이 있었다. 기이한 것을 숭상하고 좋아하였다"(博雅有文章, 草書憲章二王. 工於用筆, 儁拔剛斷, 尙異好奇)라 하였다.

그리고 당唐 두천竇泉의 〈술서부述書賦〉(下)에는 "건계는 초서에 범상하여 여염집의 풍모였다. 천 장의 종이가 똑같고 만자의 글씨가 같았다"(虔禮凡草, 閭閻之風. 千紙一類, 一字萬同)라 하였으며, 당唐 여총呂總의 《속서평續書評》에는 "손과정의 초서는 붉은 절벽 끊어진 골짜기 같아 필세가 견경하였다"(過庭草書如丹崖絶壑, 筆勢堅勁)라 하였다.

한편 송宋 미불米芾의 《서사書史》에는 그의 초서 《서보》를 평하여 "왕희지의 필법에 심히 가깝다. 글씨의 낙각은 거의 그에 앞선 사람에 가까우면서도 곧다. 이것이 바로 손과정의 법칙이다. 세상에 널리 왕우군의 글씨체가 이러한 글씨가 있었다고 말하지만 모두가 손과정의 필법이다. 무릇 당나라 때의 초서는 이왕에서 나왔으나 그 이름을 드러내지 않았을 뿐이다"(甚有右軍法, 作字落脚差近前而直, 此乃過庭法. 凡世稱右軍書有此等字, 皆孫筆也. 凡唐草得二王法, 無出其名)라 하였다.

다음으로 《선화서보宣和書譜》(권18)에는 "손과정은 서법계에서 이름을 얻어 초서는 급히 서둘러 왕희지와 왕헌지에 다가갔다. 더구나 그 용필에 묘함을 보여 준발 강단하며 타고난 천성에서 나온 것이지 결코 오랜 연습으로 이루어진 것이 아니다. 임모에도 뛰어나 왕왕 진위를 변별할 수 없을 정도였다"(得名翰墨間, 作草書咄咄逼羲獻, 尤妙於用筆, 儁拔剛斷, 出於天材, 非功用積習所至. 善臨摹, 往往眞贋不能辨)라 하고, 다시 "손과정은 〈운필론〉을 지었는데 그 글자가 수천 자를 넘으며 글자 쓰는 요지를 오묘하게 밝혀 학자들은 그것을 종정으로 여겨 법으로 삼고 있다. 그러나 그의 낙필은 급하고 빠르게 쓰는 것에 빠져 그를 평하는 자들은 그것이 병폐라 하였다"(作〈運筆論〉, 字逾數千, 妙有作字之旨, 學者宗以爲法. 然落筆喜急速, 議者病之)라 하였다.

청淸 유희재劉熙載의 《예개藝概》(권5 《書概》)에는 "손과정의 초서는 당나라 때이면서 진나라 때의 법칙을 잘 본받은 것이다. 그가 쓴 《서보》는 용필이 파격적이면서 더욱 완미하며 분란한 것 같으면서 더욱 정연하다. 표일하여 특히 침착한 면이 있고, 나약하여 간들거리는 맛이 있으면서 더욱 강건하다. 손과정의 서보에서 옛 질박함을 따르되 지금의 아름다움을 취한다 하였으나 스스로의 글씨는 도리어 아름다움을 추구하는 면이 더 많은 부분을 점하고 있다. 시험 삼아 장욱과 회소의 질박함과 비교해보면 저절로 드러날 것이다"(孫過庭草書, 在唐爲善宗晉法. 其所書《書譜》用筆破而愈完, 紛而愈治, 飄逸愈沈著, 婀娜愈剛健, 孫過庭《書譜》謂古質而今姸, 而自家書却是姸之分數居多, 試以旭素之質比之自見)라고 평하기도 하였다.

세상에 전하는 서적書跡으로는 본 《서보》 외에 초서草書 《천문千文》과 〈경복전부景福殿賦〉가 있어 과정過庭의 이름이 있으나 송宋나라 사람이 쓴 것으로 보인다. 참고 자료로는 당 진자앙의 《진백옥문집陳伯玉文集》(後集) 권6 〈솔부록사손군묘지명率府錄事孫君墓誌銘〉이 있다.

2. 《서보書譜》

손과정의 《서보》는 실제 이름이 사실은 〈서보서書譜序〉라 해야 맞을 듯하다. 실제 이 글은 《서보》의 서문에 해당할 뿐이지만 원대元代부터 《서보》의 정문正文을 볼 수 없어 이 일부의 서문을 그대로 《서보》라 칭한 것이다.

그 말미에 "지금 6편을 써서 2권으로 만들었다(今撰爲六篇, 分成兩卷)"라 하여 원래 정문은 6편이며 상하 2권으로 기술된 것이었다. 그러나 근래 주건신朱建新은 《손과정서보전증孫過庭書譜箋證》 권말의 〈손과정서보평서孫過庭書譜評序〉에서 뒤편의 90여 글자는 정문의 〈발어跋語〉라 보았다.

그는 "그 문자를 보고 그 원류를 거슬러 올라가 서체를 변별하고, 이름난 자취를 평하며 필법을 글로 써서 학자들을 경계시킨 것이다. 지음을 애상이 여겼으니 지극하고 지극하도다. 어찌 다시 더 보탤 것이 있겠는가! 이 문장의 끝에 '한위 이래 글씨를 논한 자는 많다'부터 '내가 함비의 본지를 취한 것은 없다'라 한 것까지 90여자는 전문의 발어임이 분명하여 더 이상 의심할 바가 없다. 게다가 하물며 '수공 3년 필기' 한 행으로 보아도 이는 완전한 한 편을 이루고 있음이 증명 된다. 만약 이 문장을 전체 전문이 따로 있으며 그저 그것의 서문이라고만 여긴다면 시험 삼아 생각해보라. 글서문 속에 어찌 그 많은 말을 하였겠는가? 게다가 어찌 글씨에 관한 논의를 구구하게 폈겠으며, 또 어찌 이 370 여자의 긴 서문을 지었겠는가?"(觀其文字, 溯源流, 辨書體, 評名迹, 述筆法, 誡學者, 傷知音, 至矣盡矣, 豈可復增! 此篇末'自漢魏以來, 論書者多矣'訖'緘秘之旨, 余無取焉'九十餘言, 明係全文跋語, 無可致疑, 而況又殿以'垂拱三年筆記'一行, 更足爲完篇之證. 若以爲此特全文之一序, 則試想文中更當作何許語耶? 且區區論書之作, 又安得有此三千七百餘言之長序?)라 하였다.

한편 이 〈서보서書譜序〉는 당송唐宋 및 명대明代를 거치면서 많은 사람들은 다른 명칭으로도 부르기 시작하였다. 즉 당 장회관의 《서단》에서는 〈운필론運筆論〉이라 하였고, 말미에 "손과정은 '원상은 예서를 전공하였고, 백영은 오히려 초서에 정밀하였다'라 하였는데 저 두 사람의 아름다움에 왕희지와 왕헌지를 겸하였으니 이를 아울러 함께 체득한 것이다"(孫過庭云: 「元常專工於隷書, 伯英猶精於草體」 彼之二美, 而羲·獻兼之. 幷有得也)라 하였는데 이는 본 〈서보서〉의 문장과 같다. 그리고 송대 나온 《선화서보》 손과정전에도 역시 건례(손과정)가 "〈운필론〉을 지었으며 그 글자가 수천 자이다. 글씨 쓰는 요지의 오묘함을 쓴 것으로 학자들은 이를 정종으로 여겨 법으로 여긴다. 지금 궁중 어부에 그의 초서 3종이 소장되어 있으니 《서보》 상하와 《천문》이다"(作運筆論, 字逾數千, 妙有作字之旨, 學者宗以爲法. 今御府所藏草書三: 書譜序上下二, 千文)라 하였다. 그러나 앞에는 '운필론'이라 하고 뒤에는 '서보서'라 하여 같은 글의 명칭을 두 가지로 하여 의문이 제기되기도 하나 실제로는 같은 책을 말하는 것으로 보고 있다.

명대에 이르러서는 왕오王鏊는 《고소지姑蘇志》에서 손과정이 지은 책이 《서론書論》이라 하였고, 왕가옥汪砢玉의 《산호망珊瑚網》(24)에는 〈서보서〉의 문장을 인용하면서 《집요편執要篇》이라 하였다.

다음으로 《서보》의 유전流傳과 연구에 대하여 간단히 살펴보기로 하자.

서보가 쓰인 687년 후 몇십 년 뒤에 장회관은 《서단》에서 이미 이를 인용하기 시작하였고 당대 유학승이었던 일본 승려 공해空海는 《서보》를 베꼈는데 그 전록본傳錄本이 지금 일본 어부御府에 소장되어 있다.

지금 전하는 《서보》의 지본권紙本卷은 북송 때 이르러 왕공王鞏과 왕선王詵에게 전해오다가 선화어부宣和御府에 들어갔으며 원대에는 초달경焦達卿에게 전해졌다. 명대에는 이중 상반권上半卷이 비아호費鵝湖가 소장하고 있었으며 하반권下半卷은 문징명文徵明의 정운관停雲館에 소장하고 있었다. 이것이 모두 엄숭嚴嵩에게 들어갔는데 그는 다시 그것을 원본과 합장하여 하나의 축軸으로 만들었다고 한다. 뒤에 다시 한세능韓世能에게 갔다가 청초淸初에 서천西川의 어떤 사람에게 들어갔다가 손승택孫承澤이 구입하여 소장하였으며, 그 뒤 다시 양청표梁淸標, 안기安岐의 소장을 거쳐 건륭乾隆 연간에 어부御府로 들어가 황실 소장품이 되었다. 이 권자卷子, 두루마리에는 '선화宣和' 외에 거의 20방方의 소장인所藏印과 감상인鑑賞印이 찍혀있으며 청대 이후에는 이 묵적이 고궁박물원故宮博物院에서 접수하여 공개적으로 전람되다가 현재는 영인 출판되었으며, 1948년 국보급으로 지정되어 지금은 대만臺灣 고궁박물관故宮博物館에 소장되어 있다.

한편 《서보》의 모각摹刻은 송宋 휘종徽宗 대관大觀 3년(1109)에 시작되어 《태관태청루첩大觀太淸樓帖》 21권에 수록되었으나 그 원각석은 찾을 길 없고 지금은 14편片의 잔편만이 진숙통陳叔通이라는 사람이 소장하고 있다고 한다. 세상에 알려진 〈원우2년(1087) 하동 설씨 모각본〉(元祐二年河東薛氏模刻本)이 있으나 이는 위조된 것으로 밝혀지기는 하였으나 자형이 균일하고 정확하여 참고할 가치가 있다. 그 외에 남송의 〈오설각본吳說刻本〉이 있으며 명대에 이르러 가정嘉靖 22년(1543)의 강음江陰 〈조참각본曹驂刻本〉, 문징명文徵明의 〈정운관첩본停雲館帖本〉, 〈목흔각본沐昕刻本〉, 진헌陳瓛의 〈옥연당첩본玉煙堂帖本〉 등이 있다.

청대에 이르러서는 〈안기각본安岐刻本〉, 건륭어부乾隆御府의 〈삼희당첩본三希堂帖本〉과 사희증謝希曾의 〈계란당첩본契蘭堂帖本〉, 전영錢泳의 〈사경당첩본寫經堂帖本〉, 양수경楊守敬의 〈인소원첩본鄰蘇園帖本〉, 〈육홍본毓興本〉, 〈황지균본黃至筠本〉, 〈포량승본包良丞本〉 등 다수가 있다. 그리고 일본에도 역시 〈한천수본韓天壽本〉, 〈관명해옥본(貫名海屋本, 木板)〉, 삼정자찬三井子鑽의 〈복각설본覆刻薛本〉 등이 전하고 있다.

다음으로 문자 저록에 관한 것으로 많은 총서와 서법書法을 집록한 서적 속에 이 《서보》를 수록하고 있다. 우선 《서원청화書苑菁華》, 《백천학해百天學海》, 《설부說郛》, 《왕씨서원보익王氏書苑補益》, 《패문재서화보佩文齋書畫譜》, 《도서집성圖書集成》, 《사고번서四庫全書》(子部, 藝術類), 《식고당서화회고式古堂書畫滙考》, 《서법정전書法正傳》 등 십여 종에 고루 이를 수록하고 있다.

다음으로 《서보》와 관련된 저작물과 연구에 관한 것이다.

이 《서보》는 송대 이후 서법 연습과 이론서로서 절대적인 영향을 미쳤으며 그로 인해 뒤에 이와 관련된 많은 저작물이 쏟아졌다. 우선 남송 강기姜夔의 《속서보續書譜》는 이를 근거로 저술된 것이며 그 중 '정성情性' 장은 손과정의 설을 대부분 원용하고 있다. 그리고 청대에 이르러 《서보》에 대한 연구는 더욱 많아져 건륭 연간의 과수지戈守智의 《막계서법통해漠溪書法通解》에서는 손과정의 이론을 인용하여 전증箋證을 붙여 놓았다. 뒤에 주이정朱履貞의 《서학첩요書學捷要》는 과수지의 방식을 따라 매 단락마다 손씨의 본의를 설명하여 원문을 이해하는 데 도움을 주고 있다. 뒤를 이어 포세신包世臣은 손과정의 설명 중에 의심나는 부분을 모아 《서보변오書譜

辨誤》를 지었으며 특히 왕희지와 왕헌지에 관한 일화와 전설에 대하여 변증을 가하고 있다. 그리하여 3천 6백 여자의 원문을 줄여 2천 3백자의 《산정오군서보서刪定吳郡書譜序》를 출간하기도 하였다.

그밖에 그는 〈답희재구문答熙載九問〉과 〈담삼자문答三子問〉, 〈자발초서답십삼문自跋草書答十三問〉, 〈산정오군서보발어刪定吳郡書譜跋語〉 등 문장을 지어 이를 모두 《예주쌍즙藝舟雙楫》에 실어 많은 부분을 전문적으로 토론하기도 하였다.

근래 주건신은 오랜 연구 끝에 《손과정서보전증孫過庭書譜箋證》을 출판하여 역대 서법과 손과정의 설을 비교 분석하여 서보를 이해하는데 큰 도움을 주고 있으며 부록으로는 〈손과정서보평고孫過庭書譜評考〉를 실어 놓았다.

한편 이 《서보》에 대한 대단원의 연구서로는 계공啓功의 〈손과정서보고孫過庭書譜考〉를 들 수 있다. 이 책은 1964년 《문물文物》 2월호에 발표된 것으로 무려 1만 7천 여자의 장문의 논문으로 손과정의 생애와 원작의 명칭에 대한 것은 물론 그의 묵적墨跡과 석각본石刻本들의 원류와 변화 등을 자세히 다루고 있어 《서보》 연구의 결정판이라 할 수 있다.

일본에서도 역시 서보에 대한 연구가 활발하여 평구신원平久信遠이 천명天明 7년(1787)에 쓴 주석서가 이미 《손씨서보증주孫氏書譜證註》로 출간될 정도였다.

한편 이 책의 역주에 활용한 마국권馬國權의 《서보역주書譜譯註》는 1964년 초고를 거쳐 1965년 증보된 것으로 홍콩 소화문화복무사劭華文化服務社에서 출간된 필사본으로 이 방면의 백화어白話語 역주본으로는 더없이 유용한 가치를 제공하고 있다.

唐 孫過庭《書譜》

書譜

唐 孫過庭 撰

夫自古之善書者漢魏有鍾張之絶晉末稱二王之妙王羲之云頃尋諸名書鍾張信為絶倫其餘不足觀可謂鍾張亡（改作云）沒而羲獻繼之又云吾書比之鍾張鍾當抗行或謂過之張草猶當鴈行然張精熟池水盡墨假令寡人耽之若此未必謝之此乃推張邁鍾之意也

考其專擅雖未果於前規摭以兼通故無慙於即事評者云彼之四賢古今特絶而今不逮古古質而今妍夫質以代興妍以俗易雖書契之作適以記言而淳醨一遷質文三變馳騖沿革物理常然貴能古不乖時今不同弊所謂文質彬彬然後君子何必易雕宮於穴處反玉輅於椎輪者乎又云子敬之不及逸少猶逸少之不及鍾張意者以為評得其綱紀而未詳其始卒也且元常專工於隸書百英猶（改作尤）精於草體彼之一美而逸少兼之擬草則餘真比真則長草雖專工小劣而博涉多優總其終始匪無乖互謝安素善尺牘而輕子敬之書子敬嘗作佳書與之謂必存錄安輒題後答之甚以為恨安嘗問子敬卿書何如右軍答云故當勝安云物論殊不爾子敬又答時人那得知子敬雖權以此辭折安所鑒自稱勝父不亦過乎且立身揚名事資尊顯勝母之里曾參不入以子敬之豪翰紹右軍之筆札雖復粗傳楷則實恐未克箕裘況乃假託神仙恥崇家範以斯成

學孰愈面牆後羲之往都臨行題壁子敬密拭除之輒書易其處私為不惡羲之還見乃嘆曰吾去時真大醉也敬乃內慚是知逸少之比鍾張則專博斯別子敬之不及逸少無惑（改作或）疑焉余志學之年留心翰墨味鍾張之餘烈挹羲獻之前規極慮專精時逾二紀有乖入木之術無間臨池之志觀夫懸針垂露之異奔雷墜石之奇鴻飛獸駭之資鸞舞蛇驚之態絶岸頹峰之勢臨危據槁之形或重若崩雲或輕如蟬翼導之則泉注頓

《書譜》四庫全書 子部(8) 藝術類(1) 書畫之屬

書譜譯注

馬國權

夫自古之善書者，漢、魏有鍾、張(一)之絶，晉末稱二王(二)之妙。

『譯文』古来善於書法的，漢魏時代有鍾、張的絶藝，晉末則二王並稱精妙。

『注釋』(一)鍾、張：鍾指鍾繇，張指張芝。張芝(？——約公元一九二)，東漢傑出書法家。字伯英，敦煌(今屬甘肅)人，居弘農華陰(今屬陝西)。對書法曾下苦功，家中衣帛，必先書而後練；臨池学書，池水盡黑。擅章草書，後變化崔瑗、杜度之法，結合新興楷法，減省章草的點画波磔，創為『今草』，體勢氣脈，一筆連貫，三國、魏韋誕譽之為『草聖』。王羲之對張芝的書藝很推重，羲之的草書亦受到他的影響。著有《筆心論》，今佚。《淳化閣帖》收有他的書跡數種，但不盡可靠。鍾繇(公元一五一——公元二三零)，三國魏傑出書法家。字元常，潁川長社(今河南許昌)人。官至太傅，故世稱『鍾太傅』。少隨劉德昇学書，能博取前代各家之長，兼善各體，尤精正楷。點画有異趣，結體樸茂自然，開創了由隸入楷的新貌。与王羲之並稱『鍾王』，歷代奉以為法。真迹不傳，

《書譜譯註》馬國權

書斷卷上

唐 張懷瓘 撰

昔庖犧氏畫卦以立象軒轅氏造字以設教至於堯舜之世則煥乎有文章其後盛於商周備夫秦漢固夫所由遠矣文章之為用必假乎書書之為徵期合乎道故能發揮文者莫近乎書若乃思賢哲于千載覽陳迹于縑簡謀猷在覩作事粲然言察深衷使百

代無隱斯可尚也及夫身處一方含情萬里標拔志氣黼藻精靈披封覩迹欣如會面又可樂也爾其初之微也蓋因象以曈曨眇不知其變化範圍無體應會無方考沖漠以立形齊萬殊而一貫合冥契吸至精資運動於風神頤浩然於潤色爾其終之彰也流芳液於筆端忽飛騰而光赫或體殊而勢接若雙樹之交葉或區分而氣運似兩井之通泉麻蔭相扶津澤潛應離而不絕曳獨繭之絲卓爾孤標竦危峰之

石龍騰鳳翥若飛若驚電烻爗爗離披爛熳翕如雲布曳若星流朱焰綠烟若合乍散飄風驟雨雷怒霆激呼吁可駭也信足以張皇當世軌範後人矣至若磔髦竦骨裨短截長有似夫忠臣抗直補過匡主之節也矩折規轉卻密就疏有似夫孝子承順慎終思遠之心也耀質含章或柔或剛有似夫哲人行藏知進知退之行也固其發迹多端觸變成態或分鋒各讓或合勢交侵亦猶五常之與五行雖相尅而相生

亦相反而相成豈物類之能象賢實則微妙而難名詩云鼓鍾欽欽鼓瑟鼓琴笙磬同音是之謂也使夫觀者玩迹探情循由察變運思無已不知其然瓌寶盈瞩坐啟東山之府明珠曜掌頓傾南海之資雖彼迹已緘而遺情未盡心存目想欲罷不能非夫妙之至者何以及此且其學者察彼規模采其玄妙技由心付暗以目成或筆下始思困於鈍滯或不思而製敗於脱略心不能授之於手手不能受之於心雖自

《書斷》唐, 張悔瓘 四庫仝書 子部 藝術類

書譜卷上
吳郡孫過庭撰
夫自古之善書

〈書譜帖〉 초서 습자용 확대본

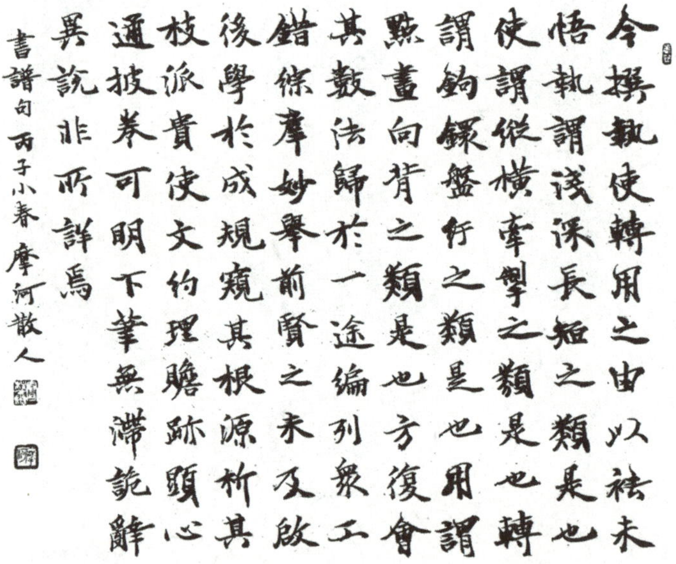

今撰執使轉用之由以祛未
悟執謂淺深長短之類是也
轉使謂縱橫牽掣之類是也
轉謂鉤鐶盤紆之類是也用謂
點畫向背之類是也方復會
其數法歸於一途編列衆工
錯綜羣妙舉前賢之未及啓
後學於成規窺其根源析其
枝派貴使文約理贍跡顯心
通披卷可明下筆無滯詭辭
異說非所詳焉
書譜句 丙子小春 摩河散人

〈書譜〉句 摩河 宣柱宣(현대)

欽定四庫全書　子部八

述書賦　藝術類一 書畫之屬

提要

臣等謹案述書賦二卷唐竇臮撰竇蒙注臮字靈長扶風人官至檢校戶部員外郎宋汴節度參謀蒙字子全臮之兄官至試國子司業兼太原縣令並見徐浩古迹記按張彥遠法書要錄稱臮作述書賦精窮旨要詳辨秘

義今觀其賦上篇所述自上古至南北朝下篇所述自唐代高祖太宗武后睿宗明皇以下而終於其兄蒙及劉泰之妹蓋其文成於天寶中也首尾凡一十三代一百九十八人篇末系以徐僧權等署證八人太平公主等印記十一家徵求寶翫韋述等二十六人利通貨易穆聿等八人文與上篇相屬蓋以卷帙稍重故分而為二耳其品題敘述皆極精

《述書賦》四庫全書 子部 藝術類

차례

書譜

《서보書譜》 원문 역주

◎ 부록 Ⅰ

◎ 부록 Ⅱ

◎ 부록 Ⅲ

《서보書譜》

001
한위진漢魏晉의 서가書家들

무릇 옛날 글씨를 잘 썼던 자로 한漢나라, 위魏나라 때에 종요鍾繇와 장지張芝의 뛰어남과, 진晉나라 말기의 이왕(二王; 王羲之와 王獻之 父子)의 묘함이 있었다.

夫自古之善書者, 漢·魏有鍾·張之絶, 晉末稱二王之妙.

【漢魏】 東漢과 삼국 시대 魏나라를 뜻함. 이 시기는 隸書가 발달하였으며 흔히 「北碑南帖」으로 晉代의 行書와 구분되는 시기였음. 東漢은 光武帝 劉秀가 洛陽에 도읍하여 발전한 시기(25~220)이며, 뒤를 이어 曹操가 漢 獻帝에게 선양을 받아 세운 나라가 三國 중에 魏나라(220~265)였음.

【鍾繇】 자는 元常(151~230). 삼국시대 魏나라의 걸출한 서예가. 潁川 長社(지금의 河南省 許昌 長葛縣) 사람. 벼슬이 太傅에 이르러 흔히 "鍾太傅"라 불림. 어려서 劉德昇에게 글씨를 배웠으며 前代 각 서예가의 장점을 널리 취하고 各體를 고루 섭렵하였고 특히 正楷에 뛰어났었음. 점획이 異趣하였으며 結構가 樸實하여 자연미를 최대한 살리는 필법을 구사하였음. 그리고 隸書에서 楷書로 변화하는 중요하고 새로운 모습을 창안한 자로 널리 알려져 있음. 흔히

鍾繇《三才圖會》

王羲之와 함께 "鍾王"으로 병칭되며 역대로 이를 추앙하였음. 아깝게도 眞跡은 전하지 아니하나 이를 法帖으로 刻한 〈宣示表〉, 〈賀克捷表〉, 〈力命表〉, 〈薦季直表〉 등이 있으며 모두가 晉唐 시대 사람들이 臨摹한 것임. 《三國志》 권13에 傳이 있으며, 唐 張彦遠의 《法書要錄》 8, 그리고 張懷瓘의 《書斷》에 그에 관한 기록이 있음. 梁 武帝의 《古今書人優劣評》에 「繇書如雲鵠游天, 群鴻戲海, 行間茂密, 實亦難過」라 하였고, 南梁의 庾肩吾의 《書品》에는 그를 張芝와 王羲之를 上之上에 넣으면서 「鍾書天然第一, 工夫次之. 妙盡許昌之碑, 窮極鄴下之牘」이라 함. 한편 唐 李嗣眞의 《書後品》에서는 「元常正隸如郊廟旣陳, 俎豆斯在; ……秋山嵯峨」라 하였음. 그런가 하면 唐 張懷瓘의 《書斷》에서는 「太傅雖習曹(喜), 蔡(邕)隸法, 藝過於師. 靑出於藍, 獨探神妙」라 하고 다시 「眞書古雅, 道合神明, 則元常第一」이라 하면서 贊에는 「元常眞書絶世, 乃過於師, 剛柔備焉. 點畫之間, 多有異趣. 可謂幽深無際, 古雅有餘, 秦漢以來, 一人而已」라 극찬하였고, 宋 黃庭堅의 《山谷題跋》에서는 「鍾小字筆法淸勁, 殆欲不可攀」이라 하였으며, 明 岑宗旦의 《書評》에는 「繇書如盛德君子, 容貌若愚」라 하였고, 淸 劉熙載의 《書概》에는 「鍾繇茂密, 然茂密正能走馬」라 하고 다시 「其書之大巧若拙, 後人莫及」이라 함. 그러나 唐 太宗은 《王羲之論》에서 「鍾雖擅美一時, 亦爲逈絶, 論其盡善, 或有所疑. 至於布纖濃, 分疏密, 霞舒雲卷, 無所間然. 但其體則古而不今, 字則長而逾制」라 하였음.

鍾繇

【張芝】 자는 伯英(?~192). 東漢의 뛰어난 서예가. 敦煌(지금의 甘肅省) 출신으로 주로 弘農의 華陰(지금의 陝西省)에서 활동하였음. 집이 가난하여 집안의 모든 옷감은 먼저 글씨 연습을 한 후에 다시 사용하였다는 일화를 남겼음. 章草에 뛰어났으나 뒤에 최원(崔瑗), 杜度의 필법을 익히고 다시 새로 풍조를 이룬 楷法을 결합하여 章草의 점획과 파책(波磔)을 줄여 『今草』를 창안하여 그 體勢와 氣脈이 한 획에 연속되는 글씨체를 만들었음. 三國의 韋誕이 이를 예찬하여 『草聖』이라 칭함. 王羲之는 이의 서법을 매우 중시하였으며 왕희지의 草書는 거의 이 張芝의 영향을 받은 것으로 알려져 있음. 저서로는 《筆心論》이 있었으나 지금 전하지 않으며 〈淳化閣帖〉에 그의 작품 몇 편이 전하고 있으나 진품이 아닌 것으로 의심을 받고 있음.

【晉】武帝 司馬炎이 魏나라 曹氏를 멸하고 洛陽에 도읍한 시기를 西晉(265~317)이라 하며, 永嘉之亂으로 망한 후 다시 건강(建康, 지금의 南京)에 元帝 司馬睿가 재건하여 恭帝까지 이어진 시기를 東晉(317~420)이라 함. 특히 동진 시기는 중국 남조 문화의 꽃을 피워 예술과 문화에 있어서 북방과 다른 특색을 발휘하였음.

【王羲之】생졸 연대는 각가의 주장이 달라 321~379, 혹 303~361, 혹 309~365년으로 보고 있음. 자는 逸少. 琅琊 臨沂(지금의 山東省) 사람으로 주로 會稽 山陰(지금의 浙江省 紹興)에 살았으며 벼슬이 右軍將軍, 會稽內史 등을 역임하여 흔히 "王右軍"으로 불림. 어린 나이에 衛夫人에게 글씨를 배웠으며 뒤에 前代 각가의 墨跡을 두루 섭렵하였으며 특히 張芝와 鍾繇의 글씨를 정밀히 익혀 漢魏의 樸實한 서풍을 근거로 다시 姸美하고 流便한 今體를 창조하였음. 그리하여 草書, 正書(楷書), 行書 등에 고르게 뛰어난 재질을 발휘하여 書藝史上 「繼往開來」의 공헌을 한 것으로 널리 평가받고 있음. 그의 서법은 역대 서학의 전형으로 지금도 칭송되고 있으며 『書聖』으로 추앙됨. 지금 전하는 墨跡 摹本으로는 〈蘭亭序〉, 〈快雪時晴〉, 〈喪亂〉, 〈孔侍中〉, 〈奉橘〉, 〈二謝〉 등의 帖이 있으며 刻本으로는 〈樂毅論〉, 〈蘭亭序〉, 〈十七帖〉 등이 유명함. 《晉書》 권 80에 傳이 있으며, 그 외에 그에 관한 評傳으로는 朱傑勤의 《王羲之評傳》(1948)이 널리 알려져 있음.

王羲之(逸少, 右軍) 《三才圖會》

【王獻之】자는 子敬(344~386, 혹 344~388). 어릴 때의 자는 官奴. 東晉의 걸출한 서예가이며 王羲之의 7째 아들. 中書令의 벼슬을 역임하여 흔히 "王大令"이라 불림. 어려서 아버지에게 글씨를 배우고 여러 체를 익혀 行書에 대하여 새로운 法體를 創新하였음. 그의 필법은 외탁(外拓)을 중시하여 당시 사람들이 이를 『破體』라 폄하하였으나 뒷사람들은 이를 새로운 창법으로 인정하였고 이에 그의 아버지와 병칭하여 『二王』이라 추앙함. 전하는 墨跡으로는 〈鴨頭丸帖〉(行書)이 있고 刻本으로는 〈淳化閣帖〉에 많은 작품이 수록되어 있음. 그밖에 〈洛神賦十三行〉(楷書), 〈十二月帖〉(草書) 등이 유명함. 《晉書》 권 80에 傳이 있음.

002
왕희지 글씨의 연원

왕희지가 말하였다.

"근래에 여러 이름난 서예 작품을 찾아보았더니 종요와 장지는 진실로 절륜絶倫하다 할 수 있으나 그 나머지는 볼만한 것이 되지 못하였다."

그러니 가히 종요, 장지가 죽은 후 왕희지와 왕헌지가 이를 이었다고 말할 수 있다. 그는 다시 이렇게 말하였다.

"나의 글씨를 종요와 장지에 비교하면 종요와 의당 맞서기도 하고 혹 그보다 낫다고 할 수 있으나, 장지의 초서와는 마땅히 안행雁行 정도라 할 수 있다. 그러나 장지는 정밀하고 완숙하여 연못물이 모두 먹물이었다 하니 가령 과인寡人으로 하여금 서법에 대한 탐닉이 이 정도에 이르게 하였더라면 그와 같지 못할 이유가 없을 것이다."

이는 왕희지가 장지는 추앙하면서 종요는 초월할 수 있다는 뜻이다.

王羲之云: 「頃尋諸名書, 鍾·張信爲絶倫, 其餘不足觀.」 可謂鍾·張云沒, 而羲獻継之. 又云: 『吾書比之鍾·張: 鍾當抗行, 或謂過之. 張草猶當雁行, 然張精熟, 池水盡墨, 假令寡人耽之若此, 未必謝之.』 此乃推張邁鍾之意也.

【頃】 '요즈음'의 뜻.

【抗行】 '맞설 만하다'의 뜻.

【雁行】 伯仲之勢, 혹은 비슷하나 줄을 세우면 따라야 하는 정도. 《禮記》 王制篇에 「父之齒隨行, 兄之齒雁行」이라 함.

【寡人】 원래는 제후가 자신을 낮추어 부르는 말로 '寡德之人'의 준말. 그러나 漢魏 이후에는 일반인도 자신을 낮추는 말로 사용하였음. 여기서는 王羲之 자신을 가리킴. 《老子》 39장에 「故貴以賤爲本, 高以下爲基. 是以侯王自謂孤·寡·不穀, 此非以賤爲本邪? 非歟?」이라 하였고, 42장에도 「人之所惡, 唯孤·寡·不穀, 而王公以爲稱」이라 하였으며, 《禮記》 曲禮에 「諸侯見天子曰臣某侯某, 其與民言, 自稱曰寡人」이라 하였음.

003
왕씨 부자의 글씨

왕씨 부자의 뛰어난 점을 고찰해 보면 비록 아직 옛 사람의 규범을 완성했다고 볼 수는 없지만 그래도 모두 모아 이를 겸통兼通하고 있다. 그 때문에 이 일에 대하여 어떤 부끄러움도 없다. 평하는 자들은 이렇게 말한다.

"앞서 거론한 네 사람은 고금에 특절特絶하지만 지금 사람은 옛사람에 미치지 못하는 법이니, 옛사람(鍾繇, 張芝)은 질박하나 지금 사람二王은 아름다움에 치우친다."

考其專擅, 雖未果於前規; 摭以兼通, 故無慙於卽事. 評者云:『彼之四賢, 古今特絶; 而今不逮古, 古質而今姸.』

【其】王羲之와 王獻之 父子를 가리킴.
【摭】'주워 모으다'의 뜻.
【慙】'부끄럽다, 그에 맞서지 못하다'의 뜻.
【卽事】해당되는 일이라는 뜻. 그 일에 종사함. 여기서는 서법예술을 가리킴. 《列子》周穆王篇에 「晝則呻呼而卽事, 夜則昏憊而熟寐」라 함.

【今不逮古】「今不如古」와 같음. 지금은 옛날만 못하다는 崇古主義를 내세울 때 흔히 쓰는 말. 여기서는 구체적으로 今은 王羲之, 王獻之 부자를 가리키며 古는 鍾繇와 張芝를 가리킴.

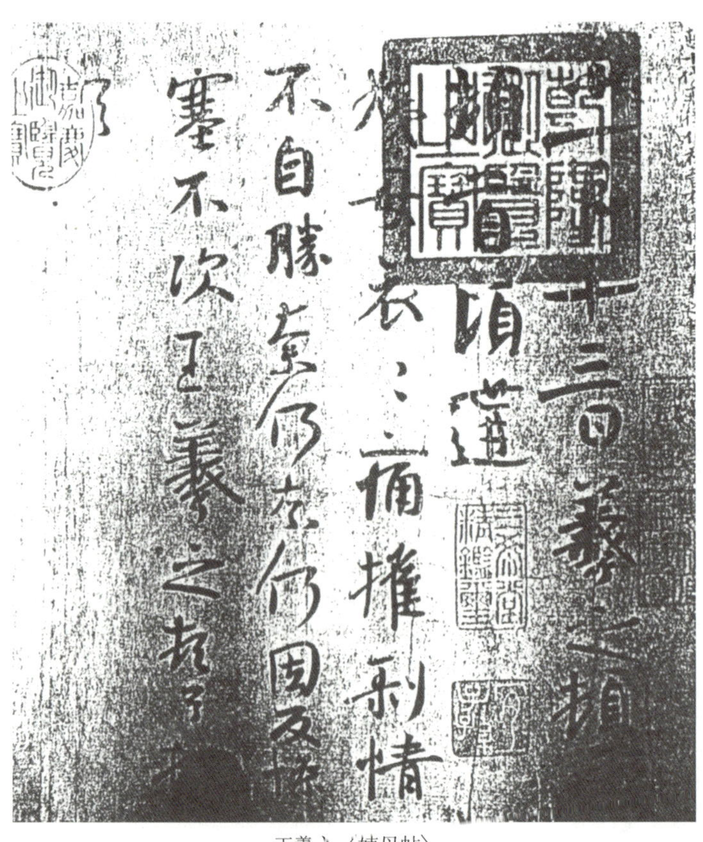

工羲之〈姨母帖〉

004
문질文質이 빈빈彬彬해야 한다

무릇 질質이란 시대를 따라 흥하게 되고 아름다움姸이란 풍속에 따라 바뀌게 마련이다. 비록 그렇다고는 하나 서계書契의 창작은 바로 말을 기록하는 것이니 순박함淳에서 부박함醨으로 한번 바뀌고, 질과 문식이 세 번 바뀌는 것이니 치목馳騖과 연혁은 만물의 이치로 보아 항상 그러하였다.

서법이란 가히 옛것을 배우기에 능하면서도 시대에 괴리되지 않으며, 지금을 따르되 폐속弊俗에 동의하지 않음을 귀히 여기나니, 소위 말하는 "문과 질이 빈빈彬彬한 연후에야 군자가 될 수 있다"라는 것이다. 그러니 어찌 반드시 잘 조각한 궁실을 버리고 혈처穴處에 거한다거나, 귀한 보배의 수레를 반대하여 추륜椎輪을 타야만 하겠는가!

夫質以代興, 姸因俗易. 雖書契之作, 適以記言; 而淳醨一遷, 質文三變, 馳騖沿革, 物理常然. 貴能古不乖時, 今不同弊, 所謂『文質彬彬, 然後君子』; 何必易雕宮於穴處? 反玉輅於椎輪者乎!

【質】본 바탕. 체질, 형체. 《周易》繫辭傳 注에 「質, 體也」라 하였으며 《說文解字》叙에 「五帝三王之世, 改易殊體」라 함.

【書契】문자 발달 단계의 하나로 나무나 돌에 글씨를 파서 넣던 시대의 계각 문자를 뜻함. 그러나 여기서는 일반적인 문자를 가리킴. 《周易》繫辭傳(下)에 「上古結繩而治, 後世聖人易之以書契」라 하였고, 《說文解字》叙에 「黃帝之史倉頡, 見鳥獸蹏迒之跡, 知分理之可相別異也, 初造書契」라 함.

【淳醨】淳은 醇과 같음. 술 중에 맛이 강한 것을 醇이라 하며 맛이 담박한 것을 醨라 함. 여기서는 書法에서의 醇厚함과 浮薄함을 비유함.

【質文三變】夏나라 때는 忠을 숭상하였고, 商나라 때는 質을 숭상하였으며, 周나라 때는 文을 숭상하였음을 뜻함. 이처럼 忠에서 質로, 다시 文으로 세 번 그 숭상하는 것이 변하였음을 가리킴.

【馳騖】분주히 쫓아다님을 뜻함. 《漢書》司馬相如傳에 「東西南北, 馳騖往來」라 하였음.

【乖】乖離됨. 서로 어긋남을 말함.

【文質彬彬, 然後君子】《論語》雍也篇의 구절. 여기서는 질(質)과 美(姸)가 서로 잘 어울려야 함을 뜻함. 蘇軾은 「端莊雜流利, 剛健含婀娜」라 하였음.

【雕宮】화려하게 장식한 궁궐. 미적 아름다움을 뜻함. 雕는 雕飾의 뜻.

【穴處】巖穴에 거처함을 말함. 궁벽한 집을 뜻함.

【玉輅】옥으로 장식한 아주 좋은 은나라 때의 수레. 《論語》衛靈公篇 「乘殷之輅」의 鄭玄 注에 「殷車曰大輅」라 함.

【椎輪】폭이나 횡목도 없이 대강 만든 조악한 수레. 여기서는 정밀하지 못했던 고대의 수레를 뜻함. 昭明太子의 《文選》序에 「若夫椎輪爲大輅之始, 大輅寧有椎輪之質」이라 하였음.

005
왕씨 부자와 종요鍾繇, 장지張芝의 비교

다시 이렇게 말하였다.

"자경子敬은 일소逸少에 미치지 못함은 일소가 종요鍾繇와 장지張芝에게 미치지 못함과 같다."

내가 생각하건대 이러한 비평은 그 강기綱紀만 얻은 것이지 그 시말은 상세히 알지 못한 것이라 여긴다.

又云:『子敬之不及逸少, 猶逸少之不及鍾張.』意者以爲評得其綱紀, 而未詳其始卒也.

【又云】 일반적인 평론을 말한 것임.
【子敬】 王獻之.
【逸少】 王羲之.
【鍾張】 鍾繇와 張芝.
【意者】 이 글을 쓴 손과정 자신의 의견을 말한 것임.
【綱紀】 紀綱과 같음. 가장 중요한 벼리. 《禮記》 樂記 注에 「紀, 總要之名也」라 함.

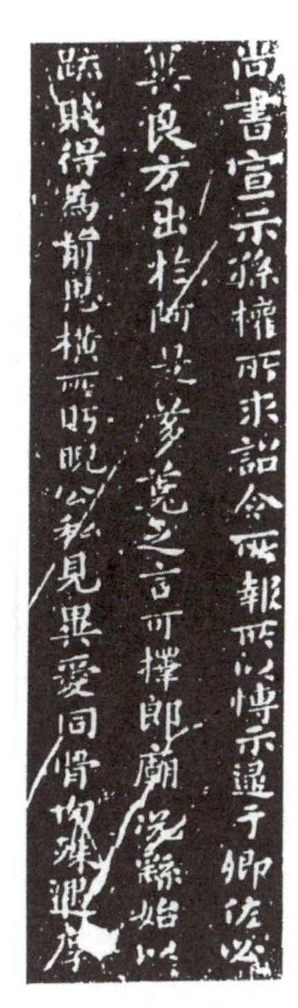

鍾繇〈宣示表〉

006
종요와 장지, 그리고 왕희지

또 원상(元常, 鍾繇)은 예서에 공교하였고, 백영(伯英, 張芝)은 특히 초체草體에 뛰어났었다. 그들 두 사람의 아름다움을 일소(逸少, 王羲之)가 겸하고 있었던 것이다. 다만 장지의 초서에 비한다면 그래도 진서眞書의 남은 영향이 있었고, 종요의 진서楷書에 비한다면 초서의 뛰어남을 가지고 있었다. 비록 가장 뛰어난 장점이 그들에 비하여 약간의 차이는 있다하나 널리 섭렵한 면에서는 많은 점이 우세하다. 그 시종을 총괄하건대 서로 괴리됨이 없지는 않다.

且元常專工於隸書, 伯英尤精於草體; 彼之二美, 而逸少兼之: 擬草則餘眞, 比眞則長草, 雖專工小劣, 而博涉多優. 總其終始, 匪無乖互.

【元常】 鍾繇의 자. 전출

【伯英】 張芝의 자. 전출

【隸書】 여기서는 楷書를 가리키며 波磔이 심한 漢隸를 가리키는 것이 아님. 晉代부터 唐代에 이르기까지 사람들은 漢隸를 八分書라 하며 楷書를 隸書라 하였음. 《晉書》 王羲之傳에 「(羲之)善隸, 爲古今之冠」이라 하였고,

《唐六典》의 五體에 대한 설명으로 「一曰古文, 廢而不用; 二曰大篆, 惟石經載之; 三曰小篆, 印璽旛旐所用; 四曰八分, 石經碑碣所用; 五曰隸書, 典籍表奏公私文疏所用」이라 함. 唐代 통행되던 문자는 楷書였으며 典籍表奏公私文疏에 사용되던 문자는 모두 隸書로 불렀음. 歐陽修의 《集古錄》에서 비로소 八分書를 漢나라 때의 隸書로 하였으며 그 뒤 사람들은 楷書를 예서로 부르던 습관을 고치게 되었다 함.

【擬】 대비하여 재어봄. 비교함.

【眞】 眞書. 楷書의 다른 이름. 혹 正書라고도 하며 草書의 판독과 漢隸의 생략된 波磔에 대하여 정확하게 표준을 세우기 위하여 만든 方體形의 글자를 뜻함. 東漢 때 성행하여 지금의 正字體로 자리 잡았음. 明, 張紳의 《法書通釋》에 「古無眞書之稱, 後人謂之正書·楷書者, 蓋卽隸書也. 但自鍾繇之後, 二王變體, 世人謂之眞書」라 하였음.

007
사안謝安과 왕헌지王獻之

사안謝安은 척독서(尺櫝書, 尺牘書)에 뛰어났으며 자경王獻之의 글씨를 낮게 보았다. 자경이 일찍이 좋은 글씨를 써서 그에게 주며 틀림없이 칭찬을 받아 보관하게 되리라고 여겼다. 그런데 사안이 문득 그에게 제사를 써서 답을 보내오자 왕헌지는 대단히 한스럽게 여겼다.

謝安素善尺櫝, 而輕子敬之書. 子敬嘗作佳書與之, 謂必存錄, 安輒題後答之, 甚以爲恨.

【謝安】자는 安石(230~385). 東晉 때의 유명한 學者이며 書藝家, 政治家. 官은 상서복야(尙書僕射) 征討大都督에 올랐으며 建昌縣公에 봉해졌으며 太保의 높은 벼슬에 배수됨. 行書에 뛰어났으며 왕희지와는 친분이 두터웠음.

【尺櫝】尺牘과 같음. 편지글. 동진 때에는 書信의 글씨를 두고 그 예술성을 따졌으며 이것도 하나의 글씨 장르로 인정받았음.

【題後答之】이 사건은 孫處札이 梁 虞龢의 《論書表》를 근거로 전술한 것임. 虞龢의 글에 「謝安善書, 不重子敬 每作好書, 必謂被賞, 安輒題後答之」라

하였음. 包世臣은 이에 대하여 《藝舟雙楫》 書譜辨誤에서 孫氏의 인용은 고증을 거치지 않은 것이라 여겼으며 「謝安長於大令(王獻之)二十四歲, 大令始仕, 係爲安衛軍長史. 太元(376~396)重建太極殿, 安欲大令書其牓爲百世光, 卒以難言而不敢逼, 是其極其重大令, 又焉得不存錄大令佳書, 題後答之之事! 況安爲大令父執, 已又係其故吏, 卽不存錄其書, 又何致深恨耶?」라 하였음.

謝安石像

三才圖會 人物五卷 廿七

謝安字安石尚從弟也桓溫請爲司馬除吳興太守去後爲人所思符堅率衆百萬次于淮淝加安征討大都督從容指授將帥及兄子玄等破堅驛書至安對客圍棊了無喜色旣罷還內過戶限心喜甚不覺屐齒之折其矯情鎭物如此

謝安(安石) 《三才圖會》

008
사안의 질문

사안謝安이 일찍이 자경子敬에게 물었다.

"경의 글씨는 아버지 우군右軍과 비교하면 어떠한가?"

그러자 자경은 이렇게 대답하였다.

"그래야 당연히 그에 낫게 되지요."

그러자 사안은 다시 이렇게 말하였다.

"여론은 이와 같지 않습니다."

자경은 다시 이렇게 대답하였다.

"지금 사람들이 어찌 이를 알겠습니까?"

자경은 비록 억지로 이렇게 대답하기는 하였지만 사안의 감식을 꺾지는 못하였고 스스로 부친보다 낫겠다고 하였으니 역시 지나친 것이 아니겠는가!

安嘗問敬:『卿書何如右軍?』答云:『故當勝.』安云:『物論殊不爾.』子敬又答:『時人那得知!』敬雖權以此辭, 折安所鑒, 自稱勝父, 不亦過乎!』

【敬】子敬(王獻之)를 가리킴.

【卿】위진 시대 상대를 높이 부르던 칭호.

【物論】여러 사람의 여론을 뜻함. 沈炯의 〈爲僧辯奉貞陽侯啓〉라는 글에 「比冊降中使, 復遣諸處詢謀, 物論參差, 未甚決定」이라는 말이 있음.

【爾】'이와 같다'는 뜻. 王引之의 《經傳釋詞》「爾, 如此也. 凡後人言不爾, 乃爾, 果爾, 聊復爾耳者, 並與此同義」라 함.

【權】'억지로(勉强)'의 뜻과 같음.

【折】반박의 뜻.

【自稱勝父】이일 역시 梁 虞龢의 《論書表》에 근거하여 고친 것임. 包世臣 《書譜辨誤》서 이를 고증하여 「大令臨命時, 自言惟念及辭郗氏婚事, 深爲疚心, 則其他行檢, 無瑕可知. 且南朝深重禮敎, 東山絲竹, 尙貽譏議, 以靈寶之悖逆, 聞呼溫酒, 遂伏地流涕不可止. 況自稱勝父, 如虔禮所述乎? 恣意汙衊, 是不可以不辨」이라 하였음.

009
아들로서의 의무

하물며 아들로 태어난 자는 응당 몸을 세워 도를 행하여 이름을 후대에 남김으로써 부모의 명예가 따르게 해야 함에랴. 동네 이름이 승모勝母라 하여 증삼曾參은 들어가지 않았다. 자경의 호한豪翰, 필법은 아버지의 필찰筆札을 이어받은 것이다. 비록 대략의 해서 법칙을 이어받았다고는 하나 실제로 아직 그 기구箕裘를 모두 이은 것도 아님에랴!

且立身揚名, 事資尊顯. 勝母之里, 曾參不入. 以子敬之豪翰, 紹右軍之筆札, 雖復粗傳楷則, 實恐未克箕裘.

【立身揚名, 事資尊顯】《孝經》 제 1장에 「立身行道, 揚名於後世, 以顯父母, 孝之終也」라 하였으며 여기서 이를 인용한 것은 子敬(왕헌지)이 스스로 아버지 逸少(왕희지)보다 낫다고 여긴 것을 강하게 비판한 것임.

【勝母】 고을 이름으로 어머니보다 낫다는 뜻으로 이를 불경스럽게 여긴 증자는 그 고을에 들어가지 않았다 함. 설원 회남자 등에 널리 알려진 고사임. 《說苑》 談叢篇에 「邑名勝母, 曾子不入; 水名盜泉, 孔子不飮. 醜其名也」라 하였고, 그 외에 《淮南子》 說山訓에는 「曾子立孝, 不過勝母之閭; 墨子非樂, 不入朝歌之邑; 曾子立廉, 不飮盜泉. 所謂養志者也」라 하였으며,

《史記》 鄒陽傳에도 「故縣名勝母而曾子不入; 邑號朝歌而墨子迴車」라 하였으며 《鹽鐵論》 晁錯 第八에도 「孔子不飮盜泉之流, 曾子不入勝母之閭」라 하였음.

【曾參】 춘추 말기 魯나라 武城 사람으로 자는 子輿이며 공자의 제자. 특히 효성으로 이름이 높아 그 아버지 曾點을 섬긴 고사가 널리 알려져 있음. 《曾子》 18篇을 남겼으며 뒤에 흔히 「宗聖」으로 부르기도 함.

曾子(曾參) 《三才圖會》

【豪翰】 筆法의 다른 말. 이 《서보》에서는 毫자를 대체로 豪자로 쓰고 있으며 豪(毫)는 毛筆을 뜻함.

【紹】 '계승하다'의 뜻.

【未克箕裘】 箕裘는 '아버지의 가업을 이어받다'의 뜻. 원래 箕는 키를 만드는 일, 裘는 갖바치. 우선 손재주를 익혀야 하는 하찮은 일을 뜻하며 이를 통해 아버지가 하던 일을 자식이 이어감을 말함. 《禮記》 學記篇에 「良冶之子, 必學爲裘; 良弓之子, 必學爲箕.」

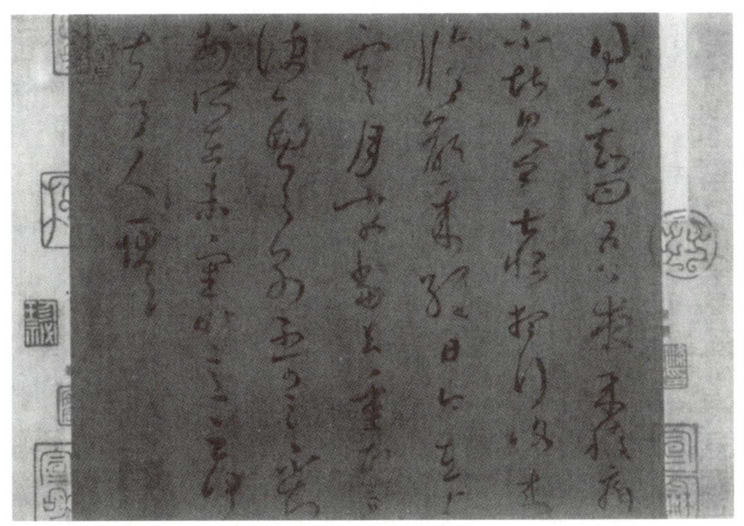

王羲之 〈上虞帖〉

010
《신선전神仙傳》에 가탁함

하물며 《신선전神仙傳》에 가탁하여 가학家學을 이어받는 것을 부끄럽게 여겼으니 이러한 것으로 학문을 이룬다는 것은 바로 담장을 마주한 것과 어느 것이 낫겠는가!

況乃假託神仙, 恥崇家範, 以斯成學, 孰愈面牆!

【假託神仙】 왕헌지가 《神仙傳》에 가탁하여 서법을 익혔다는 설. 宋 陳思의 《書苑菁華》에 王獻之가 《論書表》에서 「臣年二十四, 隱林下有飛鳥 左手持紙 右手持筆, 惠臣五百七十九字. 臣未經一周, 形勢髣髴. 其書文章不讀, 難以究識」이라는 말을 인용하여 전해진 것이기는 하나 실제로 믿을 수 없음. 《신선전》은 葛洪이 지은 책으로 신선에 관한 일화와 전기를 모은 것임.

晉, 葛洪《神仙傳》四庫全書

【家範】 집안 대대로 전하는 법칙, 가법. 여기서는 왕희지가 전해준 서법을 뜻함.
【孰愈面牆】 《尙書》 周官篇에 「不學牆面」이라 하고 그 疏에 「人而不學, 如面向牆無所覩見」이라 하였음. 한편 《論語》 陽貨篇에도 「子謂伯魚曰: "女爲周南·召南矣乎? 人而不爲周南·召南, 其猶正牆面而立也與!"」라 하고, 朱子 註에 「所言皆修身齊家之事. 正牆面而立, 言卽其至近之地, 而一物無所見, 一步不可行」라 함. 담장을 마주하고 있어 아무것도 볼 수 없음을 뜻함.

011
몰래 지워 버린 글씨

뒤에 왕희지가 서울로 갈 때 임행臨行하면서 벽에 글씨를 썼다. 헌지는 이를 몰래 지워 버리고 원래의 곳에다 이를 다시 쓰면서 스스로 괜찮다고 여겼다.

희지가 돌아와서 이를 보고는 이렇게 탄식하였다.

"내가 떠날 때 진실로 크게 취했었나 보구나."

자경은 그제야 내심 이를 부끄러워하였다.

後羲之往都, 臨行題壁. 子敬密拭除之, 輒書易其處, 私謂不惡. 羲之還見, 乃歎曰:『吾去時眞大醉也.』敬乃內慚.

【敬乃內慚】이 일은 唐 李嗣眞의《書品後》에 의거하여 고친 것임. 그러나 包世臣은《書譜辨誤》에서 이를 辨證하여「按王右軍癸亥生, 當西晉惠帝太安二年(303). 至甲辰生大令, 爲東晉康帝建元二年(344). 至穆帝永和九年(353), 大令年十歲, 會蘭亭, 尙不能成詩. 永和十一年春(355), 右軍辭官誓墓, 居會稽. 是後斷無入都理. 是右軍入都, 至遲亦永和十年, 大令年始十一, 焉得有拭除父親書 而別作之事乎?」라 하였음.

012
아버지만 못한 아들

이로써 알 수 있듯이 일소(왕희지)를 종요나 장지에 비한다면 오로지 두루 정박하게 한 것이 이와 차이가 있을 뿐이며, 자경이 일소에 미치지 못함은 의심할 여지가 없다.

是知逸少之比鍾張, 則專博斯別; 子敬之不及逸少, 無或疑焉.

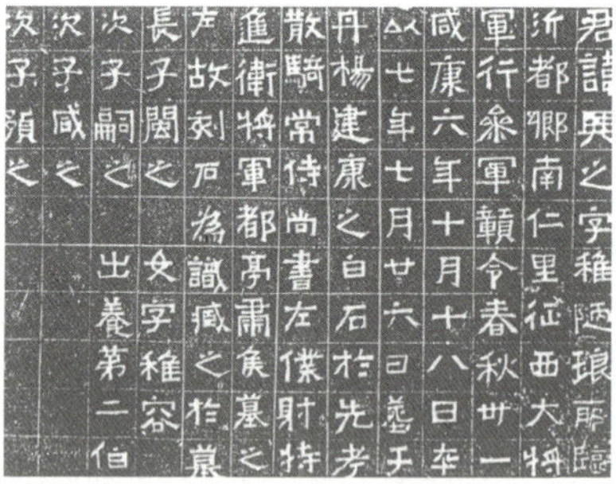

王興之〈夫婦墓誌銘〉

【專精斯別】이는 전적으로 鍾繇는 楷書에 뛰어났고, 張芝는 초서에 뛰어났음을 말한 것임.
【博】王羲之는 이 두 가지를 함께 兼通하였음을 말함. 羲之와 鍾繇는 다만 「專精」함과 「博精」함의 차이만 있을 뿐 優劣의 차이는 없다는 뜻.

013

나는 열다섯에 한묵에 관심을 두었다

나는 열다섯에 한묵翰墨에 관심을 두어 종요와 장지가 남긴 유묵을 음미하였다. 그리고 희지와 헌지의 옛날 법규를 채득하여 깊이 들어 전심으로 연구하였다. 세월이 이미 24년이 흘렀지만 아직 겨우 나무를 조금 뚫고 들어갈 수 있는 지경에 이를 정도이지만 그래도 임지臨池의 뜻을 저버린 적은 없다.

余志學之年, 留心翰墨, 味鍾張之餘烈, 挹羲獻之前規, 極慮專精, 時逾二紀, 有乖入木之術, 無間臨池之志.

【余志學之年】 열다섯 살을 가리키는 말. 《論語》 爲政篇에 「子曰: 『吾十有五, 而志於學』」이라 함.

【翰墨】 筆墨의 다른 말. 古書에 흔히 書法과 文辭를 대칭하여 쓰는 말로 여기서는 書法을 뜻함.

【二紀】 24년을 가리키는 말. 원래 歲星의 한 週期인 12년을 一紀로 계산하였음. 《國語》 晉語(四)에 「蓄力一紀」라 하고 註에 「十二年歲星一周爲一紀」라 함.

【入木之術】 入木은 入木三分과 같음. 필력이 강하다, 웅건하다의 뜻임. 張懷瓘의 《書斷》에 「晉王羲之書祝版, 工人削之, 筆入木三分」라 하였고, 《宣和書譜》에는 「獻之又嘗書南郊祭版, 其字畫入木七分」이라 함.

【臨池】 서법을 익히는 공부를 가리킴. 장지가 臨書하느라 쓴 먹물의 벼루를 씻어 그 물이 못을 모두 검게 물들였다는 고사. 王羲之의 〈與人書〉에 「張芝臨池學書, 池水盡墨」라 함.

014
모든 오묘함이 다 모여서

현침수로懸針垂露의 기이함과 분뢰추석奔雷墜石의 기이함, 그리고 홍비수해鴻飛獸駭의 자질, 난무사경鸞舞蛇驚의 자태, 절안퇴봉絶岸頹峯의 기세, 임위거고臨危據槁의 모습을 보건대 혹 무겁기가 무너지는 구름과 같고 혹 가볍기는 매미 날개 같으니 이를 인도하면 샘물이 솟고 이를 억누르면 편안한 산과 같도다. 가늘기는 마치 초승달이 하늘 끝에서 떠오르는 형상이요 떨어지기는 오히려 뭇 별들이 은하수와 줄을 이루고 있는 듯하도다. 자연의 묘함을 함께 가지고 있어 힘이나 운세로 능히 해낼 수 있는 것이 아니로다. 진실로 가히 지교智巧와 우세함을 겸하고 심수心手가 서로 창활暢闊하여 필법이 헛된 동작이 아니며, 붓을 댈 때마다 반드시 이유가 있고 일획 사이에도 기복이 그 봉초峯杪에서 변화를 일으킨다. 점點하나에도 특수하게 호망豪芒의 끝에 육좌衄挫의 신비함이 들어있도다.

觀夫懸針垂露之異, 奔雷墜石之奇, 鴻飛獸駭之資, 鸞舞蛇驚之態, 絶岸頹峯之勢, 臨危據槁之形; 或重若崩雲, 或輕如蟬翼; 導之則泉注, 頓之則山安; 纖纖乎似初月之出天涯, 落乎猶衆星之列河漢; 同自然之妙有, 非力運之能成; 信可謂智巧兼優, 心手雙暢; 翰不虛動, 下必有由. 一畫之間, 變起伏於峯杪; 一點之內, 殊衄挫於豪芒.

【懸針垂露】 모두가 物象을 比擬하여 書法의 筆劃을 설명한 전문 용어. 대체로 붓을 높이 세워 아래를 뾰족하게 하는 것을 「懸針」이라 하며, 아래 끝나는 획을 둥글게 하는 것을 「垂露」라 함.

【鴻飛獸駭之資】 새가 날아오르고 짐승이 흩어지는 모습을 형상한 것. 鴻은 鴻鵠, 黃鵠을 뜻하며 駭는 奮起하는 모습. 《文選》에 陸機의 〈皇太子宴玄圃詩〉의 「協風傍駭」에 李善은 《廣雅》를 인용하여 「駭, 起也」라 함. 資는 姿와 같음.

【鸞舞】 鸞은 봉황의 일종이라 함. 舞는 비상을 뜻함. 《列子》 湯問篇에 「瓠巴鼓琴, 而鳥舞魚躍」라 함.

【臨危據槁】 놀라고 험한 모습을 형상한 말. 위험에 임한 듯이 하고 마른 나무를 의지한 듯이 함.

【導之則泉注】 運筆의 靈活暢達한 모습을 형용한 말. 구체적으로 導의 필법은 小指를 無名指에 당겨 오른쪽으로 치우치게 하는 일종의 방법이라 함. 이를 '送'이라 함. 여기서는 필봉이 점획에서 원활하게 움직임을 가리킴.

【頓之則山安】 筆力이 渾厚凝重함을 형용한 말. 「頓」의 구체적인 필법은 필력을 붓끝에 두어 종이의 뒤쪽까지 투입되도록 하는 것이라 함. 필이 아래에 무겁게 내리는 상화를 「頓」이라 함.

【纖纖】 세밀하고 뾰죽한 모습. 韓愈의 시에 「篔簹競長纖纖簡」이라 하였음.

【落落】 疎闊한 모습.

【翰】 毛筆을 뜻함.

【峰杪】 필봉의 끝 부분. 峰은 筆峰을 뜻하며 초는 나무의 끝을 말하여 여기서는 사물의 끝을 비유한 것.

【殊衄】 붓끝 털이 꺾이는 것. 뉵(衄)과 좌(挫)는 다른 것임. 수는 다르다의 뜻이며 뉵은 붓이 내려가지 않았을 때 다시 위로 올려 운필함을 뜻함. 그러나 이 역시 회봉(回鋒)과는 다르며 회봉은 돌려쓰는 것을 말하며 뉵봉(衄鋒)은 역으로 운필함을 뜻함.

015
글씨와 정성

하물며 덧보태 말한다면 점획의 연습이 쌓이고 쌓인 다음에, 이에 그 글자를 이루었으니 척독서尺牘書를 보고 촌음을 아끼며 몸을 숙여 연습하지 않고, 반초班超의 붓을 버리겠다는 고사를 구실로 삼고, 항적項籍이 글자는 배우지 않겠다고 했던 것처럼 자만하였다거나, 마음 내키는 대로 글씨를 써서 형태를 이루면서, 마음속에 임모의 방법을 깨우치지 못하였으면서, 손은 운필의 이치를 놓친 채 그 연묘硏妙함을 얻겠다고 하였을 것이니 이 역시 오류에 빠지는 것이 아니겠는가!

況云積其點畫, 乃成其字; 曾不傍窺尺牘, 俯習寸陰; 引班超以爲辭, 援項籍而自滿, 任筆爲體, 聚墨成形; 心昏擬效之方, 手迷揮運之理; 求其研妙, 不亦謬哉!

班超(仲升)《三才圖會》

【班超】東漢 때 安陵 사람으로 처음에는 官府에서 書寫하는 일을 하였으나 뒤에 나라를 구함이 우선이라 여겨 붓을 던지고 군대로 뛰어들어갔다는

「投筆從戎」의 고사를 남겼음. 그는 일찍이 "大丈夫가 응당 張騫이나 傅介子처럼 나라를 위하여 공을 세워 이름을 다투어야지 어찌 일평생 筆硯에 매어 노역을 당해야 한단 말인가?"라 하였다 함. 그리하여 明帝 때에 西域의 사신으로 나서 31년을 그곳에 머물며 한나라를 위하여 공을 세웠음.

【項籍】秦나라 말기 下相人으로 자는 羽, 어려서 숙부 項梁이 글을 가르쳐주자 글씨는 그저 이름을 쓸 수 있는 정도면 족하고 만인을 상대하는 공부를 하고 싶다고 하였음. 뒤에 武學을 익혀 드디어 秦나라를 패하고 咸陽을 공략, 西楚霸王에 오름. 뒤에 劉邦과의 싸움에서 垓下에서 패하여 천하를 잃음. 《史記》 項羽本紀 참조.

【心昏擬效之方】마음에 학습과 임모의 방법을 터득하지 못한 상태.

【研】姸과 같음. 아름다움을 뜻함.

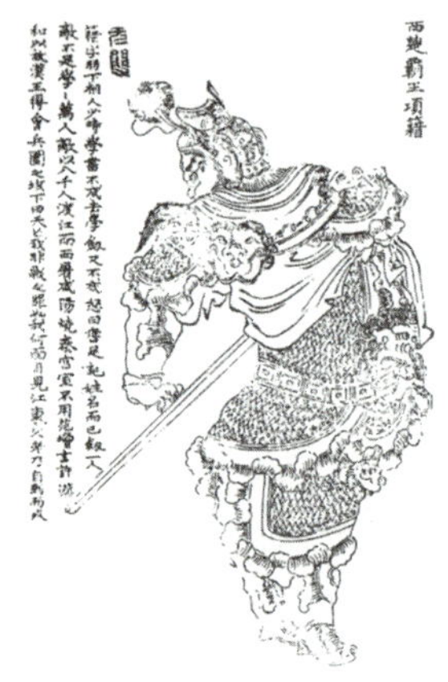

項羽 西楚霸王

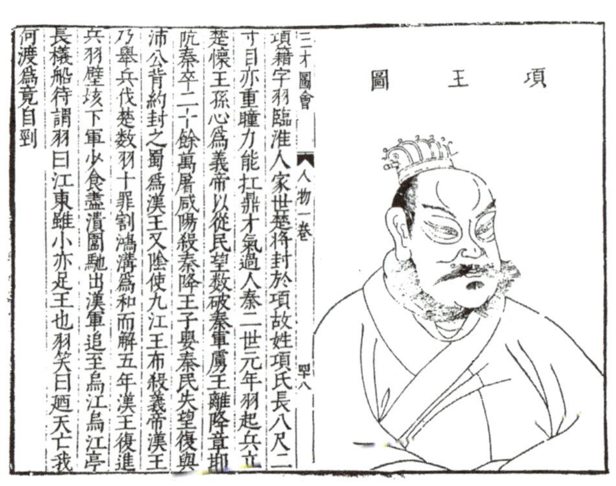

項王圖

三才圖會　人物一卷

項籍字羽臨淮人家世楚將封於項故姓項氏長八尺二寸目亦重瞳力能扛鼎才氣過人秦二世元年羽起兵立楚懷王孫心爲義帝以從民望數破秦軍虜王離降章邯阬秦卒二十餘萬屠咸陽殺秦降王子嬰秦民失望復與沛公背約封之蜀爲漢王又陰使九江王布殺義帝漢王乃舉兵伐楚數羽十罪割鴻溝爲和而解五年漢王復進兵羽壁垓下軍少食盡潰圍馳出漢軍追至烏江烏江亭長檥船待謂羽曰江東雖小亦足王也羽笑曰乃天亡我何渡爲竟自剄

項羽(項籍)《三才圖會》

016
시부詩賦는 소도小道이다

그러나 군자가 몸을 세움에 그 근본을 닦는데 힘쓰는 것이니 양웅揚雄이 "시부詩賦는 소도小道이니 장부로서 할 일이 아니다"라 하였다. 하물며 다시 모필에 심취하고 한묵翰墨에 빠짐에랴!

然君子立身, 務修其本, 揚雄謂:「詩賦小道, 壯夫不爲.」況復溺思豪氂, 淪精翰墨者也!

【然君子立身, 務修其本】《說文解字》 叙에 「盖文字者經藝之本, 王政之始, 前人所以垂後, 後人所以識古, 故曰本立而道生」이라 하였고 《論語》 學而篇에 「君子務本, 本立而道生」이라 함.

【揚雄謂: 詩賦小道, 壯夫不爲】 詩賦는 小道로 壯夫가 할 일이 아니라는 뜻. 漢 揚雄 《法言》에 「或問: 『吾子少而好賦?』 曰: 『然 童子雕蟲篆刻』 俄而曰: 『壯夫不爲也』」라 함.

【溺思豪氂】 思慮가 筆墨에 沉湎함을 뜻함. 한편 豪氂(豪毼)에 대하여 朱駿聲 《說文通訓定聲》에 「按豪毼者, 今以氂爲之, 古作毼, 實當作犛. 豪, 長毛豕; 犛, 長毛牛也」라 함. 豪氂는 여기서는 모필을 뜻함. 溺은 필묵에 빠진 모습을 형용한 것.

【淪精翰墨】 서법에 정신을 매몰시켜 경지에 빠지는 것. 翰墨은 서법을 뜻함.

017
좌은坐隱과 일취逸趣

무릇 정신을 집중하여 바둑에 몰두한 자도 오히려 좌은坐隱의 이름을 표방하고, 낚시에 즐거운 뜻을 둔 자도 오히려 행장의 일취逸趣를 체득하는 법이다.

夫潛神對弈, 猶標坐隱之名; 樂志垂綸, 尚體行藏之趣.

【潛神對弈】 바둑에 정신을 집중함. 잠신은 정신이 어떤 한 곳에 빠져듦을 뜻함. 弈은 바둑을 말함.

【猶標坐隱之名】「坐隱」《世說新語》巧藝篇「王中郎以圍棋是坐隱, 支公以圍棋爲手談」이라 하여 바둑은 앉아서 隱逸을 즐기는 일이라 하였음.

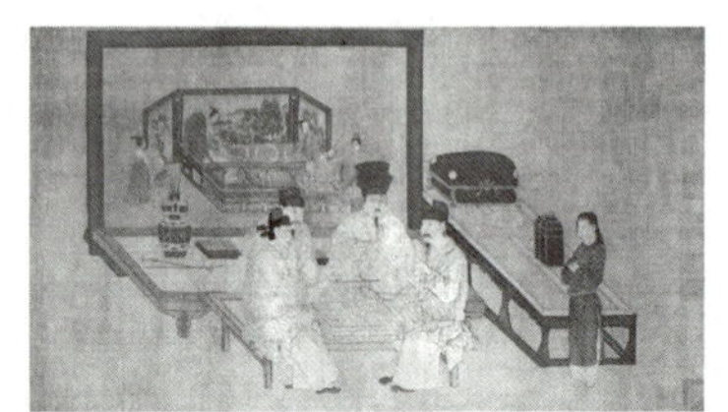

碁局圖

【樂志垂綸】 낚시에 빠져 즐거움을 삼는 것.《論語》雍也篇에「子曰:『知之者不如好之者, 好之者不如樂之者.』」라 함.

【行藏】 벼슬길에 나서거나 물러서 은거함을 선택. 혹은 행동을 겉으로 드러내거나 하지 않고 숨김을 뜻함.《論語》述而篇에「子謂顔淵曰:『用之則行, 舍之則藏. 惟我與爾有是夫!』」

018
문자의 기능

어찌 문자가 예악을 선양하는 공에 비하겠으며, 신선과 견줄 묘함이 있다 하겠으며, 연식挻埴의 변화무궁함이나 공로工鑪의 신기함과 비할 수 있겠는가? 괴이하고 기괴한 것을 숭상하는 선비는 체세體勢의 다양함을 즐기지만 미세한 것까지 궁구窮究하고 묘한 것을 재는 사나이는 추이推移의 오묘한 경지를 터득할 수 있는 것이다.

저술을 하는 자는 그 조박糟粕함을 빌려오는 것일 뿐이요 조감藻鑒하는 자는 그 청화菁華를 따서 취하는 것이다. 진실로 의리의 회귀會歸요 진실로 현달賢達하면서 선을 겸한 것이다.

정미함을 존속시키며 상찬賞讚을 붙여주는 것이니 어찌 쓸데없는 일이겠는가!

詎若功宣禮樂, 妙擬神仙, 猶挻埴之罔窮, 與工鑪而並運? 好異尚奇之士, 翫體勢之多方; 窮微測妙之夫, 得推移之奧賾. 著述者假其糟粕, 藻鑒者挹其菁華, 固義理之會歸, 信賢達之兼善者矣. 存精寓賞, 豈徒然與!

【詎若功宣禮樂】"어찌 문자가 예악을 선양하는 것에 비교하리오?"의 뜻. 許愼의《說文解字》叙에「言文者宣教明化於王者朝廷」이라 함.

【妙擬神仙】《說文解字》叙에「古帝所作也, 其效有神仙之迹焉」이라 함.

【猶挻埴之罔窮】연식은 원래 도기를 만들어내는 틀. 혹은 진흙을 누르고 다져 그릇을 만들어 내는 일을 뜻함. '埏埴'으로도 표기함.《老子》11장에「埏埴以爲器, 當其無, 有器之用」이라 함.

【與工鑪而並運】鑪는 爐와 같으며 쇠붙이를 冶煉하는 기구. 용광로. 工鑪는 제련공. 여기서는 제련공이 오묘한 온갖 기구를 만들어 내듯이 서예의 묘함과 신비함을 표현해냄을 비유한 것임.

【翫】玩과 같음.

【窮微】깊고 오묘함을 뜻함.

【得推移之奧賾】《淮南子》묵은 것을 거두어내고 새것을 창조하는 오묘한 비밀. 推移는 推陳出新의 뜻. 脩務篇에「且夫精神滑淖纖微, 倏忽變化, 與物推移」라 하고 注에「推移, 猶轉易也」라 함. 오색(奧賾, 본문의 奧頤는 奧賾의 오기로 보임)은 오묘한 비밀을 뜻함. 許敬宗《勸對禪文》에「參三才之奧賾, 驗百神之感通」이라 함.

【著述者 假其糟粕】糟粕은 정화(精華, 菁華)의 상대되는 말로 어떤 원리의 찌꺼기를 뜻함.《莊子》外篇에「桓公(齊桓公)讀書堂上, 輪扁斲輪於堂下, 釋椎鑿而上, 問桓公曰:『敢問公之所讀爲何言邪?』公曰:『聖人之言也』曰:『聖人在乎?』公曰:『已死矣』曰:『然則君子之所讀者, 古人之糟粕已夫!』桓公曰:『寡人讀書, 輪人安得議乎? 有說則可, 無說則死』輪扁曰:『臣也以臣之事觀之, 斲輪徐則甘而不固. 疾則苦而不入, 不徐不疾, 得之於手, 而應於心, 口不能言, 有數存焉於其間. 臣不能以喩臣之子, 臣之子亦不能受之於臣, 是以行年七十而老斲輪. 古之人與, 其不可傳也死矣. 然則君子所讀者, 古人之糟粕已夫.』」여기서는 서법의 오묘한 도는 쉽게 말로 표현할 수 없음을 뜻하며 요령을 터득하고 노력을 기울여 스스로 통달할 수밖에 없음을 비유한 것임.

【菁華】精華와 같음. 아주 순수한 알맹이. 〈西京賦〉注에「菁, 華英也」라 함.

019
동진의 사대부들

동진東晉 시대의 사대부들은 서로가 도야하고 물들여 주었다. 왕씨王氏 집안과 사씨謝氏 일족, 그리고 치씨郗氏와 유씨庾氏 무리들은 비록 그 신기함을 다하지는 못하였지만 모두가 역시 그 풍미風味를 맛본 사람들이다. 그들과의 시대가 자꾸 멀어져 이러한 도道가 갈수록 쇠미해지고 있다.

而東晉士人, 互相陶染. 至於王謝之族, 郗庾之倫, 縱不盡其神奇, 咸亦挹其風味. 去之滋永, 斯道愈微.

【東晉士人】 東晉(317년~420년)은 元帝가 建業(南京)으로 수도를 옮긴 이후이며 중국의 남방 문화의 꽃을 피우기 시작한 시기. 도가 사상과 남방 특유의 섬세하고 미려한 예술 감각으로 미술, 문학, 조각, 서법 등에 지대한 영향과 결과를 낳았음. 당시의 사대부들은 현학과 청담의 풍조를 이루었으며 은일과 방탄 등에 관심을 보였으며 예술에서도 인간의 심미적 한계를 극복하고자 하였음.

【陶染】 훈도되어 물이 듦. 《顔氏家訓》 序致篇에 「頗爲凡人之所陶染, 肆欲輕言, 不修邊幅」이라 함.

【王謝之族】 남방 동진 때에는 貴族閥門으로 王氏와 謝氏가 세상을 풍미하였음. 王氏로는 王導, 王廙, 王劭, 王羲之, 王獻之, 王恬, 王洽, 王徽之, 王珉 등 역사에 이름을 날린 인물이 《晉書》와 《世說新語》에 널리 등장하며, 謝氏로는 謝尙, 謝奕, 謝安 등 역시 대단한 인물들이 무수히 많았음.

【郗庾之倫】 역시 東晉 시대 이름을 날린 郗氏 집안과 庾氏 집안의 인물들. 郗鑒, 郗愔, 郗曇, 郗超, 郗儉, 郗恢 등이 있으며, 庾亮, 庾懌, 庾翼, 庾準 등이 書法과 玄學으로 이름이 높았음. 《世說新語》 및 《晉書》 참조.

【滋永】 갈수록 영구해짐.

【斯道愈微】 예술이 갈수록 쇠미해짐을 뜻함.

020
성공한 이유

바야흐로 후세의 서가는 자신이 들은 이론에 대하여 진위를 가리지 않고 칭송하며, 터득한 것도 말末이요 행하는 것도 말末이다. 고금이 막히고 끊어졌으니 어디에 물어볼 데도 없다. 설혹 서로 만난다 해도 그 감추어진 비밀은 이미 너무 깊어 서법을 배우는 자로 하여금 망연하게 하며 그 요령을 알 수 없게 하였다. 한갓 성공成功의 아름다움만 보았지 그렇게 된 이유를 깨닫지 못하는 것이다.

方復聞疑稱疑, 得末行末; 古今阻絶, 無所質問; 設有所會, 緘秘已深; 遂令學者茫然, 莫知領要, 徒見成功之美, 不悟所致之由.

【設】 혹은 「復」으로 해석하기도 함.
【緘秘】 대가들이 알아주지 않음을 그대로 지킴. 감추어진 비밀을 그대로 봉하여 지켜냄.

021
원리를 터득해야 한다

혹 어떤 사람은 몇 년을 점획點畫의 분획과 포치布置를 연구하지만 이는 규구規矩에서 더욱 멀어질 뿐이다. 진서眞書를 배우겠다면서 그 원리를 깨닫지 못하고, 초서草書를 익힌다면서 그 규칙이 미혹되니, 가령 초서를 조금 이해하였다 해도 예법隷法을 조금이라도 전수 받았다면 곧바로 그에 치우쳐 고집으로 빠져들고 있으니, 이는 그 통규通規와는 거리가 생기고 마는 것이다.

그러니 어찌 마음과 손의 어울림이 마치 근원은 같으나 지맥이 다름과 같고 전용의 기술이 같은 나무에서 가지가 갈린 것과 같음을 알겠는가?

或乃就分布於累年, 向規矩而猶遠, 圖眞不悟, 習草將迷, 假令薄解草書, 粗傳隷法, 則好溺偏固, 自閡通規. 詎知心手會歸, 若同源而異派; 轉用之術, 猶共樹而分條者乎?

【分布】書法의 結體. 布白을 뜻함.
【規矩】기준이나 잣대를 표현하는 말.
【圖眞】해서를 잘 쓰고자 연구함. 眞은 眞書, 즉 楷書를 뜻함.

【隷法】 여기서는 楷書의 필법을 뜻함. 隷는 楷書를 뜻함.
【則好溺偏固】 어느 체를 좋아하는지에 따라 그 쪽으로 기울어 이를 고집함을 뜻함.
【自閡通規】 전체를 통괄하고자 하면 저절로 장애가 생김.
【轉用】 運筆의 轉折呼應과 結構布白을 가리킴.

壯歟惟
世祖皇帝知人善任
使故能盡其用我兩
世爵祿雖未足當其
功多然間嘗 賜之

楷書(正書): 虞集 글씨(元)

022
변화에 적응하라

변화에 쫓아가고 시대에 적응하는 것을 더한다면 행서行書는 가장 중요한 것으로 제題를 쓰고 늑석勒石하는 데에 그 방정한 폭은 진실로 이에 가장 뛰어난 것이다. 초서草書가 진서眞書를 겸하지 않으면 거의 오로지 근엄하기만 하고 진서를 쓰면서 초서를 통달하지 않으면 한찰翰札의 맛이 아니다. 진서는 점획으로써 형질形質을 삼아 이를 돌려 정성情性이 되도록 해야 한다. 그리고 초서는 점획을 정성으로 삼아 이를 돌려 형질이 되도록 해야 한다. 초서를 왜곡하여 이를 돌리게 되면 글자를 이루지 못한다. 그러나 진서에서 점획을 어그러뜨려도 문장을 적을 수는 있다. 서로 구성과 형태가 다르다 해도 규칙은 대체로 통하는 것이다.

加以趨變適時, 行書爲要, 題勒方畐, 眞乃居先. 草不兼眞, 殆於專謹; 眞不通草, 殊非翰札. 眞以點畫爲形質, 使轉爲情性, 草以點畫爲情性, 使轉爲形質. 草乖使轉, 不能成字, 眞虧點畫, 猶可記文, 迴至雖殊, 大體相涉

【題勒方畐】題나 榜, 勒石의 작품이 방정하고 단아함을 뜻함. 題는 題字나 榜字처럼 큰 글씨. 勒은 돌에 새기는 碑文 따위의 단정한 글씨를 가리킴.

【翰札】 서신, 편지 등에 사용되는 글씨. 晉·唐시대에는 편지글에 楷書와 草書를 겸하여 쓰는 풍조가 유행하였음.

【形質】 점획의 長短, 大小, 高下, 出入, 多寡 등을 뜻함.

【情性】 運筆과 行筆에서 呼應하는 抑揚頓挫의 神氣를 가리킴.

【使轉爲形質】 日本 出版의 《書道全集》(1957년) 第8卷에 唐代 唐나라 留學僧 空海(774~835)의 寫本 6행 「使轉爲形質」 다음에 「草無點畫, 不揚魁岸; 眞無使轉, 都乏神明. 眞勢促而易從, 草體賒而難就」의 28자가 더 있음. "草書는 점획이 없으면 그 특유의 魁岸함을 드러낼 수 없고, 眞書는 使轉이 없으면 神明함을 잃게 된다. 진서는 筆勢가 촉급하여 따라하기 쉽지만 초서는 體에 여유가 있어 이를 성취하기가 어렵다"는 뜻임.

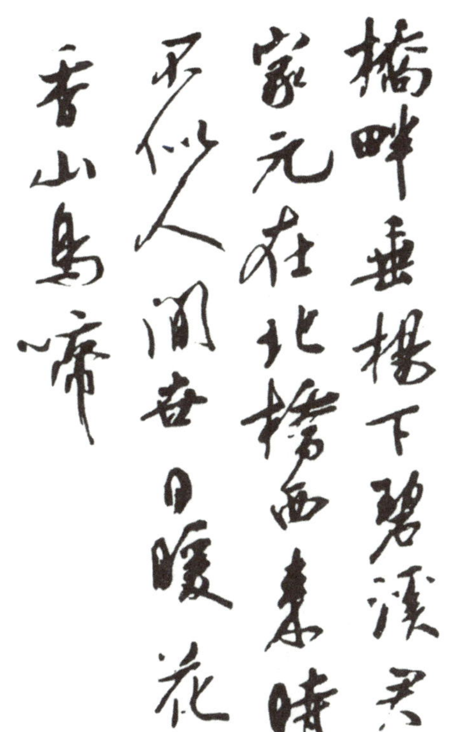

行書: 吳琚 글씨(宋)

023

털끝만한 차이도 살펴야 한다

그러므로 역시 소전小篆과 대전大篆에 방통傍通하고 팔분서八分書에 부관俯貫하며 장초章草를 참작하여 비백飛白에 함영涵泳하여야 한다. 만약 털끝만큼이라도 살피지 않으면 호월胡越의 다른 풍속과 같아지고 말 것이다.

故亦傍通二篆, 俯貫八分, 包括篇章, 涵泳飛白. 若豪釐不察, 則胡越殊風者焉.

【二篆】大篆과 小篆을 합하여 「二篆」이라 함. 大篆은 秦 이전의 商, 周와 六國文字, 그리고 金文, 陶文, 鉨文, 貨幣文, 石刻文 등 籒書(「古籒」)까지 포함하여 일컫는 용어임. 한편 小篆은 秦篆이라고도 하며 秦始皇 통일 후 문자 통일 과정에서 李斯가 관여하여 이룬 생개(省改)하여 획과 모습을 간략화한 篆書. 지금 남아 있는 《瑯琊大石刻》과 《泰山刻石》은 小篆의 대표적인 작품임.

【八分】漢나라 때 쓰던 隸書의 별칭. 魏晉 시대부터 唐代에 이르기까지 사람들이 楷書를 隸書라 불러 이의 식별을 위하여 漢나라 때의 예서를 "八分書"라 하였음. 이 「八」자에 대하여는 해석이 구구함. 그 중에 唐代 李陽冰과 張懷瓘의 설은 漢隸의 派磔이 左右로 나뉘어 八자 형태와 비슷하기 때문에 생긴 명칭이라 하였음.

【篇章】 章草를 가리킴. 清 陳奕禧는 「篇是《爰立》·《凡將》, 章是章草」라 하였음. 그러나 《爰立篇》이나 《凡將篇》은 古代 兒童의 識字用 교본으로 이미 사라져 알 수 없으며, 도리어 《急就篇》은 역대 章草의 학습서로 아주 널리 유포되고 지금도 남아 있음. 따라서 여기서의 「篇」은 《急就篇》을 가리키는 것으로 보임. 章草는 漢隸를 草書 형식으로 쓰던 초기 草書로 필획이 지금도 여전히 隸書의 捺筆挑勢의 분위기가 남아 있으며, 매 글자가 독립적으로 띄어져 연결되지 않음. 東漢 때 크게 유행하였으며 今草는 여기서 변화된 것임.

草書: 鄧文原 글씨(元)

【涵泳飛白】 飛白을 중시하여 이를 표현함. 飛白은 일종의 특수한 표현법으로 東漢 때 蔡邕이 鴻都門에서 漆工이 칠을 하면서 글자를 쓸어 가는 모습을 보고 개발한 것이라 함. 이러한 署滯는 필획이 실로 이어가듯 흰 부분이 드러나 枯筆로 쓴 흔적을 남겨 아름다움을 표현하는 것임. 宋代 黃伯思는 「取其若絲髮處謂之白, 其勢飛擧謂之飛」라 하였음. 飛伯은 筆鋒의 轉折京中과 筆勢의 飛擧를 강조하기 때문에 筆法 개발에 상당한 영향을 미쳤음.

【豪釐】 아주 미세한 차이. 이는 앞장(16)의 「溺思豪釐」의 「豪釐」와 다름. 豪는 毫로 써야 하며, 毫와 釐는 아주 미세한 양을 재는 단위. 《禮記》 經解篇의 「差若豪釐」 注에 「豪, 依字作毫」라 함.

【胡越殊風】 胡는 북방의 이민족, 越은 남쪽 지방을 뜻하여 그 풍속이 전혀 다름을 뜻함.

八分書(漢): 居延漢簡

024
한 가지 서체에 전심하라

종요鍾繇의 예서(楷書를 가리킴)를 기이하다고 여김과 장지張芝를 초성草聖이라 칭찬하는 것은 이는 결국 하나의 체體에 전심專心하여 정밀히 함으로써 절륜絶倫의 경지에 이르렀기 때문이다. 백영(伯英, 장지)은 진서에는 뛰어나지 못했으나 진서처럼 점획에 기복과 꺾임이 있었고, 원상(元常, 鍾繇)은 초서에 뛰어나지 못했으나 초서처럼 돌림에 종횡의 필치가 있었다. 이로부터 이후에는 두 가지를 겸하여 뛰어난 자가 없었으니 그에 미치지 못한 바가 있는 것은 전심하여 정밀하게 하지 않았기 때문이다.

至如鍾繇隸奇, 張芝草聖, 此乃專精一體, 以至絶倫. 伯英不眞, 而點畫狼藉, 元常不草, 而使轉縱橫, 自玆以降, 不能兼善者, 有所不逮, 非專精也.

【鍾繇隸奇】梁 陶弘景의 《論書啓》에 「伯英旣稱草聖, 元常自是隸絶」라 하여 육조부터 당에 이르기까지 해서에 대한 일종의 법칙. 「隸絶」이란 楷書 중의 絶品을 가리키며, 「隸奇」란 楷書 중의 奇品을 뜻함.

【而點畫狼藉】狼藉는 종횡으로 엇갈려 나란하지 못한 모습을 가리키는 말. 包世臣은 《藝舟雙楫》〈答熙載九問〉에서 「狼藉者, 觸目悉是之謂也」라 하였

으며 다시 「畫變起伏, 點殊衄挫」라 하여 모두가 구별이 아주 뚜렷하여 조금도 헷갈릴 수 없다는 뜻.

【而使轉縱橫】 원문의 「而」자는 원래 탈락되어 있음. 縱橫은 '제멋대로 하다'의 뜻임. 包世臣은 「縱橫者, 無處不達之謂也」라 하여 使轉할 때 힘써 姿態를 구해야 함을 강조하였음.

025
각 서체의 고유한 아름다움

비록 전서篆書, 예서隸書, 금초今草, 장초章草는 그 공교함과 쓰임이 자주 변하였지만 그래도 그들은 그 아름다움을 이루어내어 각각 그에 마땅한 바가 있었다. 전서는 완곡하면서 원통함을 숭상하였고, 예서는 정확하면서 밀密하기를 추구하였으며, 초서는 흐르되 시원하기를 귀히 여겼으며 장초는 검약儉約하되 간결하기에 힘을 쏟았다.

雖篆隸草章, 工用多變, 濟成厥美, 各有攸宜; 篆尚婉而通, 隸欲精而密, 草貴流而暢, 章務儉而便.

【各有攸宜】'攸'는 '所'와 같음. 각기 그 마땅한 바를 가지고 있어야 함을 뜻함.
【章務檢而便】章草는 約斂하면서 簡捷한 데에 뜻을 두어야 함을 말함.

篆書(小篆): 李斯 〈嶧山刻石〉

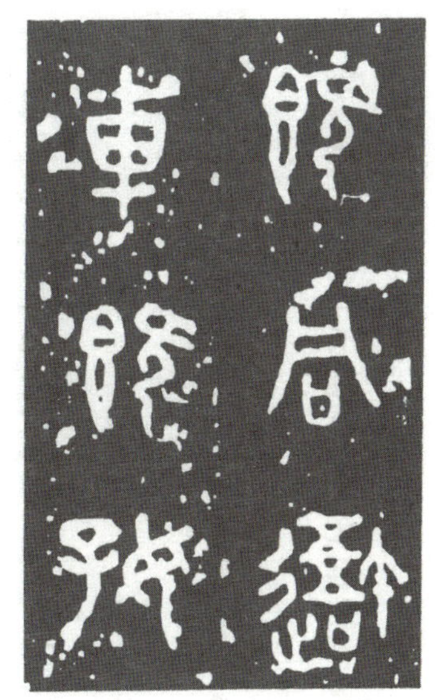

篆書(大篆, 籒書): 石鼓文

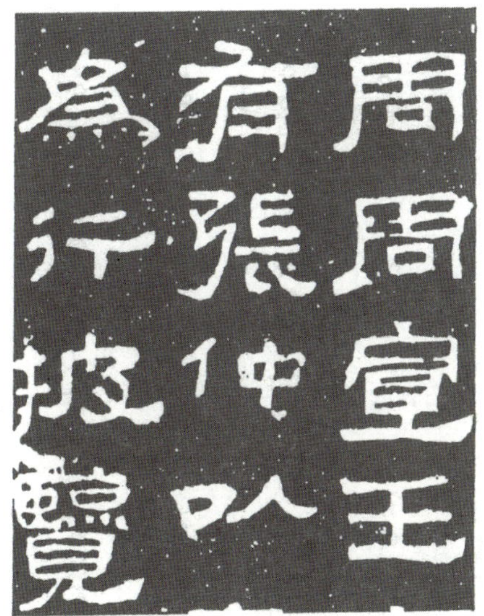

隷書: 漢 〈張遷碑〉

026
그 집 문 안에 들어가 보아야

그러한 연후에 늠름하게 하기를 풍신風神으로 하였고 온화하게 하기를 연윤姸潤으로 하였으며 웅건하게 하기를 고경枯勁스러움으로 하였고 화평하게 하되 한아閑雅함으로 하였다. 그러므로 그 정성情性에 도달할 수 있었으며 애락哀樂을 표현해 낼 수 있었던 것이다.

그 조습燥濕의 서로 다른 절도를 검험하니 천고를 두고 의연하며 늙은 때와 장정인 때의 옛일을 체득하니 백 살을 살아도 일순간이었다. 아! 그 집 문안으로 들어가 보지 않고 어찌 그 오묘함을 들여다볼 수 있겠는가!

然後凜之以風神, 溫之以姸潤, 鼓之以枯勁, 和之以閑雅. 故可達其情性, 形其哀樂. 驗燥濕之殊節, 千古依然, 體老壯之異時, 百齡俄頃. 嗟乎! 不入其門, 詎窺其奧者也!

【風神】 風貌와 神奇.
【姸潤】 곱고 윤기가 있음.
【古經】 마른 나무와 같으면서 질긴 질감을 나타냄.

【俄頃】 俄頃과 같음. 아주 짧은 시간.

【不入其門】 그 문 안에 들어가 보지 않고는 그 집안의 오묘한 것을 알아낼 수 없음을 비유한 것. 《論語》 子張篇에 "叔孫武叔語大夫於朝曰: 「子貢賢於仲尼.」 子服景伯以告子貢. 子貢曰: 「譬之宮牆, 賜之牆也及肩, 窺見室家之好. 夫子之牆數仞, 不得其門而入, 不見宗廟之美, 百官之富. 得其門者或寡矣. 夫子之云, 不亦宜乎!」"라 하였고, 集註에 "不入其門, 則不見其中之所有, 言牆高而宮廣也"라 함.

孔子와 《論語》

027
다섯 가지 구분

또 동일한 시대의 서법 작품은 조건 역시 합당함과 합당하지 않음의 구분이 있다. 합당하면 유창하면서 아름답고 어그러지면 거칠고 소략하다. 대략 그 이유를 말해본다면 각각 다섯 가지가 있다.

정신이 편안하고 하는 일이 한가로운 것, 이것이 하나의 합당함이다.

은혜에 감사하고 지기知己와 화답하는 것, 이것이 두 번째 합당함이다.

계절에 순응하고 기후가 온화한 것, 이것이 세 번째 합당함이다.

지묵이 서로 자신의 본령을 발휘하는 것, 이것이 네 번째 합당함이다.

그러한 경우를 만나 글씨를 쓰고 싶어 하는 것, 이것이 다섯 번째 합당함이다.

한편 마음이 급하며 사무에 매달리는 것, 이것이 첫 번째 어그러짐이요, 뜻에 위배되고 형세에 쫓기는 것, 이것이 두 번째 어그러짐이다. 그리고 바람이 메마르고 날이 더운 것, 이것이 세 번째 어르러짐이요, 지묵이 서로 조화를 이루지 못하는 것, 이것이 네 번째 어그러짐이며, 감정이 나태롭고 손이 난만한 것, 이것이 다섯 번째 어그러짐이다.

어그러짐과 합당함의 사이는 곧 우열의 차이에 이르고 만다. 때를 얻은 것은 그릇을 얻느니만 못하고, 그릇을 얻음은 뜻을 얻음만 못하다.

만약 다섯 가지 어그러짐이 동시에 몰려오면 뜻이 막히고 손이 움직이지 않는다. 다섯 가지 합당함이 교차되어 이르러오면 정신이 융화되고 붓이 유창하게 된다. 유창하게 되면 안맞지 않음이 없게 되고 손이 움직이지 않으면 어떻게 해야 할 바가 없게 된다.

인仁에 뜻을 둔 자는 뜻을 얻되 말을 잊게 되어 그 요체를 진설하기가 어렵다. 배우기를 바라는 자는 풍문을 바라며 오묘함을 터득하고자 하지만 비록 서술한다 해도 도리어 성글어지고 만다. 그리하여 헛되이 그 공교함을 세우지만 그 본지本旨는 제대로 펴지 못한다.

자신의 용매庸昧함을 펴보지 못하고 문득 그 명료한 것만을 본받으려 한다. 누구든 이왕의 풍규風規를 넓히고 옛날의 지식을 계도하여 번거로움을 제거하고 지나친 것을 없애고자 한다면 흔적을 보고도 마음으로 터득할 수 있을 것이다.

又一時而書有乖有合, 合則流媚, 乖則彫疎, 略言其由, 各有其五: 神怡務閑, 一合也; 感惠徇知, 二合也; 時和氣潤, 三合也; 紙墨相發, 四合也; 偶然欲書, 五合也. 心遽體留, 一乖也; 意違勢屈, 二乖也; 風燥日炎, 三乖也; 紙墨不稱, 四乖也, 情怠手闌, 五乖也. 乖合之際, 優劣互差. 得時不如得器, 得器如浔志. 若五乖同萃, 思遏手蒙; 五合交臻, 神融筆暢. 暢無不適, 蒙無所從. 當仁者得意忘言, 罕陳其要; 企學者希風敍妙, 雖述猶疎, 從立其工, 未敷厥旨. 不揆庸昧, 輒效所明, 庶欲弘旣往之風規, 導將來之器識, 除繁去濫, 覩迹明心者焉.

【彫疎】 粗惡하고 疏略하여 거칢. 彫는 凋와 같음.
【神怡】 神氣가 편안함. 怡는 恬으로 해석하기도 함.
【希風敍妙】 風尙을 向慕하여 奧妙한 陳跡을 남김.
【器識】 남의 器量이나 도량 등을 살핌. 《晉書》 張華傳에 「器識弘曠, 時人罕能測之」라 함.

028
필진도筆陣圖

대대로 전하는 것으로 『필진도筆陣圖』 7행이 있다. 그 가운데 획의 집필에 세 가지 수식手式이 있으나 그림의 모습이 어그러지고 이상하며 점획이 마멸되어 잘못되어 있다. 근래 남북 각 지역에 두루 유전되고 있음을 보았는데 의심컨대 왕우군王羲之이 만든 것이 아닌가 한다. 비록 진위는 아직 알 수 없지만 오히려 가히 동몽童蒙을 계발할 수는 있다. 이미 일상적으로 세속에 존재하고 있으니 여기에 다시 편록編錄하지는 않겠다.

代有『筆陣圖』七行, 中畫執筆三手, 圖貌乖舛, 點畫湮訛. 頃見南北流傳, 疑是右軍所製. 雖則未詳眞僞, 尙可發啓童蒙. 旣常俗所存, 不藉編錄.

【筆陣圖】 글씨 쓰는 것을 진법(陣法)에 비유하여 설명한 글. 혹 王羲之가 지은 것이라고도 함. 衛夫人의 〈筆陣圖並序〉에 "夫三端之妙, 莫先乎明筆, 六藝之奧, 莫重乎銀鉤. 昔秦丞相斯見周穆王書, 七日興歎, 患其無骨; 蔡尙書邕入鴻都, 觀碣十旬不返, 嗟其出羣. 故知達其源者少, 闇於其理者多. 近世以來, 殊不師與古, 而緣情棄道, 纔記姓名, 或學不該贍, 聞見又寡, 致使成功不就, 虛費精神, 日非通靈感物, 不可談斯道. 今删李斯筆妙更加潤色, 總七條幷作其形容, 列事

如左, 貽諸子孫, 永爲冒犯, 庶將來君子, 時復覽焉. 一: 如千里陣雲, 隱隱然其實有形. 丶: 如高峰墜石, 磕磕然實如崩也. 丿: 陸斷犀象. 乀: 百鈞弩發. 丨: 萬世枯藤. ㇏: 崩浪雷奔. ㇆: 勁弩筋節. 右七條筆陣出入斬斫圖"라 하였고, 王羲之의 〈題筆陣圖後〉에는 "夫紙者, 陣也; 筆者, 刀矟也; 墨者, 鍪甲也; 水硯者, 城池也; 心意者, 將軍也; 本領者, 副將也; 結構者, 謀略也; 颺筆者, 吉凶也; 出入者, 號令也; 屈折者, 殺戮也"라 함. 그리고 《格古要論》에는 "筆陣圖, 晉王右軍行書間有草字, 其書神妙, 爲世所重. 時年五十有二, 末云: 千金勿傳非其人也"라 함. 한편 '陣'자는 원래 '陳'으로 썼으나 王羲之에 이르러 '陣'자를 달리 써서 陣營, 軍陣의 의미로 구분하였다 함. 《顔氏家訓》 書證篇에 『태공(太公)의 《육도(六韜)》에 천진(天陳)·지진(地陳)·인진(人陳)·운조지진(雲鳥之陳) 등이 있다. 그리고 《논어(論語)》에 "위령공이 공자에게 진(陳)을 물었다"라 하였으며, 《좌전(左傳)》에는 "어려지진(魚麗之陳)을 치다"라 하였다. 그런데 속본에는 흔히 「阜」방에 거승(車乘)의 「거(車)」를 써서 「진(陣)」으로 쓴다. 생각건대 여러 진대(陳隊)는 모두가 진정(陳鄭)의 진(陳)자여야 한다. 무릇 행진(行陳)의 뜻은 진열(陳列)이란 말에서 취한 것이다. 이는 육서(六書) 중의 가차(假借)이다. 《창힐편(蒼頡篇)》과 《이아(爾雅)》 및 근세의 자서(字書)에는 모두가 따로 별자(別字)가 없었다. 그런데 오직 왕희지(王羲之)의 〈소학장(小學章)〉에만은 「阜(阝)」옆에 거(車)를 썼다. 비록 세속에 이미 통행되고는 있지만 그렇다고 이를 근거로 《육도》, 《논어》, 《좌전》을 고치는 것은 마땅치 않다』(太公《六韜》, 有天陳·地陳·人陳·雲鳥之陳. 《論語》曰: 「衛靈公問陳於孔子.」 《左傳》: 「爲魚麗之陳.」 俗本多作阜傍車乘之車. 案諸陳隊, 並作陳·鄭之陳. 夫行陳之義, 取於陳列耳, 此六書爲假借也, 《蒼》·《雅》及近世字書, 皆無別字; 唯王羲之〈小學章〉, 獨阜傍作車, 縱復俗行, 不宜追改《六韜》·《論語》·《左傳》也.)라 함. 그러나 여기서 "王羲之의 〈소학장〉에서 그렇게 썼다"라 한 것은 羲義라는 사람이 쓴 것을 잘못 알아 왕희지의 저작이라고 한 것이라고도 함. 趙曦明은 「《隋書》 經籍志: 《小學篇》一卷, 晉下邳內史王義撰. 諸本並作王羲之, 乃妄人謬改」라 하였음.

王羲之(逸少, 右軍) 《三才圖會》

【乖舛】 어그러짐. 條理나 順序에 맞지 않아 錯誤나 실수를 저지름.

【童蒙】 어린 아이. 아직 시비나 지혜를 모르는 상태.

029

부화浮華한 평가

이전 여러 사람의 필세에 대한 평가에 이르러보면 평가를 보건대 주로 부화浮華한 쪽으로 기울어 겉으로 드러난 형태를 다루었으며 안으로 그 이유에 대하여는 미혹한 상태이다. 내가 지금 이를 찬술함도 역시 이러한 비평은 취하지 않겠다.

至於諸家勢評, 多涉浮華, 莫不外狀其形, 內迷其理, 今之所撰, 亦無取焉.

【浮華】 실속 없이 겉만 화려함. 겉치레뿐임을 말한다.

030
역대 서가書家들에 대한 올바른 인식

만약 사의관師宜官과 같은 높은 명성이라면 진적眞迹이 남아있지 않고 다만 사첩史牒에서 그의 이름이 드러나는 것이요, 한단순邯鄲淳의 뛰어난 표준이라도 헛되이 비단에 그 글씨가 남아 있는 것일 뿐이다. 거기에 최원崔瑗, 두도杜度로부터 소자현蕭子顯, 양흔羊欣에 이르러서는 대대로 이어지고 있으니 이러한 이름난 사람들은 점점 많아지고 있다. 혹 당시에 이름이 높아 사라지지 않으며, 그 사람이 죽어도 그 업적은 드러나는 것이요, 혹 당시 다른 상황에 빌붙어 그 값을 올렸다 해도 죽고 나서는 그 칭찬도 사라지는 것이다. 게다가 작품이 미란糜爛하고 좀이 생겨 전하지 않는 경우도 있고, 유력자가 남김없이 빼앗은 경우도 있으니 우연히 이를 만나 감상할 수도 있지만 때때로 이 역시 쉽게 볼 수 있는 것은 아니다. 그래서 우열이 분운紛紜하여 이를 바르게 분류하기가 어렵다.

당대에 소문이 드러났던 사람으로 그 작품도 남아 있다면 억양抑揚을 기다릴 것도 없이 그 선후先後를 자연스럽게 변별할 수 있을 것이다.

若乃師宜官之高名, 從彰史牒, 邯鄲淳之令範, 空着縑緗. 暨乎崔·杜以來, 蕭·羊已往, 代祀綿遠, 名氏滋繁. 或藉甚不渝, 人亡業顯, 或憑附增價, 身謝道衰. 加以糜蠹不傳,搜秘將盡, 偶逢鑒賞, 時亦罕窺, 優劣紛紜, 殆難覼縷. 其有顯聞當代, 遺跡見存, 無俟抑揚, 自標先後.

【師宜官】 東漢 南陽人으로 隸書에 이름이 높았음. 靈帝가 書法 작품을 좋아하여 한 때 각지의 글씨 잘 쓰는 자를 鴻都門에 모았는데 師宜官이 그 때 그 자리에서 揮毫하여 쓴 큰 글자는 한 길이 넘었고 작은 글씨는 方寸도 되지 않았다 함. 靈帝가 이를 극찬하여 한 때 명성이 대단하였다 함. 그의 작품이라 알려진 《鉅鹿耿球碑》는 지금 전하지 않음. 《太平廣記》 참조. (부록을 볼 것)

【邯鄲淳之令範】 邯鄲淳은 魏나라 때 潁川人으로 邯鄲竺으로도 불리며 자는 子叔(혹 子叔)임. 博學多才하였으며 특히 古文字에 뛰어났었음. 曹操가 그의 이름을 듣고 이를 불러 黃初(220~226) 연간에 博士, 給事中 등의 벼슬을 내림. 《投壺賦》 천여 자를 써서 바치자 曹丕가 그를 크게 칭찬하였음. 그는 王次仲과 曹喜의 서법을 터득하여 大篆, 八分, 正書 등에 뛰어났었다 함. 《太平廣記》 참조.(부록을 볼 것)

【縑緗】 書卷, 書本을 가리킴. 고대에는 비단에 글씨를 썼기 때문에 대신하여 부른 말.

【崔·杜】 崔는 崔瑗, 杜는 杜度를 가리킴. 崔瑗은 東漢 涿郡 安平 사람으로 자는 子玉. 賈逵의 제자로 曆數와 文辭에 뛰어나 일찍이 濟北相 등을 역임하기도 하였음. 章草를 杜度에게 배워 점획이 매우 공교하여 王隱은 그를 「草賢」이라 불렀음. 한편 그는 小篆에도 뛰어나 《平子碑》를 남겼으며 著書로는 《草書勢》와 《篆書勢》등 57편이 있음. 杜度는 東漢 京兆 杜陵 사람으로 본명은 杜操. 자는 伯度. 齊相을 지냈으며 章草에 뛰어났었음. 韋誕은 그를 두고 「傑有骨力, 而字畫微瘦」라 평하였음. 建初(76~80년) 연간에 章帝가 그의 작품을 좋아하여 草書로 奏書를 올릴 것을 허가하기도 하였음. 역사상 章草로 이름을 날린 최초의 인물임. 《太平廣記》 참조.(부록을 볼 것)

漢 章帝(76~88 재위)
《三才圖會》

【蕭·羊已往】 蕭는 蕭子雲(487~549)을 가리키며, 羊은 羊欣(370~442)을 가리킴. 蕭子雲은 梁나라 晉陵人으로 자는 景喬. 나이 12살에 新浦縣侯에 봉해졌으며 뒤에 국자좨주(國子祭酒), 侍中 등의 관직에 올랐음. 젊어서 草書와 隸書에 뛰어났고 그의 小篆은 동시대 인물들이 법첩으로 여길 정도였다 함. 小篆의 飛白을 창조하여 意趣가 표연하였으며 뒷날 歐陽詢은 그의 서법을 아주 높이 평하였음. 한편 羊欣은 南朝 宋代 泰山 南城 사람으로 자는 敬元, 관직은 中散大夫, 義興太守 등을 역임함. 書法에 뛰어났으며 나이 12에 王獻之를 찾아가 글씨를 배우기를 청하여 헌지의 칭송을 받아 크게 성공하였다 함. 그의 行書는 당시 크게 중시를 받았으며 왕헌지 이후 독보적이었다 함. 이에 당시 사람들은 「買王得羊, 不失所望」이라 함. 《續筆陣圖》 1권과 《古今能書人名》 1권 등이 있음. 《太平廣記》 참조.(부록을 볼 것)

草書: 孫過庭《書譜》

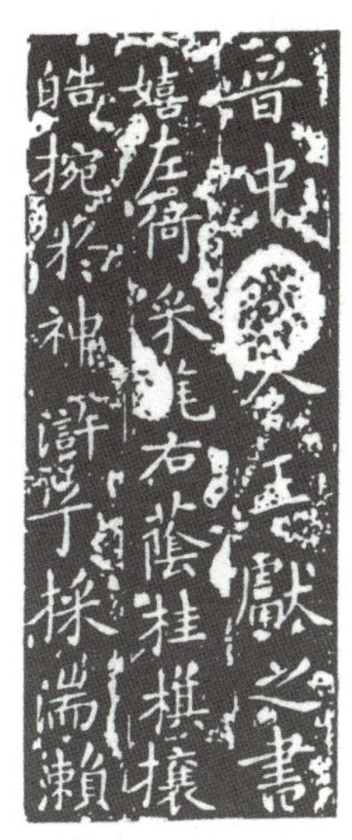

王獻之 〈洛神賦十三行〉

【代祀綿遠】 세월이 유구함. 상나라 때는 年을 祀로 썼으며 代祀는 춘하추동 郊祀를 지내어 안녕을 비는 행사가 대대로 이어짐을 뜻함.

【藉甚不渝】 명성이 쇠락하지 않고 널리 이어짐을 뜻함. 《漢書》 陸賈傳에 「名聲藉甚」이라 하였으며, 王仲寶의 《褚淵碑》에 「風流藉甚」라는 말을 쓰고 있음. 그리고 劉孝標의 《廣絶交論》에 「陸大夫宴喜西都, ……公卿貴其藉甚」이라는 말이 있음. 渝는 《說文解字》에 「變汚也」라 하여 맑고 깨끗한 것이 더러운 물로 변함을 뜻함. 여기서는 쇠락함을 뜻함.

【糜蠹不傳】 損壞를 입어 전하지 못함. 糜는 糜亂, 썩어 삭아짐. 蠹는 좀이 먹어 삭아짐을 뜻함.

【殆難覼縷】 처음부터 끝까지 자세하게 모두 갖추어 설명할 수 없음을 말함. 朱駿聲은 《說文通訓定聲》에서 《玉篇》을 인용하여 「覼縷, 委曲也」라 하였고 《文選》 左思 〈吳都賦〉에 「嗟難得而覼縷」라는 말이 있음.

031

육서六書와 팔체八體

게다가 육서六書의 창립은 헌원씨軒轅氏 때부터 시작되었고 팔체八體의 흥성은 영정嬴政, 진시황 때부터 비롯되었다. 그 유래가 오래되었으며 그 쓰임도 넓어졌다. 그럼에도 고금이 같지 않고 아름다운 겉모습과 바탕이 현격하였다. 현재 상용할 수 있는 것이 아니어서 생략하고 논하지 않겠다.

且六文之作, 肇自軒轅; 八體之興, 始於嬴政. 其來尚矣, 厥用斯宏. 但今古不同, 姸質懸隔, 旣非所習, 又亦略諸.

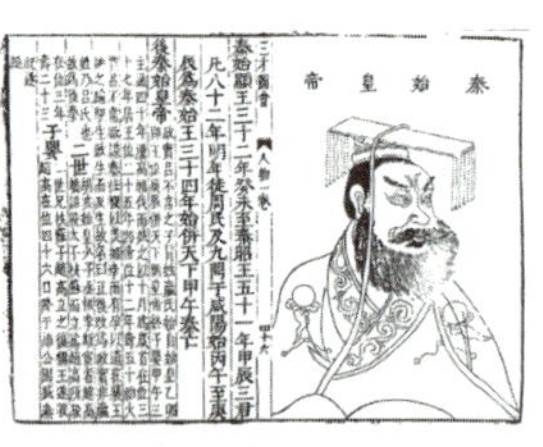

秦始皇(嬴政)《三才圖會》

【六文】六書를 가리킴. 漢字의 造字原理와 用字原理를 합하여 분류하는 文字學의 구분. 象形, 指事, 會意, 形聲, 轉注, 假借를 가리킴.

【肇自軒轅】문자가 軒轅시대에 만들어지기 시작했다는 주장. 軒轅은 黃帝軒轅氏. 황제시대의 倉頡이 처음 문자를 만들었다는 주장.

【八體】한나라 때가지 널리 쓰이던 문자의 8가지 형태. 《說文解字》敍에 「秦書有八體 一曰 大篆, 二曰小篆, 三曰刻符, 四曰蟲書, 五曰摹印, 六曰署書, 七曰殳書, 八曰隷書」라 함. 《太平廣記》 참조.(부록을 볼 것)

【嬴政】 秦始皇의 이름. 진시황은 성은 嬴, 이름이 政이었음. 그는 呂不韋의 임신한 여자를 왕후로 맞은 莊襄王의 아들로 태어나 재위 26년간 秦나라를 강하게 하여, 결국 山東 6국을 통일하여 秦帝國을 일으킴. 아울러 여러 가지 통일 정책으로 文字, 度量衡, 수레, 服裝 등을 표준화하였음. 특히 글씨는 「書同文」을 주장하여 李斯로 하여금 문자를 小篆으로 정리하게 함.

【又亦略諸】 다시 생략하여 간단하게 함. 簡化함을 뜻함. 諸는 어조사임. 《詩經》 邶風 日月에 「日居月諸, 照臨下土」라 하였고, 《左傳》 文公 5년에 「皐陶庭堅不祀, 忽諸!」라 함.

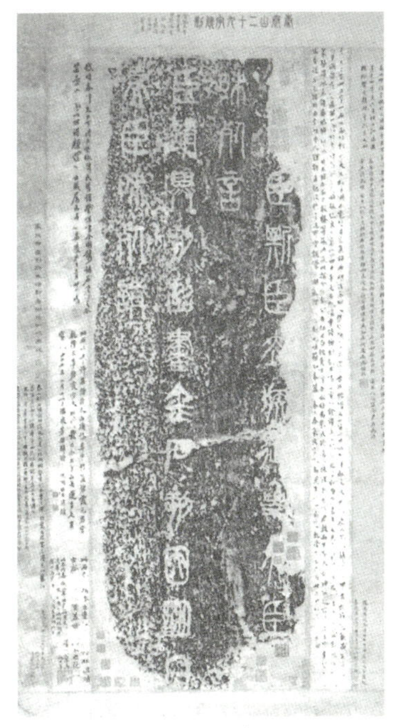

〈泰山刻石〉

秦始皇

032
각종 서체들

다시 용서龍書, 사서蛇書, 운서雲書, 수로전垂露篆 등의 흐름과 구서龜書, 학두서鶴頭書, 호서虎書, 지영서芝英書 등의 종류가 있었으니 이는 단지 초솔草率하게 물상物象을 모의模擬한 것이거나 혹 당시의 상서祥瑞를 그림으로 그린 것으로 회화의 기교에 영향을 받은 것이며 서법 예술과는 관계가 없다. 따라서 이들을 서법의 규범으로 삼아서는 안 된다. 따라서 이에 대하여는 더 이상 상세하게 다룰 만한 것이 못된다.

復有龍蛇雲露之流, 龜鶴花英之類, 乍圖眞率爾, 或寫瑞於當年巧涉丹靑, 工虧翰墨, 異夫楷式, 非所詳焉.

【復有龍蛇雲露之流, 龜鶴花英之類】 다시 용과 뱀, 구름과 이슬 등의 형상을 딴 글씨체와 거북, 학, 꽃과 꽃봉오리 등의 모습을 형상화한 글씨체가 있음을 말함. 그리하여 「十八體」니 「三十六體」라 하였으나 이는 실제 서법과는 관계가 없다고 여김.

【乍圖眞於率爾】 경솔하게 物象을 摹擬함을 말함. 여기서의 「圖眞」은 앞장(021)의 「圖眞不悟」의 「圖眞」과는 다름. 率은 輕率하다는 뜻임.

【丹靑】 繪畫를 대신하는 말. 원래 단은 丹砂, 청은 푸른색을 뜻하는 말로 회화를 지칭하였으나 뒤에 건물에 칠을 하여 아름답게 꾸미는 것으로 轉義된 것임.

【楷式】 법칙, 모범이 되는 典範.

033
여자경필세론與子敬筆勢論

대대로 왕희지의 『여자경필세론與子敬筆勢論』 10장이 전하고 있으나 문장이 비루하고 이치가 거칠며 뜻이 어긋나고 말이 졸렬하다. 그 지취旨趣를 상세히 살펴보건대 틀림없이 우군의 것은 아니다. 게다가 우군은 지위도 높고 재주도 뛰어나며 절조가 맑고 사장이 아취雅趣하며 명성이 사라지지 않아 한독이 여전히 남아 있다. 그의 편지글 하나하나 말 한마디를 보아도 조차지간에도 옛것을 상고함이 있어 왔다. 그런데 어찌 후사에게 서법을 가르침에 도의에 합당해야 할 것인데 문장이 차이가 나고 어그러짐이 한결같이 이에 이를 수 있겠는가!

또 말하자면 그는 장백영張芝과 동학이라 하였는데 여기서 더욱 황탄荒誕한 것을 드러내고 있다. 만약 한말의 백영을 가리킨다면 시대가 완전히 서로 상접하지 않아, 틀림없이 진나라 사람으로 같은 호를 가진 자가 있었을 것이니 역사에 어찌 그 이름이 적료寂寥하여 드러나지 않고 있는가?

이 책은 훈계서도 아니요 경서經書도 아니니 의당 폐기해야 할 것이다.

代傳羲之『與子敬筆勢論』十章, 文鄙理跡, 意乖言拙, 詳其旨趣, 殊非右軍. 且右軍位重才高, 調清詞雅, 聲塵未泯, 翰牘仍存. 觀夫致一書, 陳一事, 造次一際, 稽古斯在; 豈有貽謀令嗣, 道叶義方, 章則頓虧, 一致於此! 又云與張伯英同學, 斯乃更彰虛誕, 若指漢末伯英, 時代全不相接; 必有晉人同號, 史稱何其寂寥! 非訓非經, 宜從棄擇.

【與子敬筆勢論】 왕희지가 지은 筆勢에 관한 논문으로 아들 王獻之(子敬)에게 주어 깨우치도록 한 것임.
【代】 원래는 「世」자였으나 唐 太宗 李世民의 이름을 피하여 '代'로 고쳐 쓴 것임.
【聲塵】 명성의 흔적을 가리킴. 진은 塵跡의 뜻.
【造次一際】 조차는 매우 짧거나 경황이 없는 상황을 말함. 《論語》 里仁篇에 「造次必於是」라 하였음.
【貽謀令嗣】 家法을 아이와 후손에게 전해줌.
【叶】 諧協, 서로 조화를 이루어 도와줌.
【虛誕】 虛荒되고 放誕스러움.

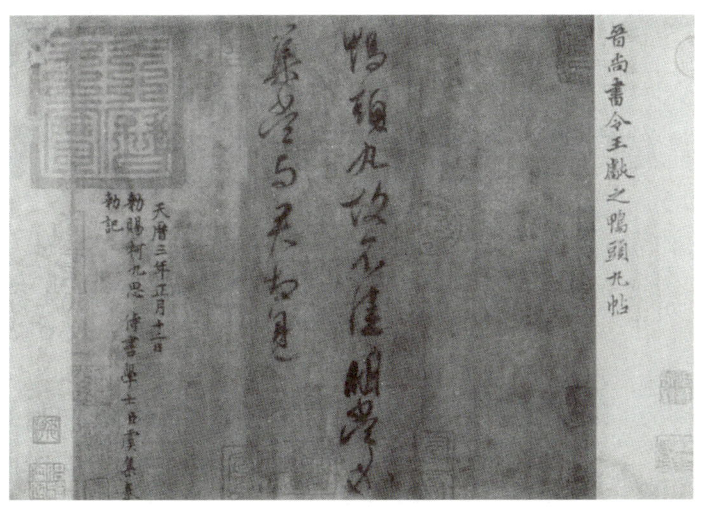

王獻之 〈鴨頭丸帖〉

034
오묘한 경지

무릇 마음에 통달한 바는 명칭이나 말에 모두 있는 것은 아니다. 말로 통하는 바는 오히려 지묵에 그 형태를 드러내기 어렵다. 조악하여 그 형상에 방불하게 할 수 있을 뿐이며 그 말은 그저 줄기나 잡을 뿐이다. 겨우 희이希夷에 짐작을 바랄 뿐이며 가경佳境에 회오會悟함을 취할 뿐이다.

지금 비워둔 채 미치지 못할 뿐 청컨대 장래를 기다린다.

夫心之所達, 不易盡於名言; 言之所通, 尙難形於紙墨. 粗可髣髴其狀, 綱紀其辭. 冀酌希夷, 取會佳境. 闕而未逮, 請俟將來.

老子(李耳) 夢谷 姚谷良(그림)

【綱紀其辭】 文辭를 이용하여 자신의 大體(綱紀)를 표현해냄.

【希夷】 아주 미묘하여 볼 수도 없고 들을 수도 없는 경계나 경지. 《老子》 14장에 「視之不見名曰夷, 聽之不聞名曰希, 搏之不得名曰微」라 하였음.

035
집執, 사使, 전轉, 용用

지금 집執과 사使, 전轉과 용用의 이유에 대하여 찬술하여 깨닫지 못하는 것을 제거하겠다.

집執은 천심淺深과 장단長短 같은 유類가 이것이다.

사使는 종횡縱橫과 견체牽掣 같은 유가 이것이다.

전轉은 구환鉤鐶과 반행盤行 같은 유가 이것이다.

용用은 점획點畫과 향배向背 같은 유가 이것이다.

바야흐로 그 여러 가지 법을 다시 회오會悟하여 하나의 길로 돌아가 여러 사람의 공교함을 짜서 나열하며 여러 사람의 오묘함을 얽되 전현前賢의 미흡한 면을 들어 후학이 규범을 이룰 것을 열어주는 것이다. 그리고 그 근원을 살펴 그 지파枝派를 분석하는 것이다.

사를 귀하게 여겨 문장은 약하되 이치는 풍부하게 하여 자취는 드러나고 마음은 소통해야 한다. 그렇게 해야 책을 펴면 밝게 알 수 있으며 붓을 대면 걸림이 없게 된다. 궤변과 이설은 상세히 다룰 바가 아니다.

今撰執使轉用之由, 以袪未悟; 執謂淺深長短之類是也; 使謂縱橫牽掣之類是也. 轉謂鉤鐶盤行之類是也; 用謂點畫向背之類是也. 方復會其數法, 歸於一途; 編列衆工,錯綜群妙; 擧前賢之未及, 啓後學於成規; 窺其根源, 析其枝派. 貴使文約理贍, 跡顯心通; 披卷可明, 下筆無滯. 詭辭異說, 非所詳焉.

【執謂淺深長短之類是也】 執은 執筆을 가리킴. 淺深長短은 집필의 위치를 가리킴. 淺은 大指와 食指, 中指로 筆管을 잡을 때 필관이 손가락 끝에 근접하게 하는 것이라 하며, 혹은 집필을 비교적 낮게 하는 것이라고도 함. 深은 필관을 잡을 때 대지와 식지, 중지로 필관 전체를 쥐는 것이라고도 하며, 혹은 집필을 높이 하는 것이라고도 함. 그리고 長은 筆頭로부터의 거리를 비교적 멀리 하는 것. 短은 거리를 짧게 하는 것이라 함. 그러나 지금 《書譜》의 本文이 전하지 않기 때문에 구체적으로는 알 수 없음. 唐代의 虞世南은 「筆長不及六寸, 眞一, 行二, 草三」이라 하였음.

【使謂縱橫牽掣之類是也】 使는 運筆을 뜻함. 縱은 上下, 橫은 左右를 가리킴. 牽은 아래로 끌어내리며 글씨를 쓰는 것, 체(掣)는 米芾의 설에 의하면 「無垂不縮, 無往不收」이라 하였고, 姜夔의 《續書譜》에는 「忽往還收」라 하였음. 이는 붓의 상하좌우로의 자재로운 활동의 말함. 漢字는 方塊形이므로 橫直이 가장 중요하며 많은 부분을 차지하여 당연히 「三折法」으로 진행해야 하며, 이에 따라 左로 쓰고자 하면 먼저 右로 가야하며 右로 쓰고자 하면 左로 가야하며 아래로 쓰고자 하면 위로 가야함을 말함.

【轉謂鉤鐶盤紆之類是也】 轉은 行筆의 轉折과 呼應을 말함. 鉤는 屈과 같음. 鐶은 環으로도 쓰며 둥글어 되돌아오는 상태. 盤行(盤紆)은 회선과 곡절을 뜻함. 「使」는 管橫直劃을 말하며 橫直劃 이외의 「折」, 「句」, 「撇」, 「捺」등은 모두 「轉」에 속함. 이러한 가운데 어느 정도의 「導」와 「送」, 그리고 「提」와 「按」의 운필이 가미되어야 함.

【用謂點畫向背之類是也】 결구와 점획의 揖讓向背를 뜻하는 말.

【理贍】 이론이 원만하고 풍부함.

036
왕우군의 서법을 따라 배우는 이유

그렇지만 지금 내가 진술하는 바는 처음 배우는 자에게 도움이 되도록 힘쓰는 것이다. 단지 우군의 글은 대대로 따라 배울 것이라 칭하였다. 진실로 가히 급히 배우기에 종장宗匠이 될 만하며 서서 손가락으로 귀착점을 일러주기에 취할 만한 것이다. 고금을 회통會通하여 역시 정조에 깊고 합당하여 그의 작품을 모탑模搨함이 날로 많아지며 그를 따라 연습함이 해마다 늘어나는데 선후의 드러난 이름이 거의가 산락散落하는 마당에 역대를 두고 홀로 그의 것만 이어지고 있으니 그를 따라 배우는 이유가 이 때문이 아니겠는가?

然今之所陳, 務裨學者. 但右軍之書, 代多稱習, 良可遽爲宗匠, 取立指歸, 豈唯會古通今, 亦乃情深調合. 致使摹搨日廣, 研習歲滋; 先後著名, 多從散落; 歷代孤紹, 非其效與?

【代】 원래는 '世'로 되어 있으나 唐 太宗 李世民의 이름을 諱한 것임.
【宗匠】 최고 名匠을 여김.

【指歸】 歸着點으로 삼음. 王僧虔의 〈誡子書〉에 「汝曾未窺其題目, 未辨其指歸, 而終日自欺欺人, 人不受汝欺也」라 함.

【摹搨】 嚮搨을 가리킴. 摹는 嚮자의 오자임. 고대 사람들은 좋은 작품에 얇은 종이를 덮어 이를 창문에 대고 그대로 자획을 그려 내었음. 그리고 이를 복제품으로 만들어 감상 학습용으로 썼음.

【孤紹】 單傳. 외롭게 혼자서 이어받아 전함.

〈王羲之玩鴨圖〉

037
왕우군의 작품들

시험 삼아 그 이유를 말해보고 그 여러 가지 의미를 간략히 진술해 보겠다. 이를테면 『악의론樂毅論』, 『황정경黃庭經』, 『동방삭화찬東方朔畫讚』, 『태사잠太師箴』, 『난정집서蘭亭集序』, 『고서문告誓文』 등은 역대를 두고 세속에 전하는 바로써 진서와 행서의 아주 뛰어난 것들이다.

試言其由, 略陳數意; 止如『樂毅論』, 『黃庭經』, 『東方朔畫讚』, 『太師箴』, 『蘭亭集序』, 『告誓文』, 斯並代俗所傳, 眞行絶致者也.

【《樂毅論》】 널리 알려진 小楷書 法帖으로 王羲之의 작품. 唐 褚遂良은 「筆勢精妙, 備盡楷則」이라 평하여 왕희지 正書의 제일로 여겼음. 지금은 石刻拓本이 전하며, 宋 元祐의 祕閣本과 越州石氏가 飜刻한 祕刻本이 비교적 알려져 있음.

【《黃庭經》】 역시 널리 알려진 小楷書 法帖으로 唐 褚遂良은 《右軍書目》에서 王羲之 正書의 第二로 정함. 서법은 溫潤遒麗하며 세상에 전하는 것은 宋 祕閣本을 석각으로 탁본한 것과 월주 석씨의 본이 정품으로 알려져 있음.

【《東方朔畫讚》】 역시 王羲之의 작품으로 알려져 있으며 「永和十二年五月

十三日 書與王敬仁」의 제가 있음.

【《太師箴》】 역시 왕희지의 작품으로 알려져 있으며 지금은 전하지 않음.

【《蘭亭序》】 역시 널리 알려진 왕희지의 대표작으로 行書 法帖. 《蘭亭宴集》, 《臨河序》, 《禊帖》, 《禊序》, 《蘭亭記》 등으로도 불리며, 東晉 永和 9년(353) 山陰(지금의 浙江省 紹興)의 蘭亭에 王羲之, 謝安, 孫綽 등 41명이 모여 禊事(삼짇날 발을 씻어 구악을 제거하는 의식)를 하고 飮酒賦詩하여 그 詩集에 序文을 王羲之가 쓴 것. 모두 28행 324자로 되어 있음. 蠶繭紙에 鼠鬚筆로 썼다 하며 書法은 遒媚勁健하고 점획은 변화를 살려 중첩되는 자도 그 결구가 다름. 글자의 행간 역시 당시 乘興의 書法 情趣를 마음껏 발휘하고 있음. 왕희지의 일생에 가장 뛰어난 작품이라 하며 唐 太宗이 이 진품을 보고 여러 본의 摹搨本을 만들게 하여 이를 귀족과 근신에게 나누어 주었다 함. 그리고 태종은 죽을 때 이를 순장하도록 명하여 정본은 전하지 않는다고 함. 지금 전하는 것은 虞世南, 歐陽詢, 褚遂良, 馮承素등의 摹本이여 馮承素 모본의 墨色이 가장 靈活하다 함. 그 외에 何延之의 《蘭亭記》에는 이에 대한 일화를 싣고 있음. 石刻本은 수백 종에 이르며 그 중 「定武本」이 가장 널리 알려져 있음. 왕희지의 이 법첩에 대한 연구로는 南宋의 桑世昌의 《蘭亭博議》와 兪松의 《蘭亭續考》, 그리고 陶宗儀의 《蘭亭諸刻考》 등이 있음. 이 첩에 대하여 淸代 李文田은 일찍이 위작이라고 주장하였고 郭沫若은 여러 자료를 모아 李氏의 주장을 옹호, 〈由王謝墓誌的出土論到蘭亭序的眞僞〉라는 논문을 발표하여 새로운 이론으로 널리 알려짐. 그러나 확실한 논거는 지금도 이론이 심한 상태임. 한편 이는 문장으로도 널리 알려져 있으며 다만 蕭統(昭明太子)은 글귀 중 「天朗氣淸」은 가을을 표현한 것이라 하여 《昭明文選》에 수록하지 않았음.

唐 太宗(李世民)

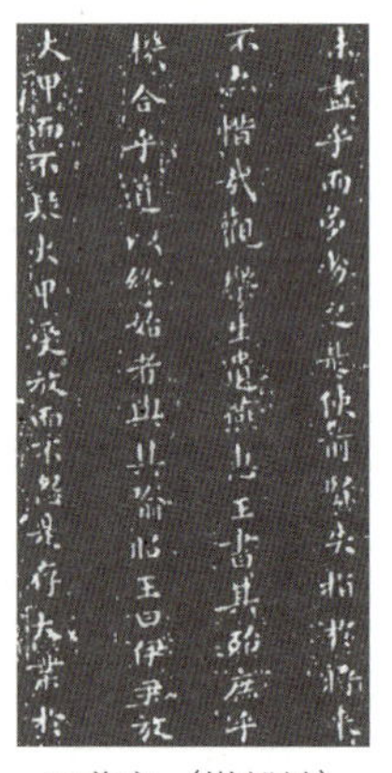
王羲之 〈樂毅論〉

【《告誓文》】 역시 왕희지의 작품으로 《徐氏法書記》에 의하면 武則天 때에 御府에서 唐 太宗 때의 冊과 書法 名跡을 볕에 말릴 때 이 《告誓文》도 있었나 함.

038

각 작품의 특징

『악의론樂毅論』은 감정이 매우 울적한 분위기를 가지고 있으며, 『서화찬書畫讚』은 뜻의 섭렵함이 구슬을 기탁한 것 같으며, 『황정경黃庭經』은 편안한 마음에 비워 아무 것도 없는 것 같고, 『태사잠太師箴』은 종횡으로 다투어 분석한 것 같다. 『난정집서蘭亭集序』는 흥취가 모이고 생각이 안일하고 정신이 초월된 것이며, 사사롭게 집안의 경계를 삼은 『고서문告誓文』은 정이 얽매이고 뜻이 참담하다. 소위 말하는 즐거움을 좇다가 그에 맞추어 웃음이 나고 말에 슬픔이 있어 이미 탄식함이다.

그러니 어찌 생각을 유파에 머물러 장차 탄원의 연주를 들려줄 것이며 수수의 물결에 정신을 달려 조회의 문장에 생각을 둘 것인가?

비록 그가 목격한 것이라 하여도 도가 있는 것은 오히려 혹 마음과 의론이 미혹되고 어그러지는 법이다. 억지로 그 실체에 이름을 짓지 아니함이 없으니 구분하여 익혀야 할 것이니 어찌 정이 동하고 말을 형태로 드러낼 수 있겠는가? 풍소風騷의 뜻을 취하여 양이 펴지고 음이 참음慘陰하여 천지의 마음에 근본을 두어야 한다. 이미 그 정을 잃고 나면 이치는 그 사실과 괴리가 생기게 마련이니 원래 이르렀던 바에 어찌 본체가 있을 수 있겠는가!

寫『樂毅』則情多怫鬱; 『書畫讚』則意涉瓌寄; 『黃庭經』則怡懌虛無, 『太師箴』則縱橫爭析; 暨乎『蘭亭』興集, 思逸神超;

私門誠『誓』, 情拘志慘. 所謂涉樂方笑, 言哀已歎. 豈惟駐想流波, 將貽嘽嗳之奏; 馳神睢渙, 方思藻繪之文? 雖其目擊道存, 尚或心迷議舛. 莫不强名爲體, 共習分區. 豈知情動形言, 取會風騷之意; 陽舒陰慘, 本乎天地之心. 旣失其情, 理乖其實, 原夫所致, 安有體哉!

【怫鬱】 심기가 편하지 않은 상태. 《楚辭》 七諫 沈江篇에 「心怫鬱而內傷」이라 함.

【瓌奇】 아주 진귀하고 특이함. 《文選》 左思 〈吳都賦〉에 「搜瓌奇」라 하고 그 주에 「搜求瓌奇寶玉之物」이라 함.

【怡懌】 마음이 편안하여 和悅한 상태.

【私門誡誓】 왕희지가 永和 11년 3월에 자신의 부모 묘 앞에서 다시는 벼슬길에 가까이 하지 않겠다고 맹세한 사건. 원래 왕희지와 王述은 원수지간으로 뒤에 왕희지가 會稽內史였을 때 왕술이 揚州刺史가 되어 회계를 감찰하는 상사가 되자 희지는 조정에 자신을 양주 관할에서 벗어난 越州로 옮겨 줄 것을 요구하였으나 들어주지 않자, 병을 핑계로 관직을 사직하고 부모의 묘에서 맹세를 하였다 함. 이를 《誓墓文》 혹은 《告誓文》이라 함.

【涉樂方笑, 言哀已歎】 晉 陸機의 〈文賦〉에 「思涉樂其必笑, 方言哀而已嘆」이라 함.

【駐想流波】 流水에 뜻을 둠을 말함. 劉孝標의 《廣絶交論》에 「伯子息流波之雅引」이라 함. 한편 《列子》에 「伯牙鼓琴, 志在流水, 鍾子期曰: 『善哉! 洋洋兮若江河』」라 함.

【嘽嗳之奏】 嘽緩之奏로도 씀. 혹은 嘽唌, 灘緩으로도 쓰며 疊韻連綿語의 일종임. 《禮記》 樂記篇에 「其心樂者, 其聲嘽以緩」이라 함.

【睢渙】 睢水와 渙水의 두 물. 任昉의 《述異記》에 睢水와 渙水의 파도는 오색의 아름다움이 있어 績水라는 명칭을 얻었다고 함.

【藻繪】 문채의 비유를 말함. 《文心雕龍》 原道篇에 「龍鳳以藻會呈瑞」이라 함.

【風騷】 훌륭한 문장, 혹은 詩賦를 뜻함. 詩經의 《風雅》와 楚辭의 《離騷》를 뜻함. 문학에서 최고로 여기는 문장으로 거론됨. 杜甫의 시에 「陶謝不枝梧, 風騷共推激」이라 함.

【陽舒陰慘本乎天地之心】 봄여름의 暢朗한 기운과 가을 겨울의 沈鬱한 기운은 모두가 천지자연의 순서라는 뜻. 《文選》 張衡의 〈西京賦〉에 「夫人在陽時則舒, 在陰時則慘, 此牽乎天者也」라 하고 李善 注에 「陽謂春夏, 陰爲秋冬, 牽有繫也. 《春秋繁露》曰: 春之猶偆也. 偆者, 喜樂之貌也. 秋之言 猶湫也. 湫者, 憂悲之狀也. 偆, 充尹切. 湫, 子由切」라 하였음.

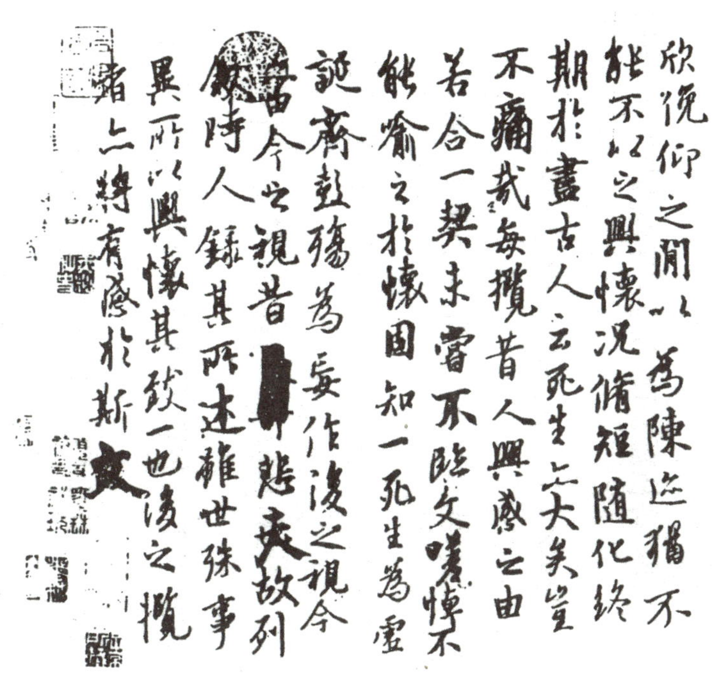

王羲之 〈蘭亭序〉 임모본

039
포정해우庖丁解牛처럼

무릇 운용運用의 방법은 비록 자기 자신에게서 비롯되는 것이건만 규모를 세우는 바는 진실로 목전에 속하는 것이다. 털끝만큼의 차이만 있어도 그 거리는 천리가 되는 것이다. 진실로 그 술을 알아맞히면 겸통兼通할 수 있는 것이다. 마음에 정밀한 것을 싫어하지 않고 손에는 익숙하기를 잊지 않아야 한다. 만약 운용이 정밀함과 익숙함에 다하였고 규구規矩를 흉금으로 알아차렸다면 자연히 그 모습은 배회하여 유유자적할 수 있을 것이요, 뜻은 먼저 가고 붓은 나중에 따라다닐 것이다. 그리하여 소쇄瀟灑하고 유락流落하며 한일翰逸하여 신비神飛의 경지가 될 것이다. 역시 상홍양桑弘羊의 마음과 같아 마음 씀이 어느 한 곳에만 국한되지 않을 것이요, 포정庖丁의 눈처럼 소 전체 모습이 보이지 않아도 다 알아차리는 경지가 될 것이다.

일찍이 애호하는 서법이 있어 어떤 이가 나에게 가르침을 구하기에 나는 대강 몇 가지 요강을 들어 그에게 맞게 일러 주었다. 하나라도 마음과 손이 응하지 않음이 없어야 하며 뜻을 얻어 말을 잊으면 된다고 하였다.

비록 아직 여러 사람의 기술을 모두 보지는 못하였다 해도 그 가는 바를 단호히 극에 이르도록 하면 되는 것이다.

夫運用之方, 雖由己出, 規模所設, 信屬目前. 差之一豪, 失之千里, 苟知其術, 適可兼通. 心不厭精, 手不忘熟. 若運用盡於精熟, 規矩諳於胸襟, 自然容與徘徊, 意先筆後, 瀟灑流落, 翰逸神飛. 亦猶弘羊之心, 豫乎無際, 庖丁之目, 不見全牛. 嘗有好事, 就吾求習, 吾乃粗舉綱要, 隨而授之, 無不心悟手從, 言忘意得; 縱未窺於衆術, 斷可極於所詣矣.

【闇】《說文解字》에 「闇, 閉門也」라 하였고, 《後漢書》 張衡傳에 「闇, 幽隱也」라 하여 隱藏의 뜻임.

【弘羊】桑弘羊을 가리킴. 漢나라 때 洛陽 사람으로 나이 13에 武帝를 섬겨 侍中에 올랐으며 經濟에 밝아 계획과 계산에 정통하였음. 일찍이 治粟都尉, 令大農丞 등을 역임하며 천하의 鹽鐵을 관리하여 平準法을 제정하기도 하였음. 이로써 漢나라 재정을 풍족하게 함. 元封(B.C.110~B.C.105) 연간에 御史大夫를 지냈으며 霍光과 함께 昭帝를 도왔으나 뒤에 모반에 참가하여 피살됨.

【庖丁之目】《莊子》 養生主篇에 "庖丁爲文惠君解牛, 手之所觸, 肩之所倚, 足之所履, 膝之所踦, 砉然嚮然, 奏刀騞然, 莫不中音; 合於桑林之舞, 乃中經首之會. 文惠君曰: 「譆, 善哉! 技蓋至此乎?」 庖丁釋刀對曰: 「臣之所好者道也, 進乎技矣, 始臣之解牛之時, 所見无非全牛者. 三年之後, 未嘗見全牛也. 方今之時, 臣以神遇而不以目視, 官知止而神欲行. 依乎天理, 批大郤導大窾因其固然, 枝經肯綮之未嘗微礙, 而況大軱乎! 良庖歲更刀, 割也; 族庖月更刀, 折也. 今臣之刀十九年矣, 所解數千牛矣, 而刀刃若新發於硎. 彼節者有閒, 而刀刃者無厚; 以無厚入有閒, 恢恢乎其於遊刃必有餘地矣. 是以十九年而刀刃若新發於硎. 雖然, 每至於族, 吾見其難爲, 怵然爲戒, 視爲止, 行爲遲. 動刀甚微, 謋然已解, 牛不知其死也, 如土委地. 提刀而立, 爲之四顧, 爲之躊躇滿志, 善刀而藏之.」 文惠君曰: 「善哉! 吾聞庖丁之言, 得養生焉.」"이라 함. 「庖丁解牛」의 고사를 인용한 것. 庖는 도축의 의미, 丁은 이름이라 함(《經典釋文》).

040
험절險絶과 평정平正

만약 뜻이 해석의 법칙에 통달하기를 생각한다면 젊은이가 늙은이만 못하며 규구規矩를 배움에는 늙은이가 젊은이만 못하다. 생각함에는 늙어야 더욱 오묘하게 되고 배움에는 젊어야 가히 힘쓸 수 있다. 힘써 하면서 그치지 않음에는 생각건대 세 가지 단계가 있으니 매 단계마다 그렇게 하고 한 번씩 변화를 거쳐야 그 원만한 분수의 극에 이르게 된다. 처음에는 분포를 배우되 단지 평정하게 하기를 구하고 이미 그 평정을 알았다면 험절險絶을 추구하기에 힘써야 한다. 이미 험절에 능하게 되었다면 다시 평정으로 복귀하여야 한다. 처음에 이에 미치지 않았다면 중간 단계에서는 지나치게 되어 뒤에서야 이를 알아차리게 된다. 그렇게 알아차리고 나면 사람과 글씨가 모두 노련한 상태가 된다.

若思通楷則, 少不如老, 學成規矩, 老不如少. 思則老而逾妙, 學乃少而可勉. 勉之不已, 抑有三時; 時然一變, 極其分矣. 至如初學分布, 但求平正, 旣知平正, 務追險絶, 旣能險絶, 復歸平正. 初謂未及, 中則過之, 後乃通會. 通會之際, 人書俱老.

【險絶】 險함이 극도에 이른 것. 《離騷》 注에 「險隘, 喩傾危也」라 함. 그리고 《賈子》 道術篇에 「不傾謂之平, 反平爲險」이라 함. 여기서는 용필의 결구가 상투적인 데에 빠지지 않음을 뜻함.

041
말년에 오묘하게 되는 글씨

중니(仲尼, 孔子)가 말하였다.

"나이 오십이 되어서 명을 알았고 칠십이 되어서 마음 내키는 대로 따른다."

그러므로 이험夷險의 정을 통달하고 권변權變의 도를 체득하는 것이니 이것은 마치 모책을 짠 이후에 움직이면 그 움직임이 의당함을 잃지 않게 되는 것이요, 때에 맞은 연후에 말을 하면 말이 틀림없이 이치에 맞는 것과 같은 것이다. 이 까닭으로 우군의 글씨는 말년에 오묘하게 되었으니 사려가 통심通審하고 지기가 화평하여 격동도 매서움도 없어져 풍규風規가 스스로 원대해진 연유일 것이다. 자경 이하로는 고무하고 힘으로만 노력하여 위치를 정하고 체를 이루지 않음이 없으니 어찌 홀로 공용工用이 그 전 사람에 닮지 못할 뿐이겠는가? 역시 신정神情 또한 현격懸隔함이 이와 같은 것이다!

仲尼云:『五十知命也, 七十從心.』故以達夷險之情, 體權變之道. 亦猶謀而後動, 動不失宜, 時然後言, 言必中理矣. 是以右軍之書, 末年多妙, 當緣思慮通審, 志氣和平,不激不厲, 而風規自遠. 子敬以下, 莫不鼓努爲力, 標置成體, 豈獨工用不侔? 亦乃神情懸隔者也!

【仲尼】孔子의 자. 공자는 이름이 丘이며 자가 仲尼였음.

【五十知命也 七十從心】《論語》爲政篇에 「子曰: 『五十有五而志於學, 三十而立, 四十而不惑, 五十而知天命, 六十而耳順, 七十而從心所欲, 不踰矩」라 함. 손과정은 이처럼 「志學」에 시작하여 「立」과 「不惑」, 그리고 「不踰矩」의 경지에 다다라야 한다고 여긴 것임.

【達夷險之情, 體權變之道】平正과 險絶의 경우를 밝게 알아야 하고 從權達變의 도리를 알아야 함을 말함. 夷는 平正을 말하며, 險은 險絶, 權變은 《三國志》魏志, 荀攸·賈詡傳評에 「荀攸·賈詡, 庶乎算無遺策, 經達權變, 其良·平之亞歟!」라 하여 평정과 험절에 融會 貫通하는 도리를 가리킴.

【子敬以下】「以下」는 眞跡에는 「已下」로 되어 있음.

【鼓努爲力】억지로 돌출되게 한다는 뜻. 이는 왕희지의 「志氣和平, 不激不厲」와 대비되는 것임. 王澍《論書賸語》에 「內不足者, 必外張也」라 함.

【標置成體】意圖를 가지고 體勢를 擺成하지만 自然美를 잃게 됨을 뜻함. 書體는 자연스러움이 가장 우수한 것이며 의도적으로 擺布를 하는 것은 높이 사지 않음을 말함.

孔子像 臺灣 고궁박물원 소장

042
배우지 아니하고 능한 자는 없다

혹자는 자신의 작품을 낮게 평가하고 혹자는 자신의 성취를 과시한다. 스스로 과시하는 자는 자신의 성性을 끝까지 다하였다고 여기지만 이것이 자신의 앞길을 끊는 것이다. 자신의 작품을 낮게 여기는 자는 스스로 자신의 정情이 끝에 다다랐다고 굽히지만 틀림없이 통할 이치를 가지고 있는 것이다.

아! 대체로 배우면서 능하지 못한 경우가 있으나 배우지 아니하고도 능한 자는 있을 수 없다. 눈앞의 일을 상고해보면 단연히 밝혀볼 수가 있는 것이다.

或有鄙其所作, 或乃矜其所運. 自矜者將窮性域, 絶於誘進之途; 自鄙者尚屈情涯, 必有可通之理. 嗟乎! 盖有學而不能, 未有不學而能者也. 考之卽事, 斷可明焉.

【矜】 과장함. 지나치게 자존을 부림.

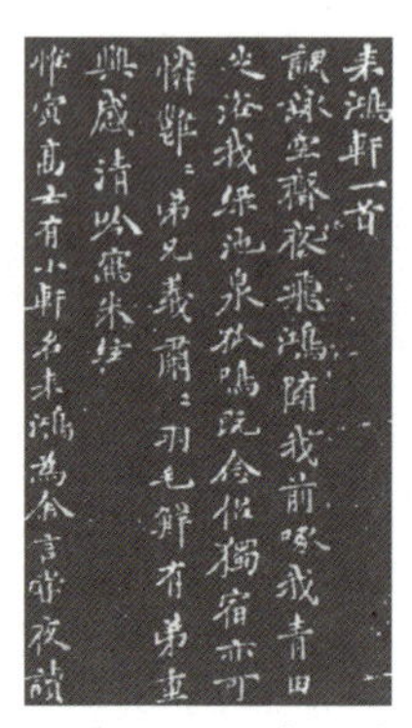

小楷書: 倪瓚의 글씨

043

남을 흠모하기만 할 뿐

그러나 소식消息이란 여러 방향이 있는 것이며 성정性情이란 하나일 수는 없는 것이다. 잠깐 강유剛柔가 합체를 이루고 홀연히 노일勞逸이 달리 내달는 것이다. 혹자는 염담恬淡하고 옹용雍容하여 안으로 근골筋骨을 함양시키기도 하고, 혹자는 사얼槎枿을 좌절시켜 밖으로 봉망峯芒을 빛내기도 한다. 이를 살피는 자는 정밀함을 숭상하고 이를 모방하는 자는 닮음을 귀하게 여긴다. 하물며 모방하여도 닮지 못하고 살펴도 정밀하지 못하여 분포가 거칠고 형해形骸가 검증받지 못함에랴! 물에서 솟아오르는 용의 생동함을 보고도 그 아름다움을 보지 못하고 우물을 보면서 하늘이 좁다고 여기면서도 자신의 비루함을 듣지 못한다. 비록 희지나 헌지에게 당돌하게 굴고, 종요나 장지를 무망하게 하고자 한들 어찌 능히 당년當年의 눈을 가릴 수 있겠으며 장래의 입을 막을 수 있겠는가! 남을 흠모만 하면서 배우는 무리들은 더욱 이를 삼갈지니라.

然消息多方, 性情不一, 乍剛柔以合體, 忽勞逸而分驅, 或恬淡雍容, 內涵筋骨; 或折挫槎枿, 外曜峯芒. 察之者尚精, 擬之者貴似. 況擬不能似, 察不能精; 分布猶疎, 形骸未檢! 躍泉之態未覩其妍, 窺井之談已聞其醜. 縱欲唐突羲獻, 誣罔鍾張, 安能掩當年之目, 杜將來之口! 慕習之輩, 尤宜慎諸.

【消息】 저절로 사라지고 순서대로 움직이는 변화 발전의 상태. 《周易》 豐卦에 「天地盈虛, 與時消息」이라 함.

【折挫槎枿】 자체와 용필의 굴곡이 서로 교차됨을 뜻함. 折은 곡굴, 挫는 按抑. 槎枿은 '槎蘖'로도 씀. 《文選》 張衡의 〈東京賦〉 「山無槎枿」의 注에 「斜斫曰槎, 斬而復生曰枿」이라 하였고, 《國語》 魯語에 「且夫山不槎孼, 澤不伐夭」라 함.

【峯芒】 끝 부분.

【疎】 疏의 속자로 粗惡하고 輕忽함을 말함.

【躍泉之態未覩其妍】 「躍泉」은 「躍淵」과 같음. 唐나라 사람들이 唐 高宗 李淵의 이름을 諱하여 「淵」을 「泉」으로 쓴 것. 《周易》 乾卦 「九四或躍在淵」, 「躍淵之態」라 함. 용이 못에서 날아오르듯 활달한 기세를 뜻함.

【窺井之談】 우물에 앉아 하늘을 보듯이 식견이 좁음을 뜻함. 韓愈의 〈原道〉 「坐井而觀天. 曰: 天小者, 非天小也」라 함.

【諸】 語末의 語氣辭, 助辭.

044
겸통하기 어려운 경우

아직 엄류淹留의 상태를 깨닫지 못한 자는 세고 빠르기를 추구하는 쪽으로 치우쳐 있으나 그만큼 빨리 달성할 수도 없을뿐더러 도리어 운필이 느리고 무거울 뿐이다.

무릇 세고 빠르다는 것은 초일超逸의 기능이요 더디고 머무른다는 것은 마음에 상탄賞嘆하고 깨달음의 운치를 갖추었다는 것이다. 이를 도리어 빠르게 할 수 있는 것은 다른 사람의 많은 아름다움을 모두 이르게 하는 것이며, 오로지 느림에 탐닉하는 것은 끝내 절륜絶倫한 묘를 잃는 것이다. 능히 빠를 수 있으나 빠르지 아니함을 일러 엄류라 하나니, 느리기 때문에 느린 것이 어찌 상회라 이름 지을 수 있겠는가! 무릇 마음은 한가롭되 손이 민첩한 경지가 아니면서 겸통兼通한 자는 있기가 어려운 것이다.

至有未悟淹留, 偏追勁疾; 不能迅速, 翻效遲重. 夫勁速者, 超逸之機; 遲留者, 賞會之致. 將返其速, 行臻會美之方; 專溺於遲, 終爽絶倫之妙. 能速不速, 所謂淹留; 因遲就遲, 詎名賞會! 非其心閒手敏, 難以兼通者焉.

【淹留】 오랫동안 멈추어 있음. 《離騷》에 「時繽紛其變易兮, 又何可以淹留」라 하였고 王逸의 注에 「淹, 久也」라 함. 여기서는 서법의 「住筆」과 「駐筆」을 두고 한 말임.

045
공교함에 치우치기는 쉽다

가령 모든 사람의 묘함이 귀착하는 바는 그 힘씀이 골기에 있다. 골기가 있으면서 주윤遒潤을 이에 보태야 하는 것이다. 이것은 마치 가지와 줄기가 서로 성긴 것을 보충해 주어 상설을 넘질러 더욱 굳센 것이며, 꽃과 잎이 아름답게 무성하여 구름과 해와 더불어 서로 빛나는 형상이 되는 것과 같다.

만약 그 골력骨力이 치우치게 많고 주려함이 적으면 마치 마른 나무에 다시 험한 물건을 걸쳐놓은 것 같고 큰 돌이 길을 가로막고 있는 것과 같아 비록 아름답다고 하나 빠진 것이 있기는 하나 그래도 체질은 존재하는 셈이다. 그러나 만약 주려함이 너무 우세하고 골기가 열악하다면 비유컨대 꽃다운 수풀에 꽃잎이 떨어져 헛되이 빛을 발하면서 기댈 데가 없는 것과 같고, 난초가 부평초처럼 떠다니며 한갓 푸른 모습에 어디 의탁할 곳이 없나 찾는 것과 같다.

이로 말미암아 보건대 공교工巧함에 치우치기는 쉬우나 완전한 선을 구하기는 어렵다는 것을 알겠도다.

假令衆妙攸歸, 務存骨氣; 骨旣存矣, 而遒潤加之. 亦猶枝榦扶踈, 凌霜雪而彌勁, 花葉鮮茂, 與雲日而相暉.

如其骨力偏多, 遒麗盖少, 則若枯槎架險, 巨石當路, 雖妍媚云闕, 而體質存焉. 若遒麗居優, 骨氣將劣, 譬夫芳林落蘂, 空照灼而無依, 蘭沼漂蓱, 徒青翠而奚託. 是知偏工易就, 盡善難求.

【扶疎】 성긴 것을 도와 꽉 차게 함. 원래 「扶疏」로 표기되어 있음. 《韓非子》 揚權篇에 「數披其本, 毋使木枝扶疏」라 하였으며, 陶淵明의 〈讀山海經〉 시에 「孟夏草木長, 繞屋樹扶疏」라 함.

【骨氣將劣】 俗本에는 「將劣」이 「特劣」로 되어 있으나 이는 오기임.

【漂蓱】 부평초처럼 뿌리 없이 떠다님을 말함.

046
성품과 글씨

비록 하나의 서가書家를 종宗으로 삼아 배운다 해도 여러 가지 체體를 변화하여 이루려면 그 사람의 성품과 욕구를 따라 이를 자세로 삼지 않으면 안 된다. 바탕이 곧은 자는 붓 놀림이 빠르나 주려遒麗함에 결핍이 있게 되고, 강한剛佷한 자는 또한 굴강掘強하여 원윤圓潤함이 없게 된다. 그런가 하면 긍렴矜斂한 자는 구속에 폐단이 있게 되며, 탈역脫易한 자는 규구를 잃을 염려가 있고, 온유溫柔한 자는 연완軟緩함에 상처를 입으며, 조급하고 용맹한 자는 표박剽迫함이 지나칠 수 있으며, 여우처럼 의심이 많은 자는 체삽滯澀함에 빠지기 쉬우며, 느리고 둔중한 자는 건둔蹇鈍으로 끝을 맺으며, 경쇄輕瑣한 자는 속리俗吏에 물들게 된다. 이는 모두가 홀로 행동하는 선비로서 괴팍한 바를 치우치게 즐기는 자들이다.

雖學宗一家, 而變成多體, 莫不隨其性欲, 便以爲姿: 質直者則徑侹不遒; 剛佷者又掘強無潤; 矜斂者弊於拘束; 脫易者失於規矩; 溫柔者傷於軟緩; 躁勇者過於剽迫; 狐疑者溺於滯澀; 遲重者終於蹇鈍; 輕瑣者淬於俗吏. 斯皆獨行之士, 偏玩所乖.

【徑侹】 평직하기만 하고 변화가 없는 상태. 쌍성연면어.

【矜斂】 딱딱하고 신중하다.

【剽迫】 창졸하고 촉박함.

【蹇鈍】 영활하지 못한 상태. 걸음이 힘들고 지둔함.

【俗吏】 세속의 평범한 관리. 속물의 관리. 《漢書》 賈誼傳에 「俗吏之所務, 在於刀筆筐篋, 而不知六體」라 함. 여기서는 공문·서한 따위와 같은 공용문서를 말함.

047
온갖 파란을 겪고 나야

《주역周易》에 이렇게 말하였다.

“천문을 관찰하여 시변時變을 살필 수 있고, 인문을 살펴 천하를 교화하여 성취시킬 수 있다.”

그런데 하물며 서법의 오묘함이란 가까이 몸에서 취함에랴! 설사 지금 운용이 주밀周密하지 못하다고 하면서도 아직 그 비밀스럽고 오묘한 것에 공교함을 어그러뜨리고 있다.

그러나 파란을 겪고 났다면 이미 그것이 영대靈臺에 계발된 것이다. 그렇게 되면 틀림없이 점획의 정세를 방통傍通하게 하고 시종의 이치를 널리 궁구한 것이 된다. 충전蟲篆을 녹여 주물하고 초예草隸를 도균陶均하여야 한다. 그리하면 오제五材의 함께 쓰임을 체득하여 의범儀範과 형태가 끝이 없게 되고, 팔음八音이 차례로 생겨남과 같아 감회가 끝나는 곳이 없게 될 것이다.

聖人之大寶曰位 何以守位曰仁何以聚人曰財 理財正辭禁民爲非曰義

古者包犧氏之王天下也仰則觀象於天俯則觀法於地觀鳥獸之文與地之宜近取諸身遠取諸物於是始作八卦以通神明之德以類萬物之情作結繩而爲罔罟以佃以漁蓋取諸離

《周易》繫辭傳　十三經注疏本

《易》曰: 『觀乎天文, 以察時變; 觀乎人文, 以化成天下.』 况書之爲妙, 近取諸身! 假令運用未周, 尙虧工於秘奥;

而波瀾之際, 已濬發於靈臺. 必能傍通點畫之情, 博究始終之理, 鎔鑄蟲篆, 陶均草隷. 體五材之並用, 儀形不極; 像八音之迭起, 感會無方.

【易】《周易》繫辭傳(下)에 "古者, 包犧氏之王天下也, 仰則觀象於天, 俯則觀法於地, 觀鳥獸之文, 與地之宜, 近取諸身, 遠取諸物, 於是始作八卦, 以通神明之德, 以類萬物之情. 作結繩而爲罔罟, 以佃以漁, 蓋取諸離. 包犧氏沒, 神農氏作, 斲木爲耜, 揉木爲耒, 耒耨之利, 以敎天下, 蓋取諸益. 日中爲市, 致天下之民, 聚天下之貨, 交易而退, 各得其所, 蓋取諸噬嗑. 神農氏沒, 黃帝·堯·舜氏作, 通其變, 使民不倦, 神而化之, 使民宜之. 易窮則變, 變則通, 通則久, 是以「自天祐之, 吉无不利」. 黃帝·堯·舜垂衣裳而天下治, 蓋取諸乾·坤. 刳木爲舟, 剡木爲楫, 舟楫之利以濟不通, 致遠以利天下, 蓋取諸渙. 服牛乘馬, 引重致遠, 以利天下, 蓋取諸隨. 重門擊柝, 以待暴客, 蓋取諸豫. 斷木爲杵, 掘地爲臼, 臼杵之利, 萬民以濟, 蓋取諸小過. 弦木爲弧, 剡木爲矢, 弧矢之利, 以威天下, 蓋取諸睽. 上古穴居而野處, 後世聖人易之以宮室, 上棟下宇, 以待風雨, 蓋取諸大壯. 古之葬者, 厚衣之以薪, 葬之中野, 不封不樹, 喪期无數. 後世聖人易之以棺槨, 蓋取諸大過. 上古結繩而治, 後世聖人易之以書契, 百官以治, 萬民以察, 蓋取諸夬"라 하였으며 이를 인용한 것.

【近取諸身】《說文解字》叙에 「近取諸身」이라 하여 문자는 사람의 모습을 직접 그대로 그려 만든 것이 있음을 말함. 李陽冰의 論書에 「於眉髮口鼻, 得喜怒舒慘之分」이라 하였음.

【波蘭之際】「波蘭」은 下筆할 때에 밀고 당겨 생동감 있게 나타내는 것을 두고 이른 말.

【濬發】啓發과 같음. 濬은 '물길을 터서 소통시키다'의 뜻.

【靈臺】마음을 가리킴. 靈府로도 표현함. 《莊子》庚桑楚篇에 「不可內於靈臺」라 하고 注에 「靈臺者, 心也」라 함.

【鎔鑄】冶煉하여 녹이고 鑄造함.

【陶均】陶는 도자기 등을 만드는 작업이며, 均은 도자기를 만드는 틀, 공구. 여기서는 도공이 균으로 맞추어 도자기를 만들 듯이 서가는 운필 작업으로 융회하여 글씨를 써야함을 강조한 것.

【五材】金木水火土. 인간이 살아가는 데에 꼭 필요한 다섯 가지 재료. 《左傳》 襄公 27년 「天生五材」의 注를 볼 것.

【八音】《周禮》 春官, 大師篇에 金(鐘鎛), 石(磬), 土(塤), 革(鼓鼗), 絲(琴瑟), 木(柷敔), 匏(笙), 竹(管)을 들고 있음. 각종 악기를 가리킴.

048
포치布置

몇 개의 획을 함께 포치布置해야 할 경우에는 그 형태가 각각 다른데도 여러 점획이 나란히 배열되어 서체가 서로 어그러질 때가 있다. 하나의 점은 하나의 글자를 이루는 규범이며 하나의 글자는 끝내 하나의 작품이 되는 기준이다.

따라서 서로 위배되는 듯하되 범하지 아니하며 화하되 같게 하지는 않아야 한다. 머물러 있되 언제나 더딘 것은 아니며 없애되 항상 급하지는 않게 해야 한다. 조급함을 띠고 있으되 바야흐로 온윤溫潤해야 하며 짙은 것으로 하되 끝은 바싹 마르게 해야 한다. 방원方圓에서 그 규구를 없애 버리고 구승鉤繩의 곡직曲直을 감추어 잠깐 드러나되 잠깐 어둡게 하며 나서서 행하는 듯하면서도 물러서 감추어진 듯이 해야 한다. 붓끝에서 온갖 변화의 모습을 끝까지 하며 종이 위에 정조를 화합을 이루어야 한다. 마음과 손이 간격이 없도록 하며 법칙에 얽매임도 없어야 한다. 이렇게 되면 저절로 헌지와 희지를 위배한다 해도 실책이 없을 것이며, 종요와 장지를 위배한다 해도 오히려 공교해질 것이다.

至若數畫並施, 其形各異; 衆點齊列, 爲體互乖. 一點成一字之規, 一字乃終篇之準. 違而不犯, 和而不同; 留不常遲, 遣不恒疾; 帶燥方潤, 將濃遂枯; 泯規矩於方圓, 遁鉤繩之曲直, 乍顯乍晦, 若行若藏; 窮變態於豪端, 合情調於紙上; 無間心手, 忘懷楷則. 自可背羲獻而無失, 違鍾張而尙工.

【帶燥方潤, 將濃遂枯】帶燥는 행필이 자연스러워 비록 건조한 듯하나 윤택이 있음을 말하며, 將濃은 의도적으로 농하게 하지만 도리어 고고하게 됨을 말함.

【泯規矩】圓規와 曲尺을 필요로 하지 않음.《周髀算經》에 「方出於矩」라 함.

【遁鉤繩】갈고리와 먹줄을 떠남. 중시하지 않음.《莊子》馬蹄篇에 「匠人曰: 『我善治木, 曲者中鉤, 直者應繩』」이라 함.

【忘懷楷則】법칙에 구속을 받지 않음.

049
전제筌蹄를 아까워하겠는가

비유컨대 강수絳樹와 청금靑琴이라는 두 미인은 서로 모습이 달라도 아름답고 수주隋珠와 화벽和璧은 바탕이 달라도 함께 귀중함은 같은 것이다. 그러니 어찌 하필 학을 조각하고 용을 그려 진체眞體에 부끄럽게 할 것이며 고기를 잡고 토끼를 잡고 나서도 오히려 전제筌蹄를 아까워하겠는가?

譬夫絳樹靑琴, 殊姿共豔; 隋珠和璧, 異質同硏. 何必刻鶴圖龍, 竟慚眞體; 得魚獲兎, 猶恡筌蹄?

【絳樹】 고대의 미인. 魏文帝(曹丕) 《答繁欽書》에 「今之妙舞 莫巧於絳樹, 淸歌莫善於宋臘」라 하였고, 庾肩吾 《詠美人詩》에 「絳樹及西施, 俱是好容儀」라 함.

【靑琴】 전설 속의 고대 神女. 《漢書》 司馬相如傳에 「靑琴, 宓妃之徒」라 하고 注에 「靑琴, 古神女也」라 하였으며, 《抱朴子》에는 「南威靑琴, 姣冶之極, 而必俟盛飾以增麗」라 함.

【隋珠】 《淮南子》 覽冥訓의 「隋侯之珠」 注에 「隋, 漢東之國. 姬姓諸侯也. 隋侯見大蛇傷斷, 以藥傅之, 後蛇於江中銜大珠以報之, 因曰「隋侯之珠」, 盖明月珠也」라 하였고, 干寶의 《搜神記》 권 20에 "隋縣溠水側, 有「斷蛇丘」. 隋侯出行, 見大蛇, 被傷中斷, 疑其靈異, 使人以藥封之, 蛇乃能走. 因號其處「斷蛇丘」.

歲餘, 蛇銜明珠以報之. 珠盈徑寸, 純白, 而夜有光明, 如月之照, 可以燭室. 故謂之「隋侯珠」, 亦曰「靈蛇珠」, 又曰「明月珠」. 丘南有隋季梁大夫池"라 함.

【和璧】《韓非子》和氏篇에 楚나라 사람 卞和가 큰 璞玉(옥이 들어 있는 원석)을 구하여 이를 임금에게 바쳤으나 임금을 속였다는 죄목으로 팔과 다리를 잘린 후 결국 천하의 좋은 옥으로 판정받았다는 고사. 원래의 뜻은 선비를 선비로 알아주지 않음을 탄식한 것임. 원문에 "楚人和氏得玉璞楚山中, 奉而獻之厲王. 厲王使玉人相之. 玉人曰:「石也.」王以和爲誑, 而刖其左足. 及厲王薨, 武王卽位. 和又奉其璞而獻之武王. 武王使玉人相之. 又曰:「石也.」王又以和爲誑, 而刖其右足. 武王薨, 文王卽位. 和乃抱其璞而哭於楚山之下, 三日三夜, 泣盡而繼之以血. 王聞之, 使人問其故, 曰:「天下之刖者多矣, 子奚哭之悲也?」和曰:「吾非悲刖也, 悲夫寶玉而題之以石, 貞士而名之以誑, 此吾所以悲也.」王乃使玉人理其璞而得寶焉, 遂命曰:「和氏之璧.」夫珠玉, 人主之所急也. 和雖獻璞而未美, 未爲王之害也, 然猶兩足斬而寶乃論, 論寶若此其難也. 今人主之於法術也, 未必和璧之急也; 而禁群臣士民之私邪. 然則有道者之不僇也, 特帝王之璞未獻耳. 主用術, 則大臣不得擅斷, 近習不敢賣重; 官行法, 則浮萌趨於耕農, 而遊士危於戰陳; 則法術者乃群臣士民之所禍也. 人主非能倍大臣之議, 越民萌之誹, 獨周乎道言也, 則法術之士, 雖至死亡, 道必不論矣"라 함.

【硏】姸과 같음. '아름답다'의 뜻.

【刻鶴圖龍】학과 용을 묘사하고 조각해 넣음.《後漢書》馬援傳에「所謂刻鵠不成, 尙類鶩者也」라 함. 여기서는 남의 작품을 모방하기에 힘쓰는 것을 말함.

【得魚獲兎, 猶悋筌蹄】고기와 토끼를 잡고 나서도 그 잡는 筌蹄라는 도구를 아까워함을 비유함.《莊子》外物篇에 "荃者所以在魚, 得魚而忘荃; 蹄者所以在兎, 得兎而忘蹄; 言者所以在意, 得意而忘言. 吾安得夫忘言之人而與之言哉!"라 하였으며「筌」이「荃」으로 되어 있음.

莊子像《三才圖會》

050
남위南威와 용천검龍泉劍

듣기로 무릇 집안에 남위南威만큼 아름다운 여인이 있어야 비로소 아름다운 여자가 어떻다는 논의를 펼 수 있다고 하였으며, 용천검龍泉劍의 예리한 칼이 있어야 끊고 베는 것이 어떤 것인지를 의논할 수 있다고 하였다. 만약 말하는 것이 분수에 지나치면 실질은 추기樞機에 누를 끼치는 것이 되고 만다.

聞夫家有南威之容, 乃可論於淑媛; 有龍泉之利, 然後議於斷割. 語過其分, 實累樞機.

【南威】 고대의 미인. 《戰國策》 魏策에 「文公得南之威, 三日不聽朝, 遂推南之威而遠之曰: 『後世必有以色亡其國者』」이라 함.

【龍泉】 고대 보검의 이름.

【斷割】 끊고 베는 작용.

【樞機】 언행의 동기. 기밀, 기틀. 《周易》 繫辭傳에 「言行 君子之樞機, 樞機之發, 榮辱之主也」라 하고 注에 「樞機, 制動之主」라 하였으며, 疏에는 「樞, 謂戶樞; 機, 謂弩牙」라 함.

051

섭공葉公의 가짜 용龍

나는 일찍이 온 정신을 다하여 글씨를 쓰면서 스스로 매우 합당하다고 흡족히 여겼다. 그리하여 때때로 견식이 넓다고 알려진 사람에게 문득 내 작품을 꺼내 보여주며 가르침을 구하였다. 그 중에는 교묘하고 예쁘게 쓴 것에 대하여는 일찍이 눈도 멈추지 않은 것이 있으며, 혹 잘못하여 실수한 것이 있으면 이를 뒤집어 보기까지 하면서 감탄과 칭찬을 아끼지 않는 것이었다. 그리하여 그 앞에서 보는 바가 어느 것이 옳은지 애매하였고 더욱이 소문으로만 들은 것은 도리어 밝히 깨닫는 듯이 여겼다. 혹자는 나이가 많고 직위가 스스로 높은 것으로 가볍게 평하고 능멸하며 꾸짖기도 하였다.

나는 이에 내 작품을 비단으로 만들어 글씨를 옛 사람의 글로 꾸몄다. 그랬더니 훌륭한 자는 다시 보게 되었고, 어리석은 자는 끊임없이 떠들고 다니는 것이었다. 그리고 다투어 털끝만한 기이함을 칭찬하며 붓끝의 실수에 대하여는 거론하는 경우가 드물었다. 마치 혜후惠侯가 위작을 좋아함과 같고 섭공葉公이 진짜를 겁내는 형상이었다.

이로써 백아伯牙가 유파流波의 거문고 연주를 그만둔 것이 대체로 이유가 있음을 알겠도다.

吾嘗盡思作書, 謂爲甚合, 時稱識者, 輒以引示: 其中巧麗, 曾不留目; 或有誤失, 翻被嗟賞. 旣昧所見, 尤喩所聞. 或以年職自高, 輕致陵誚. 余乃假之以緗縹, 題之以古目. 則賢者改觀, 愚夫繼聲, 競賞豪末之奇, 罕議峰端之失; 猶惠侯之好僞. 似葉公之懼眞. 是知伯子之息流波. 蓋有由矣.

【陵誚】 능멸하고 기롱함. 비꼬며 폄하함.

【猶惠侯之好僞】 梁 虞龢의 《論書表》에 「新渝惠侯, 雅所愛重, 懸金招買, 不計貴賤. 而輕薄之徒, 銳意摹學, 以茅屋漏汁染變紙色, 加以勞辱, 使類之書, 眞僞相糅, 莫之能別, 故惠侯所蓄, 多有非眞」이라 함.

【似葉公之懼眞】 《莊子》의 寓言으로 고대 葉公이라는 자가 자신의 집을 용의 圖案으로 꾸미자 하늘이 이를 龍에 대하여 좋아하는 자라 여겨 실제 용을 보내주자 그 진짜 용을 알아보지 못했으며 도리어 놀라기만 했다는 고사. "葉公好龍", 혹 "葉公懼眞"의 성어를 낳음. 《藝文類聚》 96과 《太平御覽》 927에 모두 《莊子》에서 인용했다 하였으나 지금의 《莊子》에는 실려 있지 않고, 도리어 劉向의 《新序》 권5 雜事에 다음과 같이 실려 있다. "子張見魯哀公, 七日而哀公不禮, 託僕夫而去, 曰: 「臣聞君好士, 故不遠千里之外, 犯霜露, 冒塵垢, 百舍重趼, 不敢休息以見君, 七日而君不禮, 君之好士也, 有似葉公子高之好龍也. 葉公子高好龍, 鉤以寫龍, 鑿以寫龍, 屋室雕文以寫龍, 於是夫龍聞而下之, 窺頭於牖, 拖尾於堂. 葉公見之, 棄而還走, 失其魂魄, 五色無主. 是葉公非好龍也, 好夫似龍而非龍者也. 今臣聞君好士, 不遠千里之外以見君, 七日不禮, 君非好士也, 好夫似士而非士者也. 詩曰: 『中心藏之, 何日忘之』 敢託而去.」"그밖에 《後漢書》 崔駰傳에도 인용되어 있음.

【伯子之息流波】 伯牙와 鍾子其의 고사를 말함. 지음을 뜻함. 《文選》 〈廣絶交論〉에 「伯牙息流波之雅引」라 하였고, 《列子》 湯問篇에 「伯牙鼓琴, 志在登高山, 鍾子期曰: 『善哉! 峨峨兮若泰山.』 志在流水, 鍾子期曰: 『善哉! 洋洋兮若江河.』」라 함. 그밖에 《呂氏春秋》 本味篇 등에도 「伯牙絶絃」의 고사가 실려 있음.

伯牙와 鍾子期

052
이목耳目에 머물지 않는 작품

무릇 채옹蔡邕은 작품 감상에 오류가 없었으며 손양孫陽은 마구 무엇을 감정鑑定해주는 경우가 없었던 것은 그 현묘한 감정에 정통하였기 때문이다. 그러므로 이목耳目에 머물러 두지 않았던 것이다.

가령 좋은 거문고 재료 오동나무가 불에 타고 있을 때 용렬한 사람도 그 묘한 음향에 놀라 알아차릴 수 있었고, 천리마가 마구간에 엎드려 있을 때 범부凡夫도 그가 무리에 뛰어난 말이라는 것을 알아차릴 수 있었다면 채백개(蔡伯喈, 蔡邕)도 대단하다고 칭송을 받을 이유가 없고 백락伯樂도 그리 숭상받을 이유가 없을 것이다.

夫蔡邕不謬賞, 孫陽不妄顧者, 以其玄鑒精通, 故不滯於耳目也. 向使奇音在爨, 庸聽驚其妙響; 逸足伏櫪, 凡識知其絶羣, 則伯喈不足稱, 良樂未可尙也.

【蔡邕】자는 伯喈(132~193). 동한 때의 유명한 문학가이며 서예가. 문학과 괴담에 많은 고사를 남긴 인물임. 「焦尾琴」에 대하여는 《搜神記》 권13에 "漢靈帝時, 陳留蔡邕, 以數上書陳奏, 忤上旨意, 又內寵惡之, 慮不免, 乃亡命

江海, 遠跡吳會. 至吳, 吳人有燒桐以爨者, 邕聞火烈聲, 曰:「此良材也.」因請之, 削以爲琴, 果有美音. 而其尾焦, 因名「焦尾琴」"이라는 기록이 있음.

【孫陽】 춘추 시대 진나라 사람으로 말에 대하여 잘 알아 伯樂이라 불렸던 인물. 《戰國策》 楚策(四)에 "汗明曰:「君亦聞驥乎? 夫驥之齒至矣, 服鹽車而上太行. 蹄申膝折, 尾湛胕潰, 漉汁灑地, 白汗交流, 中阪遷延, 負轅不能上. 伯樂遭之, 下車攀而哭之, 解紵衣以冪之. 驥於是俛而噴, 仰而鳴, 聲達於天, 若出金石聲者, 何也? 彼見伯樂之知己也. 今僕之不肖, 阨於州部, 堀穴窮巷, 沈洿鄙俗之日久矣, 君獨無意湔拔僕也, 使得爲君高鳴屈於梁乎?」"라는 기록이 전함.

【逸足伏櫪】 천리마가 마구간에 엎드려 그가 천리마인 줄 모름. 《文選》 傅毅 〈舞賦〉에 「良駿逸足」라 하였음. 曹操의 〈步出夏門行〉에는 「老驥伏櫪, 志在千里」라 하였으며 韓愈의 《雜說》에는 「世有伯樂, 然後有千里馬. 千里馬常有, 而伯樂不常有. 故雖有名馬, 秖辱於奴隷人之手, 駢死於槽櫪之間, 不以千里稱也」라 함.

【良樂】 伯樂을 가리킴.

蔡邕(伯喈) 《三才圖會》

053
늙은 노파가 우연히 얻은 왕희지 작품

늙은 노파가 우연히 왕희지에게 부채에 글씨를 얻었다면 처음에는 원망을 하다가 뒤에는 다시 청할 것이며, 문생門生이 책상에 왕희지가 글씨를 써 주는 경우를 당했다면 아버지는 이를 깎아내고 아들은 안타까워할 것이다. 이는 알고 있었는가 알지 못했는가의 차이이다.

무릇 선비는 자신이 알지 못하는 자에게는 굴욕을 당하고 아는 자에게는 마음을 펼 수 있는 것이다. 저들이 알지 못하고 있는데 어찌 족히 괴이하게 여기겠는가!

至若老姥遇題扇, 初怨而後請; 門生獲書几, 父削而子懊; 知與不知也. 夫士, 屈於不知己, 而伸於知己; 彼不知也, 曷足怪乎!

【老姥題扇, 初怨而後請】王羲之가 會稽內史를 사직한 후 蕺山 아래에 살 때에 어느 날 어떤 노파가 열 개의 六角扇 부채를 시장에 팔러 가는 것을 보고 부채의 값을 물었다 함. 그러자 20전이라는 대답에 왕희지가 부채마다 5글자씩 써서 되돌려 주자 노파는 몹시 화를 내며 남의 물건을 훼손했다고 여겼음. 그러자 왕희지는 왕희지의 글씨라 하면 하나에 1백전은

받을 수 있을 것이라 하여 시장으로 가도록 하였음. 과연 시장에 이르러 이를 알리자 어떤 이가 1백전씩 모두 한꺼번에 사서 달아났다 함. 뒤에 부인이 다시 10개의 부채를 가지고 와서 써주기를 청했지만 왕희지는 웃기만 할 뿐 이에 응하지 않았다고 함. 이 고사는 虞龢의《論書表》에 실려 있음.

【門生獲書几, 父削而子懊】 전설에 왕희지가 자신의 제자 집에 묵게 되었을 때 그 학생에게 보답하려고 살피다가 마침 새로 만든 책상을 발견하고 이에 초서와 해서를 써 주었음. 그 제자가 왕희지를 배송하고 돌아와 보니 아버지가 이를 모두 깎아내어 버린 뒤였다고 함. 이 역시 虞龢의《論書表》에 실려 있는 고사임.

【夫士屈於不知己, 而伸於知己】 이는 春秋 말기 越石父가 晏子에게 한 말로 글씨도 알려진 자에게는 굽실거리며 알려지지 아니한 자에게는 거만하게 구는 것을 뜻함.《晏子春秋》에 권5 내편 잡상에 "晏子之晉, 至中牟. 睹弊冠, 反裘負芻, 息于塗側者, 以爲君子也, 使人問焉, 曰:「子何爲者也?」對曰:「我越石父也.」晏子曰:「何爲至此?」曰:「吾爲人臣僕於中牟, 見使將歸.」晏子曰:「何爲爲僕?」對曰:「不免凍餓之切吾身, 是以爲僕也.」晏子曰:「爲僕幾何?」對曰:「三年矣.」晏子曰:「可得贖乎?」對曰:「可.」遂解左驂以贖之, 因載而與之俱歸. 至舍, 不辭而入, 越石父怒而請絶. 晏子使人應之曰:「吾未嘗得交夫子也, 子爲僕三年, 吾迺今日睹而贖之, 吾于子尙未可乎? 子何絶我之暴也?」越石父對曰:「臣聞之: 士者詘乎不知己, 而申乎知己, 故君子不以功輕人之身, 不爲彼功詘身之理. 吾三年爲人臣僕, 而莫吾知也. 今子贖我, 吾以子爲知我矣; 嚮者子乘, 不我辭也, 吾以子爲忘; 今又不辭而入, 是與臣僕我者同矣. 我猶且爲臣, 請鬻于世.」晏子出, 請見, 曰:「嚮者, 見客之容, 而今也見客之意. 嬰聞之: 省行者, 不引其過; 察實者, 不譏其辭. 嬰可以辭而無棄乎? 嬰誠革之.」迺令糞灑改席, 尊醮而禮之. 越石父曰:「吾聞之: 至恭不修途, 尊禮不受擯. 夫子禮之, 僕不敢當也.」晏子遂以爲上客. 君子曰:「俗人之有功則德, 德則驕, 晏子有功, 免人于戹, 而反詘下之, 其去俗亦遠矣. 此全功之道也.」"라 하였음.《史記》管晏列傳에도 같은 내용이 실려 있음.

054
아침에 피어 저녁에 지는 버섯

그러므로 장자莊子는 이렇게 말하였다.

"아침에 피어나 시드는 작은 버섯은 한 달에 그믐과 삭망이 있음을 알지 못하는 법이요, 한 철만 사는 쓰르라미나 땅강아지는 일 년에 봄가을이 있음을 알지 못하는 것이다."

그리고 노자老子는 이렇게 말하였다.

"낮은 선비는 도를 들으면 크게 비웃는다. 그들이 크게 비웃지 않는 것은 족히 도가 될 수 없다."

그러니 어찌 얼음을 잡고 여름 벌레가 그런 시려움도 모르는 미물이라고 허물할 수 있겠는가!

故莊子曰:「朝菌不知晦朔, 蟪蛄不知春秋.」老子云:「下士聞道, 大笑之; 不笑之不足以爲道也.」豈可執冰而咎夏蟲哉!

【莊子】莊周, 戰國時代 道家의 대표적인 인물.《莊子》33편을 남김.

【朝菌不知晦朔】《莊子》逍遙遊篇에 "小知不及大知, 小年不及大年. 奚以知其然也? 朝菌不知晦朔, 蟪蛄不知春秋, 此小年也. 楚之南有冥靈者, 以五百歲爲春, 五百歲爲秋; 上古有大椿者, 以八千歲爲春, 八千歲爲秋, 此大年也. 而彭祖乃今以久特聞, 衆人匹之, 不亦悲乎!"라 함.

【蟪蛄不知春秋】 역시 윗글의 원문을 참고할 것.

【老子】 春秋시대 楚나라 사람으로 道家의 鼻祖. 이름은 李耳, 자는 伯陽, 시호는 聃으로 알려졌으나 정확한 연대나 인물에 대하여는 이설이 많음. 《老子》(道德經) 상하 81장을 남겼음. 孔子와 동시대 인물로 공자가 예를 물었다 하였으며 《史記》 老莊申韓列傳에 기록이 있음.

【下士聞道, 大笑之. 不笑之, 不足以爲道也】 《老子》 41장에 "上士聞道, 勤而行之; 中士聞道, 若存若亡; 下士聞道, 大笑之. 不笑不足以爲道. 故建言有之: 明道若昧, 進道若退, 夷道若纇, 上德若谷, 大白若辱, 廣德若不足, 建德若偸, 質德若渝. 大方無隅, 大器晩成, 大音希聲, 大象無形, 道隱無名. 夫唯道, 善貸且成."라 하였음.

〈老子騎牛圖〉 宋 晁補之 그림

055
이 《서보書譜》를 쓰는 이유

한위漢魏 이래로 서書를 논한 자는 많았으나 아름다움과 추함에 대한 논의가 뒤섞이고 조목이 뒤얽혀 있었다. 혹자는 옛 문헌을 다시 더하여 저술하기도 하였으나 전혀 기왕의 논리와 다를 바가 없었다. 그런가 하면 혹자는 경솔하게 새로운 이론을 일으켰으나 끝내 장래에 이익 될 바가 없었다.

한갓 번거로운 것은 더욱 번거롭게 하고 빠진 것은 여전히 빠뜨리고 있다.

지금 내가 여섯 편을 지어 두 권으로 나누어 완성하였다. 차례에 맞추어 그 공용을 설명하여 이름을 《서보書譜》라 하였다. 일가一家를 이룰 후진으로 하여금 이를 규구와 모범으로써 받아들이고, 사해의 친구들이 혹 이 책을 보고 살펴 보아주기를 바란다. 함비緘秘의 뜻을 나는 취하지 않았다.

自漢魏已來, 論書者衆矣, 姸蚩雜糅, 條目糾紛: 或重述舊章, 了不殊於旣往; 或苟興新說, 竟無益於將來; 徒使繁者彌繁, 闕者仍闕. 今撰爲六篇, 分成兩卷, 弟其工用,名曰《書譜》. 庶使一家後進, 奉以規模; 四海知音, 或存觀省; 緘秘之旨, 余無取焉.

【自漢魏已來】'已來'는 '以來'와 같음.

【妍蚩雜糅】 아름다움과 추함이 혼재함.《文選》陸機〈文賦〉의「妍蚩好惡, 可得而言」구절 注에「妍, 美也. 蚩, 惡也」라 하였으며,《漢書》劉向傳에는「邪正雜糅.」라 하였음.

【觀省】 널리 보아 살핌.

【緘秘】 자신만의 경험이나 터득한 원리를 남에게 일러주지 않기 위해 몰래 감추어두고 비밀로 간직하는 것을 말함.

056
수공 3년(687년) 사기寫記함

수공 3년(687년) 사기寫記함

垂拱三年寫記.

【垂拱】 唐나라 武則天의 연호로 685년부터 688까지 4년간임.

부록 I

1. 《三國志》(13) 鍾繇傳
2. 《晉書》(80, 列傳 50)

   王羲之傳(王羲之, 子玄之, 凝之, 徽之. 徽之子楨之, 徽之弟操之, 獻之, 許邁)
3. 〈蘭亭集序〉 原文 및 譯解
4. 《太平廣記》 卷第206 各種 書體 및 서예 관련 기록

1.《三國志》(13) 鍾繇傳

鍾繇字元常, 潁川長社人也. 嘗與族父瑜俱至洛陽, 道遇相者曰: 「此童有貴相, 然當厄於水, 努力愼之!」行未十里, 度橋, 馬驚, 墮水幾死. 瑜以相者言中, 而供給資費, 使得專學. 擧孝廉, 除尙書郞, 陽陵令, 以疾去. 辟三府, 爲廷尉正, 黃門侍郞. 是時, 漢帝在西京, 李傕·郭汜等亂長安中, 與關東斷絶. 太祖領兗州牧, 始遣使上書. 傕·汜等以爲「關東欲自立天子, 今曹操雖有使命, 非其至實」, 議留太祖使, 拒絶其意. 繇說傕·汜等曰: 「方今英雄並起, 各矯命專制, 唯曹兗州乃心王室, 而逆其忠款, 非所以副將來之望也.」 傕·汜等用繇言, 厚加答報, 由是太祖使命遂得通. 太祖旣數聽荀彧之稱繇, 又聞其說傕·汜, 益虛心. 後傕脅天子, 繇與尙書郞韓斌同策謀. 天子得出長安, 繇有力焉. 拜御史中丞, 遷侍中尙書僕射, 幷錄前功封東武亭侯.

魏國初建, 爲大理, 遷相國. 文帝在東宮, 賜繇五熟釜, 爲誌銘曰: 「於赫有魏, 作漢藩輔. 厥相惟鍾, 實幹心膂. 靖恭夙夜, 匪遑安處. 百寮師師, 楷玆度矩.」 數年, 坐西曹掾魏諷謀反, 策罷就第. 文帝卽王位, 復爲大理. 及踐阼, 改爲廷尉, 進封崇高鄕侯. 遷太尉, 轉封平陽鄕侯. 時司徒華歆, 司空王朗, 並先世名臣. 文帝罷朝, 謂左右曰: 「此三公者, 乃一代之偉人也, 後世殆難繼矣!」 明帝卽位, 進封定陵侯, 增邑五百, 幷前千八百戶, 遷太傅. 繇有膝疾, 拜其不便. 時華歆亦以高年疾病, 朝見皆使載輿車, 虎賁舁上殿就坐. 是後三公有疾, 遂以爲故事.

初, 太祖下令, 使評議死刑可宮割者. 繇以爲「古之肉刑, 更歷聖人, 宜復施行, 以代死刑.」議者以爲非悅民之道, 遂寢. 及文帝臨饗羣臣, 詔謂: 「大理欲復肉刑, 此誠聖王之法. 公卿當善共議.」議未定, 會有軍事, 復寢. 太和中, 繇上疏曰: 「大魏受命, 繼蹤虞·夏. 孝文革法, 不合古道. 先帝聖德, 固天所縱, 墳典之業, 一以貫之. 是以繼世, 仍發明詔, 思復古刑, 爲一大法. 連有軍事, 遂未施行. 陛下遠追二朝遺意, 惜斬趾可以禁惡, 恨入死之無辜, 使明習律令, 與羣臣共議. 出本當右趾而入大辟者, 復行此刑. 書云: 『皇帝淸問下民, 鰥寡有辭于苗.』此言堯當除蚩尤, 有苗之刑, 先審問於下民之有辭者也. 若今蔽獄之時, 訊問三槐, 九棘, 羣吏, 萬民, 使如孝景之令, 其當棄市, 欲斬右趾者許之. 其黥·劓·左趾·宮刑者, 自如孝文, 易以髡·笞. 能有姦者, 率年二十至四五十, 雖斬其足, 猶任生育. 今天下人少于孝文之世, 下計所全, 歲三千人. 張蒼除肉刑, 所殺歲以萬計. 臣欲復肉刑, 歲生三千人. 子貢問能齊民可謂仁乎? 子曰: 『何事於仁? 必也聖乎! 堯, 舜其猶病諸!』又曰: 『仁遠乎哉? 我欲仁, 斯仁至矣.』若誠行之, 斯民永濟.」書奏, 詔曰: 「太傅學優下高, 留心政事, 又於刑理深遠. 此大事, 公卿羣僚善共平議.」司徒王朗議, 以爲「繇欲輕減大辟之條, 以增益刖刑之數, 此卽起僵爲豎, 化屍爲人矣. 然臣之愚, 猶有未合微異之意. 夫五刑之屬, 著在科律, 自有減死一等之法, 不死卽爲減. 施行已久, 不待遠假斧鑿于彼肉刑, 然後有罪次也. 前世仁者, 不忍肉刑之慘酷, 是以廢而不用. 不用已來, 歷年數百. 今復行之, 恐所減之文未彰于萬民之目, 而肉刑之問已宣于寇讐之耳, 非所以來遠人也. 今可按繇所欲輕之死罪, 使減死之髡·刖. 嫌其輕者, 可倍其居作之歲數. 內有以生易死不訾之恩, 外無以刖易釱駭耳之聲.」議者百餘人, 與朗同者多. 帝以吳·蜀未平, 且寢.

太和四年, 繇薨. 帝素服臨弔, 謚曰成侯. 子毓嗣. 初, 文帝分毓戶邑, 封繇弟演及子劭, 孫豫列侯.

2. 《晉書》(80, 列傳 50)

王羲之傳(王羲之, 子玄之, 凝之, 徽之. 徽之子楨之, 徽之弟操之, 獻之, 許邁)

〈1〉 王羲之

王羲之, 字逸少, 司徒導之從子也. 祖正, 尙書郞. 父曠, 淮南太守. 元帝之過江也, 曠首創其議. 羲之幼訥於言, 人未之奇. 年十三, 嘗謁周顗, 顗察而異之. 時重牛心炙, 坐客未噉, 顗先割啗羲之, 於是始知名. 及長, 辯贍, 以骨鯁稱, 尤善隸書, 爲古今之冠, 論者稱其筆勢, 以爲飄若浮雲, 矯若驚龍. 深爲從伯敦·導所器重. 時陳留阮裕有重名, 爲敦主薄. 敦嘗謂羲之曰: 「汝是吾家佳子弟, 當不減阮主薄.」 裕亦目羲之與王承·王悅爲王氏三少. 時太尉郗鑒使門生求女壻於導, 導令就東廂徧觀子弟. 門生歸, 謂鑒曰: 「王氏諸少並佳, 然聞信至, 咸自矜持. 惟一人在東牀坦服食, 獨若不聞.」 鑒曰: 「正此佳壻邪!」 訪之, 乃羲之也, 遂以女妻之.

起家秘書郞, 征西將軍庾亮請爲參軍, 累遷長史. 亮臨薨, 上疏稱羲之清貴有鑒裁. 遷寧遠將軍, 江州刺史. 羲之旣少有美譽, 朝廷公卿皆愛其才器, 頻召爲侍中, 吏部尙書, 皆不就. 復授護軍將軍, 又推遷不拜. 揚州刺史殷浩索雅重之, 勸使應命, 乃遺羲之書曰:「悠悠者以足下出處足觀政之隆替, 如吾等亦謂爲然. 至如下足下出處, 正與隆替對, 豈可以一世之存亡, 必從足下從容之適? 幸徐求衆心. 卿不時起, 復可以求美政不? 若豁然開懷, 當知萬物之情也.」羲之遂報書曰:「吾素自無廊廟志, 直王丞相時果欲內吾, 誓不許之, 手跡猶存, 由來尙矣, 不於足下參政面方進退.」自兒娶女嫁, 便懷尙子平之志, 數與親知言之, 非一日也. 若蒙驅使, 關隴, 巴蜀皆所不辭. 吾雖無專對之能, 直謹守時命, 宣國家威德, 固當不同於凡使, 必寧遠近咸知朝廷留心於無外, 此所益殊不同居護軍也. 漢未使太傳馬日磾慰撫關東, 皆不以吾輕微, 無所爲疑, 宜及初冬以行, 吾惟恭以待命.」

羲之既拜護軍, 又苦宜城郡, 不許, 乃以爲右軍將軍·會稽內史. 時殷浩與桓溫不協, 羲之以國家之安在於內外和, 因以與浩書以戒之, 浩不從. 及浩將北伐, 羲之以爲必敗, 以善止之, 言甚切至. 浩遂行, 果爲姚襄所敗. 復圖再擧, 又遺浩書曰:

「知安西敗喪, 公私惋惲, 不能須臾去懷. 以區區江左, 所營綜如此, 天下寒心, 固以久矣, 面加之敗喪, 此可熟念. 往事豈復可追, 願思弘將來. 令天下寄命有所, 自隆中興之業. 政以道勝寬和爲本, 力爭武功, 作非所當, 因循所長, 以固大業, 想識其由來也.

自寇亂以來, 處內外之任者, 未有深謀遠慮, 括囊至計, 而疲竭根本, 各從所志, 竟無一功可論, 一事可記, 忠言嘉謀棄而莫用, 遂令天下將有土崩之勢, 何能不痛心悲慨也. 任其事者, 豈得辭四海之責! 追咎往事, 亦何所復及, 宜更虛己求賢, 當與有識共之, 不可復令忠允之言常屈於當權. 今軍破於外, 資竭於內, 保淮之志非復所及, 莫過還保長江, 都督將各復舊鎭, 自長江於外, 羈縻而已. 任國鈞者, 引咎責躬, 深自貶降以謝百姓, 更與朝賢思布平政, 除其煩苛, 省其賦役, 與百姓更始, 庶可以允塞羣望, 救倒懸之急.

使君起於布衣, 任天下之重, 尙德之擧, 未能事事允稱, 當董統之任而敗喪至此, 恐闔朝羣賢未有與人分其謗者. 今亟修德補闕, 廣廷羣賢,與之分任, 尙未知獲濟所期. 若猶以前事爲未工, 故復求之於分外, 宇宙雖廣, 自容何所! 知言不必用, 或取怨執政, 然當情慨所在, 正自不能不盡懷極言. 若必親征, 未達此旨, 果行者, 愚智所不解也. 願復與衆共之.

復被州符, 增運千石, 徵役兼至, 皆以軍期, 對之喪氣, 罔知所厝. 自頃年割剝遺黎, 刑徒竟路, 殆同秦政, 惟未加參夷之刑耳, 恐勝廣之憂, 無復日矣.」

又與會稽王牋陳浩不宜北伐, 并論時事曰:

「古人恥其君不爲堯舜, 北面之道, 豈不願尊其所事, 比隆往代, 況遇千載一時之運? 顧智力屈於當年, 何得不權輕重而處之也. 今雖有可欣之會, 內求諸已, 而所憂乃重於欣. 《傳》云, 「自非聖人, 外寧必有內憂」. 今外不寧, 內憂已深. 古之弘大業者, 或不謀於衆, 傾國以濟一時功者, 亦往往而有之. 誠獨運之明簇以邁衆, 暫勞之弊終獲永逸者可也. 求之於今, 可得擬議乎!

夫廟算決勝, 必宜審量彼我, 萬全而後動. 功就之日, 便當因其衆而即其實. 今功未可期, 而遺黎殲盡, 萬不餘一. 且千里饋糧, 自古爲難, 況今轉運供繼, 西輸許洛, 北入黃河. 雖秦政之弊, 未至於此, 而十室之憂, 便以交至. 今運無還期, 徵求日重, 以區區吳越經緯天下十分之九, 不亡何待! 而不度德量力, 不弊不已, 此封內所痛心歎悼而莫敢吐誠.

往者不可諫, 來者猶可追, 願殿下更垂三思, 解而更張, 令殷浩, 荀羡還據合肥, 廣陵, 許昌, 譙郡, 梁, 彭城諸軍皆還保淮, 爲不可勝之基, 須根立勢擧, 謀之未晚, 此實當今策之上者. 若不行此, 社稷之憂可計日而待. 安危之機, 易于反掌, 考之虛實, 著於目前, 願運獨斷之明, 定之於一朝也.

地淺而言深, 豈不知其未易. 然古人處閭閻行陣之間, 尙或干時謀國, 評裁者不以爲譏, 況廁大臣末行, 豈可默而不言哉! 存亡所係, 決在行之, 不可復持疑後機, 不定之於此, 後欲悔之, 亦無及也.

殿下德冠宇內, 以公室輔朝, 最可直道行之, 致隆當年, 而未允物望, 受殊遇者所以寤寐長歎, 實爲殿下惜之. 國家之慮深矣, 當恐伍員之憂不獨在昔, 麋鹿之游將不止林藪而已. 願殿下暫廢墟遠之懷, 以救倒懸之急, 可謂以亡爲存, 轉禍爲福, 則宗廟之慶, 四海有賴矣. 又遺尙市僕身按市曰:

時東土饑荒, 羲之輒開倉振貸. 然朝廷賦役繁重, 吳會尤甚, 羲之每上疏爭之, 事多見海奈.

「頃所陳論, 每蒙允納, 所以令下小得蘇息, 各安其業. 若不耳, 此一郡久以蹈東海矣.

今事之大者未布, 漕運是也. 吾意望朝廷可申下定期, 委之所司, 勿復催下, 但當歲終考其殿最. 長吏尤殿, 命檻車送詣天臺. 三縣不舉, 二千石必免, 或可左降, 令在疆塞極難之地.

又自吾到此, 從事常有四五, 兼以臺司及都水御史行臺文符如雨, 倒錯違背, 不復可知. 吾又瞑目循常推前, 取重者及綱紀, 輕者在五曹. 主者涖事, 未嘗得十日, 吏民趨走, 功費萬計. 卿方任其重, 可徐尋所言. 江左平日, 揚州一良刺史便足統之, 況以羣才而更不理, 正由爲法不一, 牽制者衆, 思簡而易從, 便足以保守成業.

倉督監耗盜官米, 動以萬計, 吾謂誅翦一人, 其後便斷, 而時意不同. 近檢校諸縣, 無不皆爾. 餘姚近十萬斛, 重斂以資姦吏, 令國用空乏, 良可歎也.

自軍興以來, 征役及充運死亡叛散不反者衆, 虛耗至此, 而補代循常, 所在凋困, 莫知所出. 上命所差, 上道多叛, 則吏及叛者席卷同去. 又有常制, 輒令其家及同伍課捕. 課捕不擒, 家伍尋復亡叛. 百姓流亡, 戶口日減, 其源在此. 又有百工醫寺, 死亡絶沒, 家戶空盡, 差代無所, 上命不絶, 事起成十年·十五年, 彈舉獲罪無懈息, 而無益實事, 何以堪之! 謂自今諸死罪原輕者及五歲刑, 可以充此, 其減死者, 可長充兵役, 五歲者, 可充雜工醫寺, 皆令移其家以實都邑. 都邑旣實, 是政之本, 又可絶其亡叛. 不移其家, 逃亡之患復如初耳. 今除罪而充雜役, 盡移其家, 小人愚迷, 或以爲重於殺戮, 可以絶姦. 刑名雖輕, 懲肅實重, 豈非適時之宜邪!」

羲之雅好服食養性, 不樂在京師, 初渡浙江, 便有終焉之志. 會稽有佳山水, 名士多居之, 謝安未仕時亦居焉. 孫綽, 李充, 許詢, 支遁等皆以文義冠世, 並築室東土, 與羲之同好. 嘗與同志宴集於會稽山陰之蘭亭, 羲之自爲之序以申其志, 曰:

「永和九年, 歲在癸丑, 暮春之初, 會于稽山陰之蘭亭, 修禊事也. 羣賢畢至, 少長咸集. 此地有崇山峻嶺, 茂林修竹, 又有淸流激湍, 映帶左右, 引以爲流觴曲水, 列坐其次. 雖無絲竹管絃之盛, 一觴一詠, 亦足以暢敍幽情.

是日也, 天朗氣淸, 惠風和暢, 仰觀宇宙之大, 俯察品類之盛, 所以游目騁懷, 足以極視聽之娛, 信可樂也.

夫人之相與, 俯仰一世, 或取諸懷抱, 悟言一室之內, 或因寄所託, 放浪形骸之外. 雖趣舍萬殊, 靜躁不同, 當其欣於所遇, 暫得於己, 快然自足, 不知老之將至. 及其所之旣倦, 情隨事遷, 感慨係之矣. 向之所欣, 俛仰之間, 已爲陳跡, 猶不能不以之興懷. 況修短隨化, 終期於盡. 古人云, 死生亦大矣, 豈不痛哉!

每覽昔人興感之由, 若合一契, 未嘗不臨文嗟悼, 不能喩之於懷. 固之一死生爲虛誕, 齊彭殤爲妄作, 後之視今, 亦猶今之視昔, 悲夫! 故列敍時人, 錄其所述, 雖世殊事異. 所以興懷, 其致一也. 後之覽者, 亦將有感於斯文.」

或以潘岳《金谷詩序》方其文, 羲之比於石崇, 聞而甚喜.

性愛鵝, 會稽有孤居姥養一鵝, 善鳴, 求市未能得, 遂攜親友命駕就觀. 姥聞羲之將至, 烹以待之, 羲之歎惜彌日. 又山陰有一道士, 養好鵝, 羲之往觀焉, 意甚悅, 固求市之. 道士云:「爲寫道德經, 當擧羣相贈耳.」羲之欣然寫畢, 籠鵝而歸, 甚以爲樂. 其任率如此. 嘗詣門生家, 見棐几滑淨, 因書之, 眞草相半. 後爲其父誤刮去之, 門生驚懊者累日. 又嘗在蕺山見一老姥, 持六角竹扇賣之. 羲之書其扇, 各爲五字. 姥初有慍色. 因謂姥曰:「但言是王右軍書, 以求百錢邪.」姥如其言, 人競買之. 他日, 姥又持扇來, 羲之笑而不答. 其書爲世所重, 皆此類也. 每自稱「我書比鍾繇, 當抗行, 比張芝草, 猶當雁行也.」曾與人書云:「張芝臨池學書, 池水盡黑, 使人耽之若是, 未必後之也.」羲之書初不勝庾翼, 郗愔, 及其暮年方妙. 嘗以章草答庾亮, 而翼深歎伏, 因與羲之書云:「吾昔有伯英章草十紙, 過江顚狽, 遂乃亡失, 常歎妙迹永絕. 忽見足下答家兄書, 煥若神明, 頓還舊觀.」

時驃騎將軍王述少有名譽, 與羲之齊名, 而羲之甚輕之, 由是情好不協. 述先爲會稽, 以母喪居郡境, 羲之代述, 止一弔, 遂不重詣. 述每聞角聲, 謂羲之當候己, 輒洒掃而待之. 如此者累年, 而羲之竟不顧,述深以爲恨. 及述爲揚州刺史, 將就徵, 周行郡界, 而不過羲之, 臨發, 一別而去. 先是, 羲之常謂賓友曰: 「懷祖正當作尙書耳, 投老可得僕射. 更求會稽, 便自邈然.」 及述蒙顯授, 羲之恥爲之下, 遣使詣朝廷, 求分會稽爲越州. 行人失辭, 大爲時賢所笑. 旣而內懷愧歎, 謂其諸子曰: 「吾不減懷祖, 而位遇賢邈, 當由汝等不及坦之故邪!」 述後檢察會稽郡, 辯其刑政, 主者疲於簡對. 羲之深恥之, 遂稱病去郡, 於父母墓前自誓曰: 「維永和十二年三月癸卯朔, 九日辛亥, 小子羲之敢告二尊之靈. 羲之不天, 夙遭閔凶, 不蒙過庭之訓. 母兄鞠育, 得漸庶幾, 遂因人乏, 蒙國寵榮. 進無忠孝之節, 退違推賢之義, 每仰詠老氏·周任之誡, 常恐死亡無日, 憂及宗祀, 豈在微身而已! 是用寤寐永歎, 若墜深谷. 止足之分, 定之於今. 謹以今月吉辰肆筵設席, 稽顙歸誠, 告誓先靈. 自今之後, 敢渝此心, 貪冒苟進, 是有無尊之心而不子也. 子而不子, 天地所覆載, 名敎所不得容. 信誓之誠, 有如皦日!」

羲之旣去官, 與東土人士盡山水之游, 弋釣爲娛. 又與道士許邁共修服食, 採藥石不遠千里, 偏游東中諸郡, 窮諸名山, 泛滄海, 歎曰: 「我卒當以樂死.」 謝安嘗謂羲之曰: 「中年以來, 傷於哀樂, 與親友別, 輒作數日惡.」 羲之曰: 「年在桑榆, 自然至此. 頃正賴絲竹陶寫, 恒恐兒輩覺, 損其歡樂之趣.」 朝廷以其誓苦, 亦不復徵之.

時劉惔爲丹陽尹, 許詢嘗就惔宿, 牀帷新麗, 飮食豐甘. 詢曰: 「若此保全, 殊勝東山.」 惔曰: 「卿若知吉凶由人, 吾安得保此.」 羲之在坐, 曰: 「令巢許遇稷契, 當無此言.」 二人並有愧色.

初, 羲之旣優游無事, 與吏部郞謝萬書曰:

「古之辭世者或被髮陽狂, 或汚身穢跡, 可謂艱矣. 今僕坐而獲逸, 遂其宿心, 其爲慶幸, 豈非天賜! 違天不祥.

頃東游還, 修植桑果, 今盛敷榮, 率諸子, 抱弱孫, 游觀其間, 有一味之甘, 割而分之, 以娛目前. 雖植德無殊邈, 猶欲敎養子孫以敦厚退讓.

或以輕薄, 庶令舉策數馬, 彷彿萬石之風. 君謂此何如?

比當與安石東游山海, 并行田視地利, 頤養閑暇. 衣食之餘, 欲與親知時共歡讌, 雖不能興言高詠, 銜杯引滿, 語田里所行, 故以爲撫掌之資, 其爲得意, 可勝言邪! 常依陸賈, 班嗣, 楊王孫之處世, 甚欲希風數子, 老夫志願盡於此也.」

萬後爲豫州都督, 又遺萬書誡之曰: 「以君邁往不屑之韻, 而俯同羣辟, 誠難爲意也. 然所謂通識, 正自當隨事行藏, 乃爲遠耳. 願君每與士之下者同, 則盡善矣. 食不二味, 去不重席, 此復何有, 而古人以爲美談. 濟否所由, 實在積小以致高大, 君其存之.」萬不能用, 果敗.

年五十九卒, 贈金紫光祿大夫. 諸子遵父先旨, 固讓不受.

〈2〉 王玄之, 王凝之

有七子, 知名者五人. 玄之早卒. 次凝之, 亦工草隸, 仕歷江州刺史, 左將軍, 會稽內史. 王氏世事張氏五斗米道, 凝之彌篤. 孫恩之攻會稽, 僚佐請爲之備. 凝之不從, 方入靖室請禱, 出語諸將佐曰: 「吾已請大道, 許鬼兵相助, 賊自破矣.」其不設備, 遂爲孫恩所害.

〈3〉 王徽之

徽之字子猷. 性卓犖不羈, 爲大司馬桓溫參軍, 蓬首散帶, 不綜府事. 又爲車騎桓沖騎兵參軍, 沖問: 「卿署何曹?」對曰: 「似是馬曹.」又問:

「管幾馬.」曰:「不知馬, 何由如數!」又問:「馬比死多少?」曰:「未知生, 焉知死.」嘗從沖行, 値暴雨, 徽之因下馬排入車中, 謂曰:「公豈得獨擅一車!」沖嘗謂徽之曰:「卿在府日久, 比當相料理.」徽之初不酬答, 直高視, 以手版柱頰云:「西山朝來致有爽氣耳.」

時吳中一士大夫家有好竹, 欲觀之, 便出坐輿造竹下, 諷嘯良久. 主人酒掃請坐, 徽之不顧. 將出, 主人乃閉門, 徽之便以此賞之, 盡歎而去. 嘗寄居空宅中, 便令種竹. 或問其故, 徽之但嘯詠, 指竹曰:「何可一日無此君邪!」嘗居山陰, 夜雪初霽, 月色淸朗, 四望皓然, 獨酌酒詠左思《招隱詩》, 忽憶戴逵. 逵時在剡, 便夜乘小船詣之, 經宿方至 造門不前而反. 人問其故, 徽之曰:「本乘興而行, 興盡而反, 何必見安道邪!」雅性放誕, 好聲色, 嘗夜與弟獻之共讀《高士傳讚》, 獻之賞井丹高潔. 徽之曰:「未若長卿慢世也.」其傲達若此. 時人皆欽其才而穢其行.

後爲黃門侍郎, 棄官東歸, 與獻之俱病篤. 時有術人云:「人命應終, 而有生人樂代者, 則死者可生.」徽之謂曰:「吾才位不如弟, 請以餘年代之.」術者曰:「代死者, 以己年有餘, 得以足亡者耳. 今君與弟算俱盡, 何代也!」未幾, 獻之卒, 徽之奔哀不哭, 直上靈牀坐, 取獻之琴彈之, 久而不調, 歎曰:「嗚呼子敬, 人琴俱亡!」因頓絶. 先有背疾, 遂潰裂, 月餘亦卒. 子楨之.

〈4〉王楨之

楨之字公幹, 歷位侍中, 大司馬長史. 桓玄爲太尉, 朝臣畢集, 問楨之:「我何如君亡叔?」在坐咸爲氣咽. 楨之曰:「亡叔一時之標, 公是千載之英.」坐皆悅.

〈5〉 王操之

操之字子重, 歷侍中, 尙書, 豫章太守.

〈6〉 王獻之

獻之字子敬. 少有盛名, 而高邁不羈, 雖閑居終日, 容止不怠, 風流爲一時之冠. 年數歲, 嘗觀門生樗蒱, 曰: 「南風不競.」 門生曰: 「此郎亦管中窺豹, 時見一斑.」 獻之怒曰: 「遠慚荀奉倩, 近愧劉眞長.」 遂弗衣而去. 嘗與兄徽之·操之俱詣謝安, 二形多言俗事, 獻之寒溫而已. 旣出, 客問安王氏兄弟優劣, 安曰: 「小者佳.」 客問其故, 安曰: 「吉人之辭寡, 以其少言, 故知之.」 嘗與徽之共在一室, 忽然火發, 徽之遽走. 不遑取履. 獻之神色恬然, 徐呼左右扶出. 夜臥齋中, 而有偷人入其室, 盜物都盡. 獻之徐曰: 「偷兒, 氈靑我家舊物, 可特置之.」 羣偷驚走.

工草隷, 善丹靑. 七八歲時學書, 羲之密從後掣其筆不得, 歎曰: 「此兒後當復有大名.」 嘗書壁爲方丈大字, 羲之甚以爲能, 觀者數百人. 桓溫嘗使書扇, 筆誤落, 因畫作烏駮牸牛, 甚妙.

起家州主薄, 秘書郎, 轉丞, 以選尙新安公主. 嘗經吳郡, 聞顧辟彊有名園, 先不相識, 乘平肩輿徑入. 時辟彊方集賓友, 而獻之游歷旣畢, 傍若無人. 辟彊勃然數之曰: 「慠主人, 非禮也. 以貴驕士, 非道也. 失是二者, 不足齒之傖耳.」 便驅出門. 獻之慠如此, 不以屑意.

謝安甚欽愛之, 請爲長史. 安進號衛將軍, 復爲長史. 太元中, 新起太極殿, 安欲使獻之題枋, 以爲萬代寶, 而難言之, 試謂曰: 「魏時陵雲殿枋未題, 而匠者誤釘之, 不可下, 乃使韋仲將懸橧書之. 比訖, 鬚鬢盡白, 裁餘氣息. 還語子弟, 宜絶此法.」 獻之揣知其旨, 正色曰: 「仲將, 魏之人臣, 寧有此事! 使其若此, 有以知魏德之不長.」 安遂不之逼. 安又問曰:「君書何如君家尊?」答曰:「故當不同.」安曰:「外論不爾.」答曰:「人那得之!」尋除建威將軍, 吳興太守, 徵拜中書令.

及安薨, 贈禮有同異之議, 惟獻之, 徐邈共明案之史勳. 獻之乃上疏曰:「故太傅臣安少振玄風, 道譽洋溢. 弱冠遐棲, 則契齊箕皓, 應運釋褐, 而王猷允塞. 及至載宣威靈, 强猾消殄. 功勳旣融, 投鈹高讓. 且服事先帝, 眷隆布衣. 陛下踐阼, 陽秋尙富, 盡心竭智以輔聖名. 考其潛躍始終, 事情繾綣, 實大晉之儁輔, 義篤於曩臣矣. 伏惟陛下留心宗臣, 澄神於省察.」孝武帝遂加安殊禮.

未幾, 獻之遇疾, 家人爲上章, 道家法應首過, 問其有何得失. 對曰:「不覺餘事, 惟憶與郗家離婚.」獻之前妻, 郗曇女也. 俄而卒於官. 安僖皇后立, 以后夫追贈侍中·特進·光祿大夫·太宰, 謚曰憲. 無子, 以兄子靜之嗣, 位至義興太守. 時議者以爲義之草隸, 江左中朝莫有及者, 獻之骨力遠不及父, 而頗有媚趣. 桓玄雅愛其父子書, 各爲一袟, 置左右以翫之. 始羲之所與共游者許邁.

〈7〉 許邁

許邁, 字叔玄, 一名映, 丹陽句容人也. 家世士族, 以邁少恬靜, 不慕仕進. 未弱冠, 嘗造郭璞, 璞爲之筮, 遇泰之大畜, 其上六爻發. 璞謂曰:「君元吉自天, 宜學升遐之道.」時南海太守鮑靚隱跡潛遁, 人莫知之. 邁乃往候之, 探其至要. 父母尙存, 未忍違親. 謂餘杭懸雷山近延陵之茅山, 是洞庭西門, 潛通五獄, 陳安世, 茅季偉常所游處, 於是立精舍於懸雷, 而往來茅嶺之洞室, 放絶世務, 以尋仙官, 朔望時節還家定省而已. 父母旣終, 乃遣婦孫氏還家, 遂攜其同志徧游名山焉.

初採藥於桐盧縣之桓山, 餌術涉三年, 時欲斷穀. 以此山近人, 不得專一, 四面藩之, 好道之徒欲相見者, 登樓與語, 以此爲樂. 常服氣, 一氣千餘息. 永和二年, 移入臨安西山, 登巖茹芝, 眇爾自得, 有終焉之志. 乃改名玄, 字遠游. 與婦書告別, 又著詩十二首, 論神僊之事焉. 羲之造之, 未嘗不彌日忘歸, 相與爲世外之交. 玄遺羲之書云: 「自山陰南至臨安, 多有金堂玉室, 仙人芝草, 左元放之徒, 漢末諸得道者皆在焉.」 羲之自爲之傳, 述靈異之跡甚多, 不可詳記. 玄自後莫測所終, 好道者皆謂之羽化矣.

贊曰: 書契之興, 肇乎中古, 繩文鳥跡, 不足可觀. 末代去朴歸華, 舒牋點翰, 爭相誇尙, 競其工拙. 伯英臨池之妙, 無復餘蹤; 師宜懸帳之奇, 罕有遺跡. 逮乎鍾王以降, 略可言焉. 鍾雖擅美一時, 亦爲迥絶, 論其盡善, 或有所疑. 至於布纖濃, 分疏密, 霞舒雲卷, 無所間然. 但其體則古而不今, 字則長而逾制, 語其大量, 以此爲瑕. 獻之雖有父風, 殊非新巧. 觀其字勢疏瘦, 如隆冬之枯樹; 覽其筆蹤抱束, 若嚴家之餓隸. 其枯樹也, 雖槎枿而無屈伸; 其餓隸也, 則羈羸而不放縱. 兼斯二者, 故翰墨之病歟! 子雲近出, 擅名江表, 然僅得成書, 無丈夫之氣, 行行若縈春蚓, 字字如綰秋蛇; 臥王濛於紙中, 坐徐偃於筆下; 雖禿千兎之翰, 聚無一毫之筋, 窮萬轂之皮, 斂無半分之骨; 以玆播美, 非其濫名邪! 此數子者, 皆譽過其實. 所以詳察古今, 硏精篆素, 盡善盡美, 其惟王逸少乎! 觀其點曳之工, 裁成之妙. 煙霏露結, 狀若斷而還連; 鳳翥龍蟠, 勢如斜而反直. 翫之不覺爲倦, 覽之莫識其端, 心慕手追, 此人而已. 其餘區區之類, 何足論哉!

3. 〈蘭亭集序〉 原文 및 譯解

〈蘭亭集序〉 王羲之

때는 동진 목제 영화 9년(353년) 계축년 모춘 초순(3월 3일)에 회계군 산음의 난정에 모여 계사를 치르고 있도다. 여러 현사들이 모두 찾아오고 젊은이 장정 모두가 모여들었는데 이곳은 높은 산과 높은 고개의 지형으로 무성한 수풀과 잘 자란 대나무가 있으며 게다가 맑은 물과 콸콸 흐르는 물길이 좌우의 풍경을 비추고 있어 이 물을 끌어들여 유상곡수로 삼았도다.

사람들이 줄을 지어 그 차례에 맞추어 자리를 잡고 앉으니 비록 음악의 풍성함은 없지만 술 한잔에 글 한 수 읊조리는 것으로 역시 족히 그윽한 정을 시원하게 풀 수는 있도다.

이 날 하늘은 청랑하고 공기는 청숙하며 혜풍이 화창하니 우러러 우주의 위대함을 바라보고 굽어는 세상 만물이 풍성함을 살펴보는 것으로도 눈에 보이는 것을 즐기며 회포를 마음대로 달래게 하여 족히 시청의 즐거움을 끝까지 하여 볼 수 있으니 진실로 즐겁도다.

무릇 사람들이 서로 함께 참여하여 같은 동시대를 굽어보고 우러러 보되, 혹자는 회포에서 느낀 것을 한 방에 모인 이들과 즐겁게 말을 나누기도 하고, 또 혹자는 자신이 의탁한 바를 바탕으로 하여 몸 밖의 세계를 방랑하는 상상도 펼치고 있으니 이처럼 비록 취향이나 버리는 것이 만 가지로 달라 그 정조靜躁가 다르다 하나 의당 그 만나는 바를 흔연히 여겨 잠시 이를 자신에게 얻어 보며 쾌연히 유유자득하여 일찍이 늙음이 다가올 것임을 알지 못한 채 살기 마련이다. 그러다가 그렇게 마주친 것들도 이미 권태로워지면 정은 그 일의 변천을 따라 가고 마는 것이니 감격과 개탄이 이 두 가지에 매인 것이로다. 방금 흔쾌히 여겼던 바가 아주 짧은 시간에 진부한 흔적이라 여기게 되니 더욱이 이러한 감정을 흥회興懷라 여기지 않을 수 없도다.

하물며 사람이란 조화造化를 따라 그 짧고 긴 삶을 살다가도 마침내 그 다함에 이르고 마는 것임에랴!

옛사람이 "죽고 사는 것은 역시 큰일이로다"라 하였으니 어찌 애통하지 않을 수 있겠는가!

매번 옛사람들이 감흥을 느낀 이유를 들춰보니 마치 하나로 똑같았으며 글을 지어내겠다고 이에 임하여 감탄과 슬픔을 능히 회포에 비유해 풀어내지 못하기 때문이 아님이 없었다.

나도 진실로 사람의 한번 죽음과 삶이란 허탄한 것이며 팽조와 똑같이 오래 살고 나서 죽으리라 한 것은 헛된 작심임을 아노니 뒷사람이 지금 나의 시대를 보면 역시 지금 내가 옛사람을 보는 것과 같으리니 슬프도다! 그러므로 이 시대 사람들을 차례로 서술하여 그들이 읊어낸 것을 기록한다. 비록 세상은 다르고 사물이 달라진다 해도 흥회를 느끼는 바는 하나로 똑같을 것이니 뒷사람으로서 이를 보는 자도 역시 이 문장에서 느끼는 바가 있으리라.

永和九年, 歲在癸丑, 暮春之初, 會于會稽山陰之蘭亭, 修禊事也. 群賢畢至, 少長咸集, 此地有崇山峻嶺, 茂林修竹, 又有清流激湍, 映帶左右, 引以爲流觴曲水, 列坐其次, 雖無絲竹管絃之盛, 一觴一詠, 亦足以暢敍幽情. 是日也, 天朗氣清, 惠風和暢. 仰觀宇宙之大, 俯察品類之盛, 所以遊目騁懷, 足以極視聽之娛, 信可樂也. 夫人之相與俯仰一世,或取諸懷抱, 悟言一室之內, 或因寄所託, 放浪形骸之外, 雖趣舍萬殊, 靜躁不同, 當其欣於所遇, 暫得於己, 快然自得, 曾不知老之將至. 及其所之旣倦, 情隨事遷, 感慨係之矣. 向之所欣, 俛仰之間, 已爲陳迹, 尤不能不以之興懷. 況脩短隨化, 終期於盡! 古人云: 「死生亦大矣!」 豈不痛哉! 每攬昔人興感之由, 若合一契, 未嘗不臨文嗟悼, 不能諭之於懷. 固知一死生爲虛誕, 齊彭殤爲妄作. 後之視今, 亦猶今之視昔, 悲夫! 故列敍時人, 錄其所述, 雖世殊事異, 所以興懷, 其致一也. 後之覽者, 亦將有感於斯文.

【蘭亭】 지금의 浙江省 紹興에 있는 정자이며 유원지로서 동진시대 수도 建康(지금의 南京)의 남쪽이며 당시 會稽郡이었음. 이곳에 많은 문인과 명사들이 모여 3월 삼짇날 계사(禊事) 행사를 벌여 봄을 맞으며 연회를 베풀고 시를 지어 문집으로 꾸미면서 그 序文을 王羲之가 行書로 쓴 것으로 문장 못지 않게 그 글씨로 더욱 널리 알려짐. 그러나 이 문장은 남조 梁나라 昭明太子(蕭統)가 유명한 《文選》(昭明文選)을 찬집하면서 글 가운데 "天朗氣淸, 惠風和暢"이 봄을 표현한 말로서는 맞지 않는다고 여겨 싣지 않았다 함.

【永和】 東晉 穆帝의 연호. 9년은 서기 353년에 해당함.

【暮春】 계춘과 같음. 고대 음력을 사계로 구분하여 孟春(1월), 仲春(2), 季春(3), 孟夏(4), 仲夏(5), 季夏(6), 孟秋(7), 仲秋(8), 季秋(9), 孟冬(10), 仲冬(11), 季冬(12)으로 나누었음. 모춘지초는 3월의 초순. 즉 구체적으로 3월 3일을 가리킴.

【會稽】 지금의 절강성 소흥. 그곳에 지금도 그곳 山陰의 서남쪽에 蘭亭 유적지 및 유원지가 있음.

【山陰】 지명. 산의 북쪽이어서 얻은 지명.

【禊事】 고대 삼월 상순의 巳日에 물가에 모여 묵은 때를 씻어내며 연회를 베푸는 의식. 曹魏 이후에는 三月三日(삼월삼짇날)로 정하여 치렀다 함.

【流觴曲水】 물길을 굽게 하여 그곳에 둘러앉아 술잔을 띄워 술을 마시는 연회.

【絲竹管絃】絲는 현악기, 竹은 관악기. 管絃은 관악기와 현악기. 즉 음악을 뜻함.

【惠風】봄바람을 뜻함. 만물에 은혜를 베푼다는 뜻임.

【晤】서로 만나 이야기를 나눔. 會晤와 같은 뜻.

【趣舍】취향과 버림. 혹 取捨와 같은 뜻으로도 봄.

【靜躁】여기서는 어떤 이는 조용히 자연을 감상하며 생각에 잠기는 것을 좋아하고 어떤 이는 남과 떠들며 호탕하게 어울리며 행동하기를 좋아함을 말함.

【不知老之將至】늙음이 장차 이르게 됨을 알지 못한 채 어떤 일에 매진하거나 감흥에 젖음을 뜻함.《論語》述異篇에 "葉公問孔子於子路, 子路不對. 子曰:「女奚不曰:『其爲人也, 發憤忘食, 樂以忘憂, 不知老之將至』云爾.」"라 함.

【向】부사로 '방금, 조금 전'의 뜻.

【俛仰】머리를 숙였다가 다시 쳐다보는 정도의 아주 짧은 시간.

【脩短隨化】'脩短'은 '修短'으로도 쓰며 壽夭長短, 즉 사람의 일생이나 수명을 뜻하며 '隨化'는 造化(조물주)의 뜻에 따라 결정이 남을 말함.

【古人云】《莊子》德充符에 "常季曰:「彼兀者也, 而王先生, 其與庸亦遠矣. 若然者, 其用心也獨若之何?」仲尼曰:「死生亦大矣, 而不得與之變, 雖天地覆墜, 亦將不與之遺. 審乎無假而不與物遷, 命物之化而守其宗也.」"라 함.

【彭祖】전설 상의 長壽로 이름난 사람.《列仙傳》(卷上)에 "彭祖者, 殷大夫也. 姓籛名鏗, 帝顓項之孫, 陸終氏中子. 歷夏至殷末, 八百餘歲. 常食桂芝, 善導引行氣. 歷陽有彭祖仙室. 前世禱請風雨, 莫不輒應. 常有兩虎, 在祠左右. 祠訖, 地卽有虎迹. 云後昇仙而去. 遐哉碩仙, 時惟彭祖. 道與化新, 綿綿歷古. 隱倫玄室, 靈著風雨. 二虎嘯時, 莫我猜侮."라 하였고,《搜神記》(卷1)에는 "彭祖者, 殷時大夫也. 姓錢, 名鏗. 帝顓項之孫. 陸終氏之中子. 歷夏而至商末, 號七百歲. 常食桂芝. 歷陽有彭祖仙室. 前世云:「禱請風雨, 莫不輒應. 常有兩虎在祠左右.」今日祠之訖, 地則有兩虎跡."라 하였으며,《史記》秦始皇本紀 正義에는 "陸終第三子曰籛鏗, 封於彭, 爲商伯. 外傳云, 殷末, 滅彭祖氏."라 함. 그 외《神仙傳》(1)에도 같은 내용이 들어 있음.

4.《太平廣記》卷第206 各種 書體 및 서예 관련 기록

001. 고문(古文)

按古文者, 黃帝史蒼頡所造也. 頡首有四目, 通於神明. 仰觀奎星圜曲之勢, 俯察龜文鳥跡之象, 博采衆美, 合而爲字, 是曰古文.《孝經》援《神契》云:「奎主文章, 蒼頡倣象 是也.」(《書斷》)

002. 대전(大篆)

按大篆者, 周宣王太史史籒所作也. 或云, 柱下史始變古文, 或同或異, 謂之篆. 篆者, 傳也. 傳其物理, 施之無窮. 甄酆定六書, 三曰篆書. 八體書法, 一曰大篆. 又《漢書》藝文志:《史籒》十五篇, 並此也. 以此官製之, 用以教援, 謂之史書, 凡九千字.(《書斷》)

003. 주문(籒文)

周太史史籒所作也. 與古文大篆小異. 後人以名稱書, 謂之籒文.《七略》曰:「史籒者, 周時史官教學童書也. 與孔氏壁中古文體異.」甄酆定六書, 二曰奇字是也.(《書斷》)

004. 소전(小篆)

小篆者, 秦丞相李斯所作也. 增損大篆, 異同籒文, 謂之小篆. 亦曰秦篆.《書斷》

005. 팔분(八分)

按八分者, 秦時人上谷王次仲所作也. 王愔云: 「王次仲始以古書方廣, 少波勢. 建初中, 以隸草作楷法, 字方八分, 言有模楷.」 始皇得次仲文, 簡略, 赴急疾之用, 甚喜, 遣使召之. 三徵不至, 始皇大怒, 制檻車送之, 於道化爲大鳥飛去.《書斷》

006. 예서(隸書)

按隸書者, 秦下邽人程邈所作也. 邈字元岑, 始爲縣吏. 得罪, 始皇幽繫雲陽獄中. 覃思十年, 益小篆方圓, 而爲隸書三千字. 奏之, 始皇善之. 用爲御史. 以奏事煩多, 篆字難成, 乃用隸字. 以爲隸人佐書, 故曰隸書.《書斷》

007. 장초(章草)

按章草, 漢黃門令史史游所作也. 衛恒·李誕並云: 「漢初而有草法, 不知其誰?」 蕭子良云: 「章草者, 漢齊相杜操, 始變藁法.」 非也, 王愔云: 「元帝時, 史游作急就章. 解散隸體, 麤書之. 漢俗簡惰, 漸以行之是也.」《書斷》

008. 행서(行書)

按行書者, 後漢隸川劉德昇所造也. 行書卽正書之小變, 務從簡易. 相聞流行, 故謂之行書. 王愔云: 「晉世以來, 工書者多以行書著名.」 鍾元常善行書是也. 爾後王羲之·獻之, 並造其極焉.(《書斷》)

009. 비백(飛白)

按飛白者, 後漢左中郞蔡邕所作也. 王隱·王愔並云: 「飛白變楷制也. 本是宮殿題署, 勢旣勁. 文字宜輕微不滿, 名爲飛白.」 王僧虔云: 「飛白·八分之輕者.」 邕在鴻都門, 見匠人施堊帚, 逐創意焉.(《書斷》)

010. 초서(草書)

按草書者, 後漢徵士張伯英所造也. 梁武帝草書狀曰: 「蔡邕云: 昔秦之時, 諸侯爭長. 羽檄相傳, 望烽走驛, 以篆隸難, 不能救急. 遂作赴急之書, 蓋今之草書是也.」(《書斷》)

011. 급총서(汲冢書)

汲冢書, 蓋魏安釐王時, 衛郡汲縣耕人, 於古冢中得之. 竹簡漆書科斗文字, 雜寫經史. 與今本校驗, 多有異同. 耕人性不(彪·淮).(《尙書故實》)

012. 이사(李斯)

秦丞相李斯曰: 「上古作大篆, 頗行於世. 但爲古遠, 人多不能詳. 今刪略繁者, 取其合體, 參爲小篆.」 斯善書, 自趙高已下, 咸見伏焉. 刻諸名山, 碑璽銅人, 並斯之筆. 書秦望紀功石, 乃曰: 「吾死後五百三十年, 當有一人, 替吾迹焉.」(《蒙恬筆經》)

斯妙篆, 始省改之爲小篆, 著蒼頡篇七章. 雖帝王質文, 世有損益, 終以文代質. 漸就澆醨, 則三皇結繩, 五帝畫象. 三王肉刑, 斯可況也. 古文可爲上古, 大篆爲中古, 小篆爲下古, 三古爲實. 草隸爲華, 妙極於華者羲·獻; 精窮其實者籀·斯. 始皇以和氏之璧, 琢而爲璽, 令斯書其文. 今泰山嶧山及秦望等碑, 並其遺迹, 亦謂傳國之偉寶, 百世之法式. 斯小篆入神, 大篆入妙. 李斯書, 知爲冠蓋, 不易施乎!(《書評》·《書斷》)

013. 소하(蕭何)

前漢蕭何善篆籀, 爲前殿成, 覃思三月, 以題其額, 觀者如流: 「何使禿筆書?」(羊欣《筆陣圖》)

014. 채옹(蔡邕)

後漢蔡邕字伯喈, 陳留人. 儀容奇偉, 篤孝博學, 能畫善音, 明天文術數. 工書, 篆隸絶世, 尤得八分之精微. 體法百變, 窮靈盡妙, 獨步今古. 又刱造飛白, 妙有絶倫. 伯喈八分飛白入神, 大篆小篆隸書入妙. 女琰甚賢, 亦工書. 伯喈入嵩山學書, 於石室內得一素書, 八角垂芒, 篆寫李斯並史籀用筆勢, 伯喈得之. 不食三時, 乃大叫喜歡. 若對數十人, 伯喈因讀誦三年, 便妙達其旨. 伯喈自書五經於太學, 觀者如市.(羊欣《筆法》)

蔡邕書, 骨氣風透, 精爽入神.(袁昂《書評》·《書斷》)

015. 최원(崔瑗)

崔瑗字子玉, 安平人. 曾祖蒙, 父駰. 子玉官至濟北相, 文章蓋世, 善章草書. 師於杜度, 媚趣過之. 點畫精微, 神變無礙. 利金百鍊, 美玉天姿. 可謂氷寒於水也. 袁昂云: 「如危峯阻日, 孤松一枝.」 王陰謂之'草賢'. 章草入神, 小篆入妙.(《書斷》)

016. 장지(張芝)

張芝字伯英. 性好書, 凡家之衣帛, 皆書而後練. 尤善章草, 又善隸書. 韋仲將謂之'草聖'. 又云: 「崔氏之肉, 張氏之骨.」 其章草急就章字, 皆一筆而成. 伯英章草行入神, 隸書入妙.(《書斷》)

伯英書, 如漢武愛道, 憑虛欲仙.(袁昂《書評》)

017. 장창(張昶)

張昶字文舒, 伯英季弟, 爲黃門侍郎. 尤善章草. 書類伯英, 時人謂之亞聖. 文舒章草入神, 八分入妙 隸入能.(《書斷》)

018. 유덕승(劉德升)

劉德升字君嗣, 潁川人. 桓靈世以造行書擅名, 旣以草刱, 亦甚姸美. 風流婉約, 獨步當時. 胡昭·鍾繇, 並師其法. 世謂鍾繇善行狎書是也. 而胡書體肥, 鍾書體瘦, 亦各有君嗣之美也.(《書斷》)

019. 사의관(師宜官)

師宜官, 南陽人. 靈帝好書, 徵天下工書於鴻都門者數百人. 八分稱宜官爲最, 大則一字徑丈, 小則方寸千言. 甚矜能而性嗜酒, 或時空至酒家, 因書其壁以售之, 觀者雲集, 酤酒多售, 則鏟滅之. 後爲袁術將鉅鹿耿球碑, 術所立, 宜官書也.(《書斷》)

宜官書, 如鵬翅未息, 翩翩自逝.(袁昂《書評》)

020. 양곡(梁鵠)

梁鵠字盟皇, 安定烏氏人. 少好書, 受法於師宜官, 以善八分書知名. 擧孝廉爲郎, 亦在鴻都門下, 遷選部郎, 靈帝重之. 魏武甚愛其書, 常懸帳中, 又以釘壁, 以爲勝宜官也. 于時邯鄲淳亦得次仲法, 淳宜爲小字, 鵠宜爲大字, 不如鵠之用筆盡勢也.(《書斷》)

021. 좌백(左伯)

左伯字子邑, 東萊人, 特工八分. 名與毛弘等列, 小異於邯鄲淳, 亦擅名漢末, 又甚能作紙. 漢興, 有紙代簡, 至和帝時, 蔡倫工爲之, 而子邑尤得其妙. 故蕭子良答王僧虔書云: 「子邑之紙, 姸妙輝光; 仲將之墨, 一點如漆; 伯英之筆, 窮聲盡思, 妙物遠矣. 邈不可追.」(《書斷》)

022. 호소(胡昭)

胡昭字孔明, 潁川人. 少而博學, 不慕榮利. 有夷·皓之節. 甚能籒書, 眞行又妙. 衛恒云: 「胡昭與鍾繇, 並師於劉德升. 俱善草行, 而胡肥鍾瘦.

尺牘之迹, 動見模楷.」羊欣云:「胡昭得張芝骨, 索靖得其肉, 韋誕得其筋.」張華云:「胡昭善隸書.」茂先與荀勗共整理記籍, 又立書博士, 置弟子教習, 以鍾胡爲法, 可謂宿士矣.(《書斷》)

023. 종요(鍾繇)

魏鍾繇字元常, 少隨劉勝入抱犢山. 學書三年, 遂與魏太祖·邯鄲淳·韋誕等議用筆. 繇乃問蔡伯喈筆法於韋誕, 誕惜不與, 乃自搥胸嘔血. 太祖以五靈丹救之得活, 及誕死, 繇令人盜掘其墓, 遂得之. 由是繇筆更妙. 繇精思學書, 臥畫被穿過表, 如厠終日忘歸. 每見萬類, 皆書象之. 繇善三色書, 最妙者八分.(羊欣《筆陣圖》)

繇尤善書於曹喜·蔡邕·劉德升. 眞書絶世, 剛柔備焉. 點畫之間, 多有異趣, 可謂幽深無際. 古雅有餘, 秦漢以來, 一人而已. 雖古之善政遺愛, 結人於心, 未足多也. 尙德哉! 若其行書, 則羲之·獻之之亞. 草書則衛索之下, 八分則有魏受禪碑, 稱此爲最也. 太和四年薨, 迨八十矣. 元常隸行入神, 草八分入妙.(《書斷》)

鍾書有十二種, 意外巧妙, 實亦多奇.(袁昂《書評》)

024. 종회(鍾會)

鍾會字士季, 元常子. 善書, 有父風, 稍備筋骨, 美兼行草, 尤工隸書. 遂逸致飄然, 有凌雲之志, 亦所謂劒則干將鏌鎁焉. 會嘗詐爲荀勗書, 就勗母鍾夫人取寶劒, 兄弟以千萬造宅, 未移居. 勗乃潛畫元常形像, 會兄弟入見, 便大感動. 勗書亦會之類也. 會隸行草章草並入妙.(《書斷》)

025. 위탄(韋誕)

魏韋誕子仲將, 京兆人, 太僕之子, 官至侍中. 伏膺於張伯英, 兼邯鄲淳之法. 諸書並善, 題署尤精. 明帝凌雲臺初成, 令仲將題牓, 高下異好, 宜就點正之. 因危懼, 以戒子孫, 無爲大字楷法. 袁昂云: 「如龍拏虎據, 劍拔弩張.」 張茂先云: 「京兆韋誕·誕子熊·潁川鍾繇·繇子會, 並善隸書. 初, 靑龍中, 洛陽許鄴三都, 宮觀始就, 詔令仲將大爲題署, 以爲永制. 給御筆墨, 皆不任用, 因奏蔡邕自矜能書, 兼斯·喜之法, 非紈素不妄下筆. 夫欲善其事, 必利其器. 若用張芝筆·左伯紙·及臣墨, 兼此三者, 又得臣手. 然後可以逞徑丈之勢, 方寸千言. 然草跡之妙, 亞乎索靖也. 嘉平五年卒, 年七十五. 仲將八分隸書章飛白入妙, 小篆入能. 兄康子元將, 工書. 子熊子少李, 亦善書. 時人云: 「名父之子, 克有二事.」 世所美焉.《書斷》

又云: 「魏明帝凌雲臺成, 誤先釘牓, 未題署. 以籠成誕, 轆轤長絙引上, 使就牓題, 去地二十五丈, 誕危懼, 誡子孫, 絶此楷法.《書法錄》

026. 왕희지(王羲之. 1)

晉王羲之子逸少, 曠子也. 七歲善書, 十二, 見前代筆說於其父枕中, 竊而讀之. 父曰: 「爾何來竊五所秘?」 羲之笑而不答. 母曰: 「爾看用筆法.」 父見其小, 恐不能秘之. 語羲之曰: 「待爾成人, 五授也.」 羲之拜請: 「今而用之, 使待成人, 恐蔽兒之幼令也.」 父喜, 遂與之 不盈朞月, 書便大進. 衛夫人見, 語大常王策曰: 「此兒必見用筆訣.」 近見其書, 便有老成之智. 涕流曰: 「此子必蔽五名.」 晉帝時, 祭北郊文, 更祝板. 工人削之, 筆入木三分. 三十三, 書蘭亭序. 三十七, 書黃庭經. 書訖, 空中有語: 「卿書感我, 而況人乎? 吾是天台文人.」 自言眞勝鍾繇. 羲之書多不一體. 逸少善草隸八分飛白章行, 備精諸體, 自成一家法. 千變萬化, 得之神功. 逸少隸行草章草飛白五體, 俱入神. 八分入妙. 妻郗氏甚工書. 有七子, 獻之最知名. 玄之, 凝之, 徽之, 操之並工草.《書斷》

027. 王羲之(2)

羲之. 書以章草答庾亮, 示翼. 翼見, 乃歎伏. 因與羲之書云:「吾昔有伯英章草八紙, 過江顚沛, 遂乃亡失.」常歎妙跡永絶. 忽見足下答家兄書, 煥若神明, 頓還舊觀. 羲之罷會稽, 住蕺山下. 旦見一老姥, 把十許六角行扇出市, 王聊問:「比欲貨耶? 一枚幾錢?」答云:「二十許.」右軍取筆書扇, 扇五字. 姥大悵惋云:「老婦擧家朝湌, 俱仰於此, 云何書壞?」王答曰:「無所損.」但道是王右軍書字. 請一百, 旣入市, 人競市之. 後數日, 復以數扇來詣, 請更書. 王笑而不答.

又云, 羲之曾自書表與穆帝, 專精任意. 帝乃令索紙色類, 長短濶狹, 與王表相似. 使張翼寫効, 一豪不異, 乃題後答之. 羲之初不覺, 後更相看, 迺歎曰:「小人亂眞乃爾.」羲之性好鵝. 山陰曇禳村有一道士養好者十餘, 王淸旦乘小船, 故往看之. 意大願樂, 乃告求市易. 道士不與, 百方譬說, 不能得之. 道士言性好道, 久欲寫何上公老子, 縑素早辦, 而無人能書. 府君若能自書老子, 道德各兩章, 便合羣以奉. 羲之停半日, 爲寫畢, 籠鵝而歸, 大以爲樂. 又嘗詣一門生家. 設佳饌供給, 意甚感之. 欲以書相報, 見有一新榧几, 至滑淨. 王便書之, 草正相半. 門生送王歸郡, 比還家. 其父已刮削都盡, 兒還去看. 驚懊累日.(《圖書會粹》)

028. 王羲之(3)

晉穆帝永和九年暮三月三日嘗遊山陰, 與太原孫統承·公孫綽興·公廣漢王彬之道生·陳郡謝安石·高平郗曇重熙·太原王蘊叔仁·釋支遁道林, 幷逸少子凝·徽. 操之等四十一人. 修祓禊之禮. 揮毫製序, 興樂而書. 用蠶繭紙鼠鬚筆, 遒媚勁健, 絶代更無. 凡二十八行, 三百二十四字, 字有重者皆別體, 就中之字最多.(《法書要錄》)

029. 왕헌지(王獻之, 1)

王獻之字子敬, 尤善草隸. 幼學於父, 習於張芝. 爾後改變制度, 別創其法. 率爾師心, 冥合天矩. 初謝安請爲長史. 太元中, 新起太極殿, 安欲使子敬題榜, 以爲萬代寶, 而難言之. 乃說韋仲將題靈雲臺之事, 子敬知其旨. 乃正色曰:「仲將魏之大臣, 寧有此事, 使其有此, 知魏德之不長.」安遂不之逼. 子敬年五六歲時學書, 右軍從後潛掣其筆, 不脫. 乃歎曰:「此兒當有大名!」遂書樂毅論與之, 學竟能極. 小眞書可謂窮微入聖, 筋骨緊密, 不減於父. 如大則尤直而寡態, 豈可同年? 唯行草之間, 逸氣過也. 及論諸體, 多劣右軍. 總而言之, 季孟差耳. 子敬隸行草章草飛白五體, 俱入神, 八分入能.(《書斷》)

030. 王獻之(2)

羲爲會稽, 子敬出戲. 見北館新白土壁, 白淨可愛. 子敬令取掃帚, 沾泥汁中, 以書壁, 爲方丈一字. 晻曖斐亹, 極有勢好, 日日觀者成市. 羲之後見, 歎其美, 問誰所作. 答曰:「七郎.」羲之於是作書與所親云:「子敬飛白大有, 直是圖於此壁.」子敬好書, 觸遇造玄. 有一好事年少, 故作精白紙械. 着往詣子敬, 便取械書之. 草正諸體悉備, 兩袖及標略周, 自歎北來之合. 年少覺于左右有凌奪之色. 如是掣械而走. 左右果逐及於門外, 鬪爭分裂, 少年纔得一袖而已. 子敬爲吳興, 羊欣父不疑爲烏程令. 欣時年十五六, 書已有意. 爲子敬所知, 往縣, 入欣齋, 著新白絹裙晝眠. 子敬乃書其裙幅及帶, 欣覺歡樂. 遂寶之. 後以上朝廷.(《圖書會粹》)

031. 王獻之(3)

獻之嘗與簡文帝書十許紙, 題最後云:「下官此書甚合作, 願聊存之.」

此書爲桓玄所寶. 玄愛重二王, 不能釋手. 乃撰縑素及紙書正行之尤美者, 各爲一帙. 嘗置左右. 及南奔, 雖甚狼狽, 猶以自隨. 將敗, 並沒于江.(《法書要錄》)

032. 왕수(王脩)

王脩字敬仁, 仲祖之子, 官至著作郎. 少有秀令之譽, 年十六著賢令論. 劉眞長見之, 嗟歎不已. 善隸行書. 嘗就右軍求書, 乃寫東方朔畫讚與之, 王僧虔云: 「敬仁書殆窮其妙.」 王子敬每看, 咄咄逼人. 昇平元年卒, 年二十四歲. 始王導愛好鍾氏書, 喪亂狼狽, 猶衣帶中藏. 尙書宣示, 過江後, 以賜逸少. 逸少乞敬仁, 敬仁卒. 其母見此書平生所好, 以入棺. 敬仁隸行入妙, 殷仲堪書, 亦敬仁之亞也.(《書斷》)

033. 순여(荀輿)

荀輿能書, 嘗寫狸骨方. 右軍臨之, 至今謂之狸骨帖.(《尙書故實》)

034. 사안(謝安)

謝安字安石, 學正於右軍. 右軍云: 「卿是解書者. 然知解書爲難.」 安石尤善行書.

亦猶衛洗馬, 風流名士, 海內所瞻. 王僧虔云: 「謝安入能書品錄也.」 安石隸行草幷入妙, 兄尙字仁祖. 萬石, 並工書.(《書斷》)

035. 왕이(王廙, 1)

晉平南將軍後侍中王廙，右軍之叔父，工隸飛白．祖述張衛法，復索靖書七月二十六日一紙，每寶玩之．遭永嘉喪亂，乃四疊綴衣中以渡江．今蒲州桑泉令豆盧器得之，疊跡猶在.《圖史異纂》)

036. 대안도(戴安道)·강흔(康昕)

晉戴安道隱居不仕．總角時，以鷄子汁溲白瓦屑作鄭玄碑，自書刻之．文旣奇麗，書亦絶妙．

又有康昕，亦善草隸．王子敬嘗題方山亭壁數行，昕密改之．子敬後過不疑．又爲謝居士題畫像，以示子敬，嗟嘆以爲奇絶矣．昕字君明，外國人，官臨沂令.《書斷》)

037. 위창(韋昶)

晉韋昶字文林，仲將兄康字元將，涼州刺史之玄孫．官至潁川太守散騎當侍．善古文大篆及草，狀貌極古，亦猶人則抱素．木則封氷，奇而且勁．太元中，孝武帝改治宮室及廟諸門，並欲使王獻之隸草書題牓，獻之固辭，及使劉瓌以八分書之．後又以文休以大篆改八分焉．或問王右軍父子書名，以爲云何．答曰:「二王自可謂能，未知是書也.」又妙作筆，王子敬得其筆，敬爲絶世．義熙末卒，年七十餘．文休古文大篆草書並入妙.《書斷》)

038. 소사화(肅思話)

宋肅思話，蘭陵人．父源·冠軍瑯琊太守 思話官至征西將軍左僕射．工書，學於羊欣, 得具體法. 雖無奇峯壁立之秀, 連圖盡望, 勢不斷絶. 亦可謂有功矣. 王僧虔云: 「蕭全法羊, 風流媚好, 殆欲不滅, 筆力恨弱.」袁昻云: 「羊眞孔草, 蕭行范篆, 各一時之妙也.」(《書斷》)

039. 왕승건(王僧虔, 1)

瑯琊王僧虔博通經史, 兼善草隸. 太祖謂虔曰: 「我書何如卿?」 曰: 「臣正書第一, 草書第三; 陛下草書第二, 正書第三; 臣無第二, 陛下無第一.」 上大笑曰: 「卿善爲詞也. 然天下有道, 丘不與易也.」 虔歷左僕射尙書令, 諡簡穆公.

僧虔長子慈, 年七歲, 外祖江河王劉義恭, 迎之入中齋, 施實寶物, 恣其所取. 慈唯取素琴一張孝子圖而已. 年十歲, 共時輩蔡約入寺禮佛, 正見沙門等讖悔. 終戲之曰: 「衆僧今日何乾乾?」 慈應聲答曰: 「卿如此不知禮? 何以與蔡氏之宗?」 約·興宗之子也. 謝超宗見慈學書, 謂之曰: 「卿書何如虔公?」 答云: 「慈書與大人, 如鷄之比鳳.」 超宗, 鳳之子. 慈歷侍中, 贈太常卿. 約歷太子詹事.(《談藪》)

040. 王僧虔(2)

齊高帝嘗與王僧虔賭書畢. 帝曰: 「誰爲第一?」 僧虔對曰: 「臣書人臣中第一, 陛下書帝中第一.」 帝笑曰: 「卿可謂善自謀矣!」(《南史》)

041. 왕융(王融)

宋末, 王融圖古今雜禮, 有六十四書. 少年倣效, 家藏紙貴, 而風魚蟲鳥. 是七國時書, 元長皆作隸字, 故貽後來所誚. 湘東王遣沮陽令韋定爲九十一種, 次功曹謝善勛增其九法, 合成百體. 其中以八卦爲書焉. 一以太爲兩法, 徑丈一字, 方寸千言.《法善要錄》

042. 소자운(蕭子雲)

梁蕭子雲字景喬. 武帝謂曰: 「蔡邕飛而不白, 飛白之間, 在卿斟酌耳.」 嘗大書蕭字, 後人匣而寶之, 傳至張氏賓護. 東都舊第有蕭齋, 前後序皆名公之詞也.《尙書故實》

武帝造寺, 令蕭子雲飛白大書蕭字, 至今蕭字在焉. 李約竭産, 自江南買歸東洛, 建一小亭以翫, 號曰蕭齋.《國史補》

043. 소특(蕭特)

海鹽令蘭陵蕭特善草隸. 高祖賞之曰: 「子敬之書, 不如逸少. 蕭特之跡, 遂過其父.」《談藪》

044. 승(僧) 지영(智永, 1)

陳永欣寺僧智永, 永師遠祖逸少, 歷紀專精, 攝齋升堂, 員草唯命. 智永章草及草書入妙, 行入能. 兄智楷亦工書, 丁覘亦善隸書. 時人云「丁眞永草」.《書斷》

045 智永(2)

智永嘗於樓上學書, 業成方下.《國史纂異》

梁周興嗣編次千字文, 而有王右軍者, 人皆不曉. 其始乃梁武教諸王書, 令殷鐵石於大王書中. 榻一千字不重者, 每字片紙, 雜碎無序. 武帝召興嗣謂曰: 「卿有才思, 爲我韻之.」 興嗣一夕編綴進上, 鬢髮皆白, 而賞錫甚厚. 右軍孫智永禪師, 自臨八百本, 散與人外. 江南諸寺各留一本, 永公住吳興永欣寺, 積學書. 後有禿筆頭十甕, 每甕皆數千, 人來覓書, 並請題額者如市. 所居戶限爲穿穴, 乃用鐵葉裹之, 謂爲鐵門限. 後取筆頭瘞之, 號爲退筆塚, 自製銘誌.《尙書故實》

常居永欣寺閣上臨書, 所退筆頭, 置之於大竹簏, 簏受一石餘, 而五簏皆滿.《法書要錄》

046. 승(僧) 지과(智果)

隋永欣寺僧智果, 會稽人也. 煬帝甚善之, 工書銘石, 其爲庾健, 造次難類, 嘗謂永師云: 「和尙得右軍肉, 智果得骨, 夫筋骨藏於膚肉, 山水不厭高深, 而此公稍乏淸幽, 傷於淺露. 若吳人之戰, 輕進易退, 勇力而非武, 虛張誇耀, 無乃小人儒乎?」 智果隸行草入能.《書斷》

047. 당태종(唐太宗)

唐太宗貞觀十四年, 自眞草書屛風, 以示羣臣, 筆力遒勁, 爲一時之絶. 嘗謂朝臣曰: 「書學小道, 初非急務. 時或留心, 猶勝棄日. 凡諸藝業, 未有學而不得者也. 病在心力懈怠, 不能專精耳.」 又云: 「吾古臨人之書, 殊不學其形勢. 惟在骨力, 及得骨力, 而形勢自生耳.」 嘗召三品已上, 賜宴於玄武門. 帝操筆作飛白書, 衆臣乘酒, 就太宗手中相競. 散騎常侍劉洎, 登御牀引手, 然後得之. 其不得者, 咸稱「洎登牀, 罪當死, 請付法.」 太宗笑曰: 「昔聞婕妤辭輦, 今見常侍登牀.」《尙書故實》

048. 난정서 구입(購蘭亭序, 1)

王羲之蘭亭序. 僧智永弟子辨才, 嘗於寢房伏梁上, 鑿爲闇檻, 以貯蘭亭, 保惜貴重於師在日. 貞觀中, 太宗以聽政之暇, 銳志翫書, 臨羲之眞草書帖. 搆募備盡, 唯未得蘭亭. 尋討此書, 知在辨才之所. 乃敕追師入內道場供養, 恩賚優洽. 數日後, 因言次, 乃問及蘭亭. 方便善誘, 無所不至. 辨才確稱往日侍奉先師, 實常獲見. 自師沒後, 荐經喪亂, 墜失不知所在. 旣面不獲, 遂放歸越中. 後更推究, 不離辨才之處. 又敕追辨才入內, 重問蘭亭, 如次者三度, 竟靳固不出. 上謂侍臣曰:「右軍之書, 朕所偏寶. 就中逸少之蹟, 莫如蘭亭. 求見此書, 勞於寤寐. 此僧耆年, 又無所用, 若得一智略之士, 設謀計取之必獲.」尙書左僕射房玄齡曰:「臣聞監察御史蕭翼者, 梁元帝之曾孫. 今貫魏州莘縣, 負才藝, 多權謀. 可充此使, 必當見獲.」太宗遂召見, 翼奏曰:「若作公使, 義無得理. 臣請私行詣彼, 須得二王雜帖三數通.」太宗依給, 翼遂改冠微服. 至洛潭, 隨商人船, 下至越州. 又衣黃衫, 極寬長潦倒, 得山東書生之體. 日暮入寺, 巡廊以觀壁畫, 過辨才院. 止於門前, 辨才遙見翼. 乃問曰:「何處檀越?」翼就前禮拜云:「弟子是北人, 將少許蠶種來賣. 歷寺縱觀, 幸過禪師, 寒溫旣畢.」語議便合, 因延入房內, 卽共圍碁撫琴, 投壺握槊, 談說文史, 意甚相得. 乃曰:「白頭如新, 傾蓋如舊. 今後無形跡也.」便留夜宿, 設缸面藥酒果等, 江東云缸面, 猶河北稱甕頭, 謂初熟酒也. 酣樂之後, 請賓賦詩, 辨才探得來字韻. 其詩曰:「初醞一缸開, 新知萬里來. 披雲同落寞, 步月共徘徊. 夜入孤琴思, 風長旅鴈哀. 非君有祕術, 誰照不然灰.」蕭翼探得招字韻, 詩曰:「邂逅款良宵, 殷勤荷勝招. 彌天俄若舊, 初地豈成遙. 酒蟻傾還泛, 心猨躁似調. 誰憐失群翼, 長苦業風飄.」姸蚩略同, 彼次諷咏, 恨相知之晩. 通宵盡歡, 明日乃去. 辨才云:「檀越閑卽更來, 翼乃載酒赴之. 興後作詩, 如此者數四. 詩酒爲務, 其俗混然. 經旬朔, 翼示師梁元帝自書職貢圖, 師嗟賞不已. 因談論翰墨, 翼曰:「弟子先傳二王楷書法, 弟子自幼來耽翫, 今亦數帖自隨. 辨才欣然曰:「明日來. 可把此看.」翼依期而往, 出其書以示辨才. 辨才熟詳之曰:「是卽是矣. 然未佳善也. 貧道有一眞跡, 頗是殊常.」翼曰:「何帖?」才曰:「蘭亭.」翼笑曰:「數經亂離, 眞迹豈在? 必是響榻僞作耳.」辨才曰:「禪師在日保惜. 臨亡之時, 親付於吾. 付受有緖, 那得參差? 可明日來看.」及翼到, 師自於屋梁上檻內出之. 翼見訖. 故駁瑕指纇曰:「果是響榻書也.」紛競不定. 自示翼之後, 更不復安於伏梁上. 並蕭翼二王諸帖, 並借留置于几案之間. 辨才時年八十餘, 每日於窗不臨學數逼, 其老而篤好也如此. 自是翼往還旣數, 童弟等無復猜疑, 後辨才出赴邑汜橋南嚴遷家齋, 翼遂私來房前, 謂童子曰:「冀遺却帛子在牀上, 童子卽爲開門, 翼遂于案上, 取得蘭亭及御府二王書帖, 便赴永安驛. 告驛長陵愬曰:「我是御史, 奉敕來此. 今有墨敕, 可報汝都督知.」都督齊善行聞之, 馳來拜謁. 蕭翼因宣示敕旨, 具告所由. 善行走使人召辨才. 辨才仍在嚴遷家未還寺, 遽見追呼, 不知所以. 又遣云:「侍御須見.」及師來見御史, 乃是房中蕭生也. 蕭翼報云:「奉敕遣來取蘭亭. 蘭亭今已得矣.」故喚師來別, 辨才聞語而便絶倒, 良久始蘇. 翼便馳驛南發. 至都奏御. 太宗大悅, 以玄齡擧得其人, 賞錦綵千段, 擢拜翼爲員外郞. 加五品, 賜銀缾一, 金縷缾一, 馬腦椀一, 並實以珠. 內廐良馬兩匹, 兼實裝鞍轡, 宅莊各一區. 太宗初怒老僧之祕悋, 俄以其年耄, 不忍加刑. 數月後, 仍賜物三千段, 穀三千石, 便敕越州支給. 辨才不敢將入已用, 迺造三層寶塔. 塔甚精麗, 至今猶存. 老僧因驚悸患重, 不能彊飯, 唯歠粥, 歲餘乃卒. 帝命供奉榻書人趙模·韓道政·馮承索·諸葛貞等四人, 各榻數本, 以賜皇太子諸王近臣. 貞觀二十三年, 聖躬不豫, 幸玉華宮含風殿. 臨崩, 謂高宗曰:「吾欲從汝求一物, 汝誠孝也. 豈能違吾心耶? 汝意何如?」高宗哽咽流涕, 引耳而聽受制命. 太宗曰:「吾所欲得蘭亭, 可與我將去.」後隨仙駕入玄宮矣. 今趙模等所榻在者, 一本尙直錢數萬也.《法書要錄》

049. 난정서 구입(2)

一說王義之嘗書蘭亭會序. 隋末, 廣州好事僧得之. 僧有三寶, 寶而持之. 一曰右軍蘭亭書, 一曰神龜, 三曰如意. 太宗特工書, 聞右軍蘭亭眞跡, 求之得其他本. 若第一本, 知在廣州僧, 而難以力取. 故令人詐僧, 果得其書. 僧曰:「第一寶亡矣! 其餘何愛?」乃以如意擊石, 折而棄之. 又投龜一足傷, 自是不能行矣.《紀聞》

050. 한왕(漢王) 원창(元昌)

唐漢王元昌, 神堯之子. 善行書, 諸王仲季並有能名. 韓王·曹王, 亦其亞也. 曹則妙於飛白, 韓則工於草行. 魏王·魯王, 亦韓王之倫也.《書斷》

051. 구양순(歐陽詢, 1)

唐歐陽詢字信本, 博覽今古. 官至銀靑光祿大夫率更令. 書則八體盡能, 筆力勁險. 高麗愛其書, 遣使請焉. 神堯歎曰:「不意詢之書名, 遠播夷狄!」眞觀十五年卒, 年八十五. 詢飛白隷行草入妙, 大篆章草入能.《書斷》

052. 歐陽詢(2)

率更嘗出行, 見古碑索靖所書, 駐馬觀之, 良久而去. 數步, 復下馬佇立, 疲則布毯坐觀, 因宿其傍, 三日而後去. 今開通元寶錢, 武得四年鑄. 其文乃歐陽率更書也.《國史異纂》

053. 구양통(歐陽通)

唐歐陽通, 詢子. 善書, 瘦怯於父. 常自矜能書, 必以象牙犀角爲筆管, 狸毛爲心. 覆以秋兎毫, 松煙爲墨, 末以麝香, 紙必須堅薄白滑者乃書之. 蓋自重其書, 薛純陀亦效歐草, 傷於肥鈍, 亦通之亞也.《朝野僉載》

054. 우세남(虞世南)

虞世南字伯施, 會稽人也. 仕隋爲祕書郎. 煬帝知其才, 嫉其鯁直, 一爲七品十餘年. 仕唐至祕書監, 文皇曰: 「世南一人, 遂兼五絶: 一曰博學, 二曰德行, 三曰書翰, 四曰詞藻, 五曰忠直. 有一於此, 足謂名臣, 而世南兼之.」 行草之際, 尤所偏工, 本師於釋智永. 及其暮齒, 加以遒逸. 卒年八十九. 伯施隸草行入妙.《書斷》

055. 저수량(褚遂良, 1)

褚遂良, 河南人. 父亮, 太常卿. 遂良官至僕射, 善書. 少則伏膺虞監, 長則師祖右軍, 眞書甚得其媚趣. 顯慶中卒. 年六十四. 遂良隸行入妙, 亦嘗師受史陵, 然史亦有古直, 傷於疎瘦也.《書斷》

056. 褚遂良(2)

遂良問虞監曰: 「某書何如永師?」 曰: 「吾聞彼一字直五萬, 官豈得若此者?」 曰: 「何如歐陽詢?」 虞曰: 「聞詢不擇紙筆, 皆能如志. 官豈得若此?」 褚曰: 「旣然. 某何更留意於此?」 虞曰: 「若使手和筆調, 遇合作者, 亦深可貴尙.」 褚喜而退.《國史異纂》

057. 설직(薛稷, 1)

薛稷, 河南人, 官至太子少保. 書學褚, 尤尙綺麗媚好, 膚肉得師之半矣. 可謂河南公之南足. 甚爲時所珍尙. 稷隷行入能.(《書斷》)

058. 薛稷(2)

稷外祖魏徵家, 富圖籍, 多有虞褚舊跡. 銳精模倣, 筆態遒麗. 當時無及之畫. 博采古跡, 埒於秘書.(《譚賓錄》)

059. 고정신(高正臣)

高正臣, 廣平人, 官至衛尉卿. 習右軍之法, 睿宗愛其書. 張懷素之先, 與高有舊. 朝士就高乞書, 或憑書之. 高常爲人書十五紙, 張乃戱換其五紙, 又令示高, 再看不悟. 客曰: 「有人換公書.」 高笑曰: 「必是張公也.」 乃詳觀之, 得其三紙. 客曰: 「猶有在.」 高又觀之, 竟不能辨. 高嘗許人書一屛障, 逾時未獲, 共人乃出使淮南. 臨別, 大帳惋. 高曰: 「正臣故人在申州, 正與僕書一類, 公可便往求之.」 遂立申此意, 陸柬之嘗爲高書告身, 高常嫌之, 不將入秩. 後爲鼠所傷, 乃持示張公曰: 「此鼠甚解正臣意, 風調不合, 一至於此.」 正臣隷行草入能.(《書斷》)

060. 왕소종(王紹宗)

王紹宗字承烈, 官至祕書少監. 祖述子敬, 欽羡柬之. 其中小眞書, 體象尤異. 其行書及章, 次於眞. 常與人書云: 「鄙夫書翰無工者, 特由水墨之積習, 恒精心率意, 虛神靜思以取之. 每與吳中陸大夫, 論及此道.

明朝必不覺已進. 陸後於密訪知之, 嗟賞不少. 將余比虞七, 以虞亦不臨寫故也. 但心準目想而已. 聞虞眠布被中, 恒年書腹皮, 與余正同也.」承烈隸行草入能.(《書斷》)

061. 정광문(鄭廣文)

鄭虔任廣文博士, 學書而病無紙. 知慈恩寺有柿葉數間屋, 遂借僧房居止. 日取紅葉學書, 歲久殆遍. 後自寫所製詩幷畫, 同爲一卷封進. 玄宗御筆書其尾曰: 「鄭虔三絶.」(《尙書故實》)

062. 이양빙(李陽冰)

李陽冰善小篆. 自言斯翁之後, 且至小生, 曹喜·蔡邕不足言. 開元中, 張懷瓘撰《書斷》, 陽冰·張旭並不載. 絳州有篆字與古不同, 頗爲怪異. 李陽冰見之, 寢臥其下, 數日不能去. 驗其書是唐初, 不載書者名姓, 碑有碧落二字, 時人謂之〈碧落碑〉.(《國史補》)

063. 장욱(張旭, 1)

張旭草書得筆法, 後傳崔邈·顔眞卿. 旭言: 「始吾聞公主與擔夫爭路, 而得筆法之得. 後見公孫氏舞劒器而得其神, 飮醉輒草書, 揮筆大叫, 以頭搵水墨中而書之, 天下呼爲張顚, 醒後自視, 以爲神異, 不可復得.」後輩言筆札者, 歐虞褚薛, 或有異論. 至長史無間言.(《國史補》)

064. 張旭(2)

旭釋褐爲蘇州常熟慰. 上後旬日, 有老父過狀, 判去, 不數日復至, 乃怒而責曰:「敢以閒事, 屢擾公門.」老父曰:「某實非論事, 但覩小公筆跡奇妙, 貴爲篋笥之珍耳.」長史異之, 因詰其何得愛書? 答曰:「先父受書, 兼有著述.」長史取視之, 信天下工書者也. 自是備得筆法之妙, 冠於一時.(《幽閒鼓吹》)

065. 승(僧) 회소(懷素)

長沙僧懷素好草書, 自言:「得草聖三昧. 棄筆堆積, 埋於山下.」號曰筆塚.(《國史補》)

066. 정막(程邈) 이후

秦獄吏程邈善大篆, 得罪始皇, 囚於雲陽獄. 增減大篆篆體, 去其繁複, 始皇善之. 出爲御史, 名書曰隸書.

扶風曹喜, 後漢人, 不知其官, 善篆隸, 小異李斯, 見師一時.

陳留蔡邕, 後漢人, 左中郎將, 善篆, 採善之法. 眞定直父碑文, 猶傳於世, 篆者師焉.

杜陵陳遵, 後漢人, 不知官, 善篆隸. 每書, 一坐皆驚. 時人謂爲陳驚坐.

上谷王次仲, 後漢人. 作八分楷法.

師宜官. 後漢, 不知何許人. 宜官爲大字方一丈, 小字方寸千言. 耿球碑是宜官書, 甚自矜重. 或空至酒家, 先書其壁, 觀者雲集, 酒因大售. 至飮足, 削書而退.

安定梁鵠, 後漢人. 官至選部尙書, 乃師宜官法. 魏武重之, 常以書懸帳中. 宮殿題署, 多是鵠手也.(干僧虔《名書錄》)

067. 한단순(邯鄲淳) 이후

陳留邯鄲淳爲魏臨淄侯文學. 得次仲法, 名在鵠後, 毛弘, 鵠弟子. 秘書八分, 皆傳弘法. 又有左子邑, 與淳小異, 亦有名. 京兆杜度爲魏齊相, 始有草名. 安定崔瑗, 後漢濟北相, 亦善草書. 平苻堅, 得摹崔瑗書. 王子敬去, 極似張伯英. 瑗子湜官至尚書, 亦能草. 弘農張芝高尚不仕, 善草書. 精勁絶倫, 家之衣帛, 必先書而後練. 臨池學書, 池水盡墨. 每書云: 「匆匆不暇草.」 時人謂爲草聖. 芝弟昶, 漢黃門侍郎, 亦能草. 今世人所云芝書者, 多是昶也.(王僧虔《名書錄》)

068. 강후(姜詡) 이후

姜詡·梁宣·田彦和及司徒韋誕, 皆伯英弟子. 並善草, 誕最優. 魏宮館寶器, 魏明帝起凌雲臺, 誤先釘榜, 而未之題. 以籠盛誕, 轆轤引上書之, 去地二十五丈. 誕甚危懼, 乃戒子孫, 絶此楷法. 子少季亦有能稱.

羅暉·趙恭不詳何許人, 與伯英同時. 見稱西州, 而矜許自與. 衆頗惑之, 伯英與朱寬書自叙云: 「上比崔杜不足, 下方羅趙有餘.」

河間張起亦善草書, 不及崔張.

劉德升善爲行書, 不詳何許人.

潁川鍾繇, 魏太尉, 同郡胡昭, 公車徵. 二家俱學於德升, 而胡書肥, 鍾書瘦. 有三體: 一曰銘石之書, 最妙者也. 二曰章程書. 三曰狎書, 相聞者也,

繇子會, 鎭西將軍, 絶能學人書. 改易鄧艾上章, 事莫有知者.

河東魏覬, 魏尚書僕射, 善草及古文, 略盡其妙. 草體微瘦, 而筆跡精熟.

覬子瓘爲晉太保, 採芝法, 以覬法參之. 更爲草藁, 藁是相聞書也.

瓘子恒亦善書, 博職古文字.

燉煌索靖, 張芝姊子孫, 晉征西司馬, 亦善草.

陳國何元公亦善草書.

吳人皇象能草，世稱沉著痛快.

滎陽陳暢·晉秘書令史，善八分.(王僧虔《名書錄》)

069. 王羲之(4)

王羲之告誓文，今之所傳，卽其藁本，不具年月日朔. 其眞本維永和十年三月癸卯九月辛亥，而書亦眞. 開元初，潤州江寧縣瓦棺寺修講堂，匠人於鴟吻內竹筒中得之. 與一沙門，至八年，縣丞李延業求得，上岐王. 王以獻上，留內不出. 或云:「其後却借岐王. 十二年，王家失火. 圖書悉爲灰燼，此書亦焚矣.」(《國史異纂》)

070. 王廙(2)

王廙，羲之之叔也. 善書畫，嘗謂右軍曰:「吾諸事不足道，唯書畫可法.」晉明帝師其書，王右軍學其書.(《尙書故實》)

071. 노주로(潞州盧)

東都頃年創造防秋館，穿掘多蔡邕鴻都學所書石經. 後洛中人家往往有之. 王羲之借船帖，書之尤工者也. 故山北盧匡，寶惜有年. 盧公致書借之，不得，云:「只可就看，未嘗借人也.」盧除潞州，旌節在途，纔數程，忽有人將書帖就盧求售，閱之，乃借船帖也. 驚異問之，云:「盧家郞君要錢，遣賣耳.」盧歎異移時，不問其價，還之，後不知落於何人.

京師書儈孫盈者，名甚著. 盈父曰仲容，亦鑒書畫，精於品目. 豪家所寶，多經其手，眞僞無所逃焉. 公借船帖，是孫盈所蓄. 人以厚價求之，不果. 盧公時其急切，減而賑之. 日久滿百千，方得. 盧公韓太仲外孫也.

故書畫之尤者, 多閱而識焉.《尙書故實》

072. 환현(桓玄)

晉書中有飮食名寒具者, 亦無注解處. 後於齊民要術並食經中檢得, 是今所謂饊餠. 桓玄嘗盛陳法書名畫, 請客觀之. 客有食寒具, 不濯手而執書畫, 因有汚. 玄不懌, 自是會客不設寒具.《尙書故實》

073. 褚遂良(2)

貞觀十年, 太宗謂魏徵曰: 「世南沒後, 無人可與論書.」 徵曰: 「褚遂良後來書流, 甚有法則.」 於是召見, 太宗嘗以金帛購王羲之書跡. 天下爭齎古書, 詣闕以獻. 時莫能辨其眞僞, 遂良備論所出, 咸爲證據, 一無舛誤. 十四年四月二十三日, 太宗爲眞草書屛風, 以示群臣. 筆力遒利, 爲一時之絶, 購求得人間眞行, 凡二百九十紙, 裝爲七十卷; 草書二十紙, 裝爲八十卷, 每聽政之暇, 時閱之. 嘗謂朝臣曰: 「書學小道, 初非急務. 時或留心, 亦勝棄日. 凡諸藝, 未嘗有學而不得者也. 病在心力懈怠, 不能專精耳. 今人學古人之書, 殊不學其形勢. 唯在求其骨力, 得其形勢, 筆力自生.」《譚賓錄》

074. 난정진적(蘭亭眞跡)

太宗酷學書法, 有大王眞跡三千六百紙. 率以一丈二尺爲一軸, 寶惜者獨蘭亭爲最. 置於座側, 朝夕觀覽. 嘗一日, 附耳語高宗曰: 「吾千秋萬歲後, 與吾蘭亭將去也.」 及奉諱之日, 用玉匣貯之, 藏於昭陵.《尙書故實》

075. 왕방경(王方慶)

龍朔二年四月, 高宗自書與遼東諸將, 許敬宗曰: 「□□□□□□□□□□□□□□□□.」 上謂鳳閣侍郎王方慶曰: 「卿家合有書法.」 方慶奏曰: 「臣十代再從伯祖羲之, 先有四十餘紙. 貞觀十二年, 先臣進訖, 有一卷, 臣近已進訖. 臣十一代祖導, 十代祖洽, 九代祖詢, 八代祖曇首, 七代祖僧綽, 六代祖仲寶, 五代祖騫, 高祖規, 曾祖褒. 並九代三從伯祖晉中書令獻之. 已下二十八人書, 共十卷, 見在.」 上御武成殿召群臣, 取而觀之. 仍令鳳閣舍人崔融作序, 自爲寶章集, 以賜方慶, 朝野榮之.(《譚賓錄》)

076. 이왕진적(二王眞跡)

開元十六年五月, 內出二王眞跡及張芝·張昶等書, 總一百六十卷, 付集賢院, 令集字兩本進, 賜諸王. 其書皆是貞觀中, 太宗令魏徵·虞世南·褚遂良等定其眞僞. 右軍之跡, 凡得眞行二百九十紙, 裝爲七十卷; 草書二千紙, 裝爲八十卷. 小王張芝等跡, 各隨多少勒帙, 以貞觀字爲印. 印縫及卷之首尾, 其草跡, 又令遂良眞書小字, 帖紙影之.

其中古本, 亦有是梁隋官本者. 梁則滿騫·徐僧權·沈熾文·朱异; 隋則江總·姚察等署記. 太宗又令魏褚等, 卷下更署名以記之. 其蘭亭本, 相傳云在昭陵玄宮中; 樂毅論, 長安中太平公主奏借出外搨寫. 因此遂失所在. 五年, 勑陸元悌·魏哲·劉懷信等檢校換褾. 每卷分爲兩卷, 總見在有八十卷, 餘失墜. 元悌又割去前代記署, 以己之名氏代焉. 玄宗自書開元二字, 爲印記之. 右軍凡一百三十卷, 小王二十八卷, 張芝·張昶各一., 右軍眞行書, 惟有黃庭·告誓等卷存焉. 又得滑州人家所藏右軍扇上眞尙書宣示, 及小王行書白騎遂等二卷. 其書有貞觀年舊標織成字.(《譚賓錄》)

077. 팔체(八體)

張懷瓘《書斷》曰: 「篆·籀·八分·隷書·章草·草書·飛白·行書, 通謂之八體, 而右軍皆在神品. 右軍嘗醉書數字, 點類龍爪, 後遂有龍爪書. 如科斗·玉筯·偃波之類, 諸家共二十五般.(《尚書故實》)

078. 이도(李都)

李都荊南從事時, 朝官親熟. 自京寓書, 蹤甚惡. 李寄詩戱曰: 「草緘千里到荊門, 章草縱橫任意論. 應笑鍾張虛用力, 却敎羲·獻枉勞魂. 惟堪愛惜爲珍寶, 不敢留傳誤子孫. 深荷故人相厚處, 天行時氣許敎吞.」(《抒情詩》)

079. 낙양의 거지 아이(東都乞兒)

大曆中, 東都天津橋有乞兒. 無兩手, 以右足夾筆, 寫經乞錢. 欲書時, 先用擲筆高尺餘, 以足接之, 未嘗失落. 書跡官楷書不如也.(《酉陽雜俎》)

080. 노홍선(盧弘宣)

李德裕作相日, 人獻書帖. 德裕得之執翫, 頗愛其書. 盧弘宣時爲度支郎中, 有善書名. 召至, 出所獲者書帖, 令觀之. 弘宣持帖, 久之不對. 德裕曰: 「何如?」 弘宣有恐悚狀曰: 「是某頃年所臨小王帖.」 太尉彌重之.(《盧氏雜說》)

081. 영남의 토끼(嶺南兎)

嶺南兎, 嘗有郡牧得其皮, 使工人削筆. 醉失之, 大懼, 因剪己鬚爲筆, 甚善. 更使爲之, 工者辭焉. 詰其由, 因實對. 遂下令, 使一戶輸人鬚, 或不能致, 輒責其直.(《嶺南異物志》)

부록 II

중국 역대 서체書體 자료

仰昭文化 彩色도기에 그려진 부호, 문양, 기호.

殷周 청동기 銘文 글씨(문양, 부호)

殷代〈子蝮方彝書〉

大型塗朱牛骨刻辭. 河南 安陽 殷墟 출토

衆人協田(牛骨刻辭) 河南 殷墟 출토

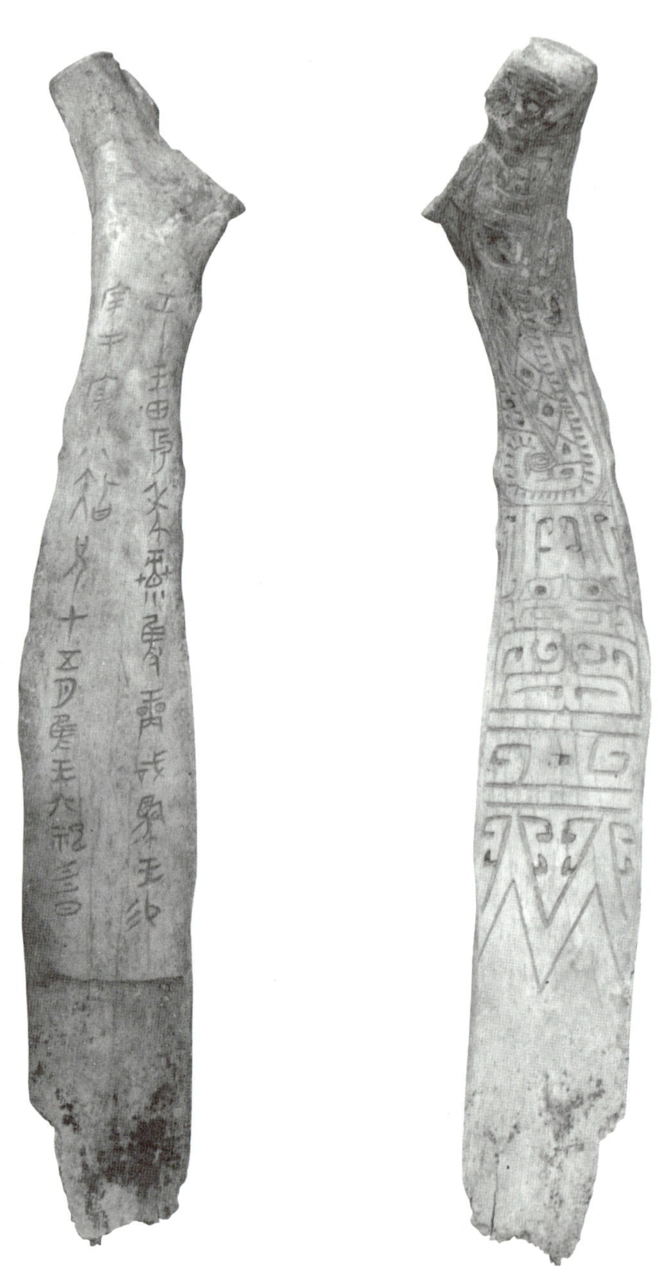

〈宰豐骨〉 안양 은허 출토

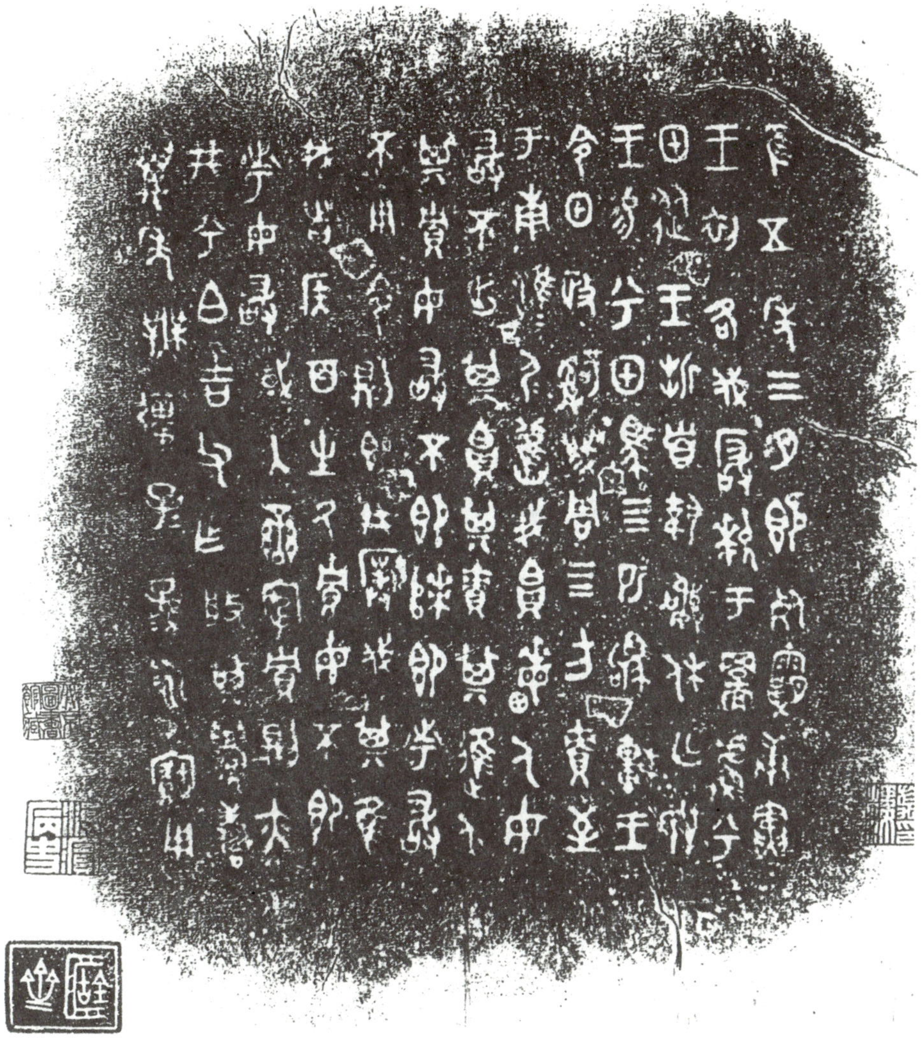

西周〈兮甲盤〉銘文

西周 〈송궤(頌簋)〉 銘文

西周〈大豐敦〉銘文

〈利簋〉銘文

〈小克鼎〉 명문

〈大克鼎〉 명문

西周 〈大盂鼎〉과 명문

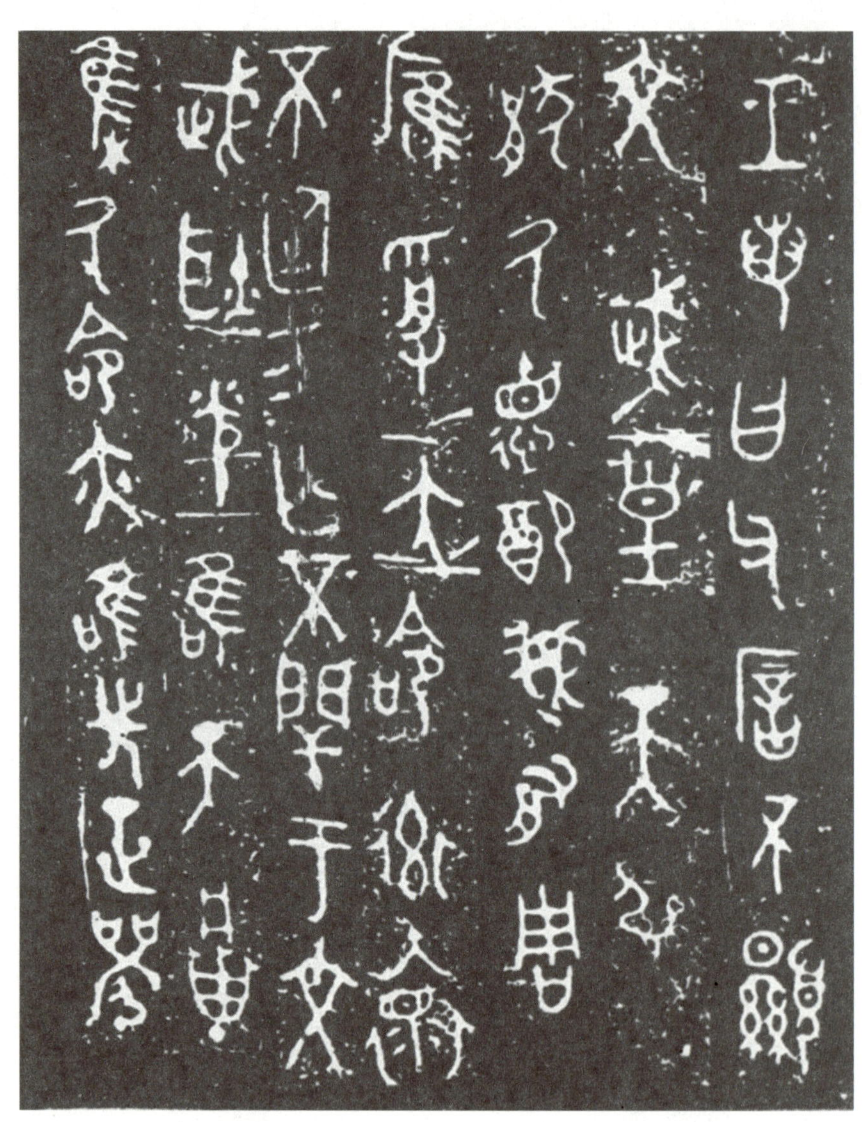

〈毛公鼎〉 명문

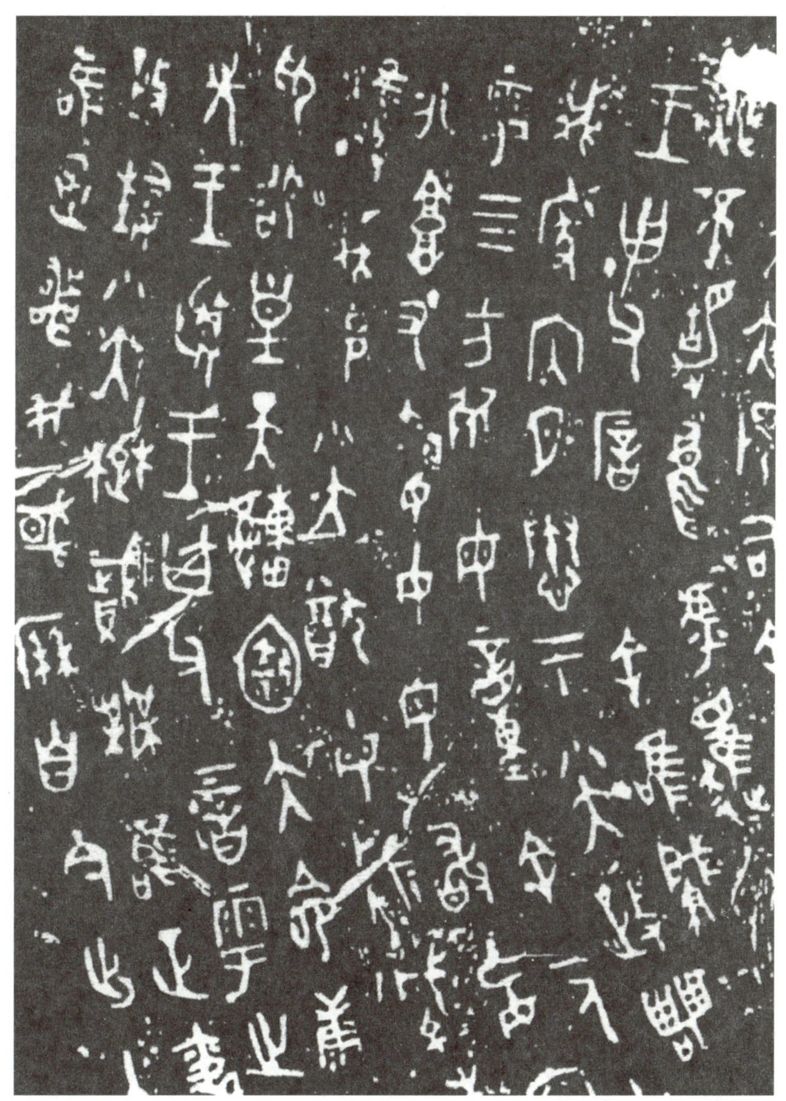

〈毛公鼎〉 명문

〈史墻盤〉

〈散氏盤〉

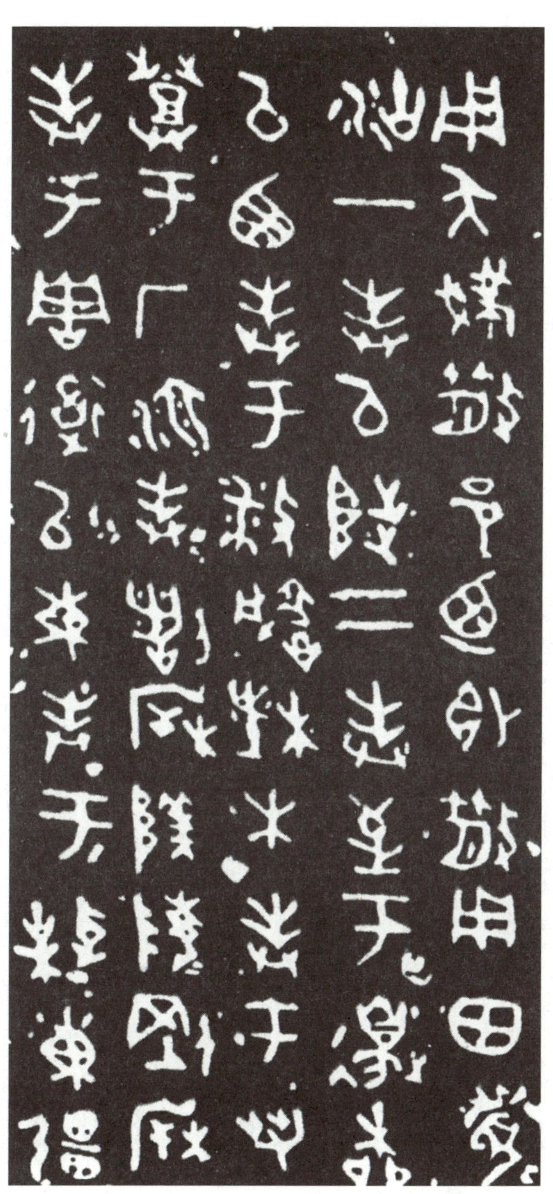

〈散氏盤〉 명문

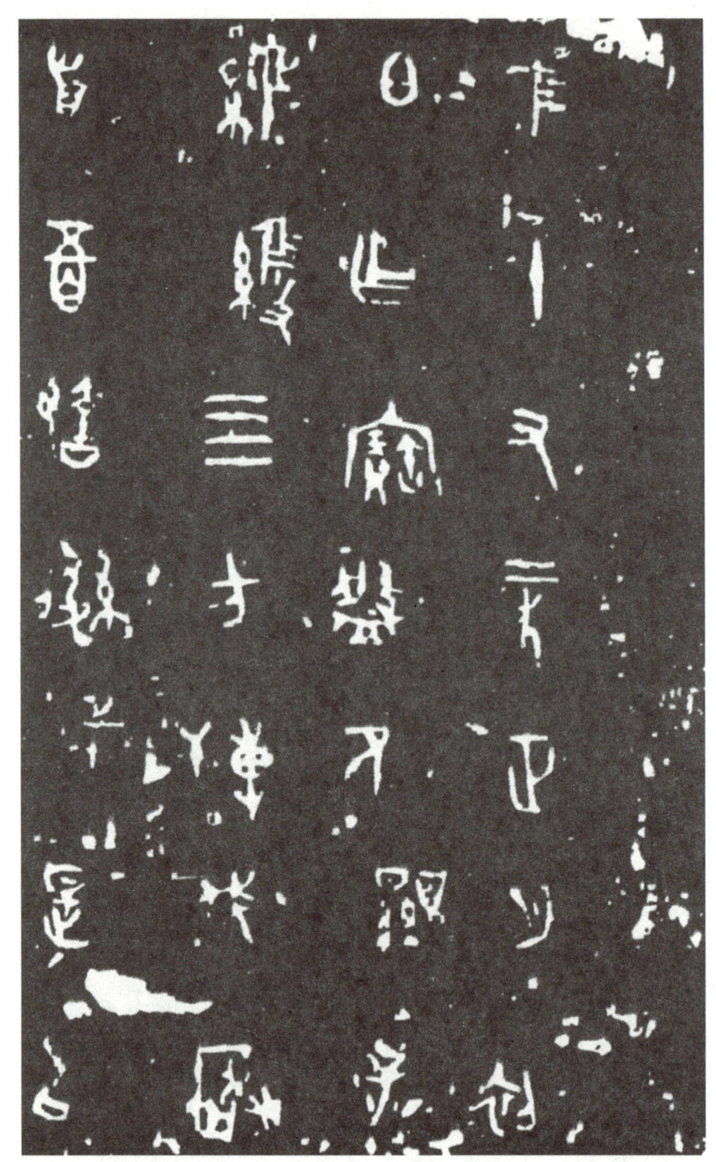

〈虢季子白盤〉 명문

전국시대 帛書

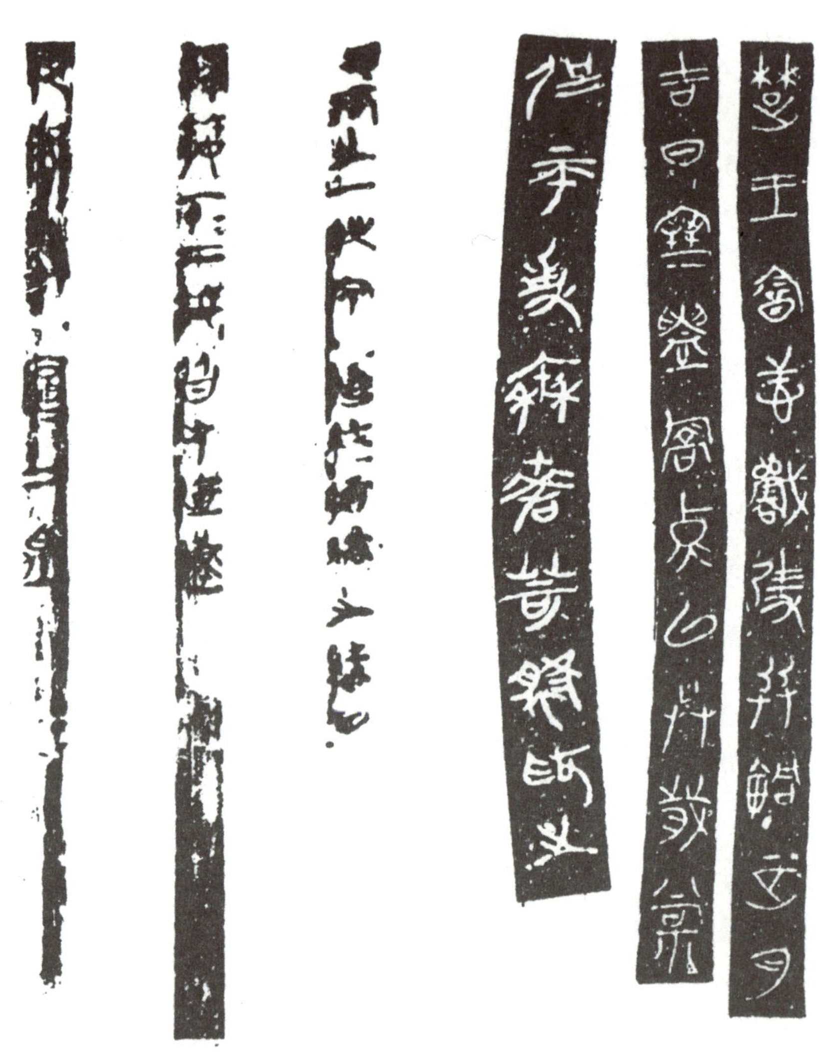

金文(右)과 竹簡(전국, 楚)

전국시대 楚簡

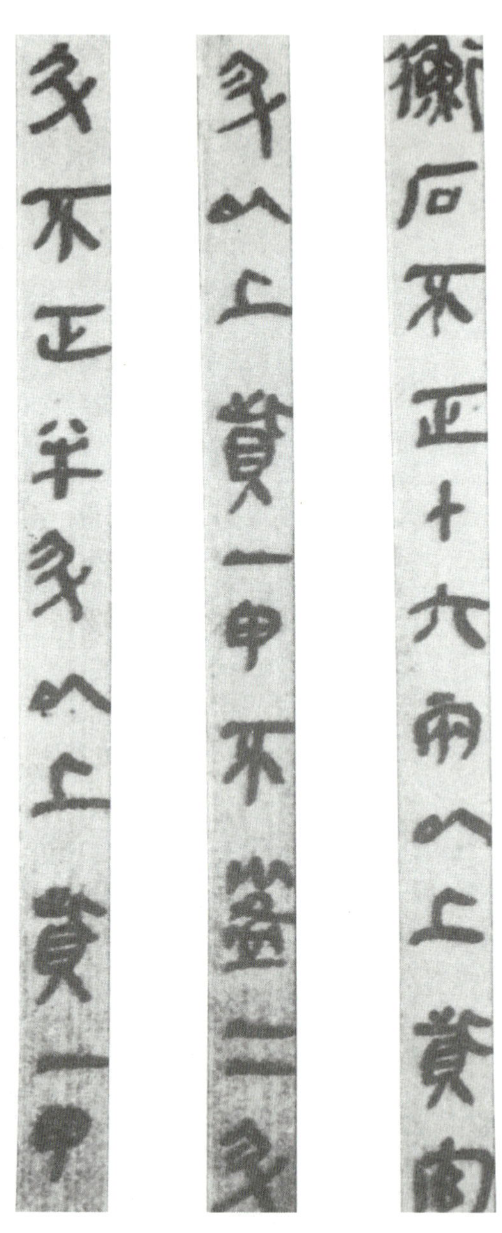

秦나라 때 법률을 적은 竹簡. 湖南 雲夢 출토

〈石鼓〉(雍邑刻石) 隋나라 때 天興縣에서 출토(篆書)와 石鼓文

石鼓文

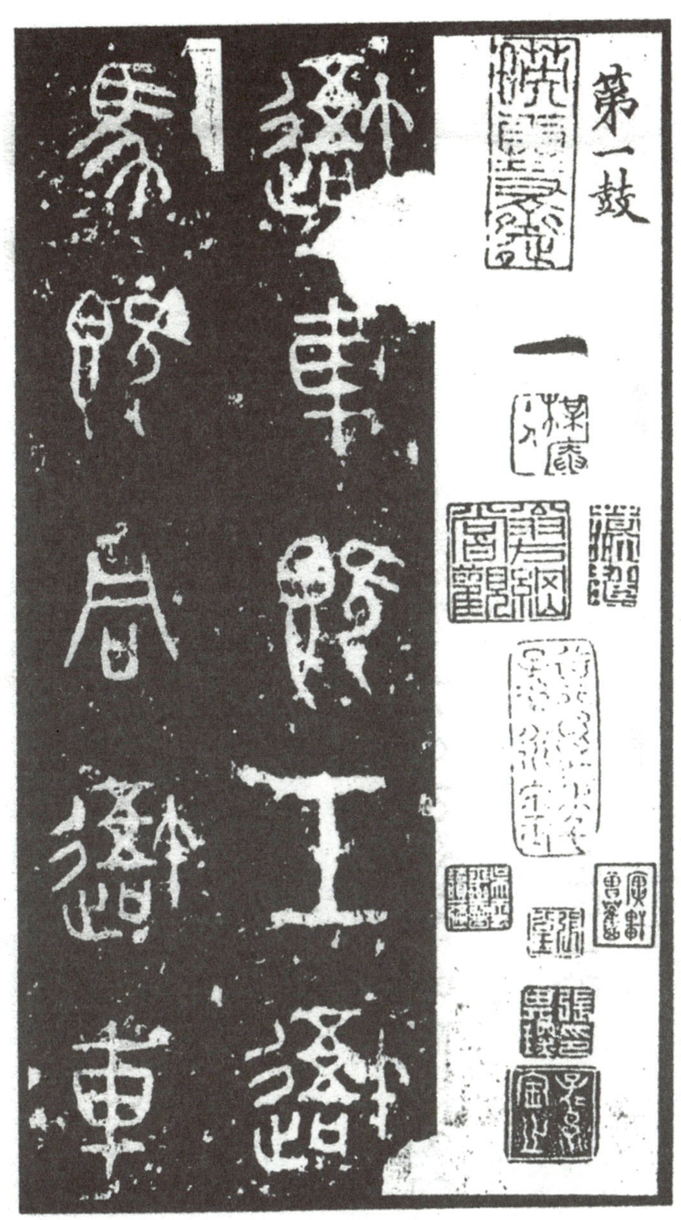

石鼓文(第一鼓)

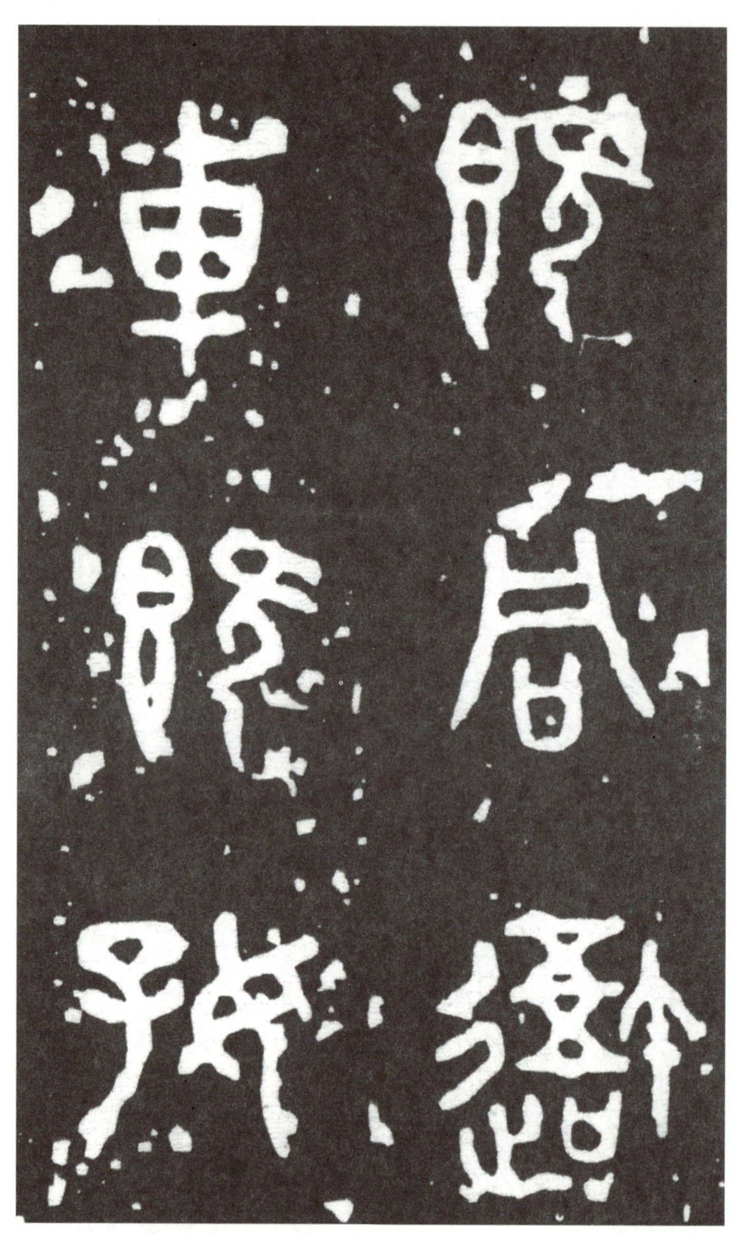

石鼓文

〈調兵憑證〉"甲兵之符, 右在皇帝, 左在陽陵"

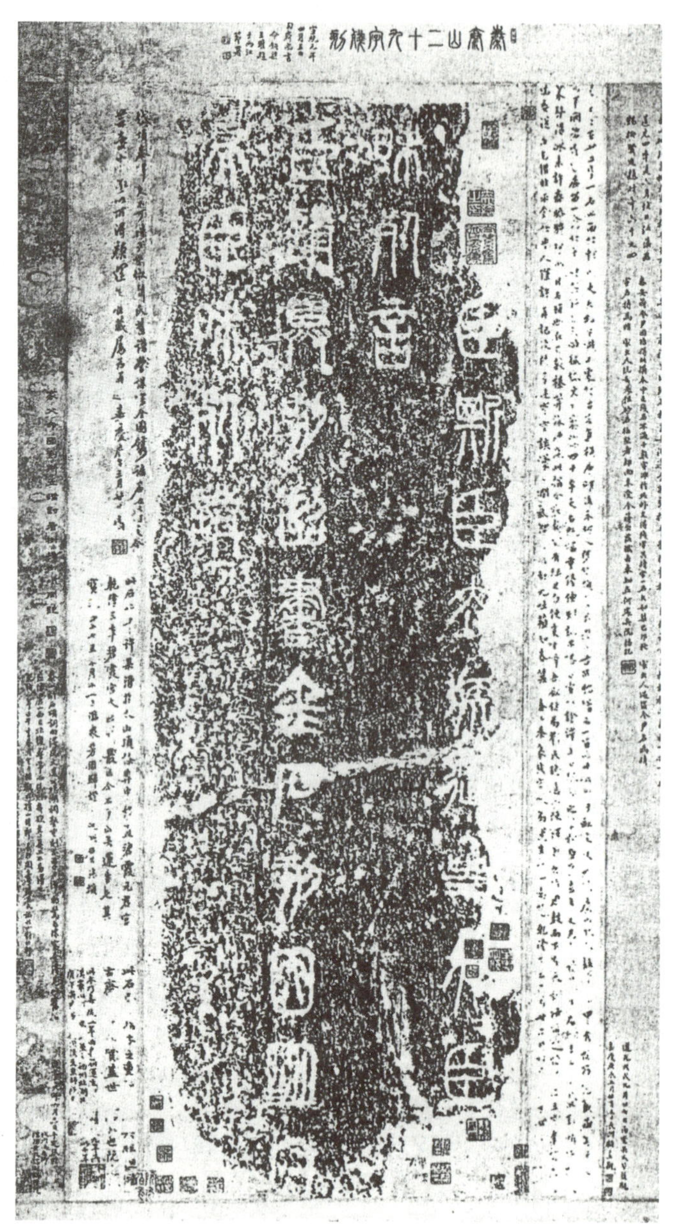

李斯〈泰山刻石〉(小篆)

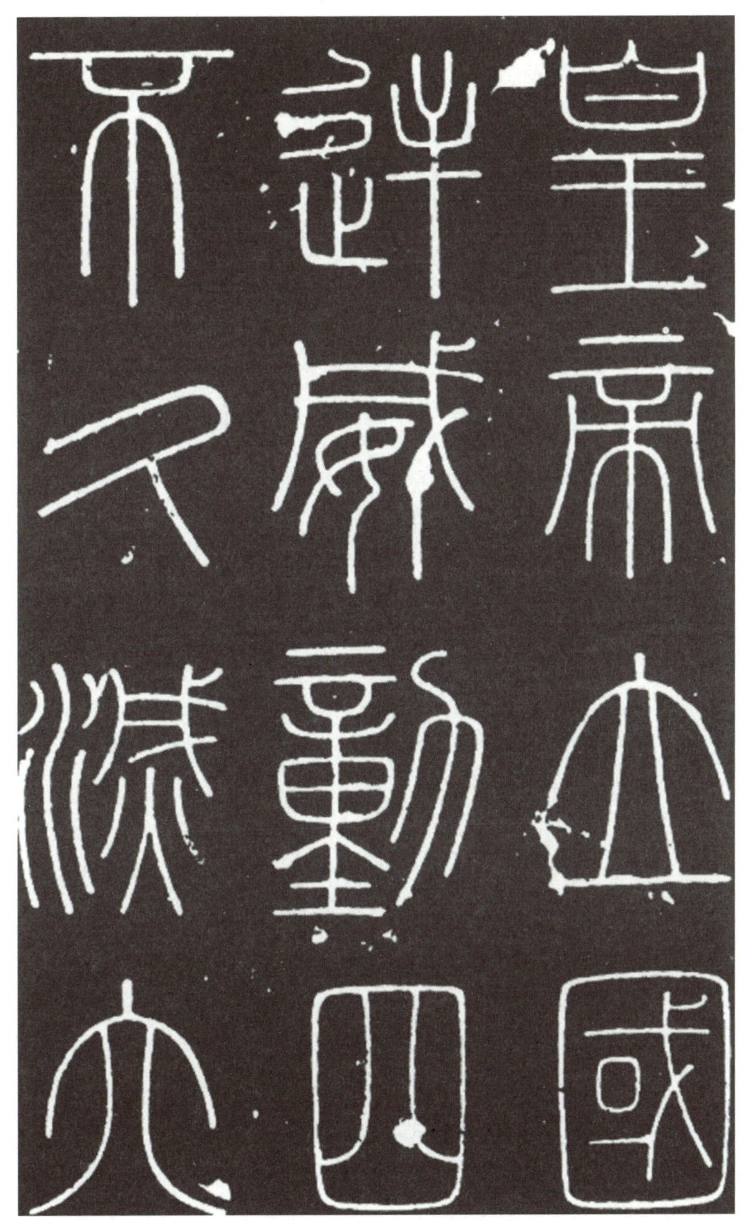

李斯 〈嶧山刻石〉(小篆)

李斯 〈嶧山刻石〉(B.C.219년)

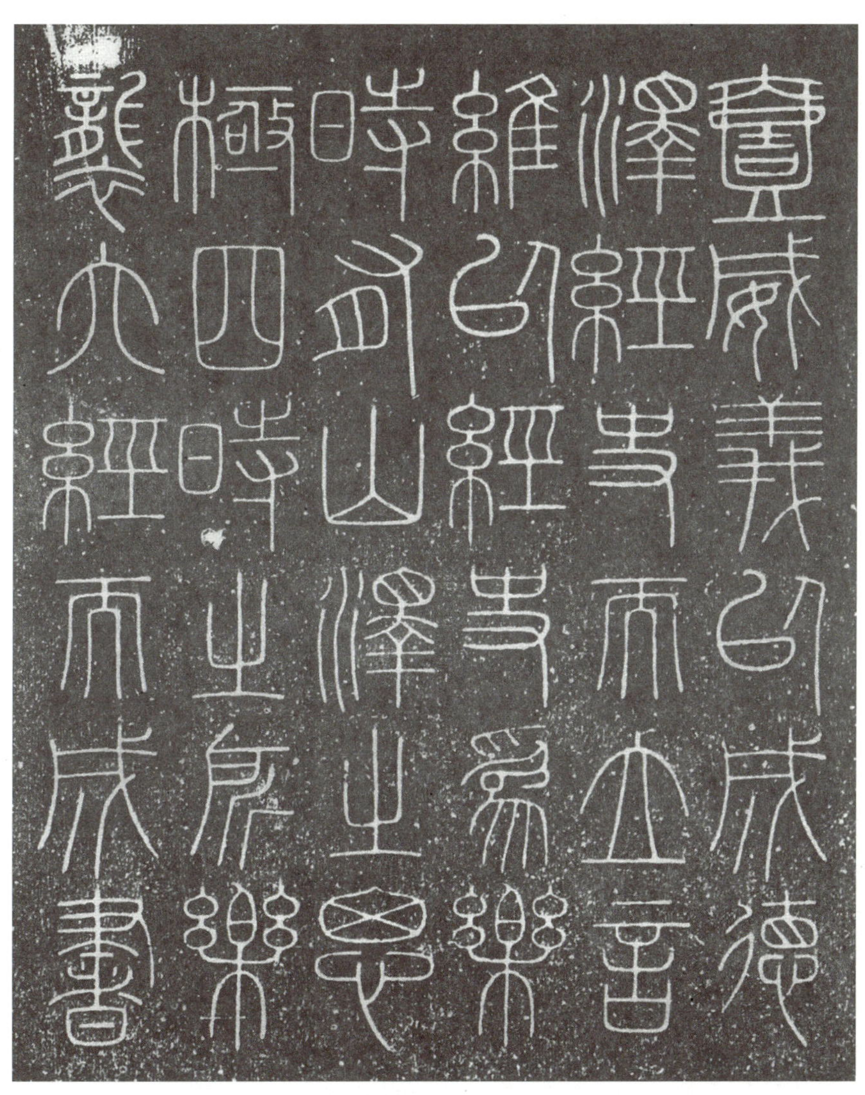

이사 〈嶧山刻石〉

〈八斤銅權〉 명문(진시황 도량형 통일 유물)

廿六年，皇帝盡幷
兼天下諸侯，黔首大
安。立號爲皇帝，乃詔
丞相狀、綰，法度量則
不一，歉疑者皆明
一之。

秦나라 때의 〈詔版〉과 그 해석문

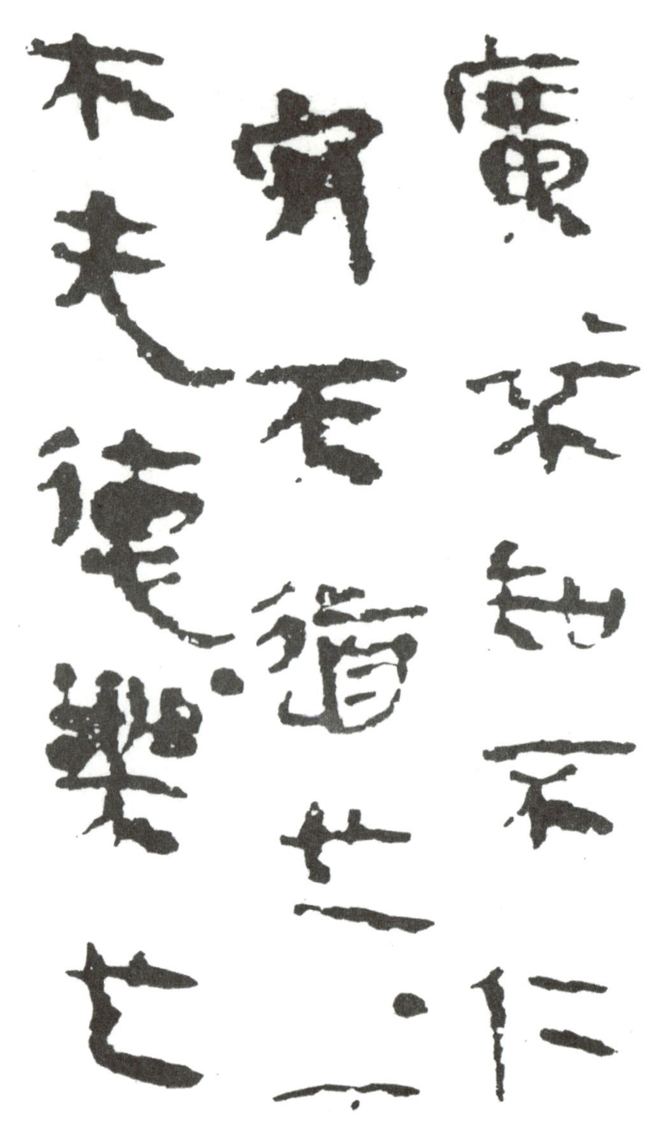

〈老子帛書甲本〉

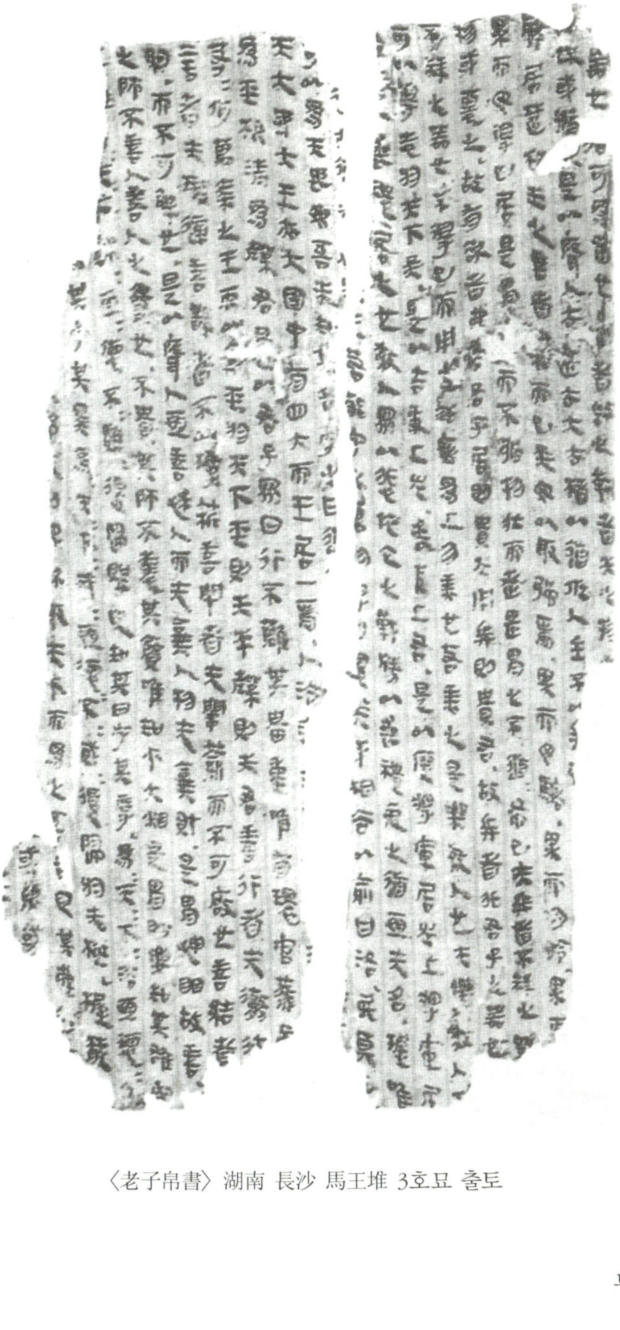

〈老子帛書〉 湖南 長沙 馬王堆 3호묘 출토

〈三老諱字忌日記〉(漢)

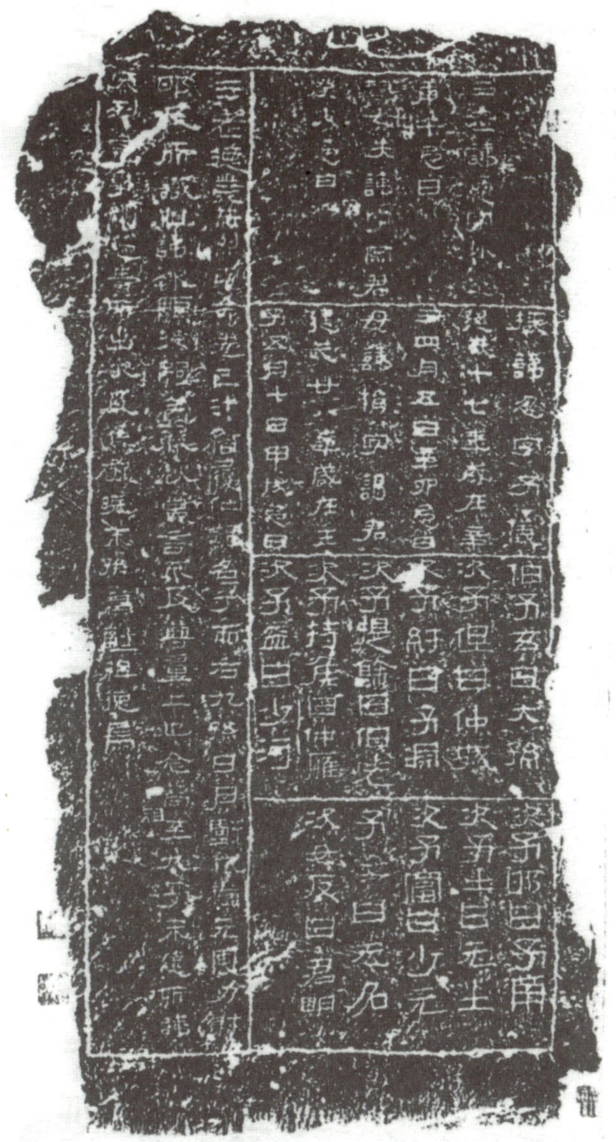

〈三老諱字忌日記〉

〈居延漢簡〉1972 甘肅 居延 출토

〈居延漢簡〉 1972 甘肅 居延 출토

〈熹平石經〉(漢)

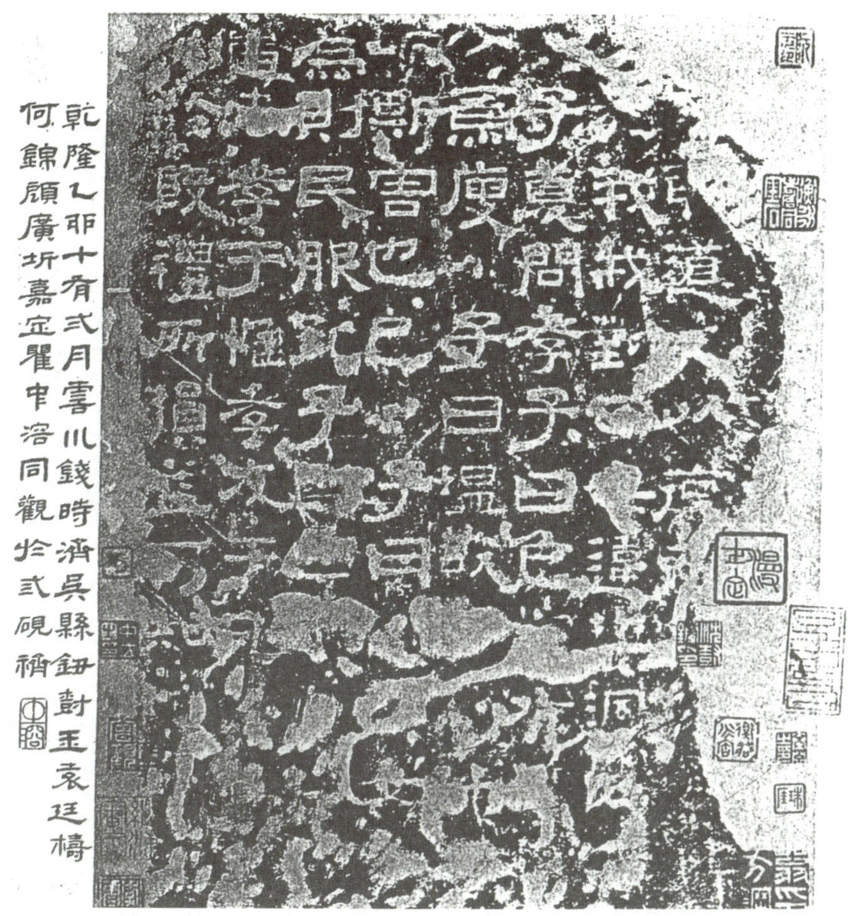

〈熹平石經〉

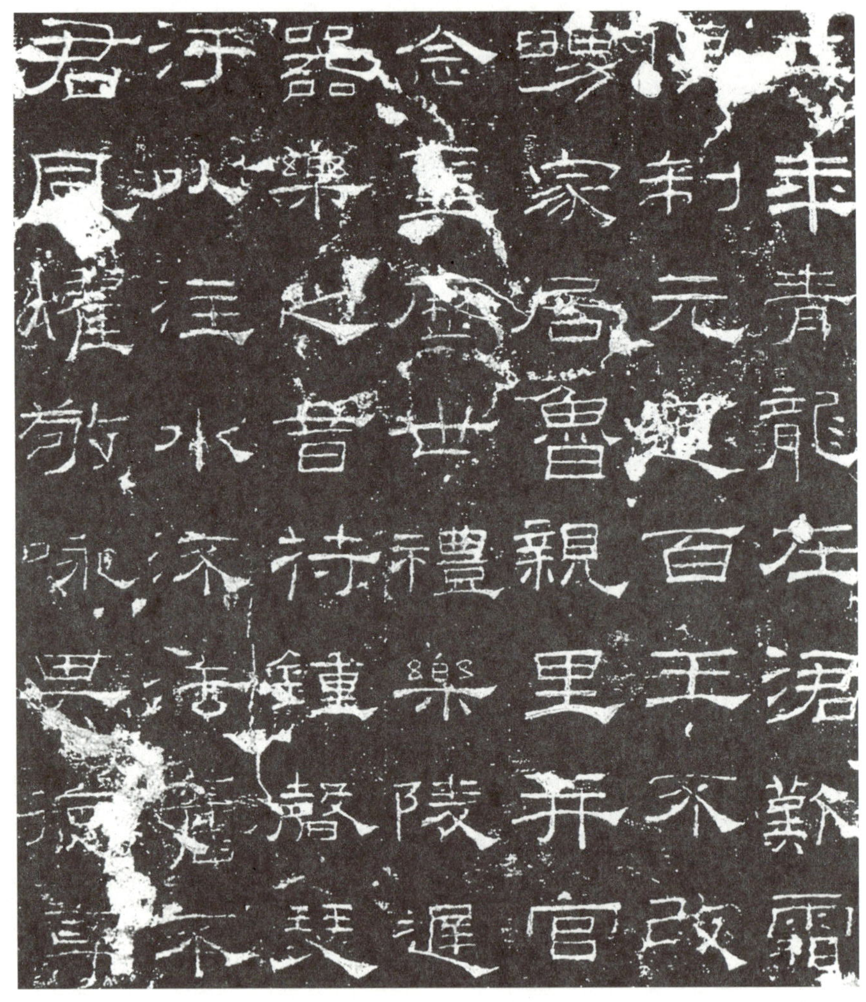

〈禮器碑〉(東漢)

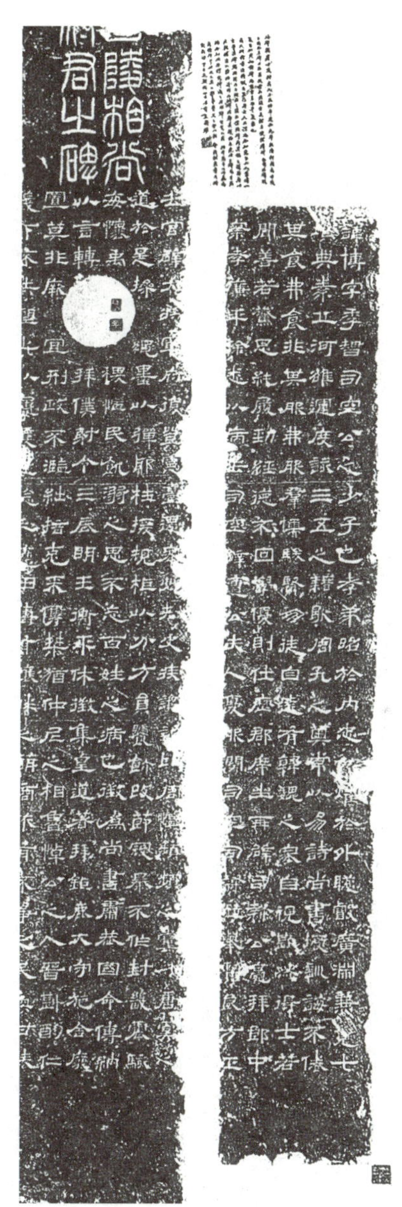

〈尙府君〉(殘碑, 漢)

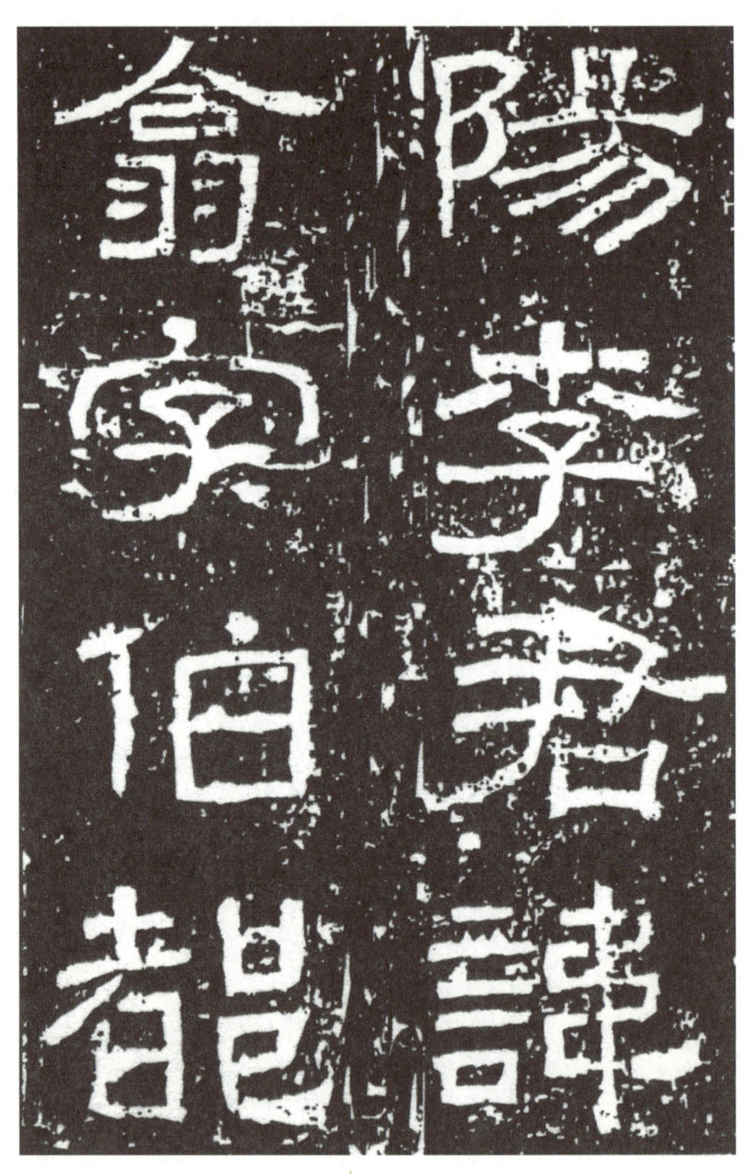

〈西狹頌〉

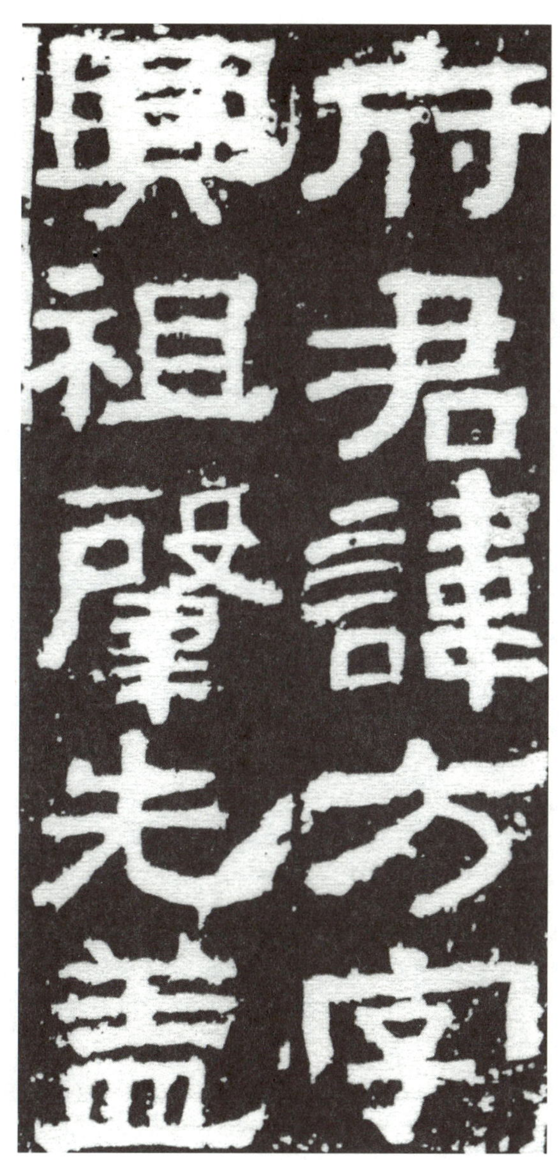

〈衡方碑〉

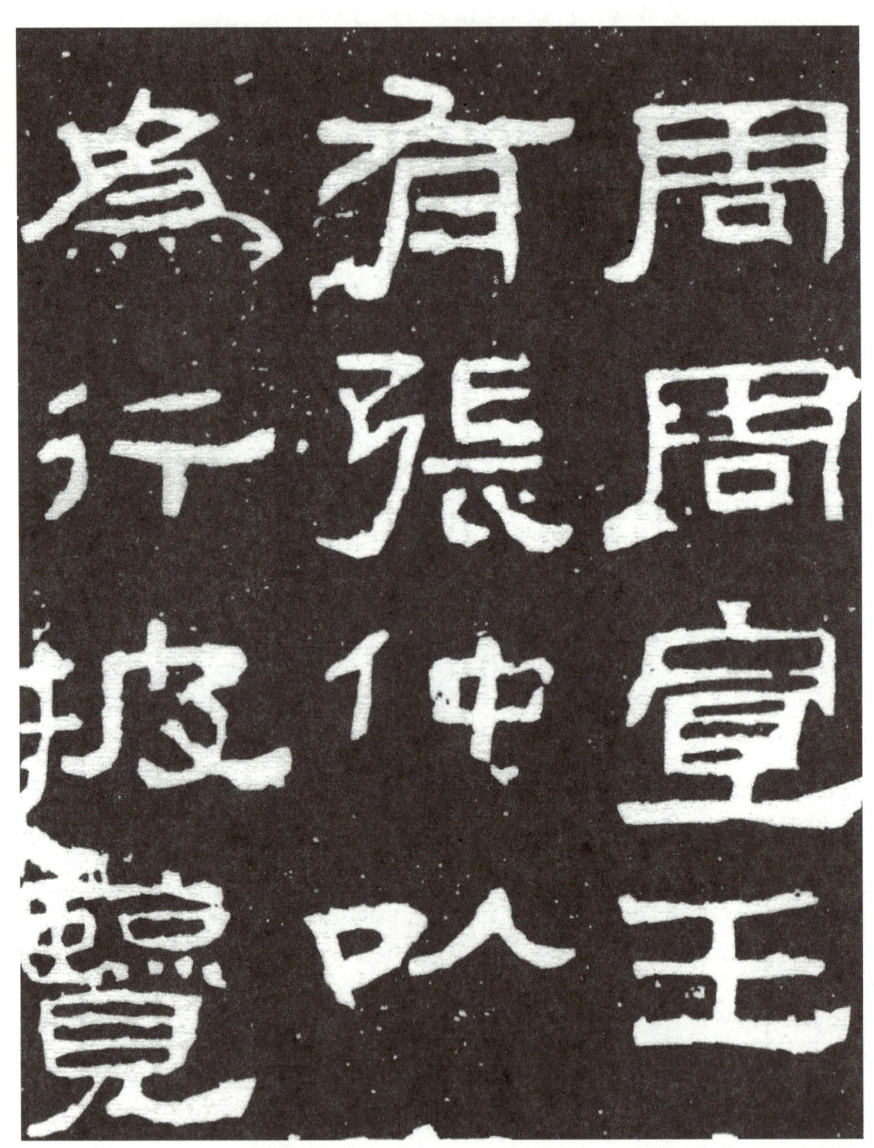

〈張遷碑〉

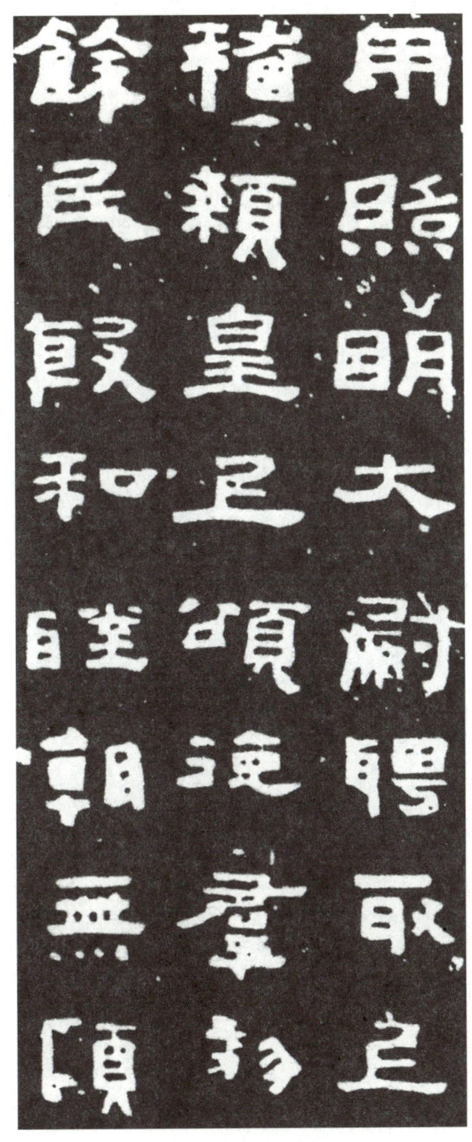

〈鮮于璜碑〉

〈曹全碑〉

〈禮器碑〉

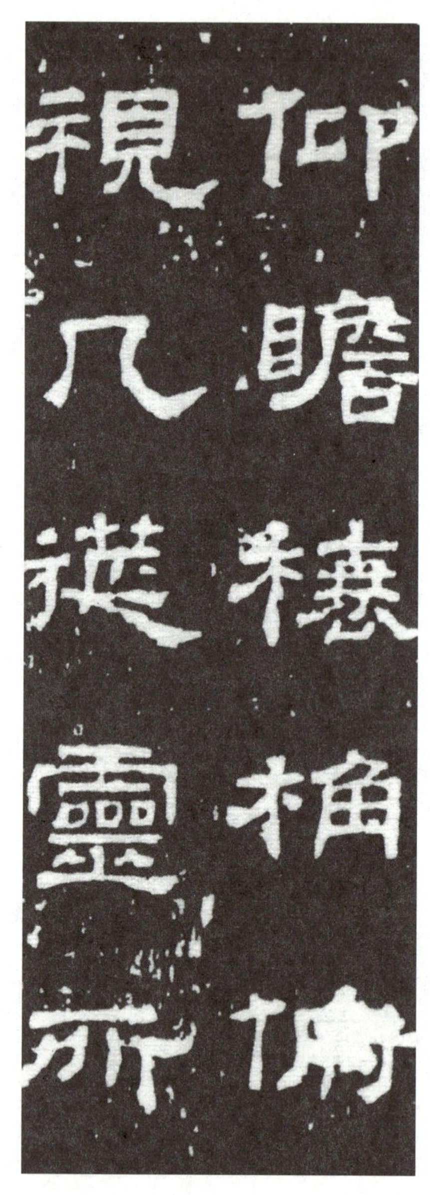

〈史晨碑〉

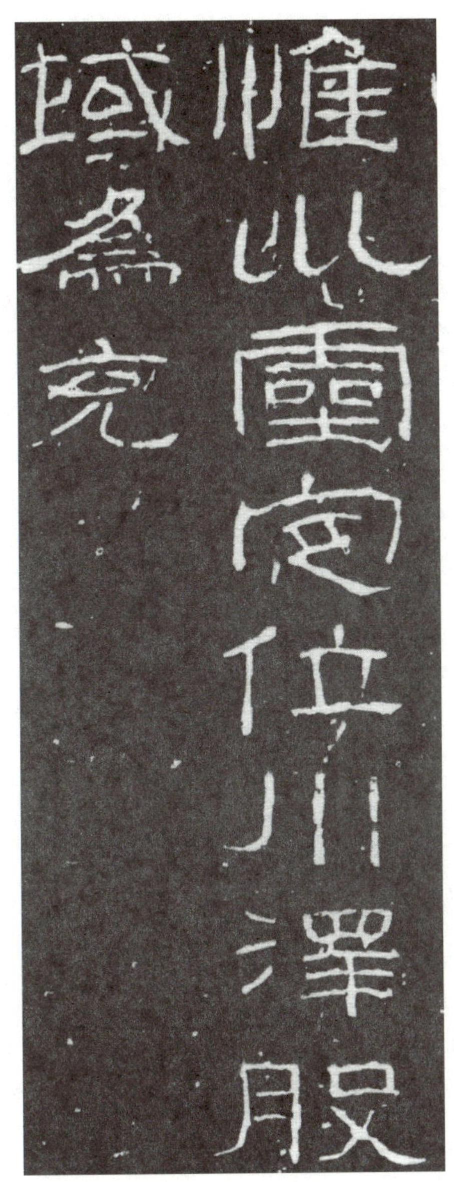

〈石門頌〉

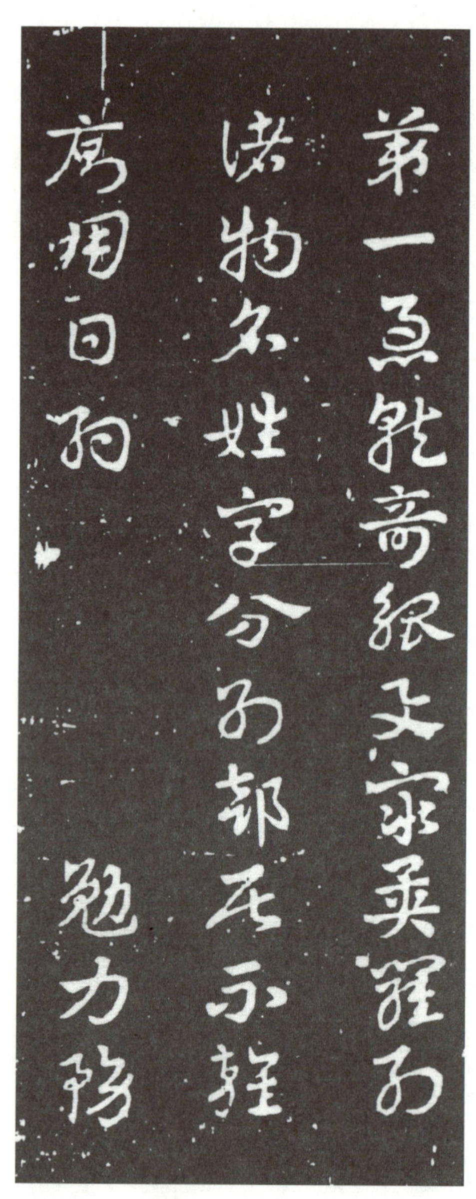

史游〈急就篇〉

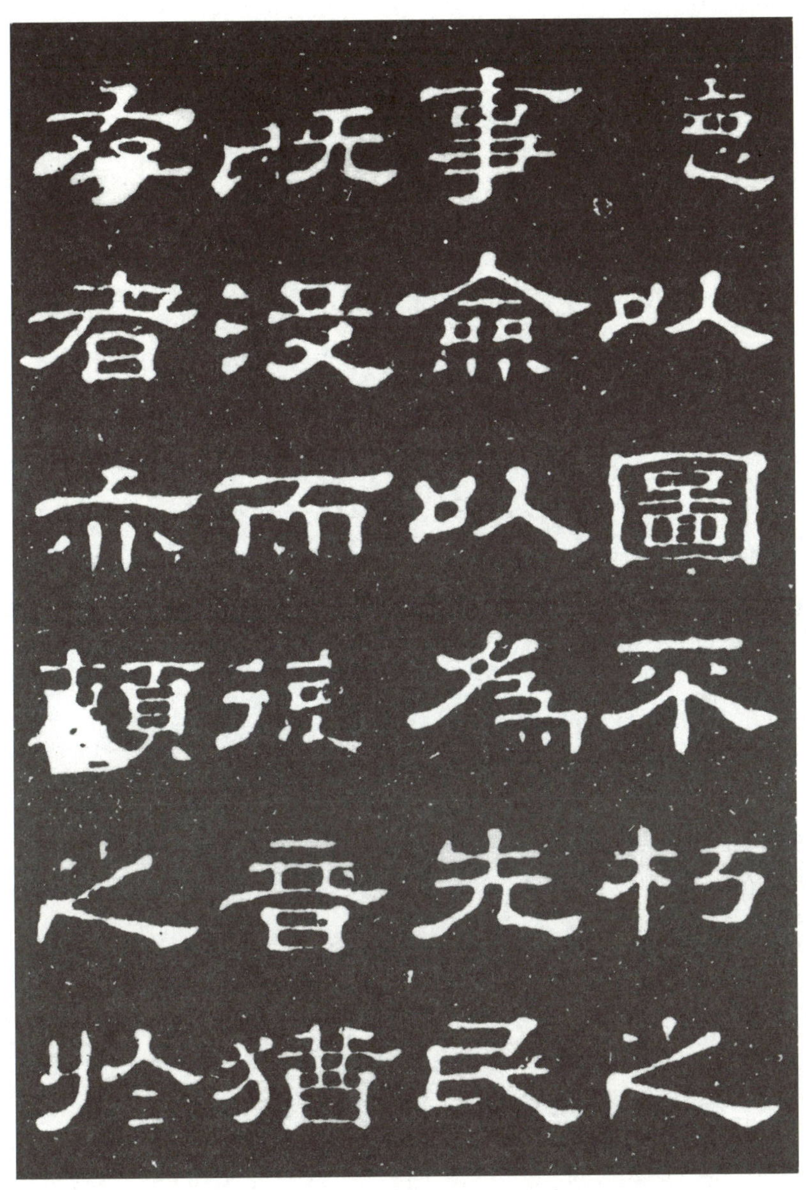

〈郭泰碑〉

索靖〈出師頌〉

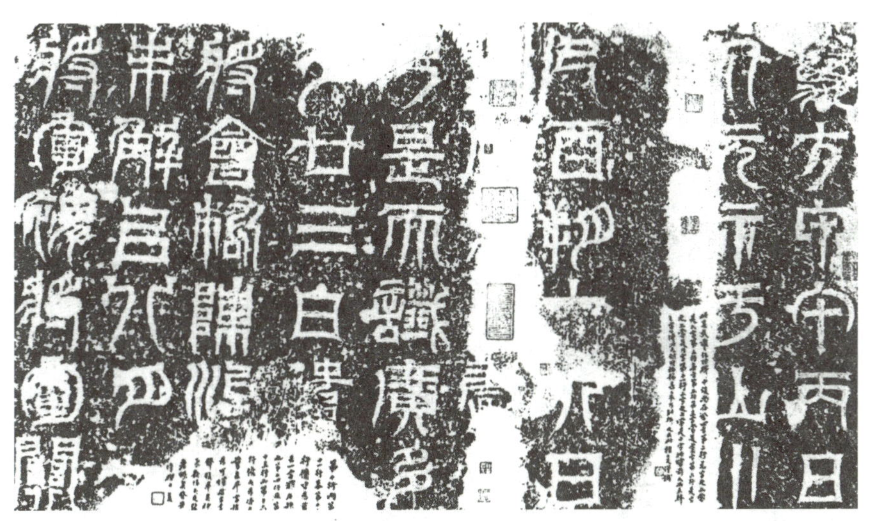

吳, 皇象〈天發神讖碑〉

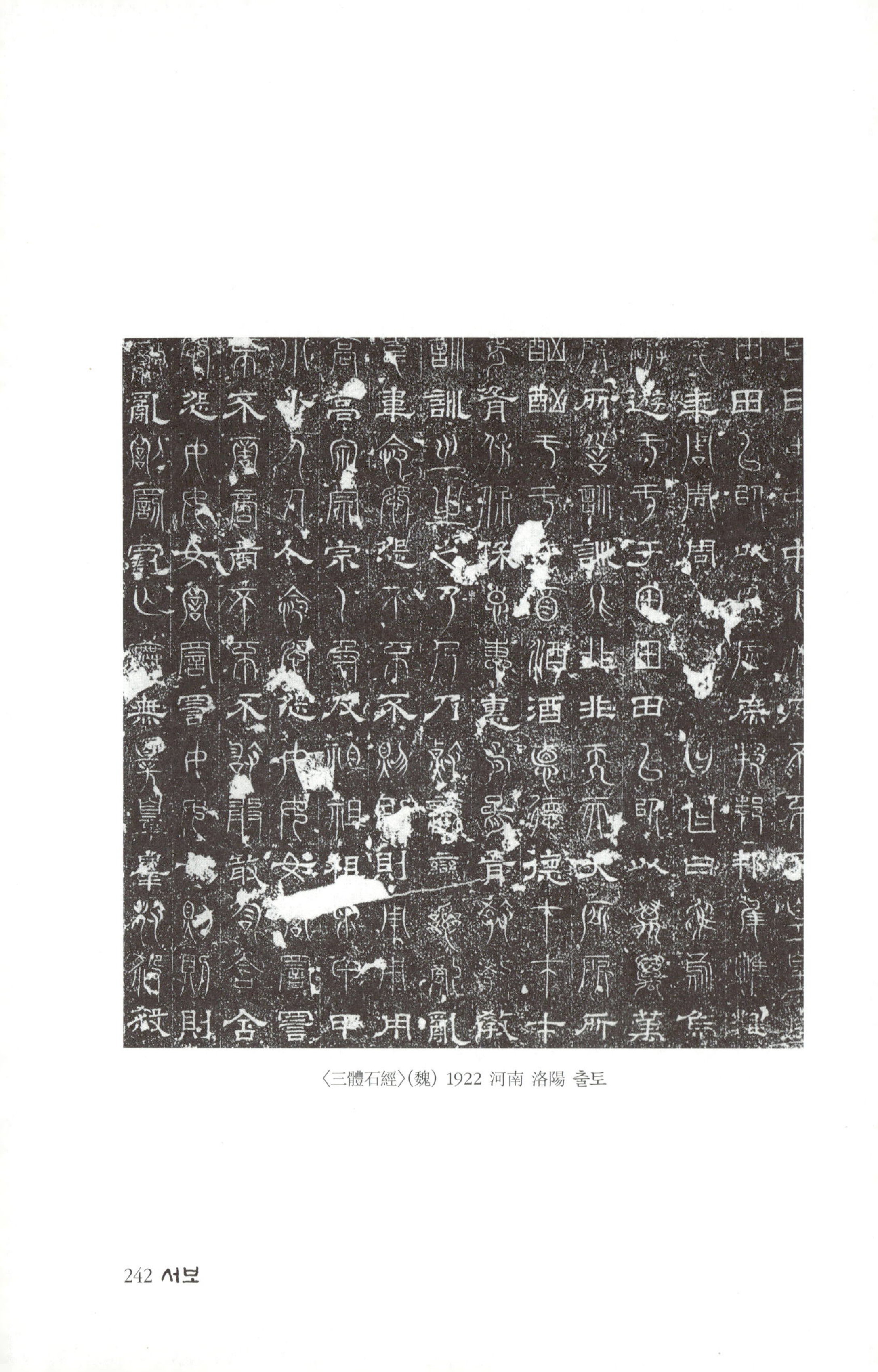

〈三體石經〉(魏) 1922 河南 洛陽 출토

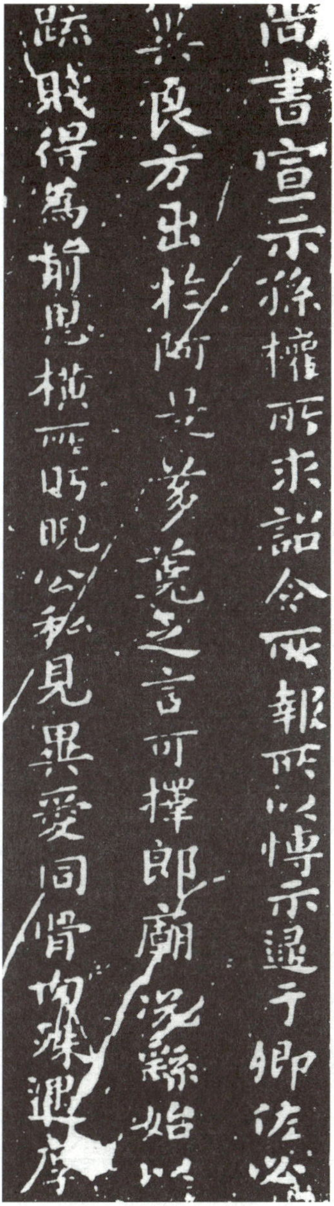

尚書宣示孫權所求詔令所報所以博示逮于卿佐必
冀良方出於阿是芻蕘之言可擇郎廟況繇始以
疏賤得爲前恩橫所盻睨公私見異愛同骨肉殊遇厚

鍾繇 〈宣示表〉(三國 魏)

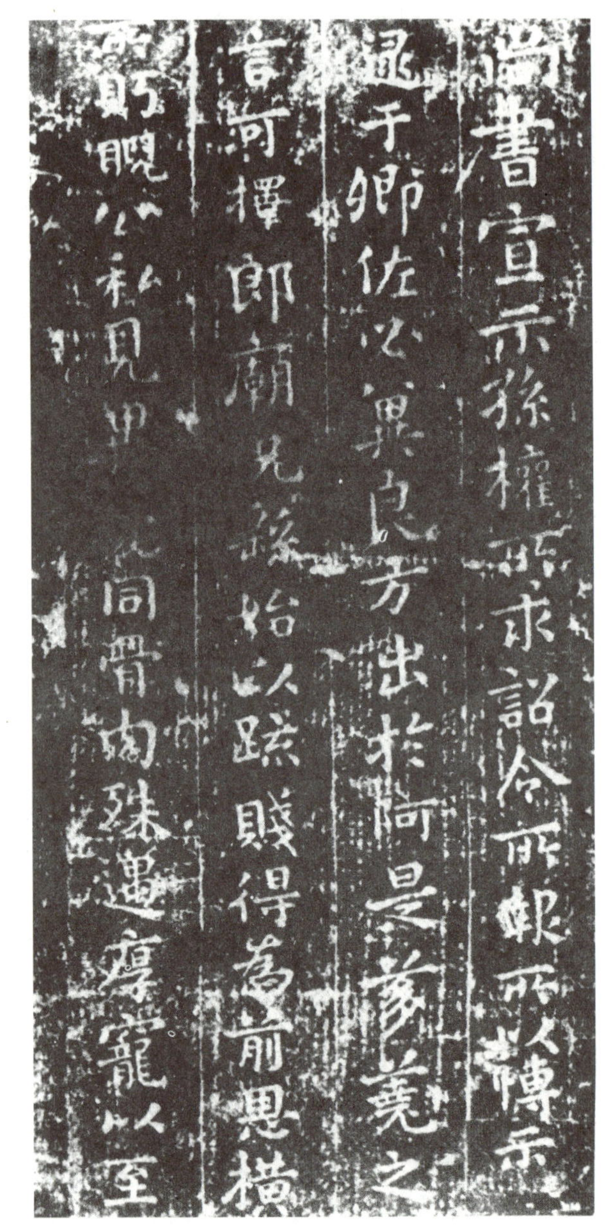

鍾繇〈宣示表〉

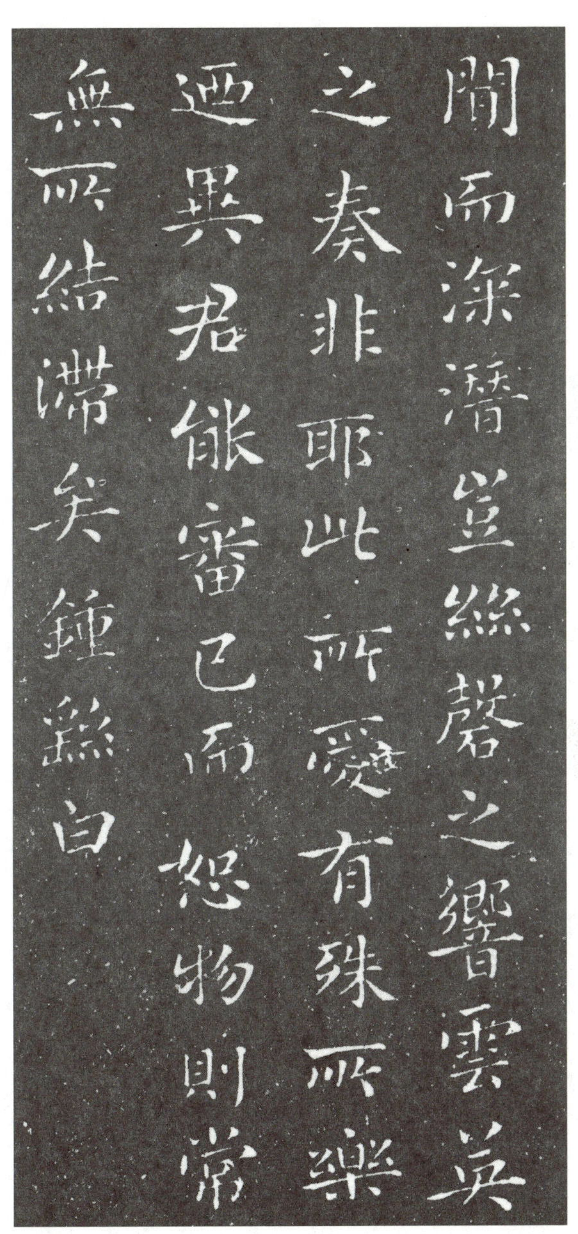

鍾繇〈昨疏帖〉

《般若波羅蜜多經》(西晉시대)

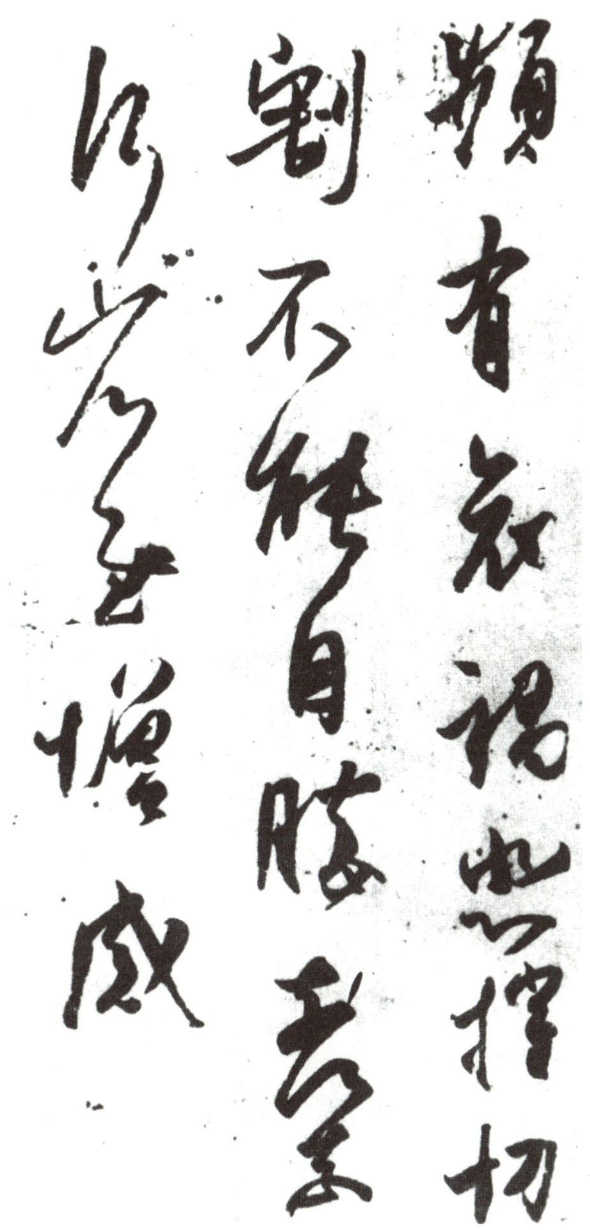

王羲之〈頻有哀禍帖〉(東晉)

王羲之〈喪亂帖〉

王羲之〈快雪時晴帖〉

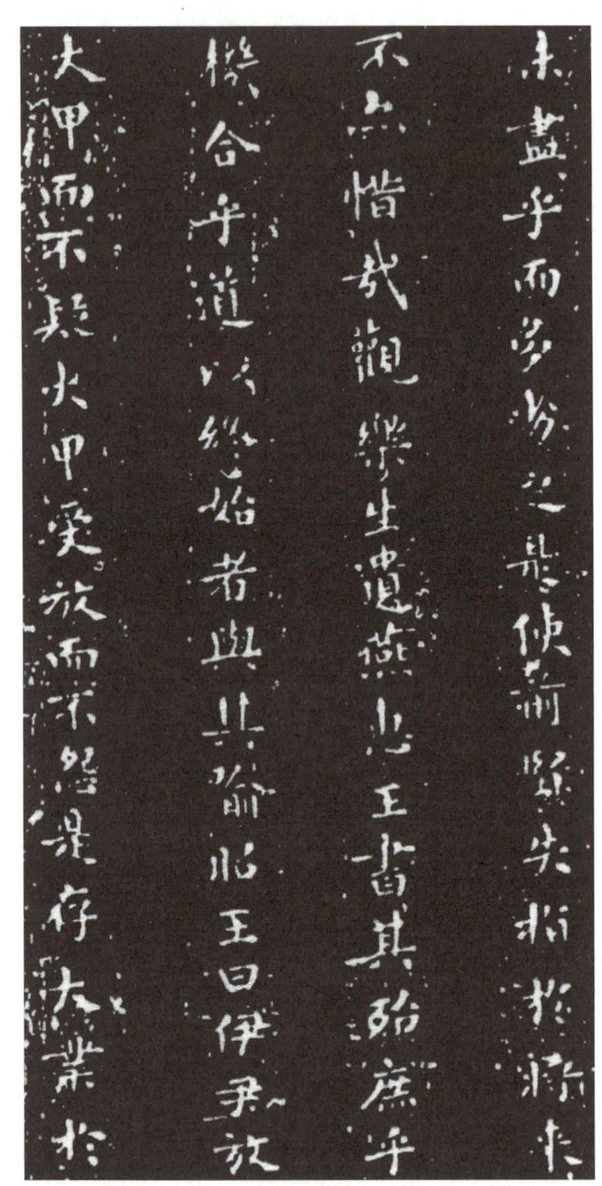
未盡乎而多劣之是使前賢失指於將來
不亦惜哉觀樂生遺燕惠王書其殆庶乎
機合乎道以終始者與其喻昭王曰伊尹放
大甲而不疑大甲受放而不怨是存大業於

王羲之〈樂毅論〉

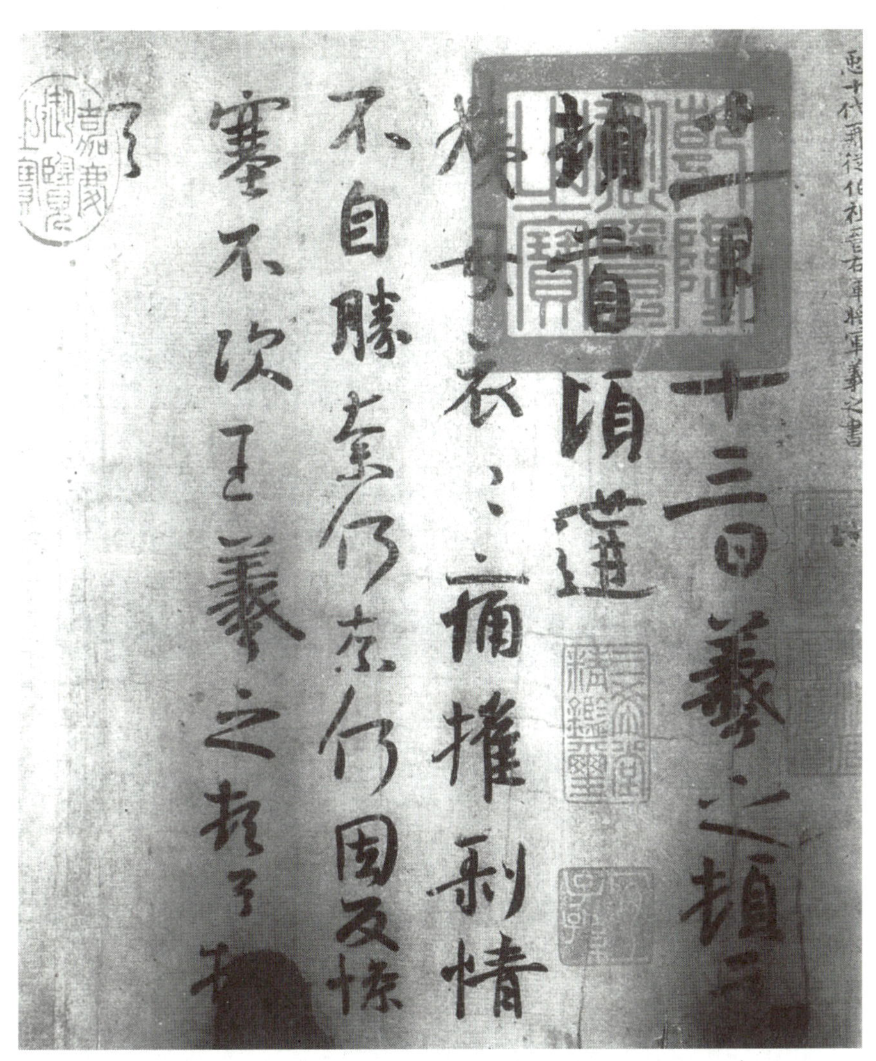

王羲之〈姨母帖〉

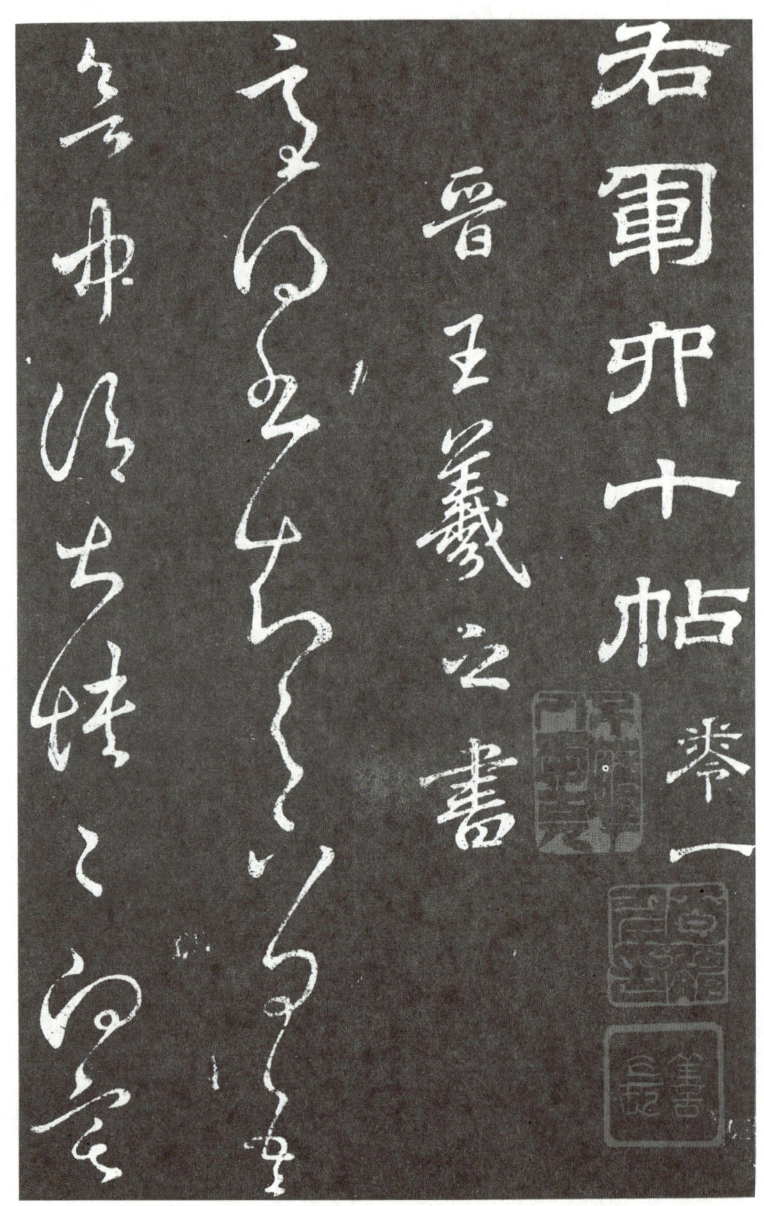

王羲之 필적

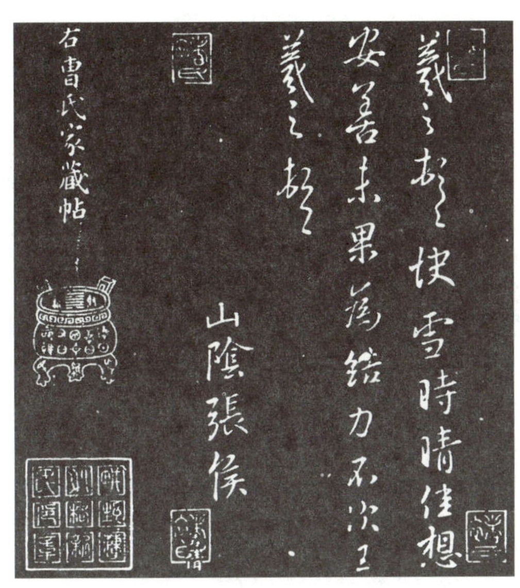

王羲之〈快雪時晴帖〉

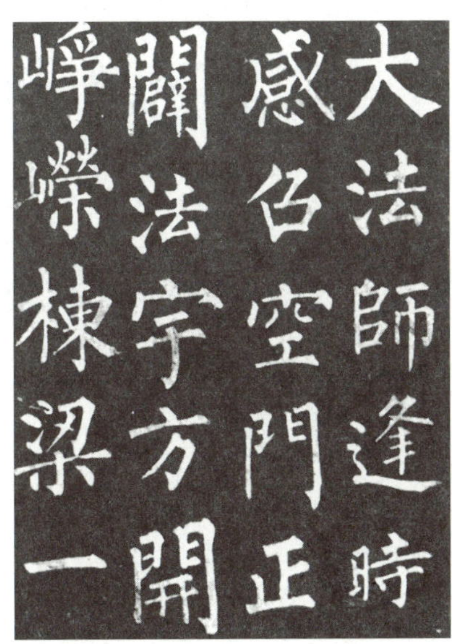

唐, 鍾紹京〈靈飛經〉

唐, 柳公權〈玄秘塔碑〉

王羲之 〈蘭亭序〉(임모)

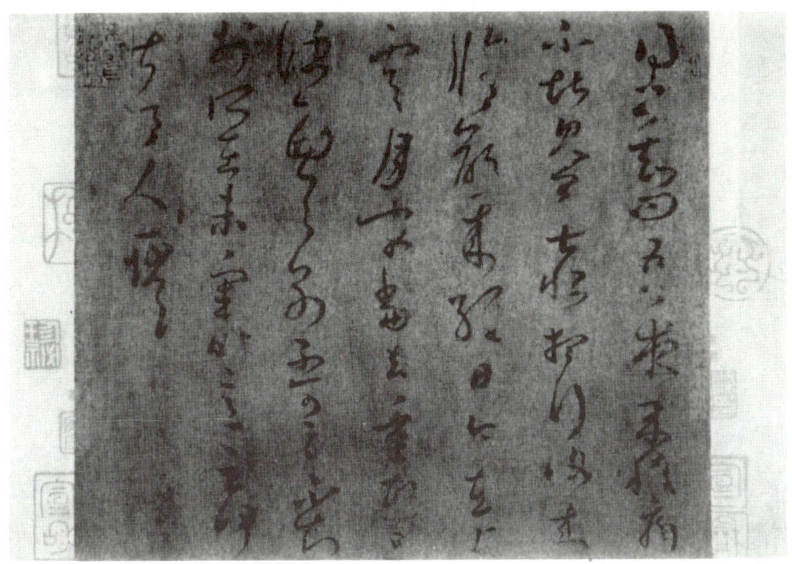
王羲之〈上虞帖〉

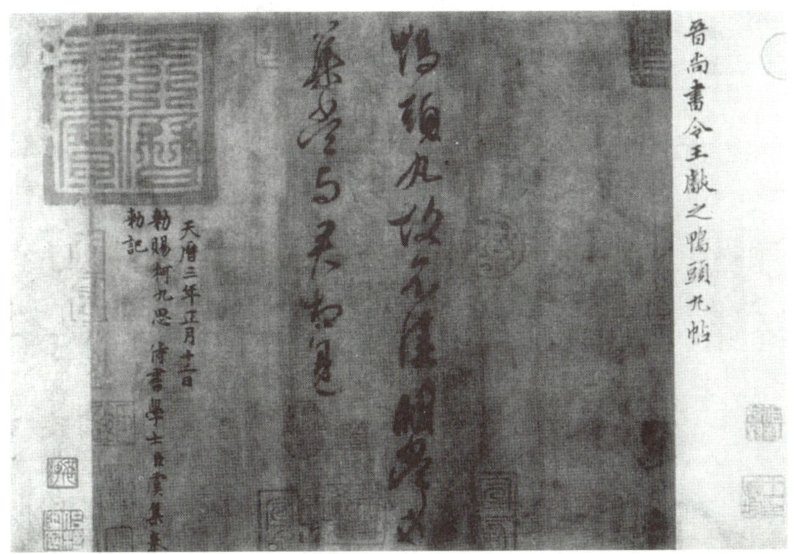

王獻之〈鴨頭丸帖〉(東晉)

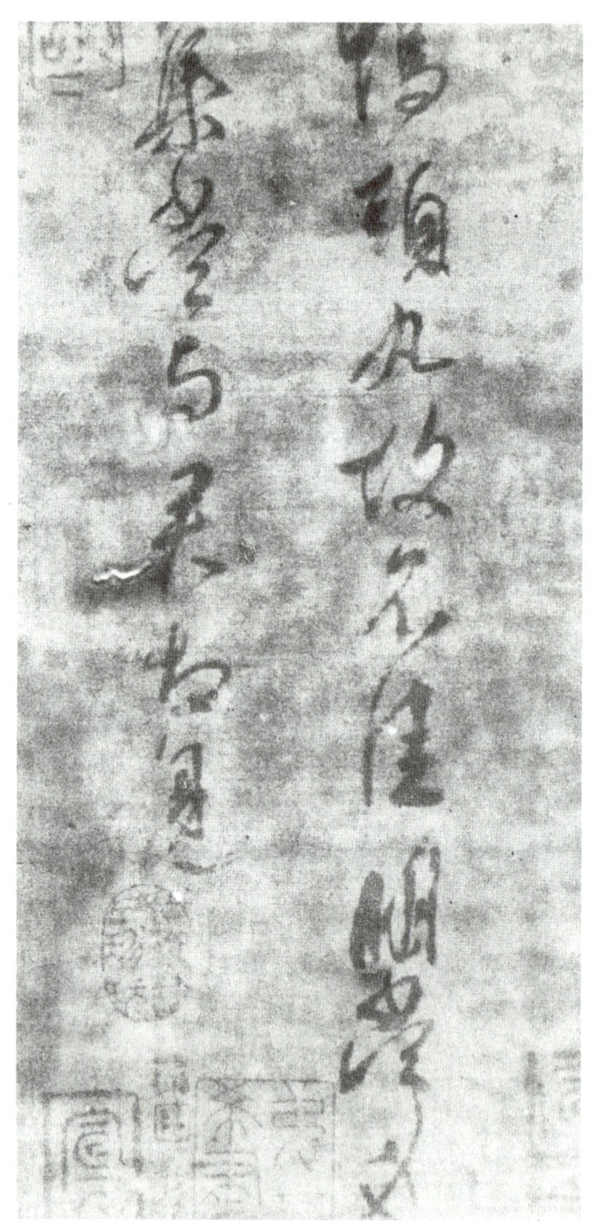

王獻之〈鴨頭丸帖〉

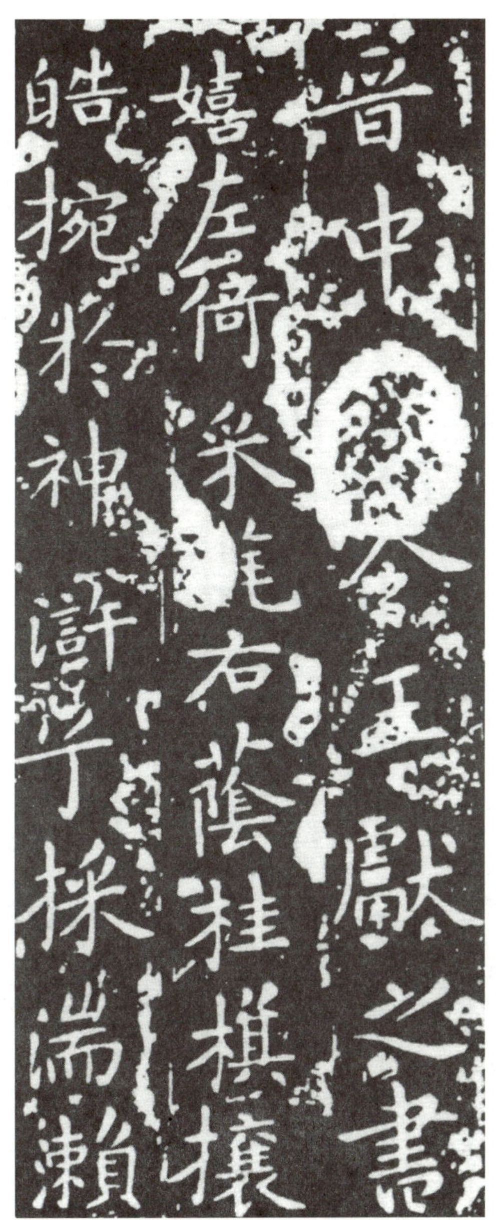

王獻之〈洛神賦十三行〉

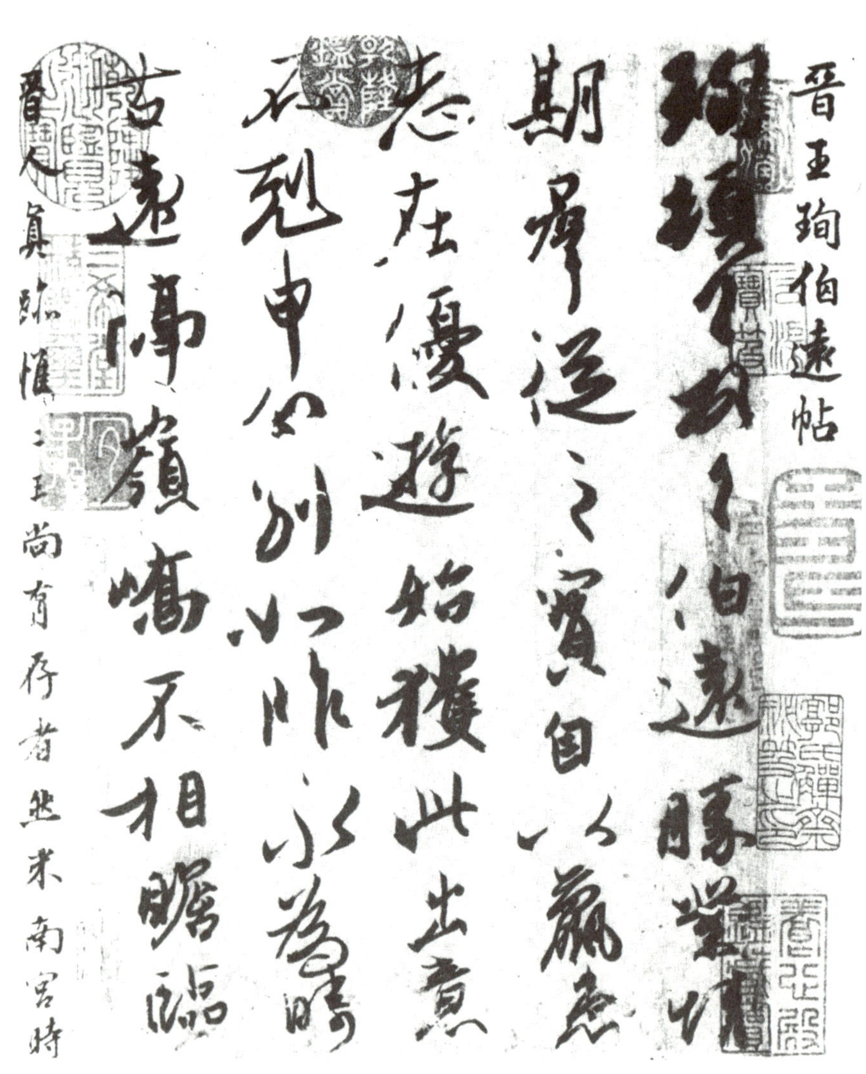

王珣〈伯遠帖〉

君諱興之字稚陋琅耶臨
沂都鄉南仁里征西大將
軍行參軍贛令春秋卅一
咸康六年十月十八日卒
以七年七月廿六日葬于
丹楊建康之白石於先考
散騎常侍尚書左僕射特
進衛將軍都亭肅侯墓之
左故刻石為識藏之於墓
長子閩之 女字稚容
次子嗣之 出養第二伯
次子咸之
次子預之

王興之〈夫婦墓誌銘〉

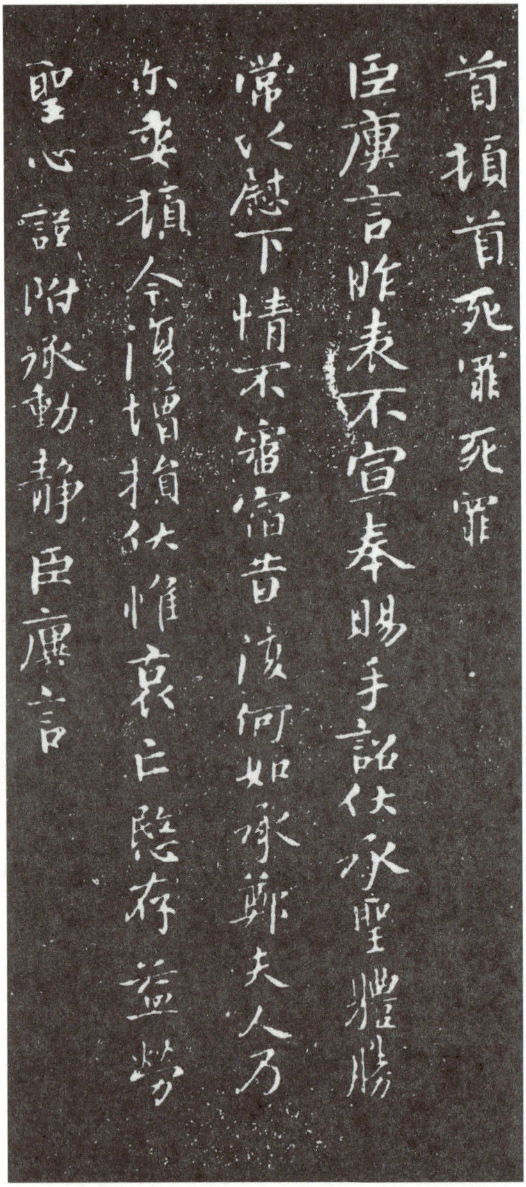

王廙(世將) 글씨

四緣法畫誠无實畢竟空故无邊復次緣如法
性實際无邊故般若波羅蜜无邊如法性實際是
自然无為相无量无邊五衆无邊是觀力故隨作无
邊復次衆生无邊者以衆生多故无量阿僧祇三世
十方衆生无人能知數故言无邊復次是中說衆生
空故言无邊但隨為作名亦无所趣者以衆生无有
定法可趣向故如无定有所趣爲衆生名无實般生
可趣於汝意云何般若波羅蜜中但說實有衆生
不、也大德若衆生實无云何有邊譬如諸佛是一切
實語人中第一於无量恒河沙劫壽說衆生名字
是衆生法不以說故有生有滅何況餘人顛倒盡
誰少時說生我心故當有衆生是衆生一不以入般若
波羅蜜故非言无從本已來常清淨清无所有无
異識識滅故是以說衆生无邊故般若波羅蜜
无邊問曰无邊中何以故廣說而又說无量何以略
說答曰以衆生因緣故一切凡夫起諸煩惱發五衆
和作諸惡行難破故是以廣說若破衆生相餘一切
易破

卷第五十五　　第廿八品

法師慧融經比丘安弘嵩寫

安弘嵩〈寫經〉殘卷(東晉)

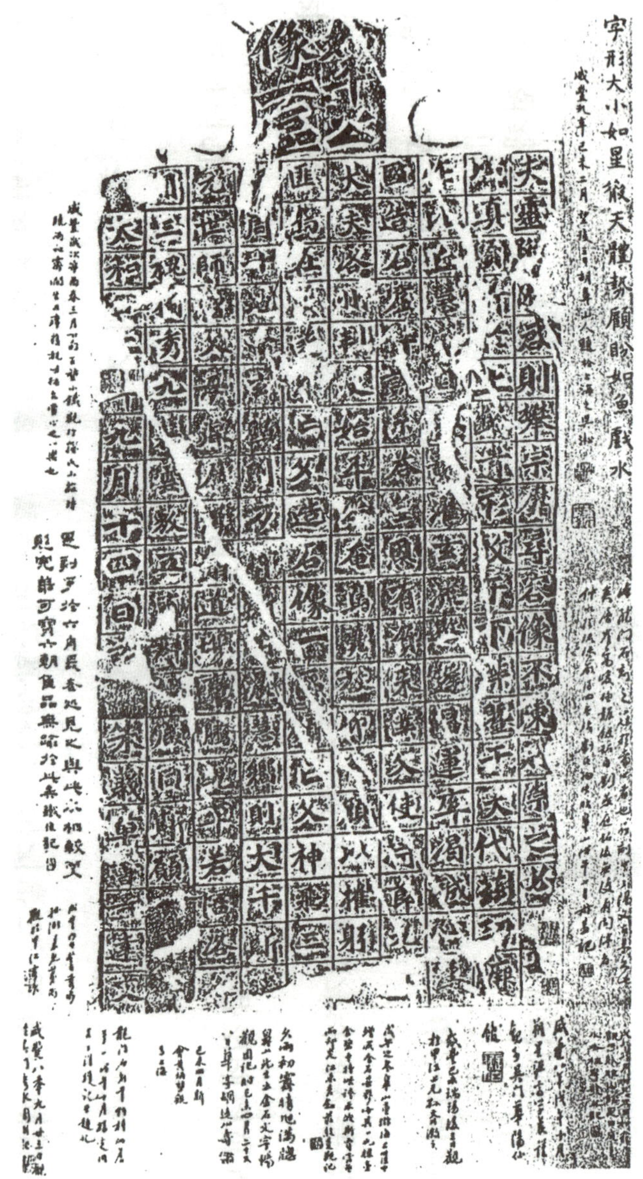

〈始平公造像〉(北魏)

張猛龍 〈清頌碑〉(北魏)

〈親晉胡王〉 銅印(西晉)

〈靈藏薛法紹造像〉北魏

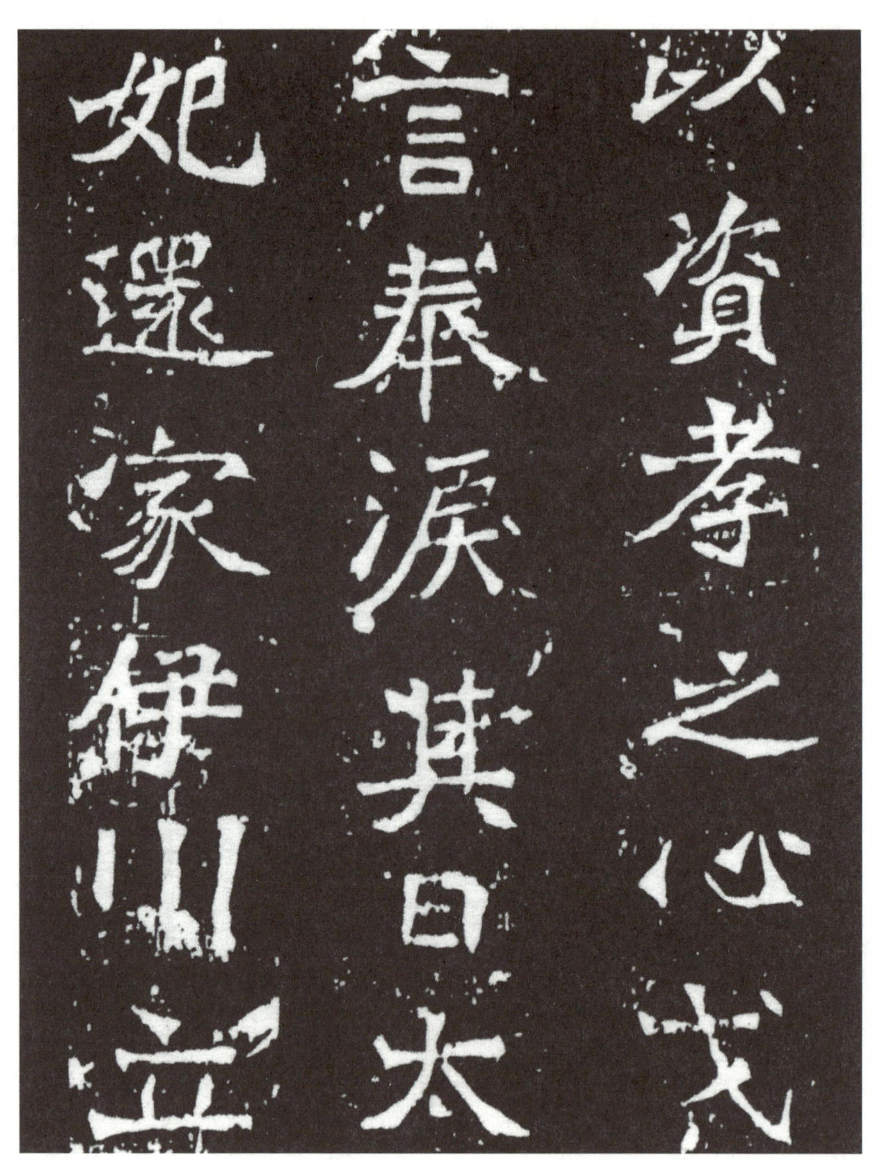

〈王元祥造像〉

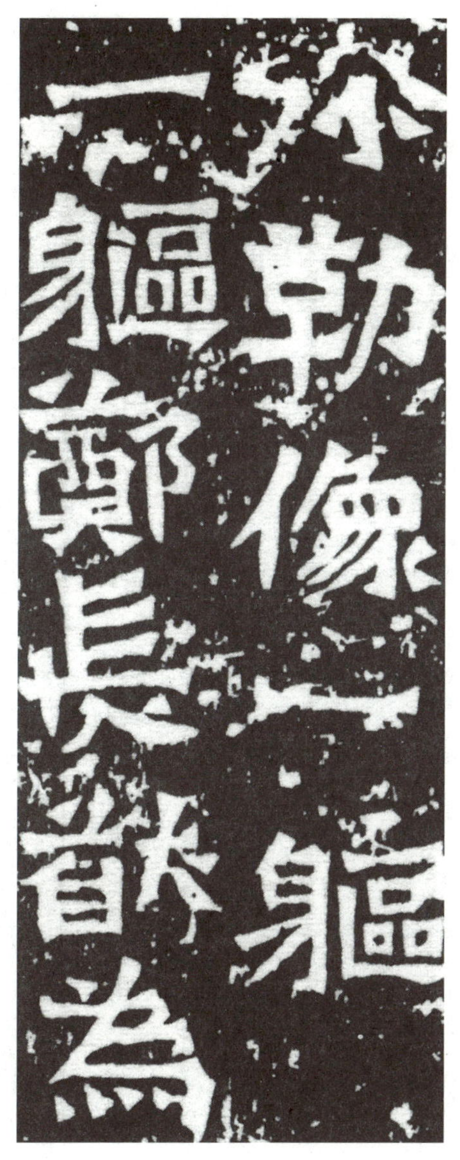

〈鄭長猷造像〉

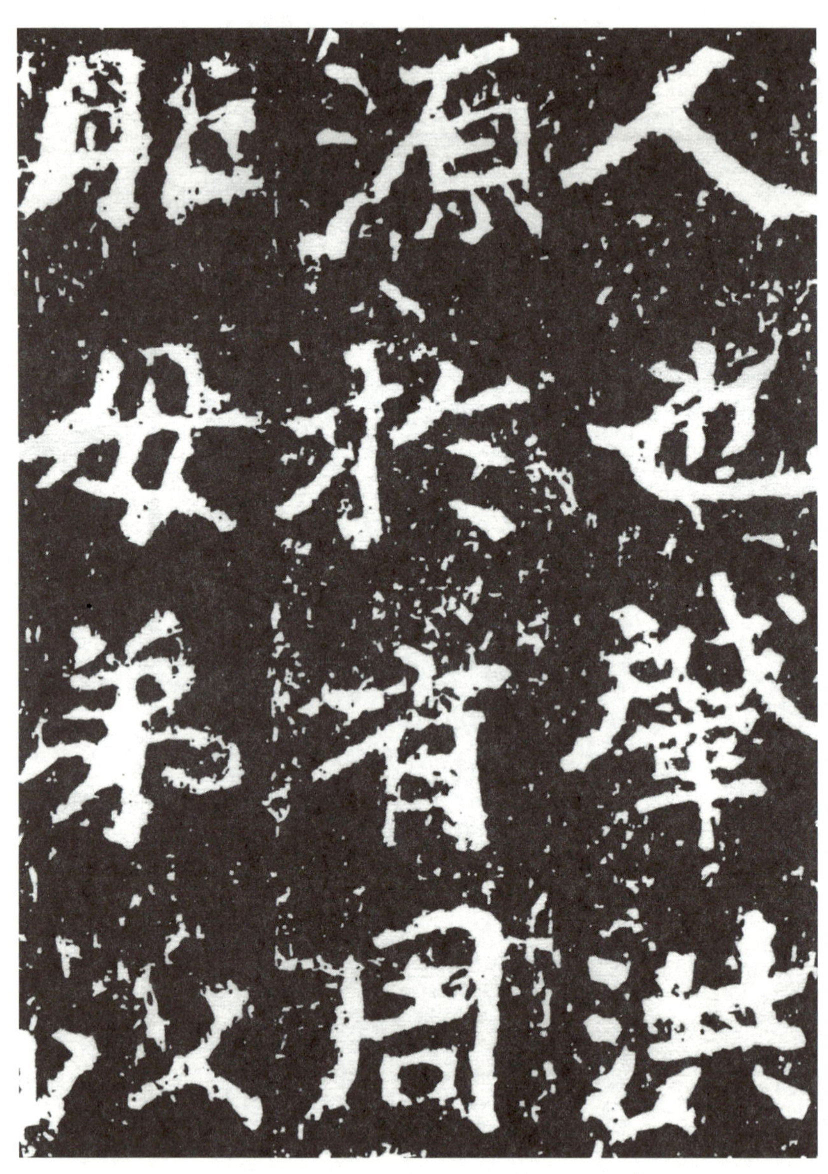

鄭道昭〈鄭文公碑〉

〈爨寶子碑〉

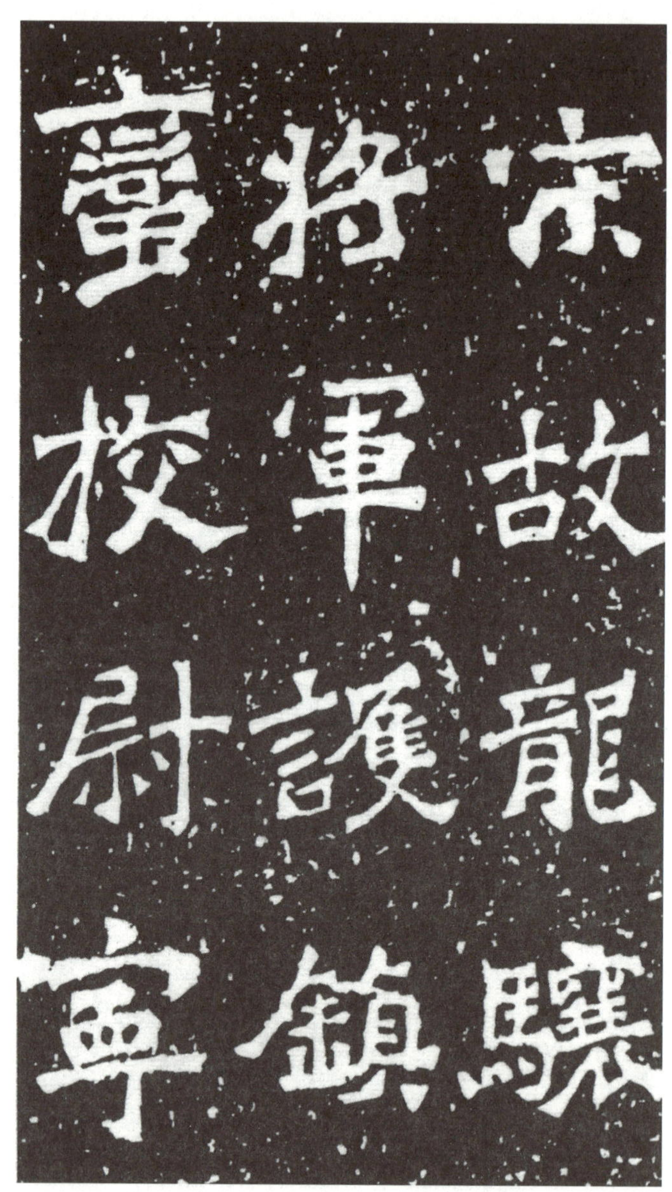

〈爨龍顔碑〉

陸機〈平復帖〉

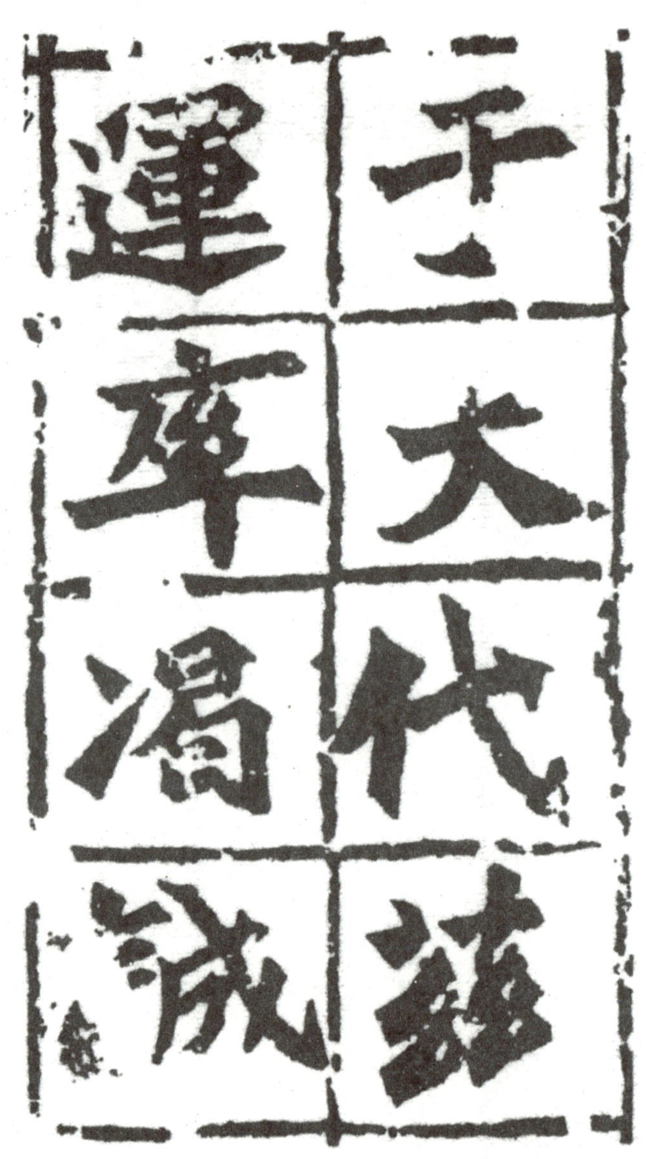

〈始平公造像〉

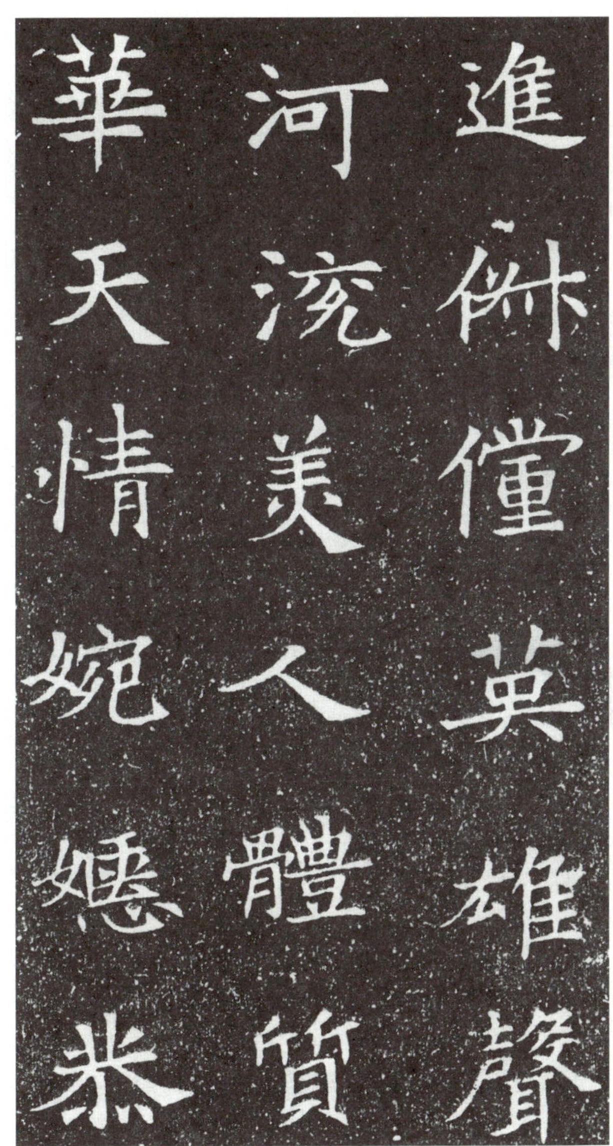

〈董夫人墓誌銘〉(隋)

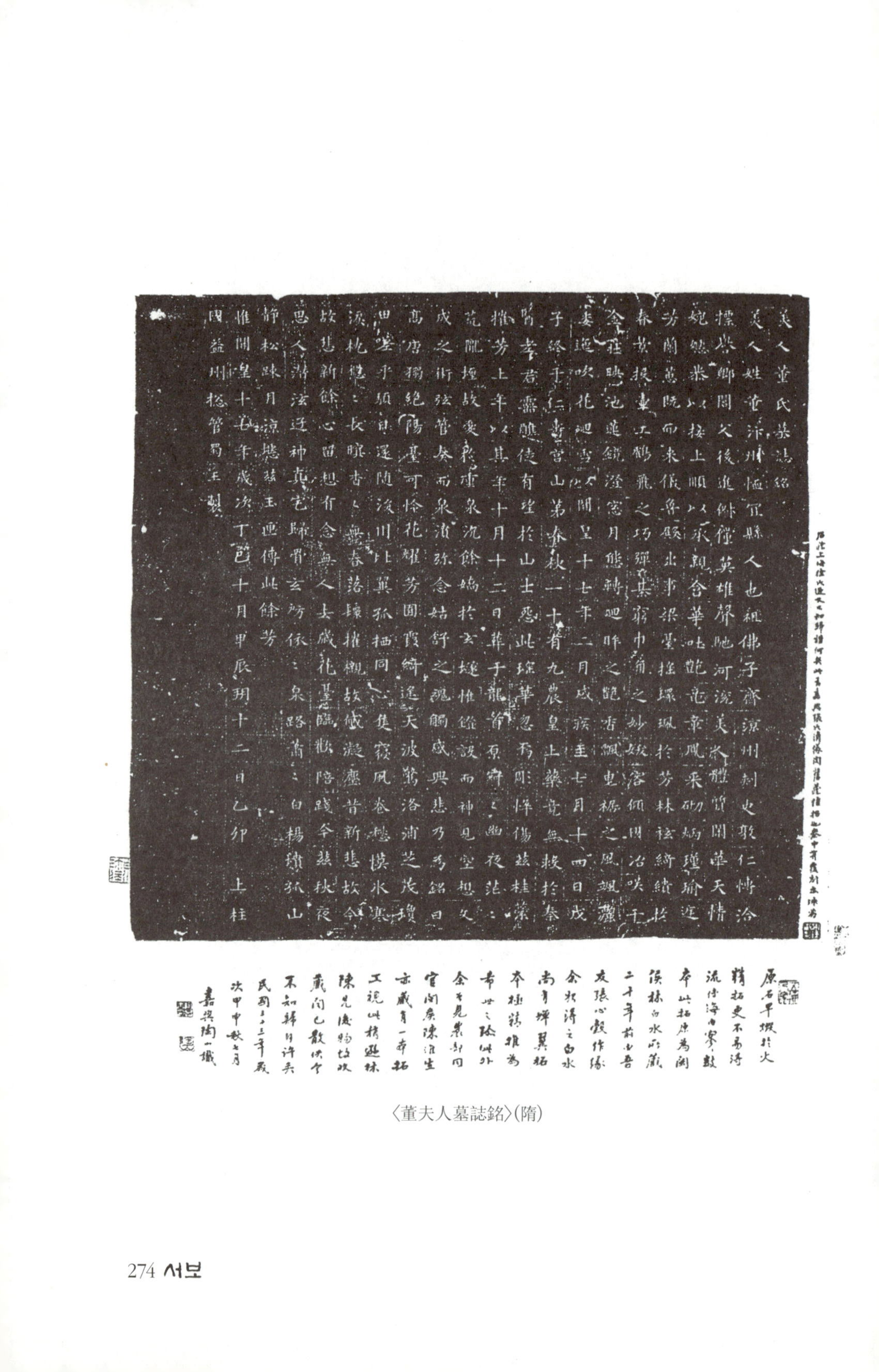

〈董夫人墓誌銘〉(隋)

鄭道護〈啓法寺碑〉(隋)

智永〈眞草千字文〉

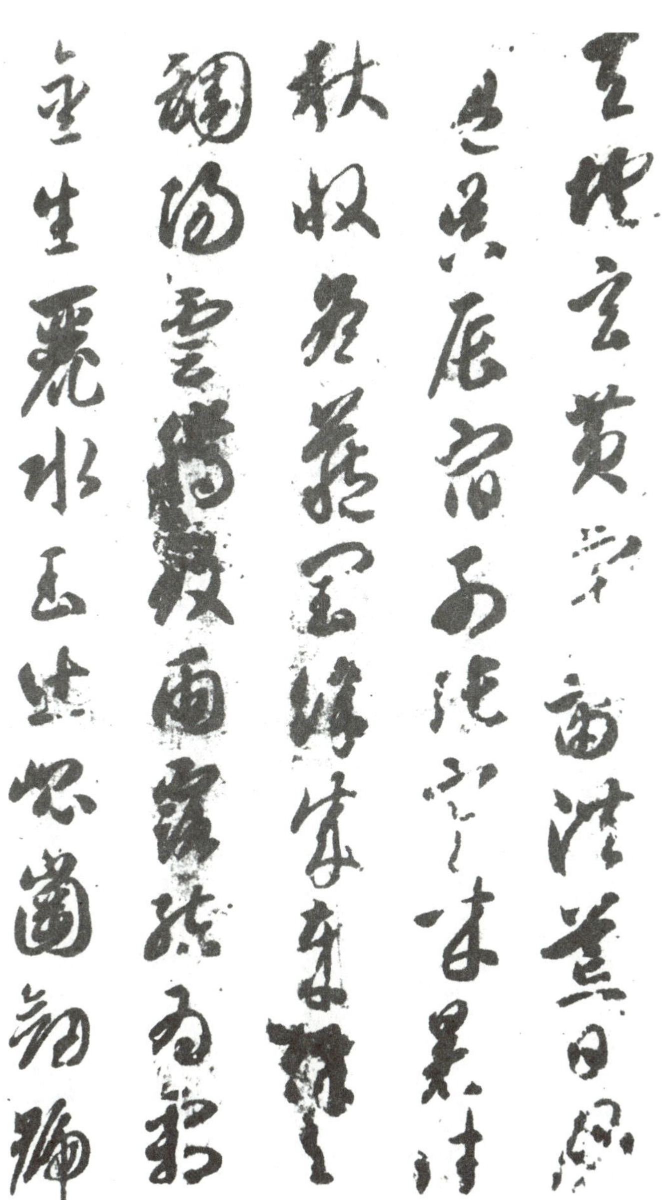

智永〈眞草千字文〉

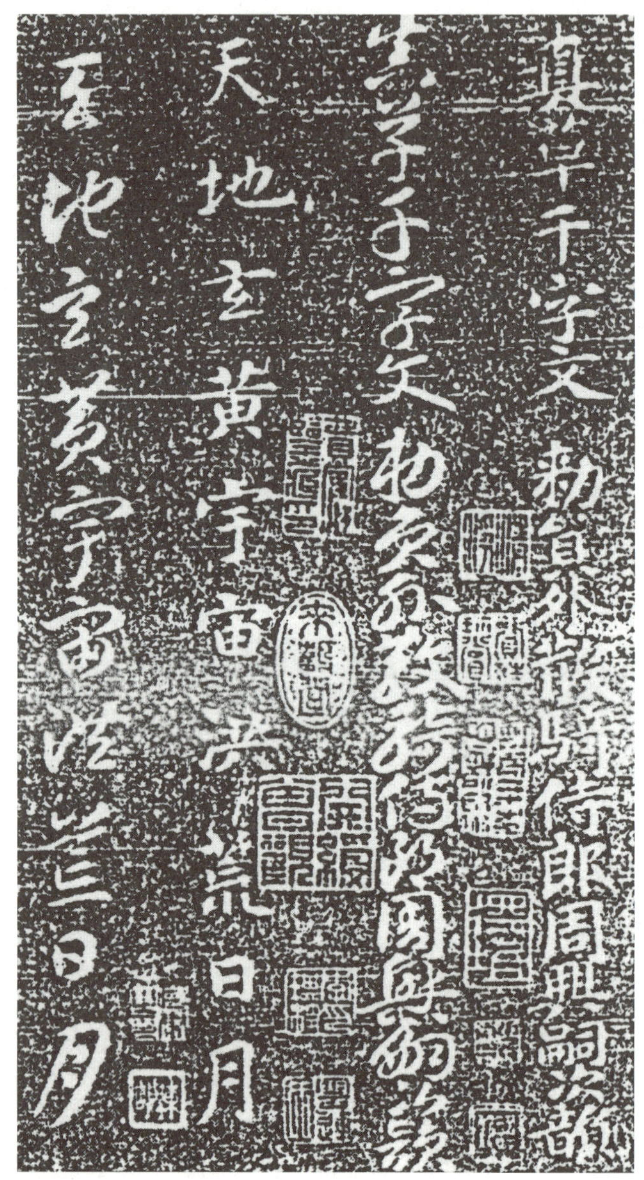

智永〈眞草千字文〉

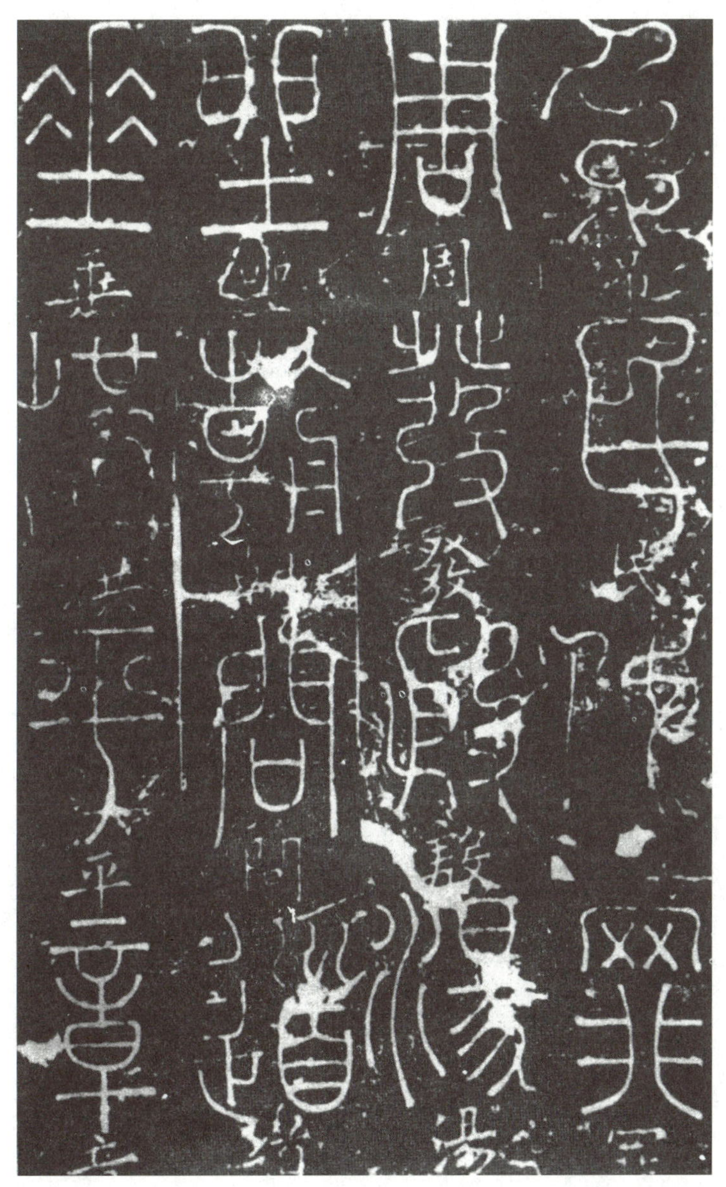

夢英〈篆書千字文〉

百字銘
慾寡精神爽
思多血氣衰
少飲不亂性
忍氣免傷財
貴自勤中得
富從儉裏来
温柔終益己
强暴必招災
善處真君子
刁唆是禍胎
暗中休使箭
乖裏放些呆
養性須修善
欺心莫喫齋
衙門休出入
鄉黨要和諧
安分身無辱
閑非口不開
世人依此語
灾退福重来
癸亥年孟秋
書於西京長安
大唐太宗皇帝撰

〈百字銘〉 唐 太宗 찬

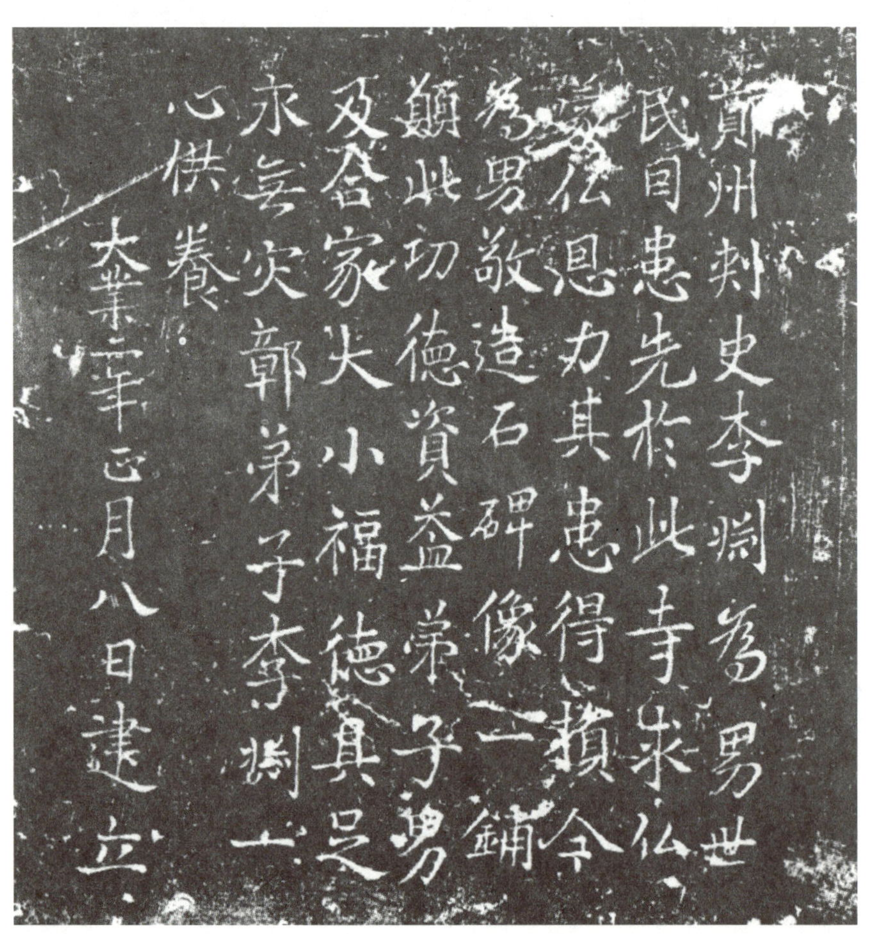

〈祈福卻病碑〉 李淵이 李世民의 위해 쓴 것

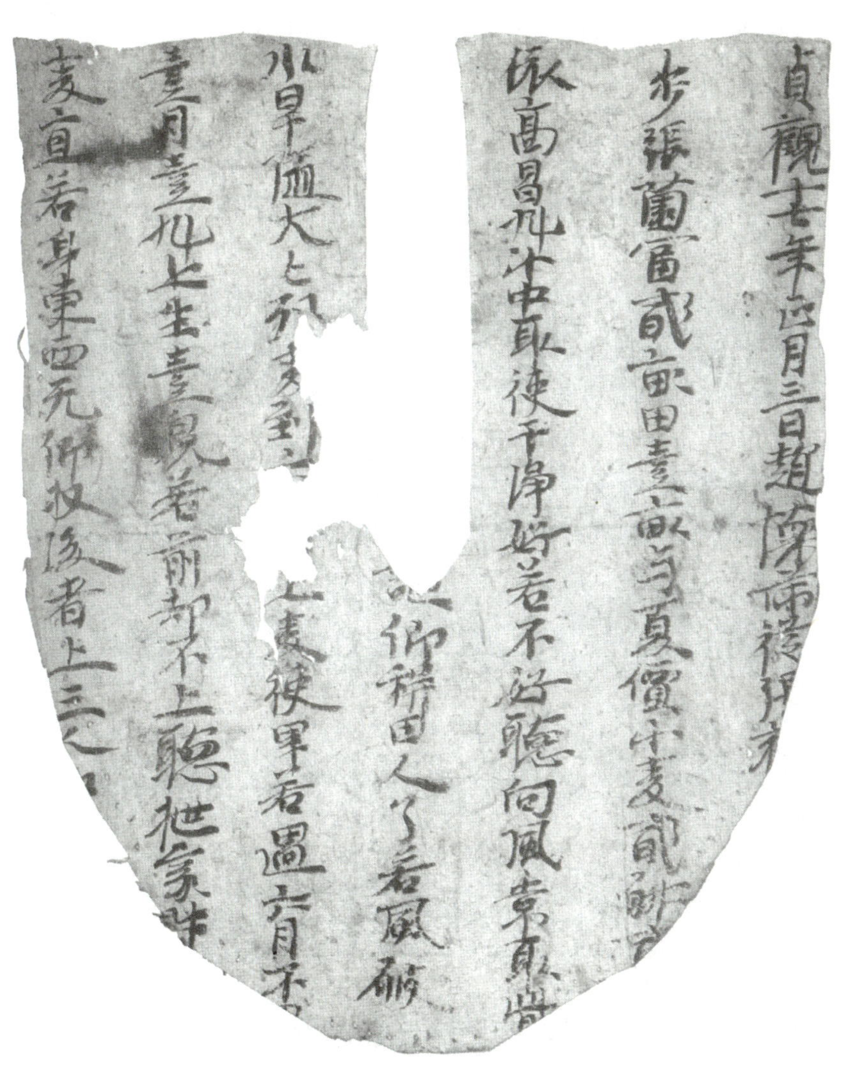

貞觀十七年正月三日趙懷滿從
步張潘富貳畝田壹畝與夏價小麥貳斛
張高昌斛中取使干淨好若不好聽向風常取當
仰耕田人了若風破
上麦使畢若過六月不
水旱隨大七列麦
壹月壹斗上生壹兒若前却不上聽拙家
麦直若身東西无仰妻兒後者上三人

〈趙懷滿租田契約書〉(唐) 1959년 신강위구르 투루한 출토

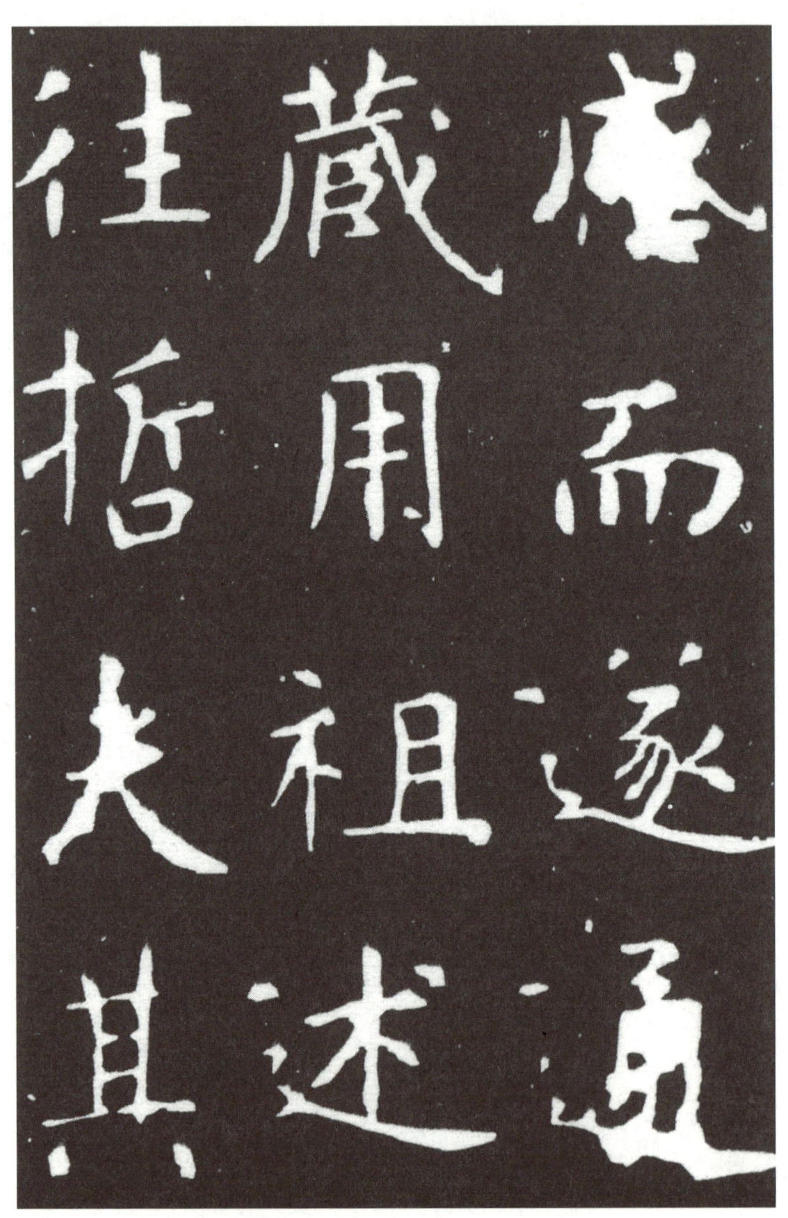

虞世南(唐) 〈孔子廟堂碑〉

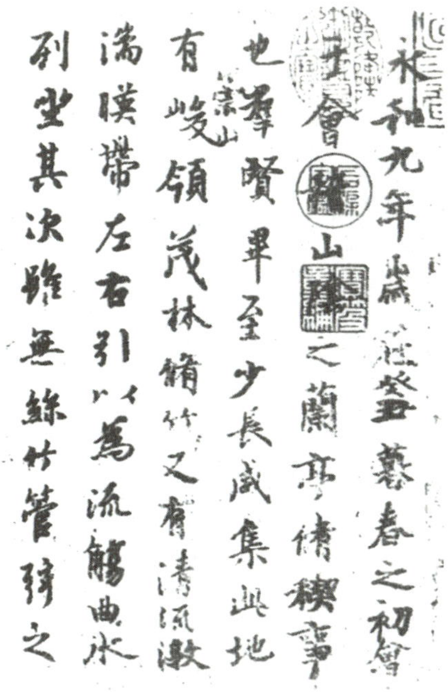

虞世南〈蘭亭序〉임본

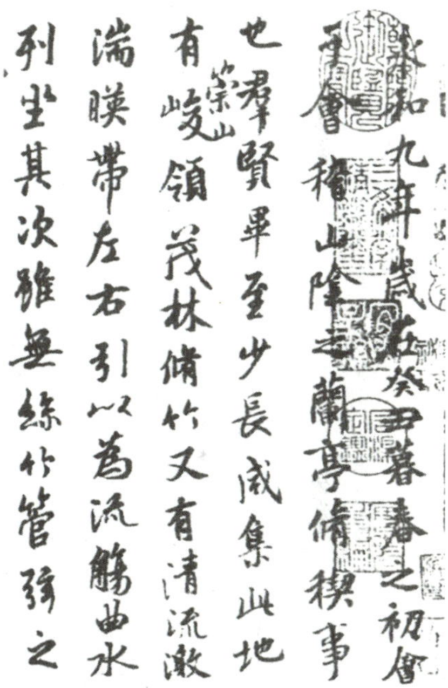

褚遂良〈蘭亭序〉임본

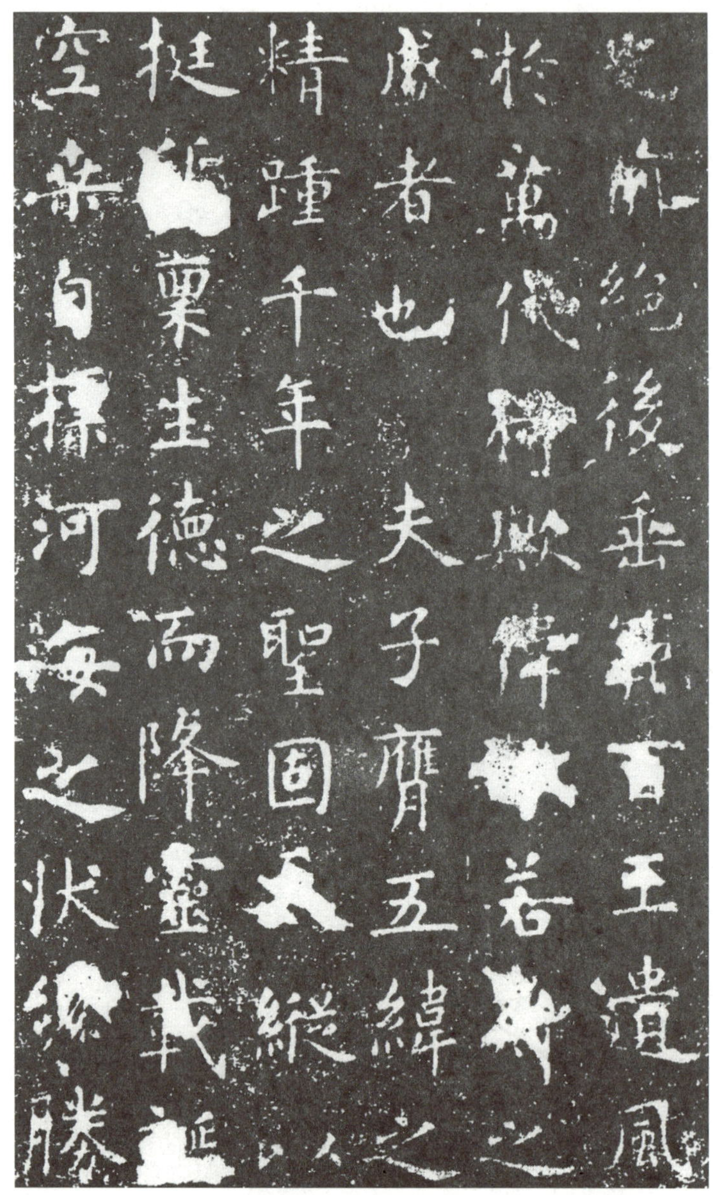

虞世南〈孔子廟堂碑〉

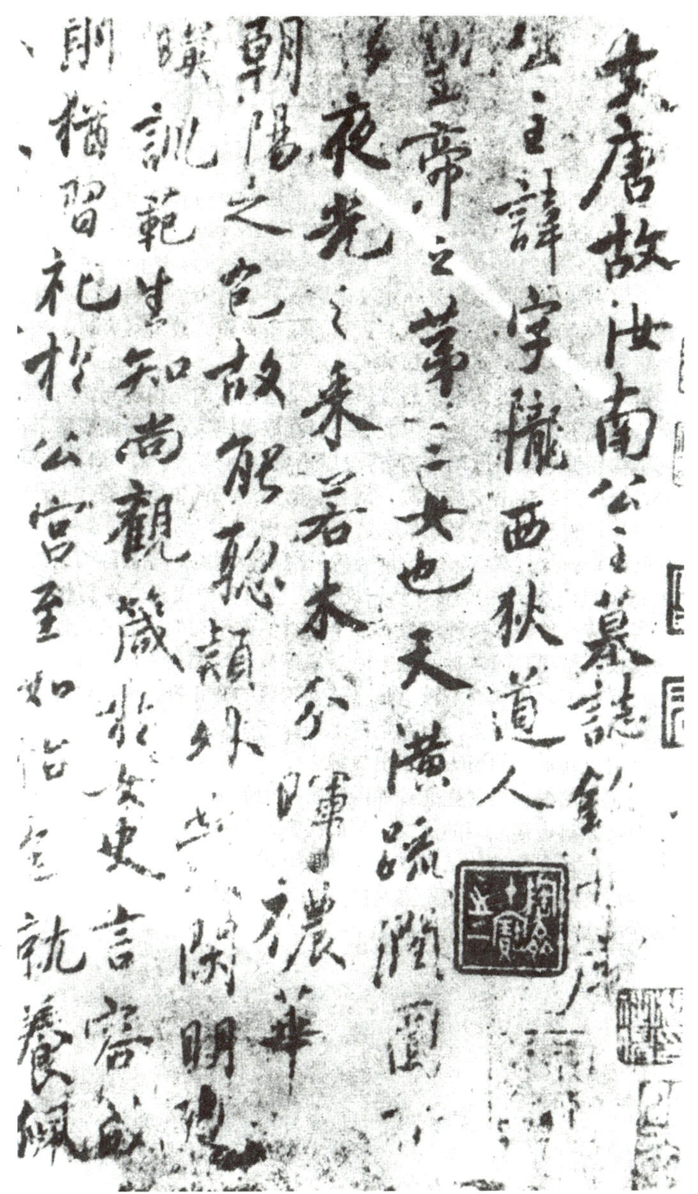

虞世南〈汝南公主墓誌銘〉

漢與六十餘載海
內艾安府庫充實
而四夷未賓制度
多闕上方欲用文
武求之如弗及始

褚遂良〈倪寬贊〉

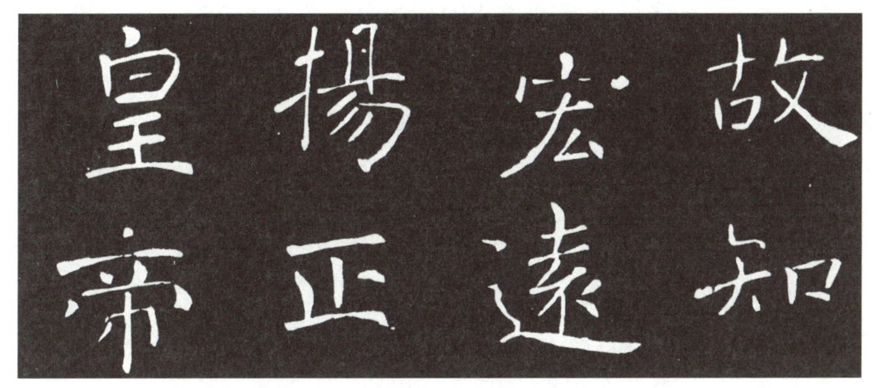

褚遂良〈雁塔聖教序〉

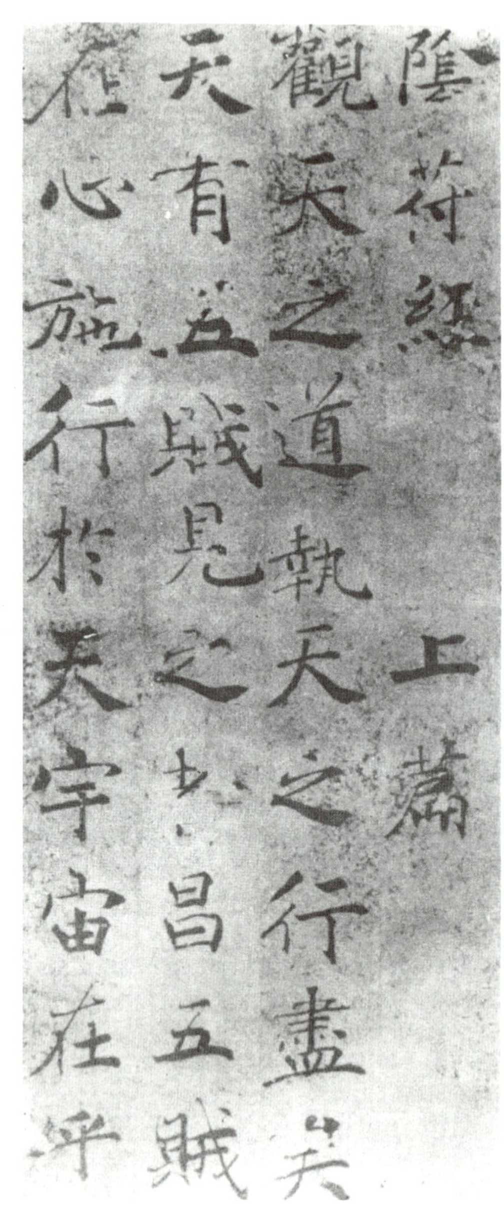

褚遂良〈陰符經〉

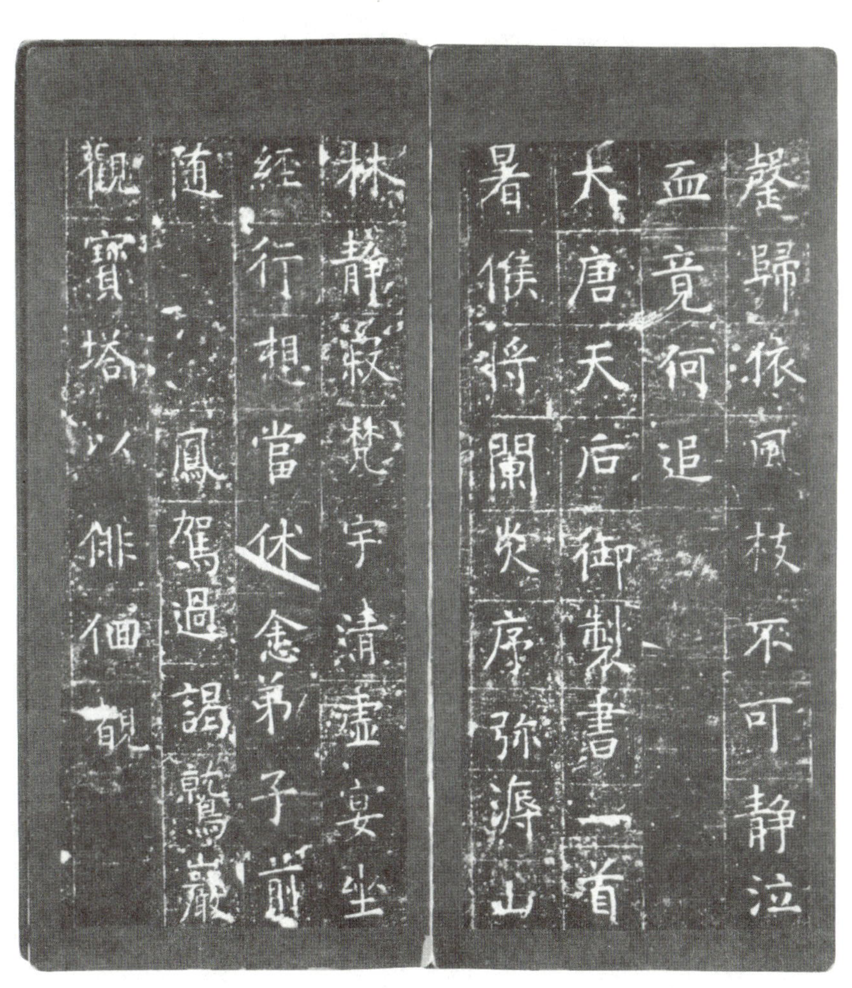

則天武后〈詩封祀鹽碑〉

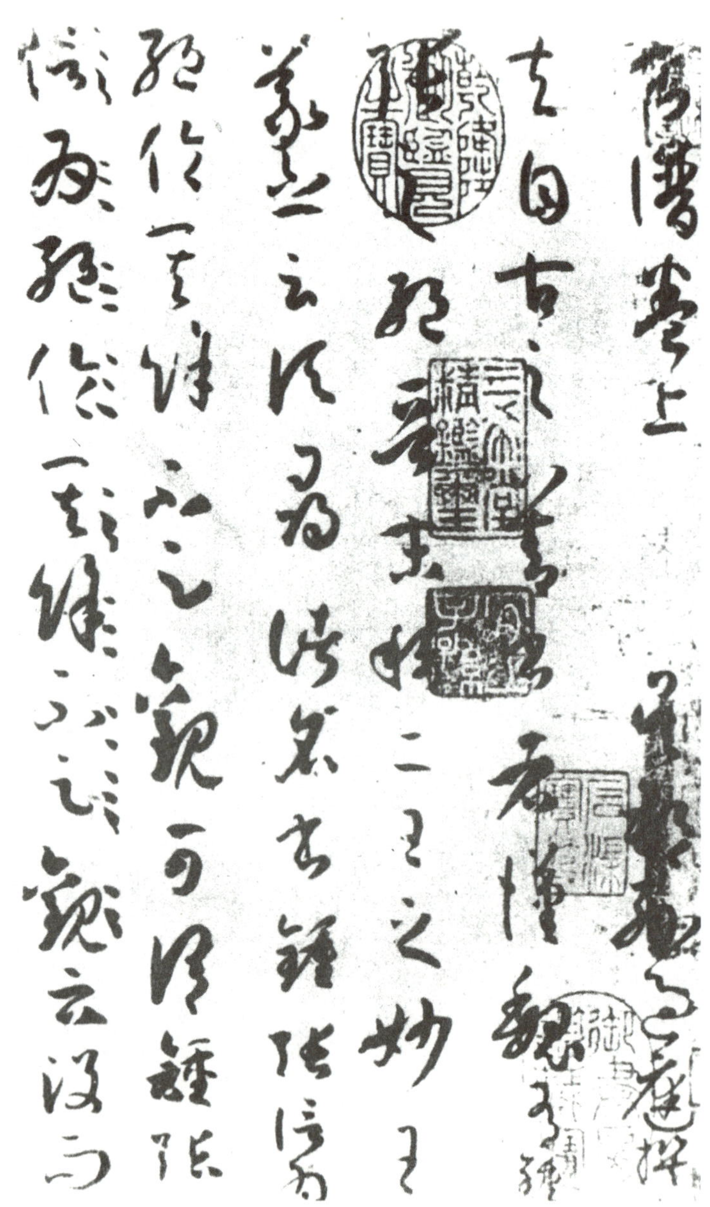

孫過庭《書譜》

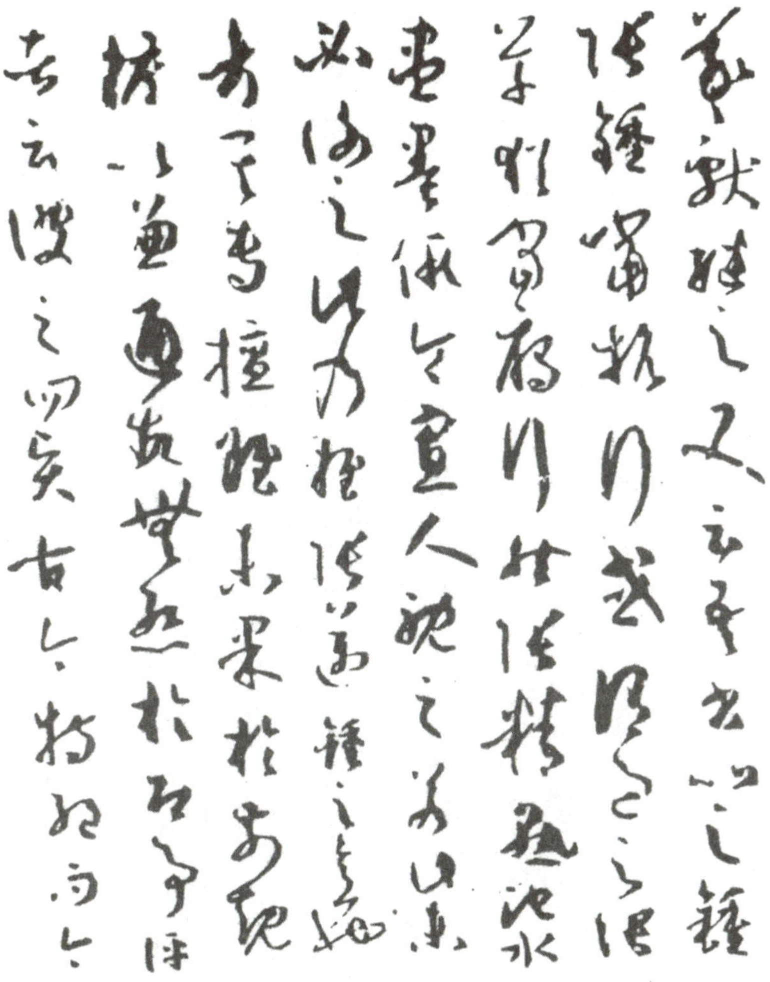

羲獻繼之又云吾書比之鍾
張鍾當抗行或謂過之張
草猶當雁行然張精熟池水
盡墨假令寡人耽之若此未
必謝之此乃推張邁鍾之意
也考其專擅雖未果於前規
摭以兼通故無慚於即事評
者云彼之四賢古今特絕

孫過庭《書譜》

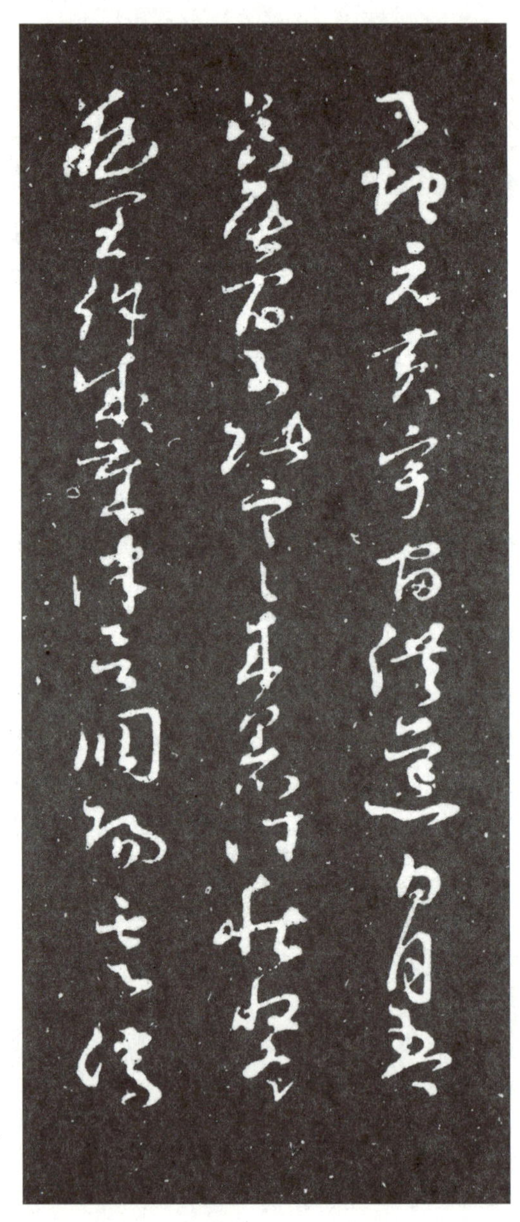

孫過庭〈千字文〉

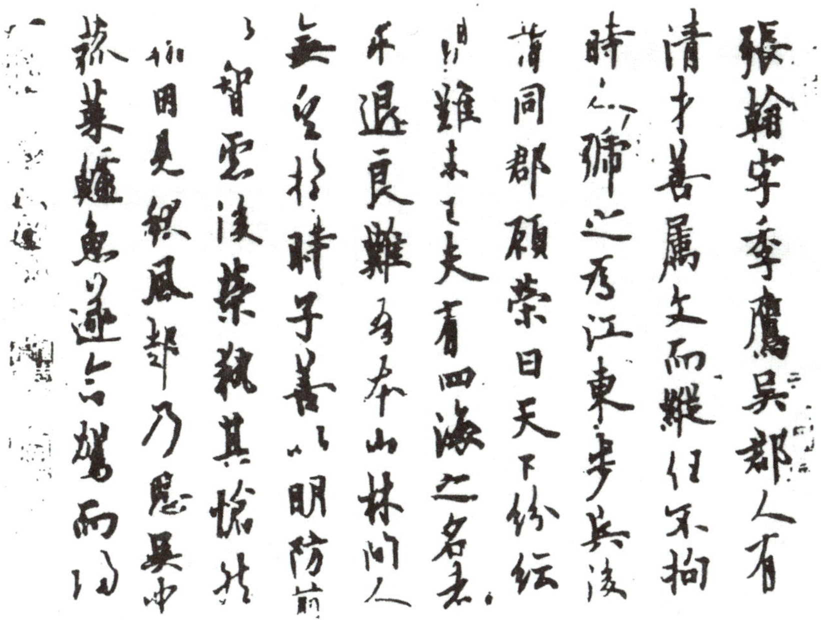

歐陽詢〈張翰帖〉

歐陽詢〈九成宮醴泉銘〉

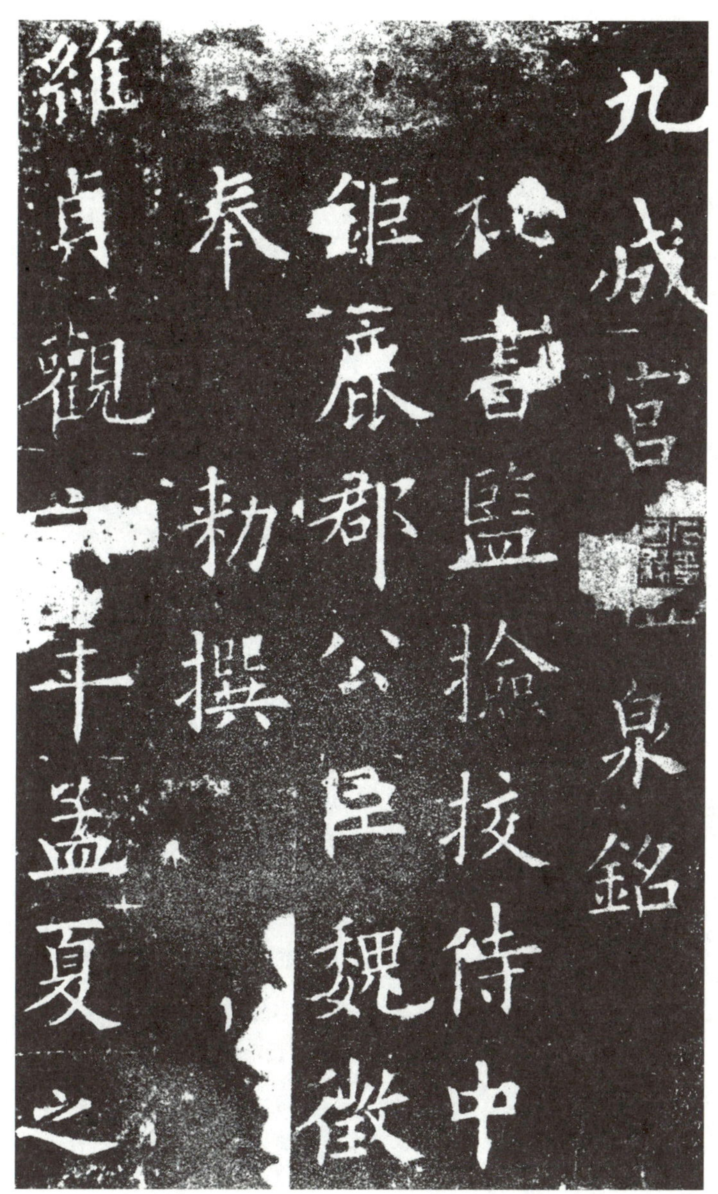

歐陽詢〈九成宮醴泉銘〉

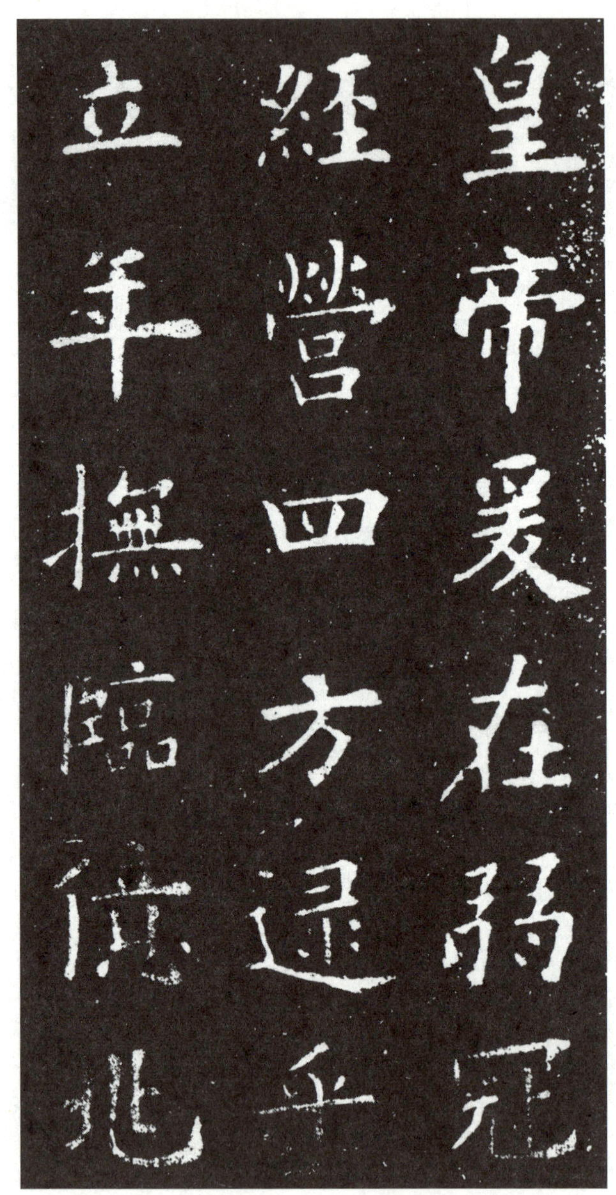

歐陽詢〈九成宮醴泉銘〉

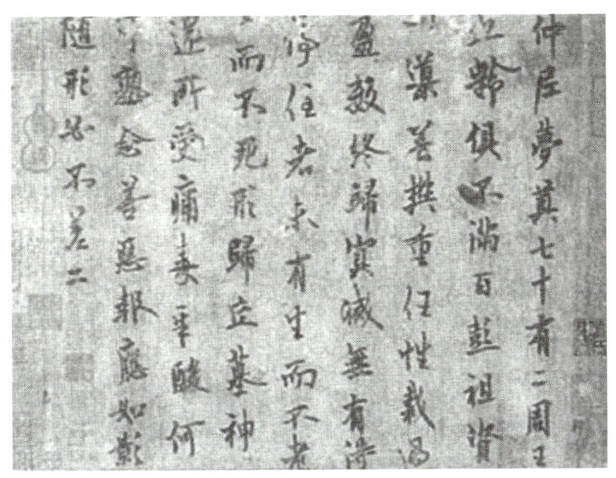

歐陽詢〈仲尼夢奠帖〉

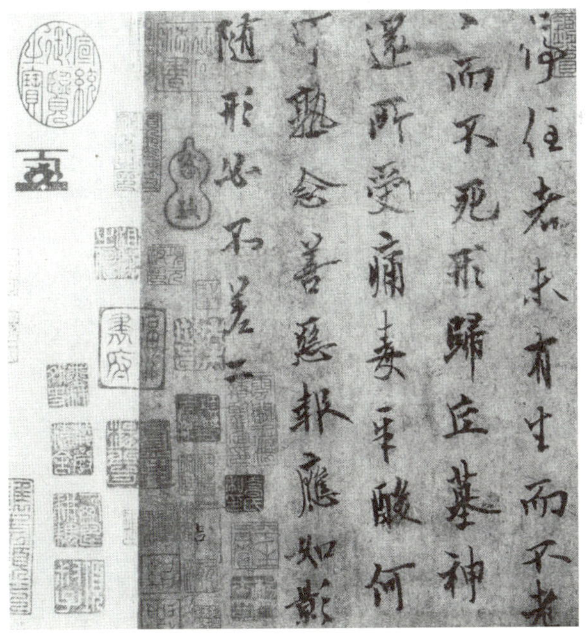

歐陽詢〈仲尼夢奠帖〉

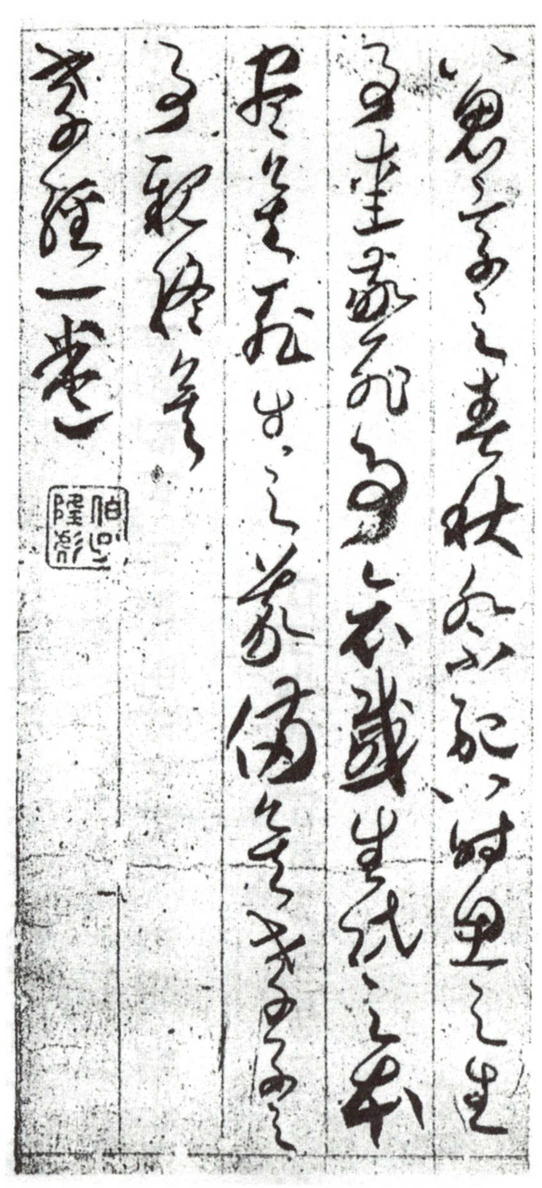

賀知章《孝經》

賀知章《孝經》

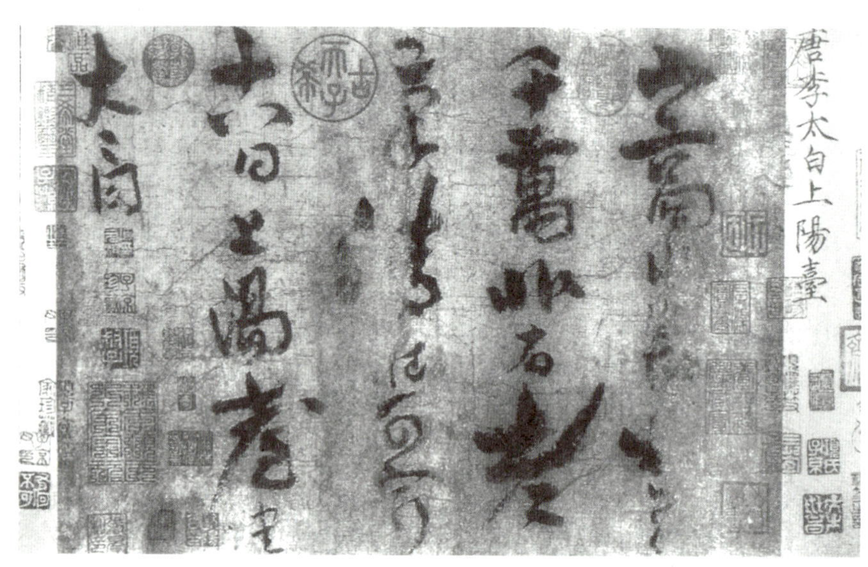

李白〈上陽臺帖〉

滅後傳示末法徧令衆生
開悟斯義無令天魔得其
方便保持覆護成無上道
香山白居易書

白居易〈楞嚴經帖〉

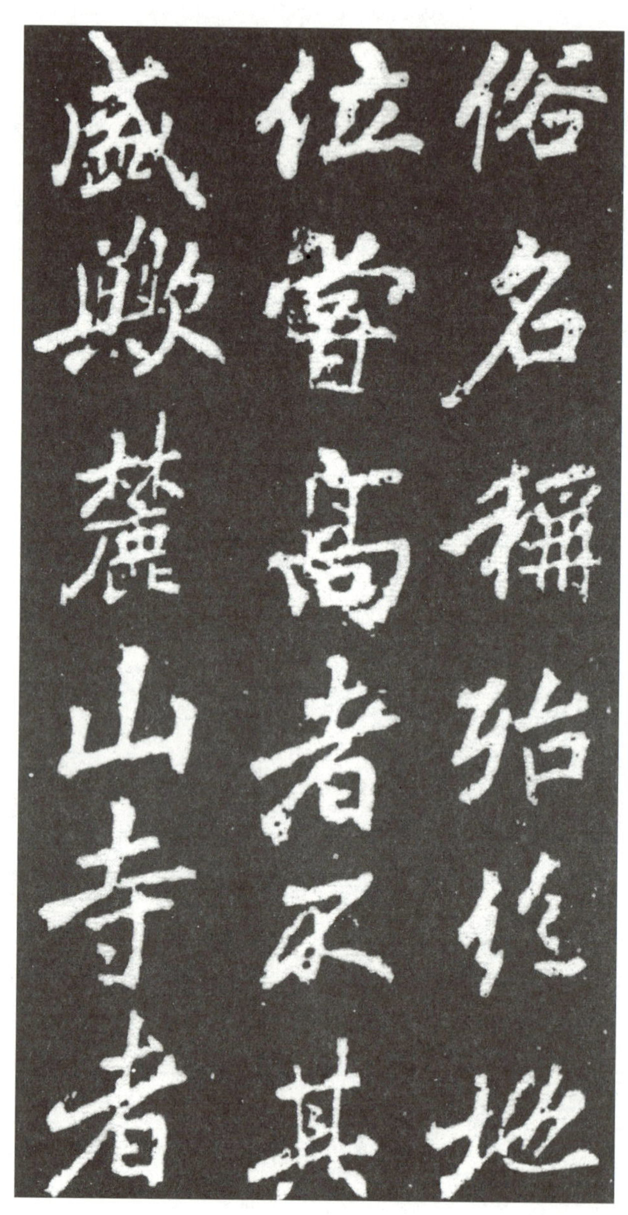

李邕〈岳麓寺碑〉

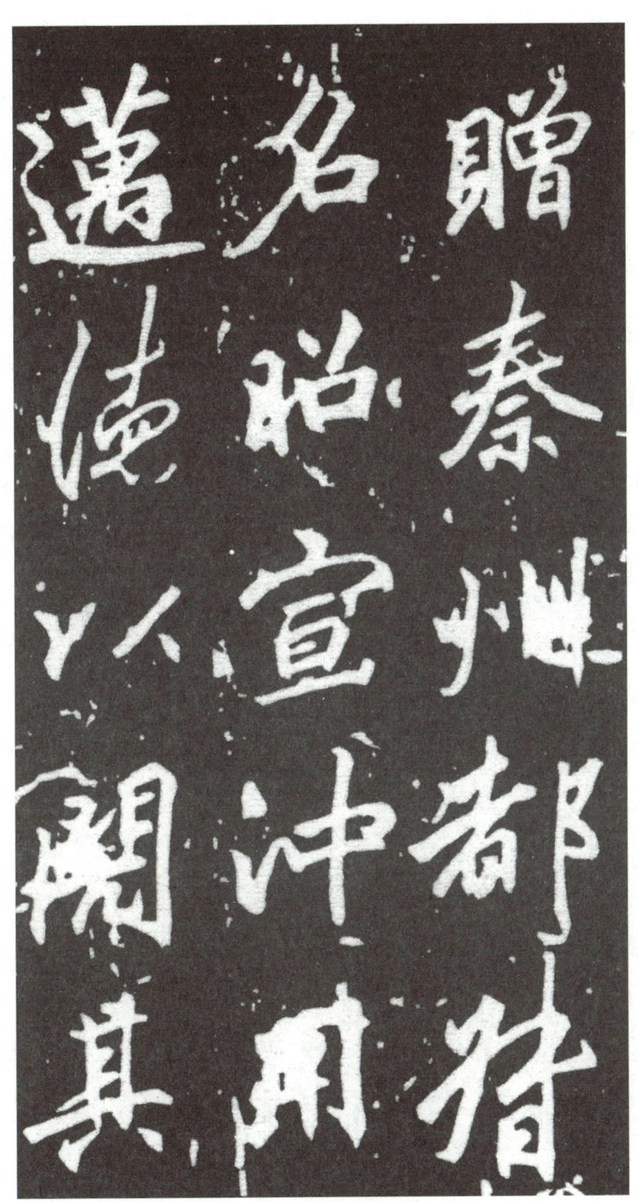

李邕〈雲麾將軍碑〉

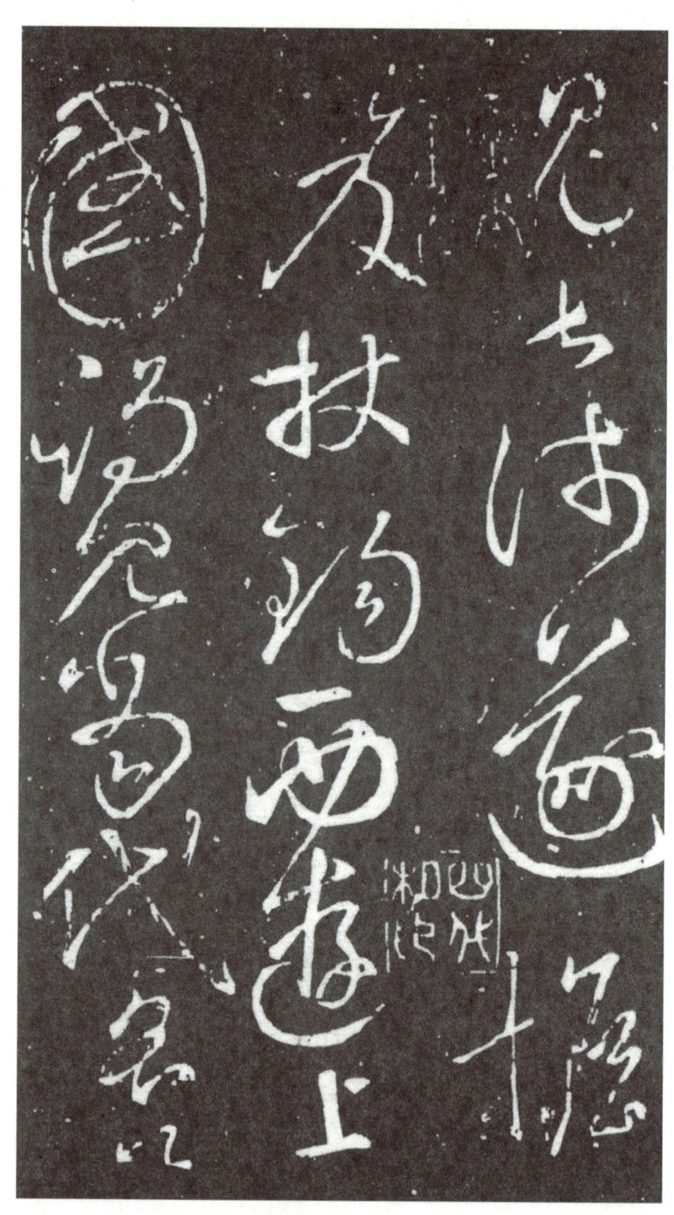

懷素〈自序帖〉

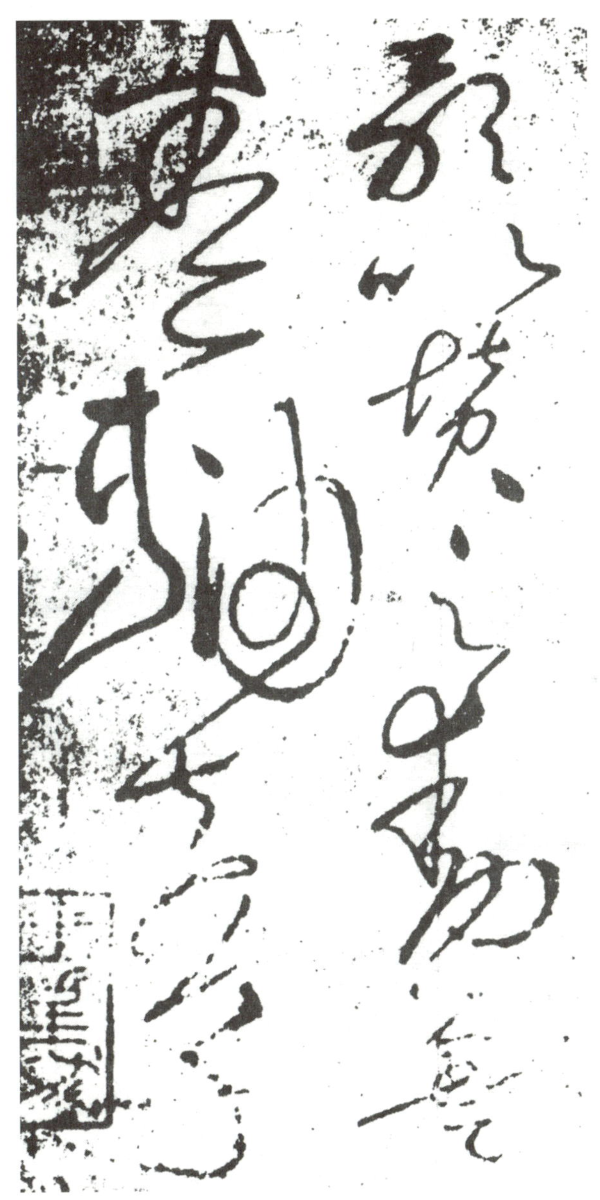

懷素〈自序帖〉

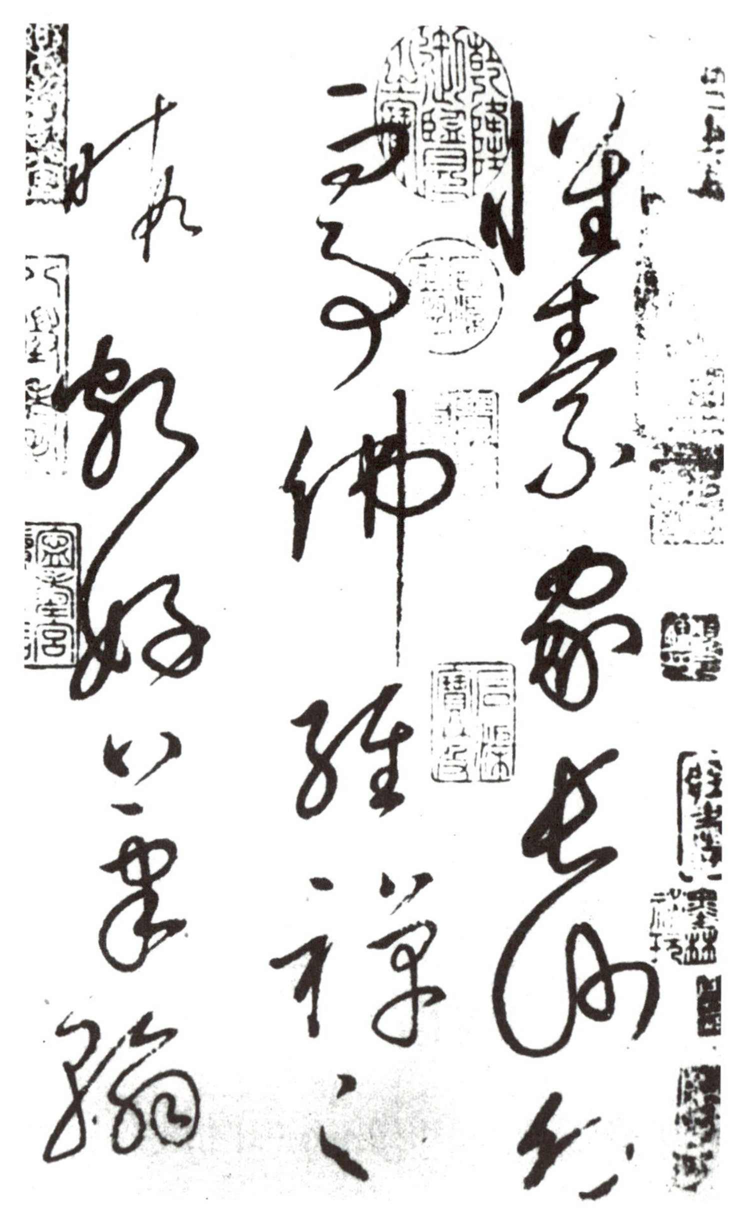

懷素〈自序帖〉

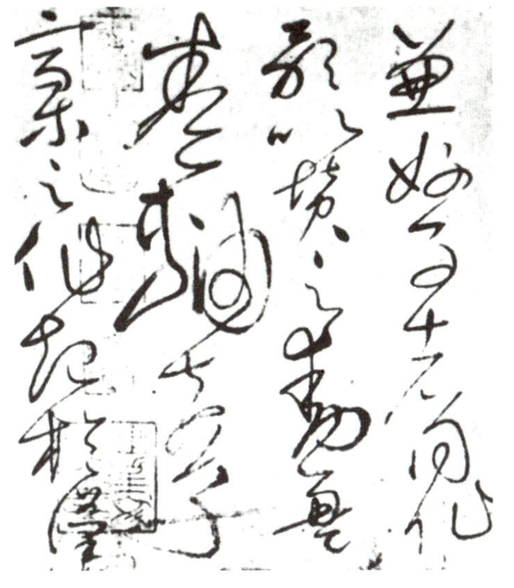

兼好事者同作
歌以贊之動盈
卷軸夫草
槀之作起於漢

懷素〈自序帖〉(초서)와 해독문

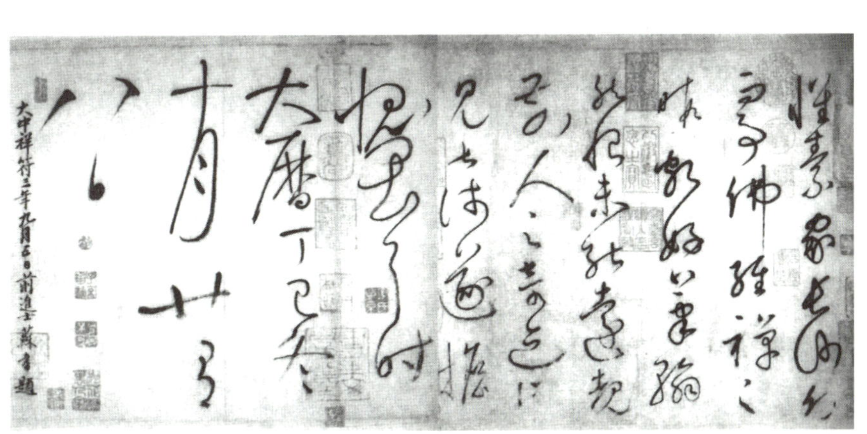

懷素〈自序帖〉

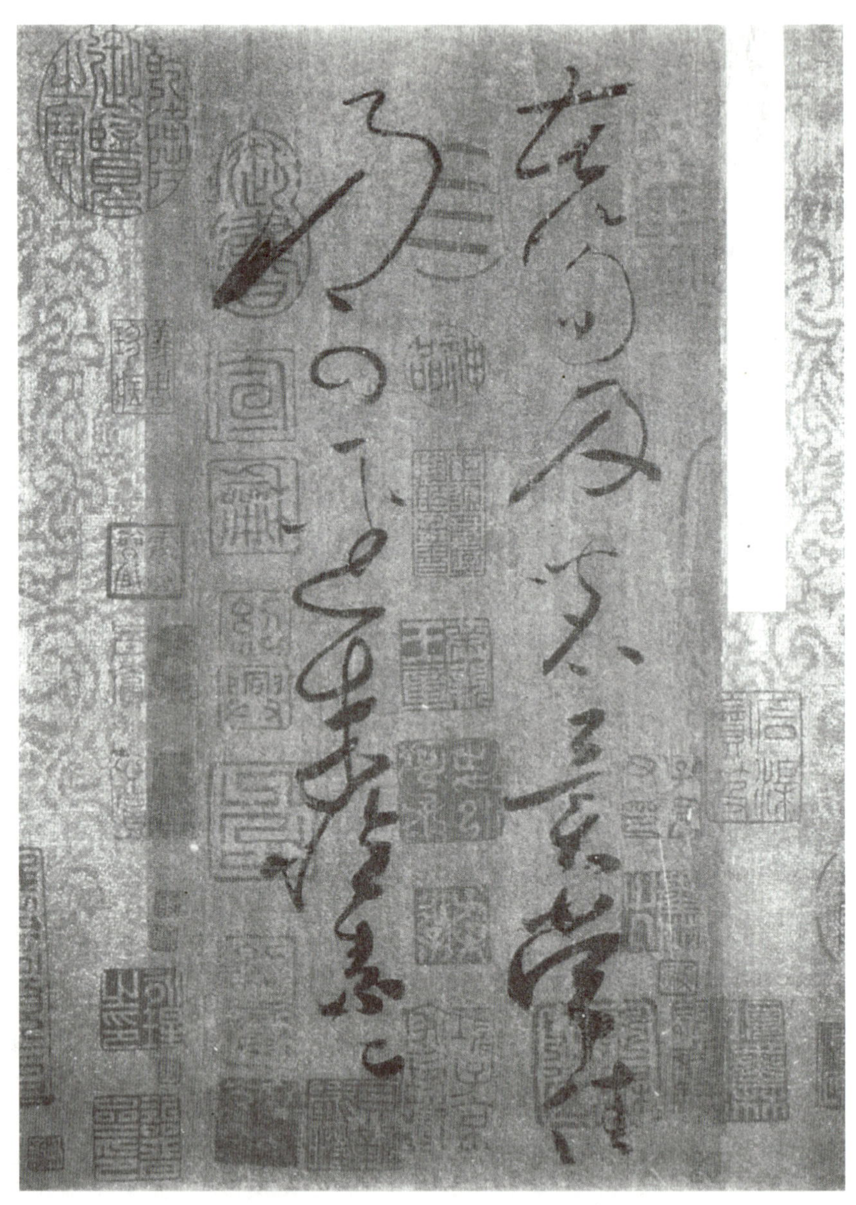

懷素〈苦筍帖〉

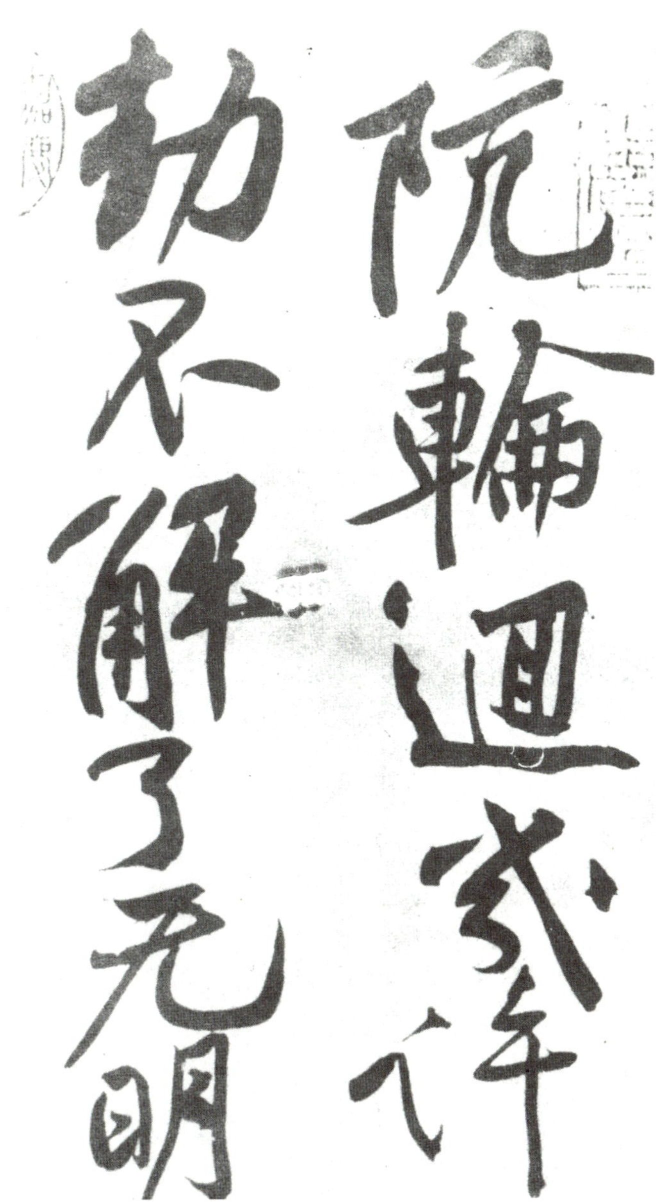

黃庭堅〈寒山子龐居士詩〉

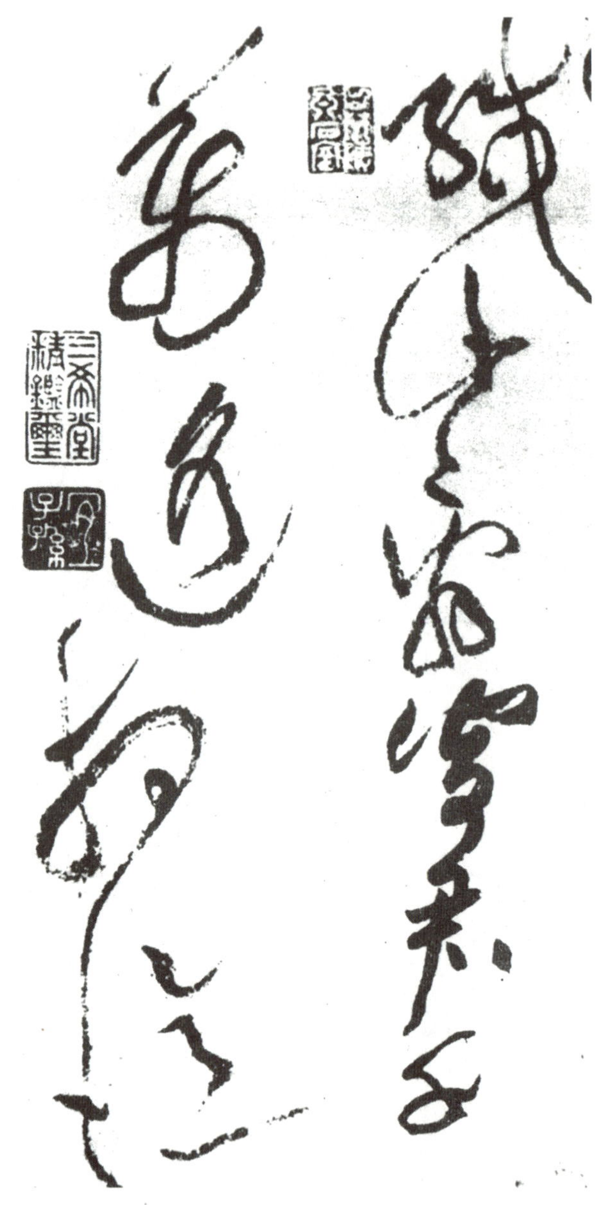

黃庭堅〈李白憶舊游詩〉

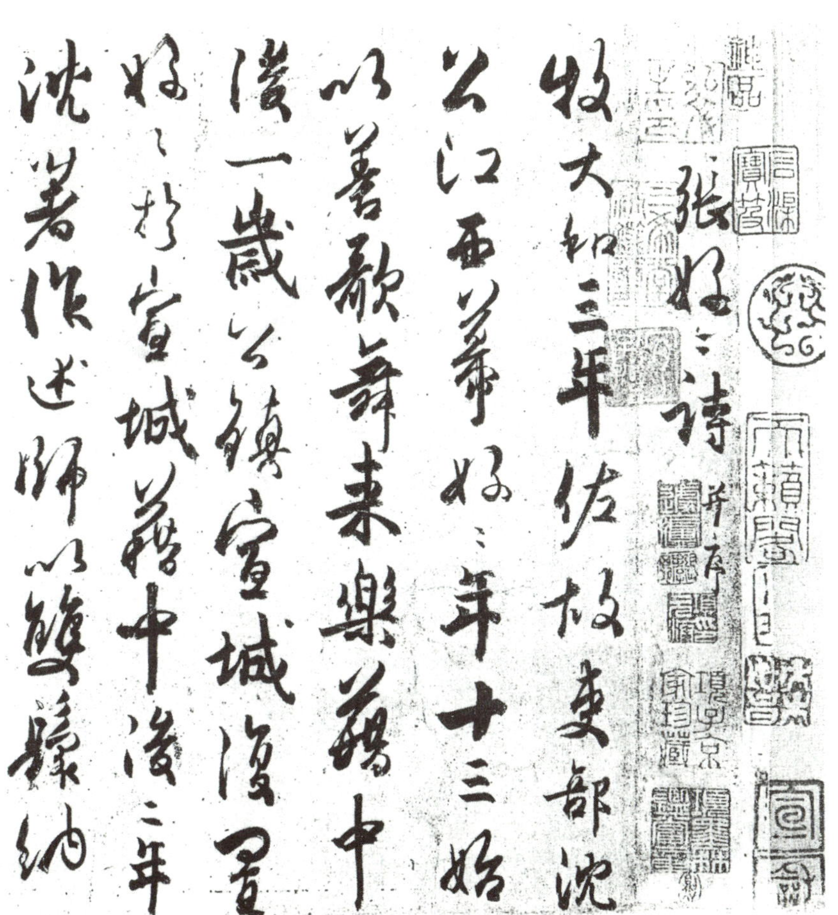

杜牧〈張好好詩帖〉

張好好詩 并序

牧大和三年佐故吏部沈公江西幕。好好年十三，始以善歌舞來樂籍中。後一歲，公鎮宣城，復置

杜牧〈張好好詩帖〉

杜牧〈張好好詩帖〉

〈昇仙太子碑〉河南 偃師縣

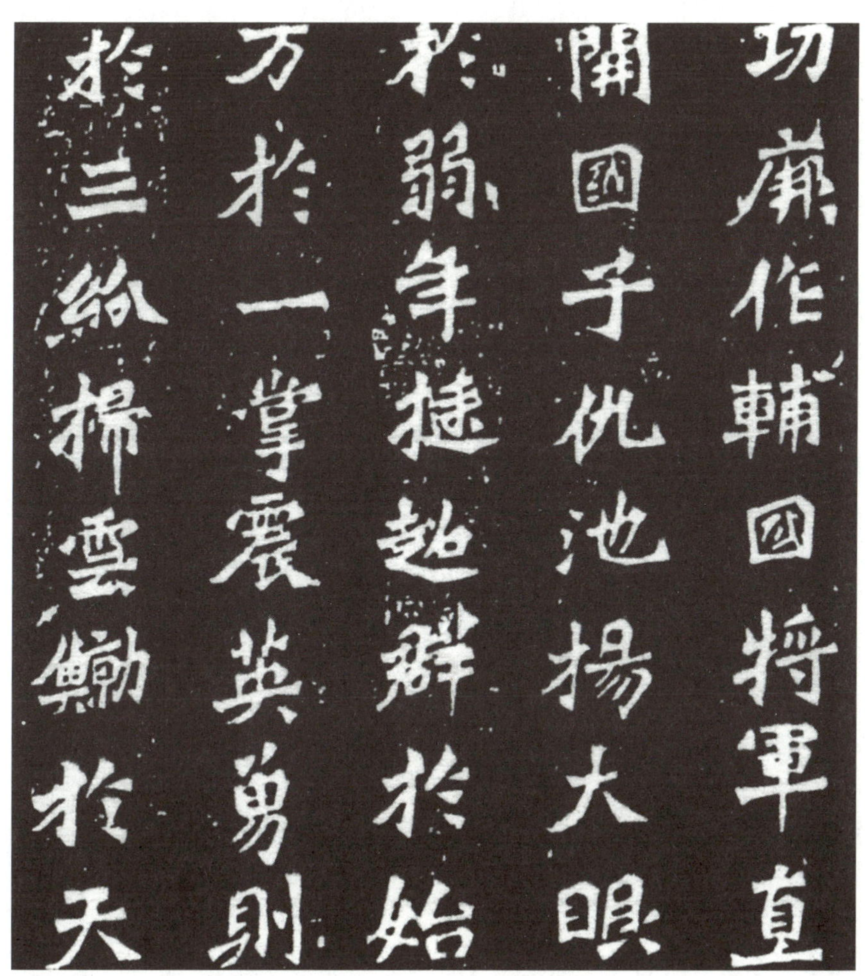

〈楊大眼造像〉

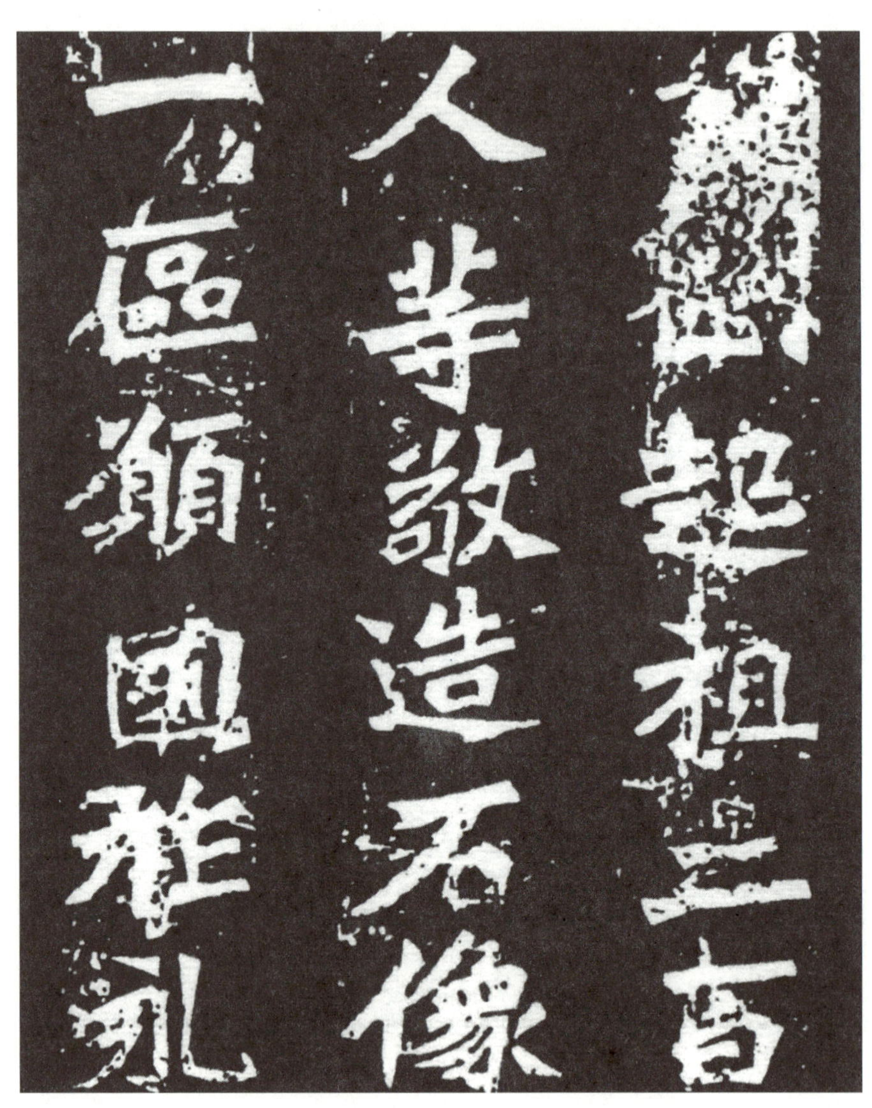

〈孫秋生造像〉

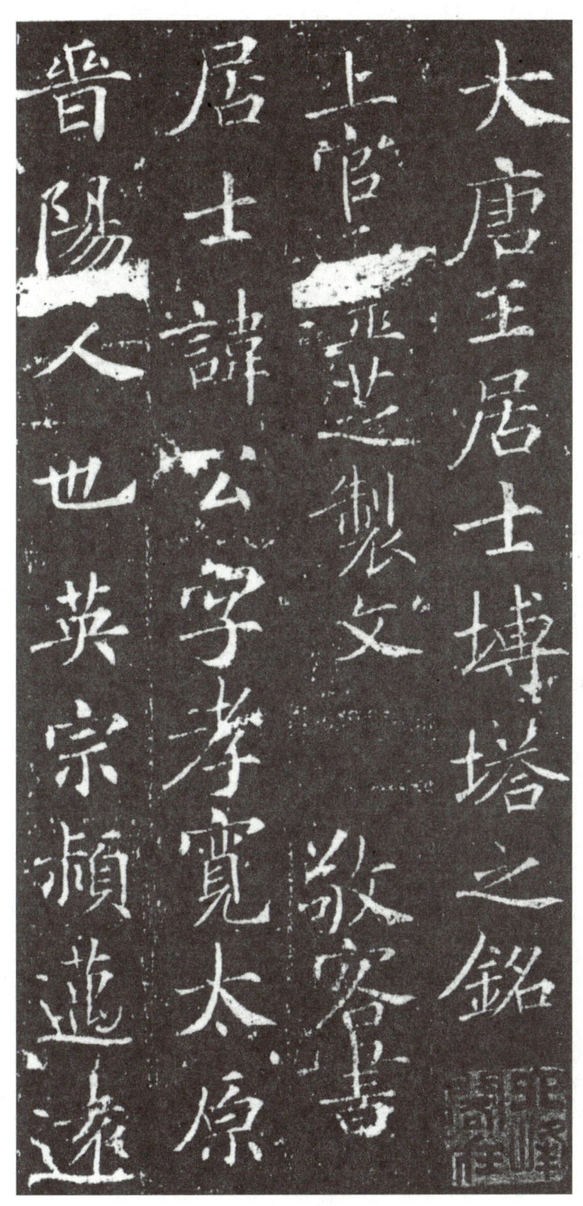

敬客(唐) 〈塼塔銘〉

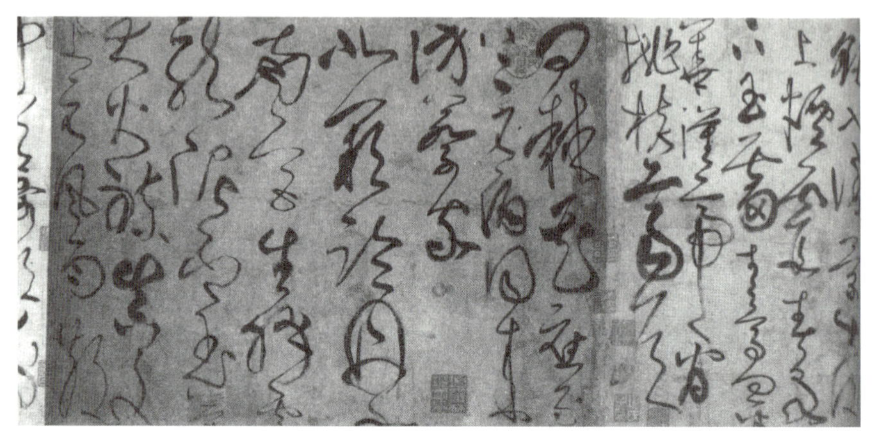

張旭 〈古詩四帖〉

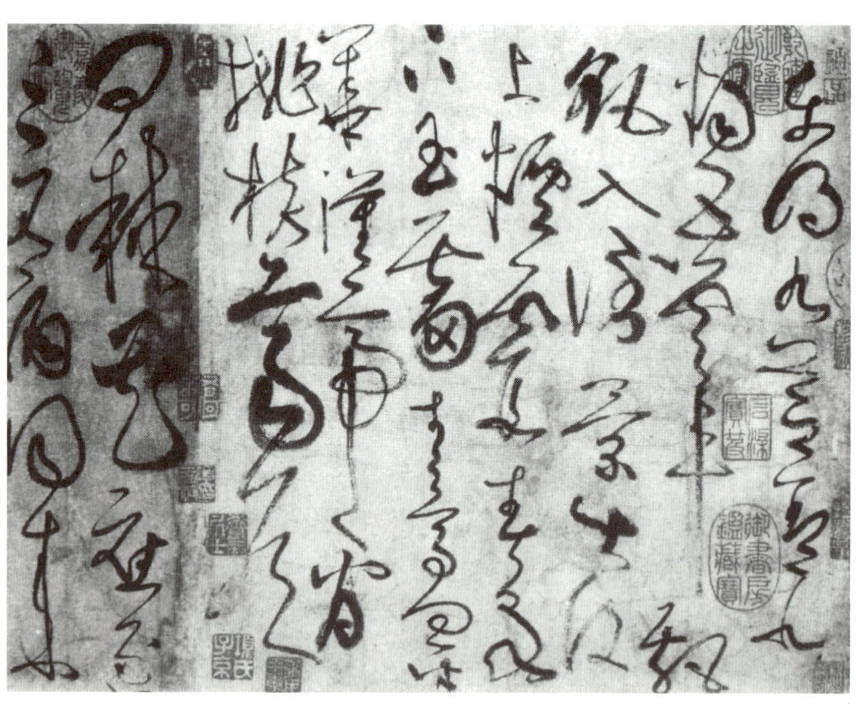

張旭 〈草書四帖〉

張旭〈古詩四帖〉

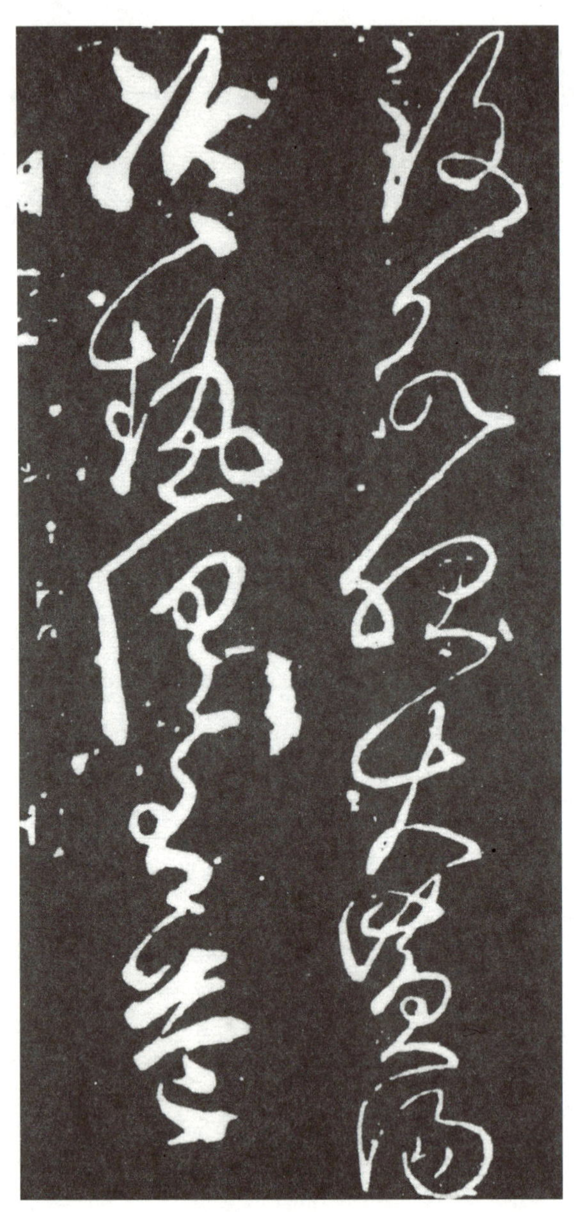

張旭〈肚痛帖〉

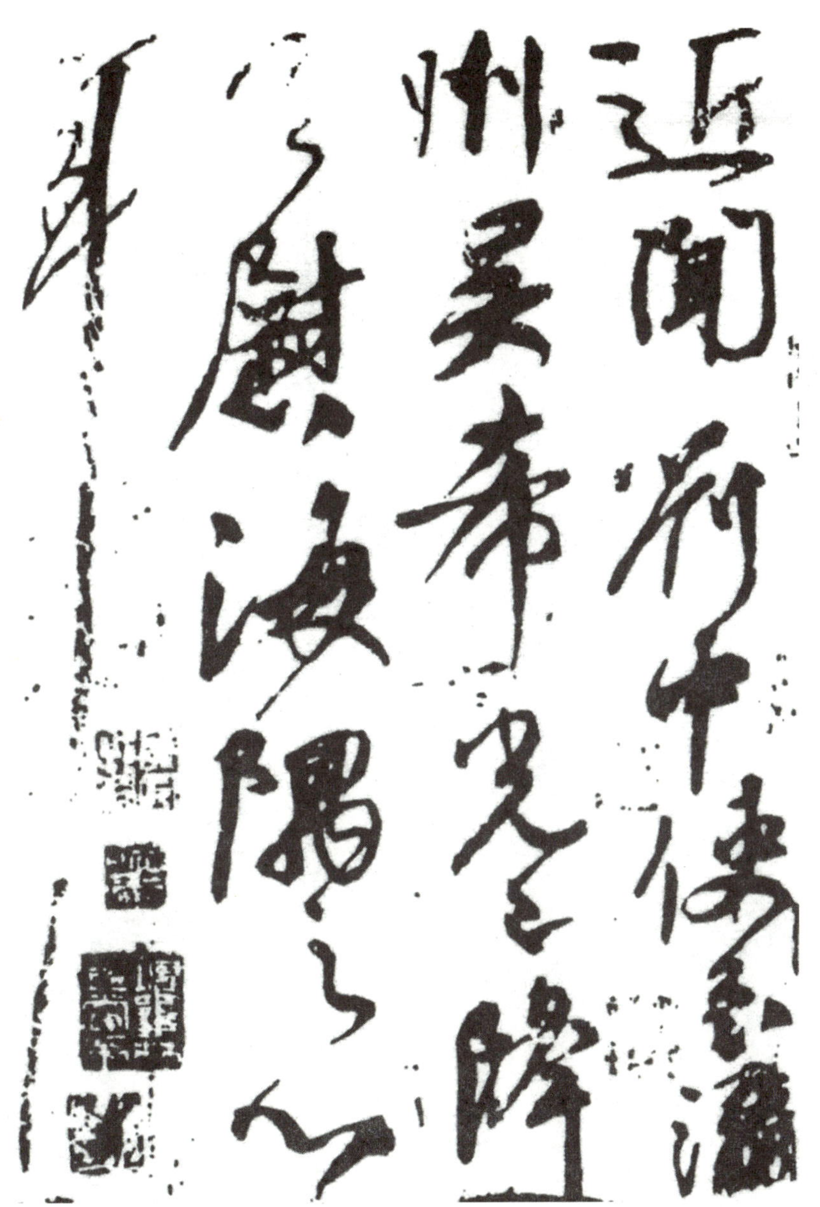
近聞劉中使至瀛
州吳希光已降
足慰海隅之心
耳

顔眞卿〈劉仲使帖〉

顔眞卿〈祭侄稿〉

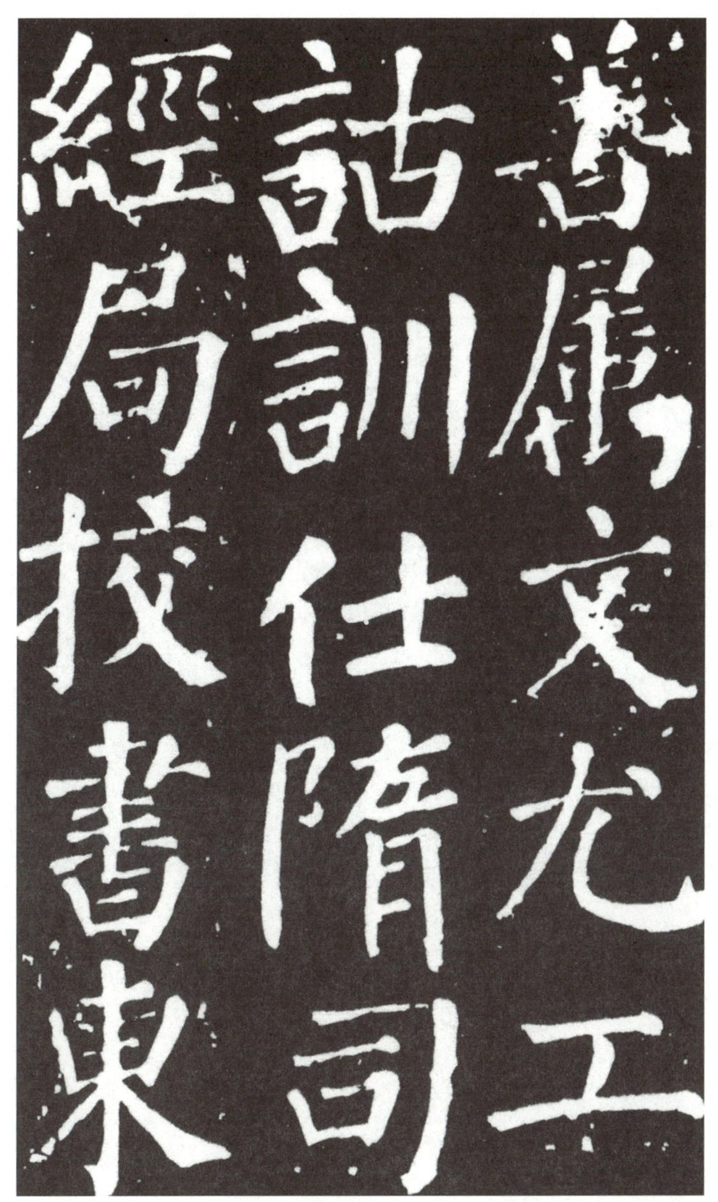

顔眞卿 〈顔勤禮碑〉

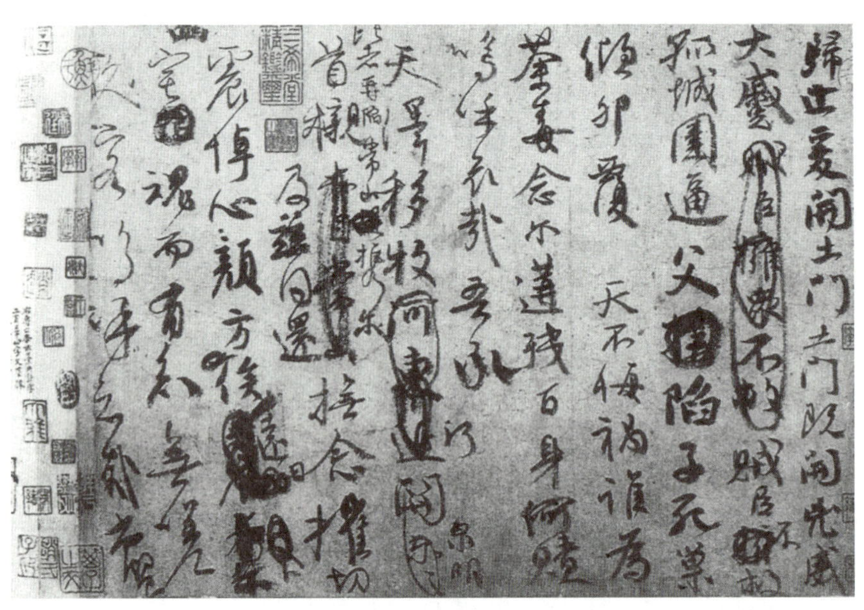

顔眞卿〈祭侄稿〉

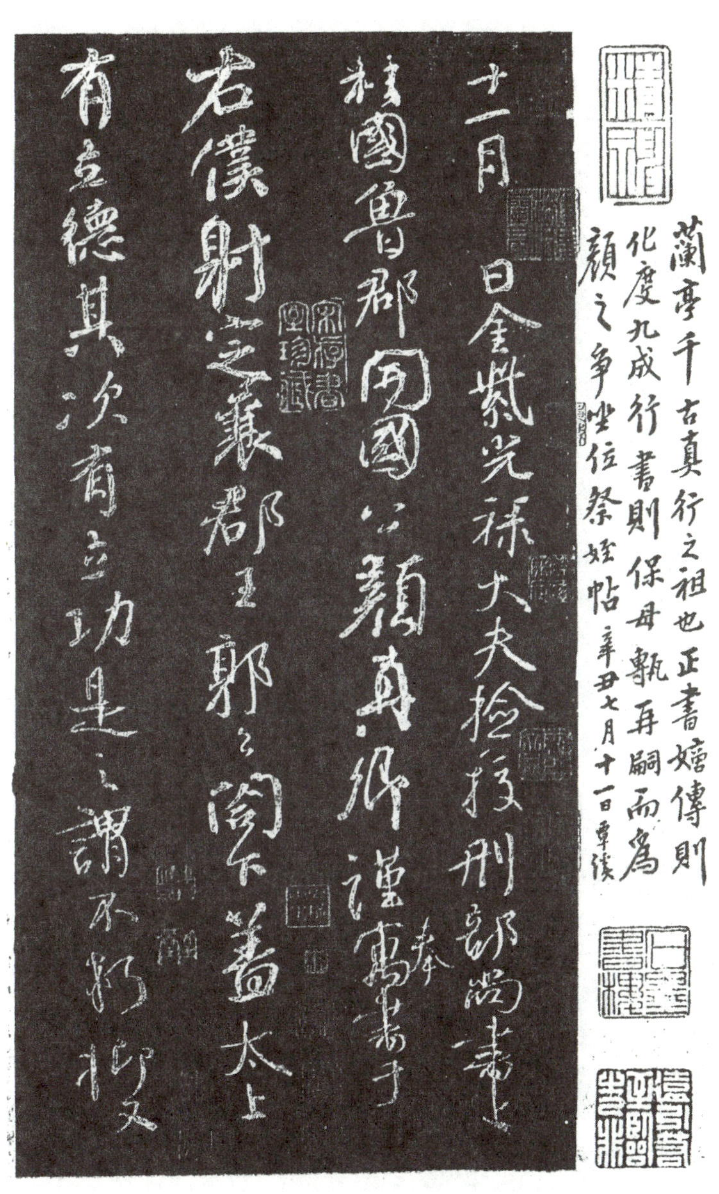

顏眞卿 〈爭座位帖〉

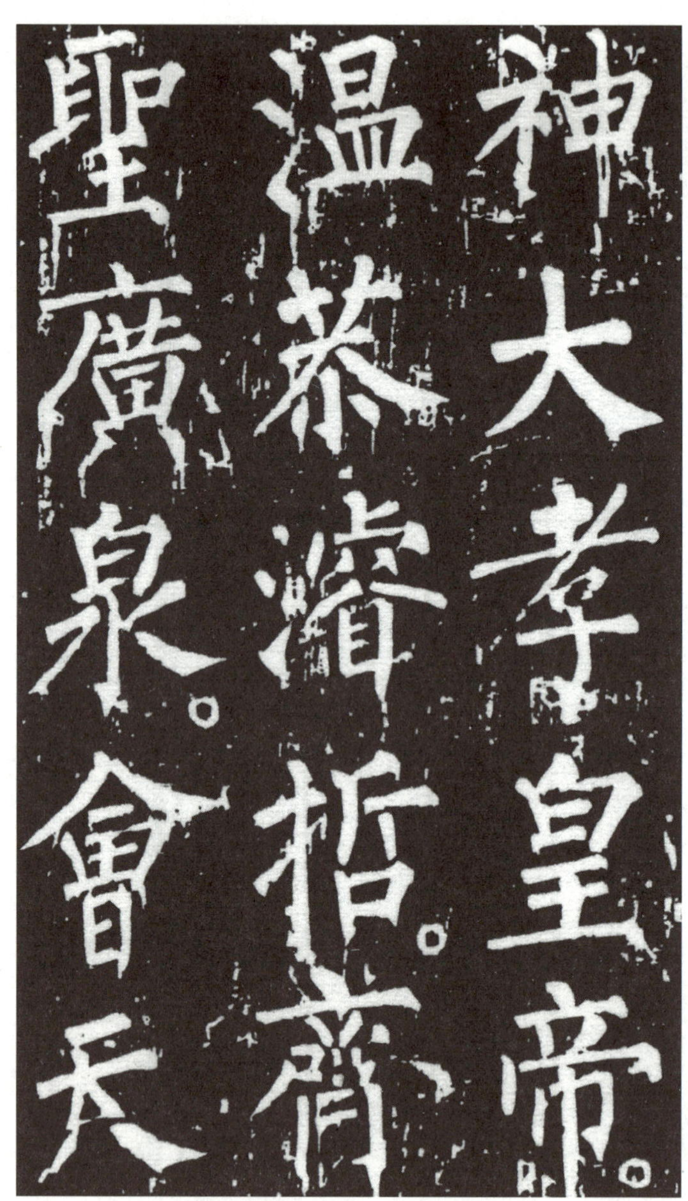

劉公權〈神策軍碑〉

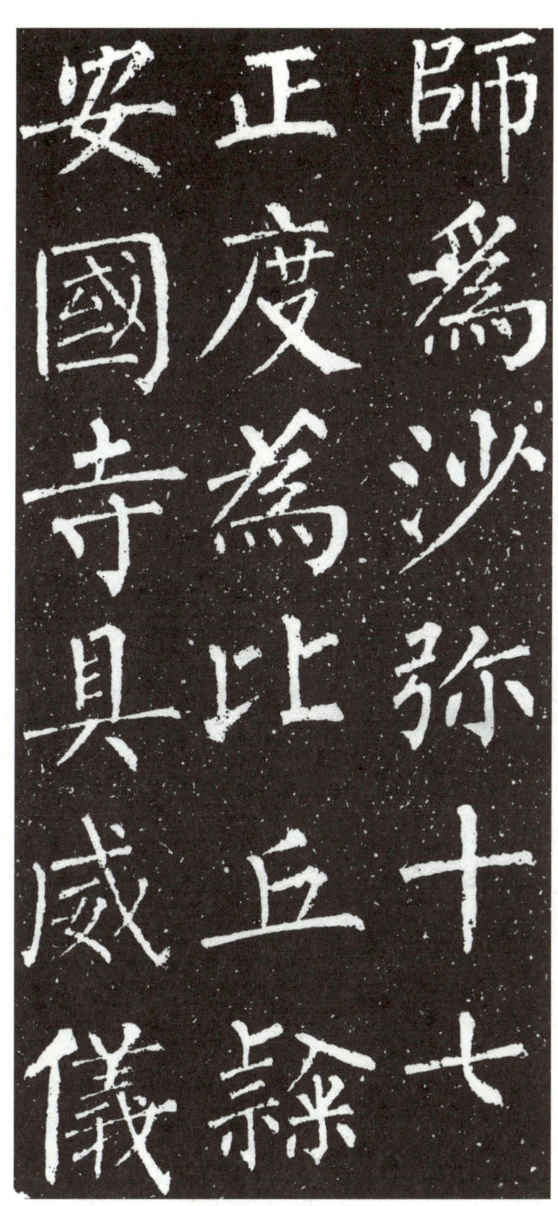

劉公權〈玄秘塔碑〉

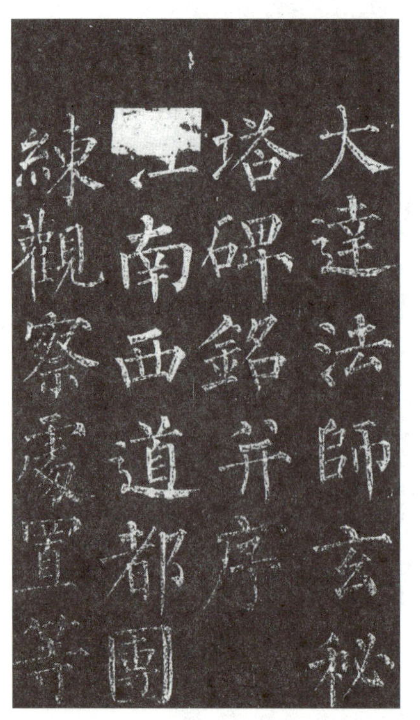

劉公權〈玄秘塔碑〉

〈蘭亭序〉(임본, 定武)

永和九年歲在癸丑暮春之初會
于會稽山陰之蘭亭脩稧事
也羣賢畢至少長咸集此地
有崇山峻領茂林脩竹又有清流激
湍暎帶左右引以為流觴曲水
列坐其次雖無絲竹管弦之

〈蘭亭序〉(임본, 馮承素)

文賦

余每觀林士之作竊有以得其用

夫其放言遣辭良多變矣妍

蚩好惡可以而言每自屬文尤見

其精恒患意不稱物文不逮意蓋

非知之難能之難也故作文賦

以述先士之盛藻因論作文之利

陸柬之〈文賦〉

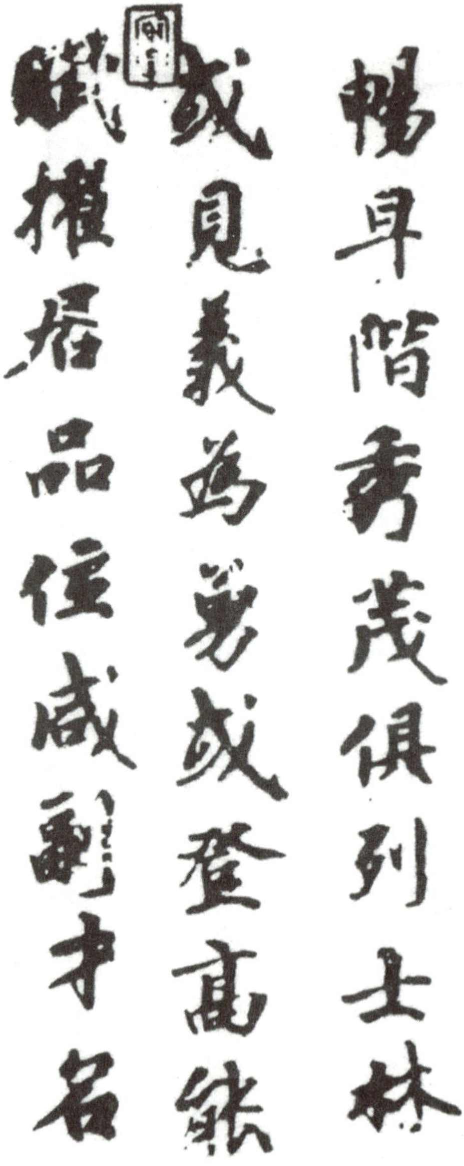

徐浩〈朱巨川告身〉

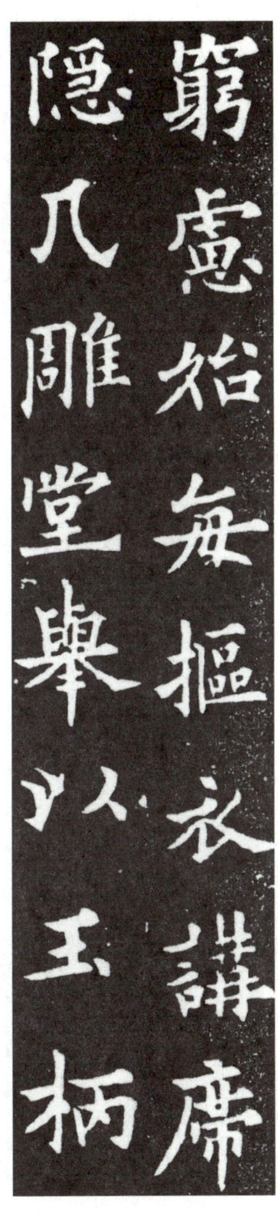

歐陽通〈道因法師碑〉

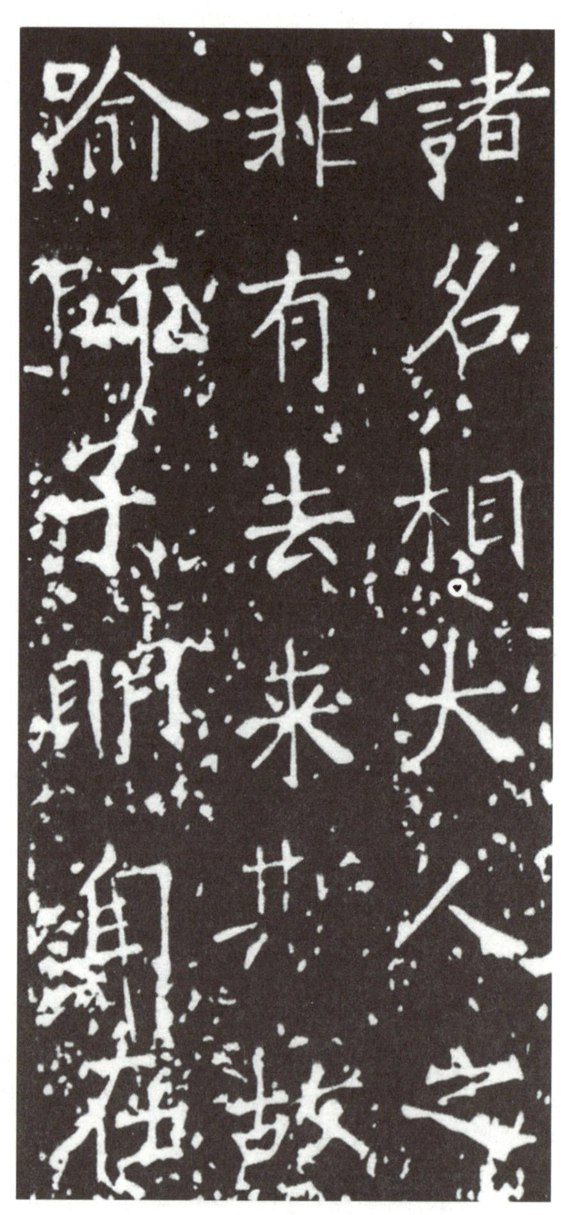

〈龍藏寺碑〉

〈大秦景教流行中國碑〉

〈米繼芬墓誌銘〉 1957 서안 출토

入其國其教可

知也其為人也

溫柔敦厚詩教

李煜(南唐) 글씨

〈錢鏐鐵券〉唐

〈錢鏐鐵券〉

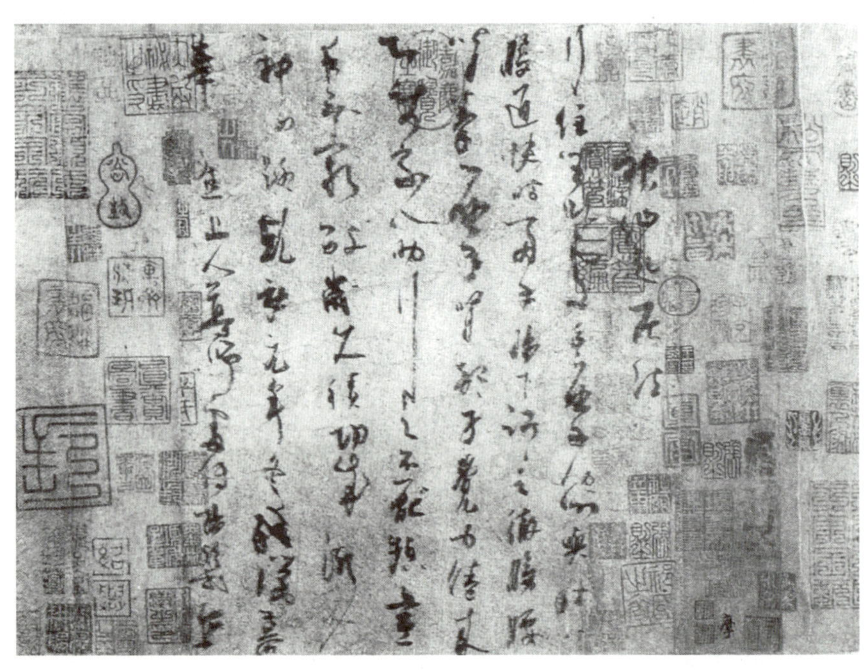

楊凝式(五代)〈神仙起居法帖〉

〈天發神讖碑〉

〈谷朗碑〉

〈石門銘〉

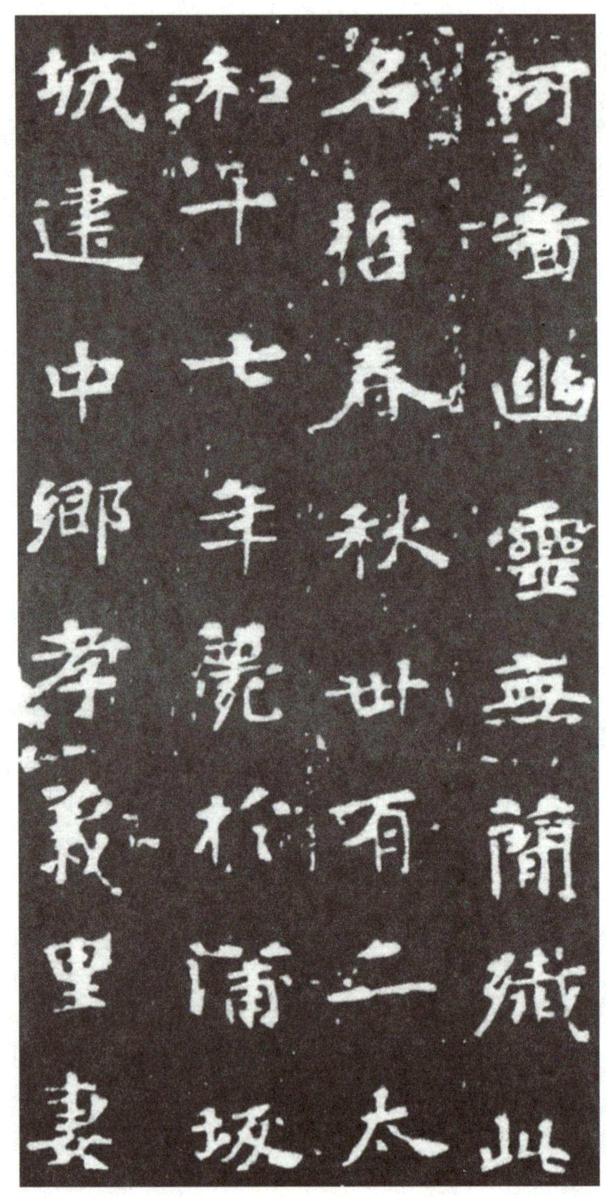

〈張黑女墓誌銘〉

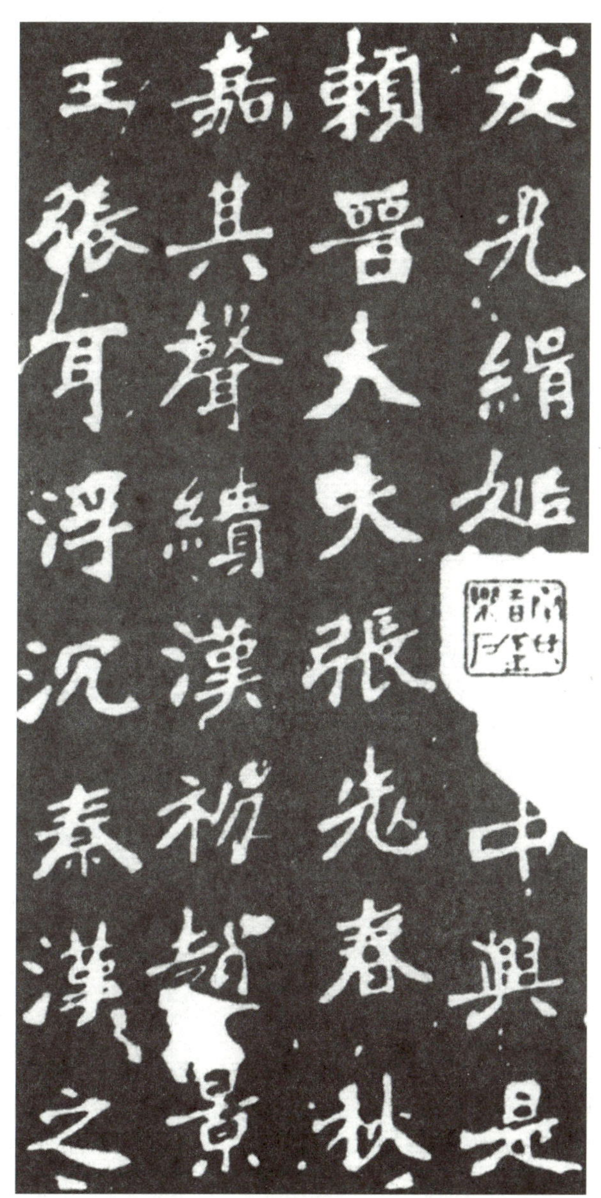

〈張猛龍碑〉

〈馬耆尺牘〉

〈滇王之印〉 1956 雲南 晉寧縣 滇王墓 출토

〈後蜀石經〉 1938 四川 成都 출토

〈都省銅坊〉 銅鏡(南唐) 1957 安徽 合肥 출토

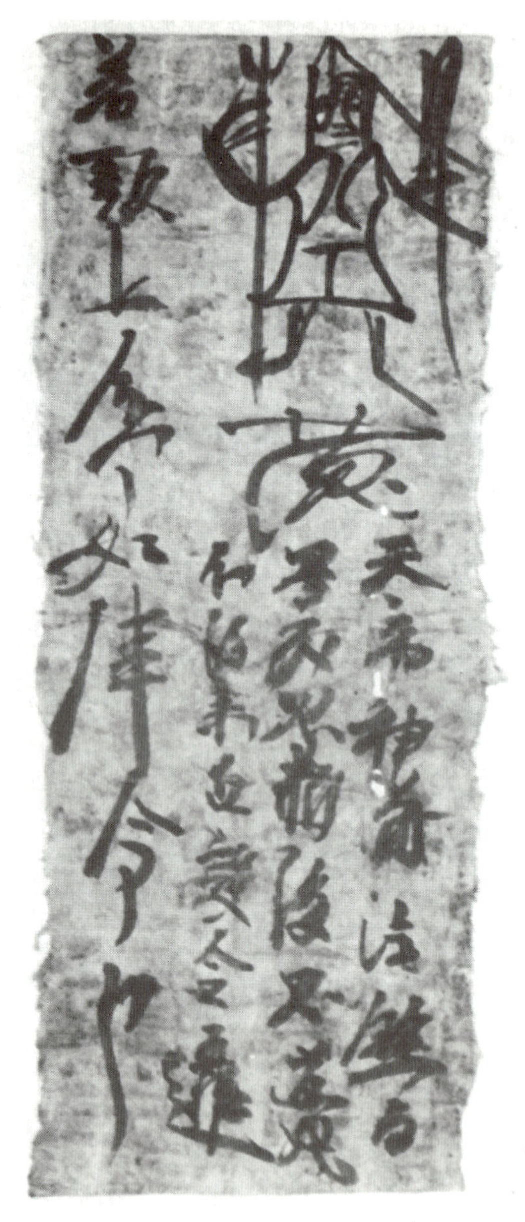

道教 符籙 新疆 高昌 출토

翰林平日接群公
文酒相歡慰病翁
白首歸田空有約
黃扉論道愧無功
攀龍路斷三山遠
憂國心危百箭攻
今夜靜聽丹禁漏
尚疑身在玉堂中

夜宿中書東閣

歐陽修〈詩稿〉

右漢西嶽華山廟碑文字尚完可讀
其述自漢以來云高祖初興改秦淫
宗承循各詔有司其山川在諸

歐陽修〈集古錄跋〉

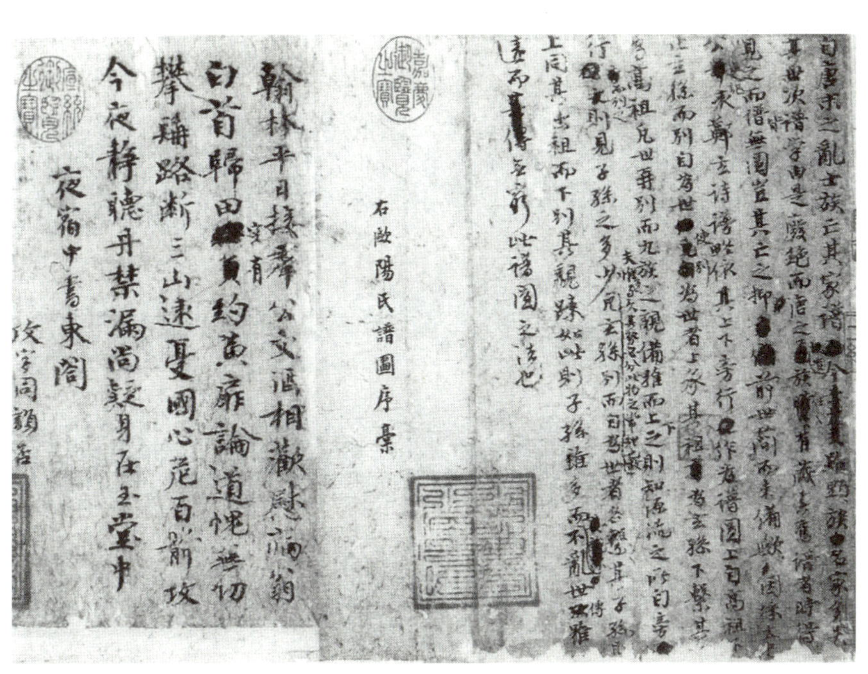

歐陽修〈自序詩文手稿〉

晝寢乍興輖飢正甚忽蒙
簡翰猥賜盤飧當一葉報
秋之初乃韭花逞味之始助

楊凝式〈韭花帖〉

蔡襄〈扈從帖〉

蔡襄〈自書詩帖〉

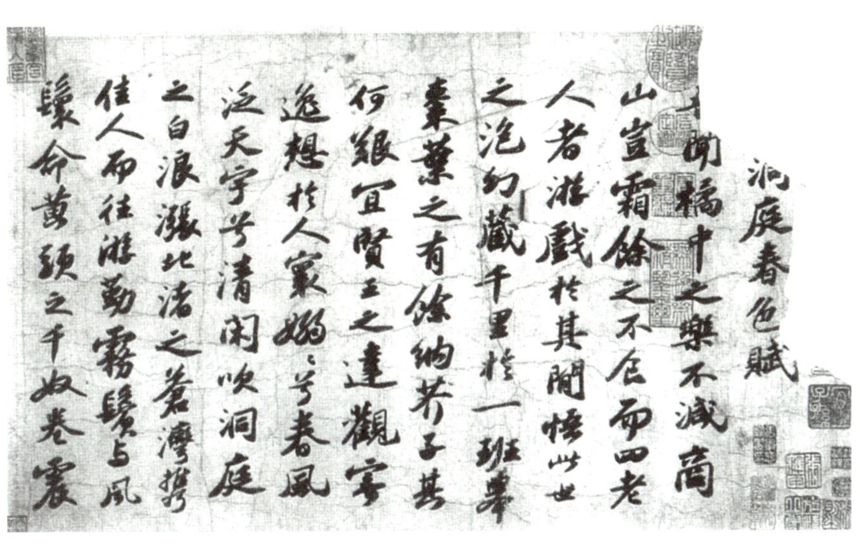

蘇軾〈洞庭春色賦〉

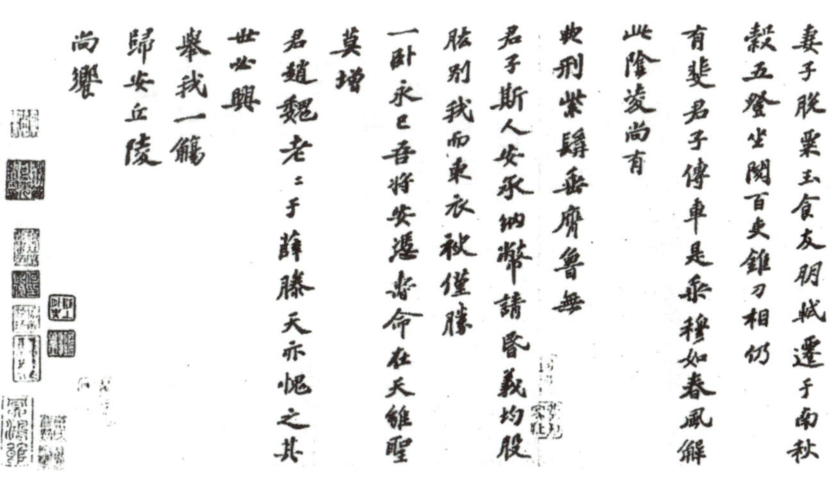

蘇軾〈祭黃幾道文〉

蘇軾〈黃州寒食詩卷〉

醉翁亭記
環滁皆山也其西南諸
峰林壑尤美望之蔚然
而深秀者琅琊也山行
六七里漸聞水聲潺二
而瀉出于兩峰之間者

蘇軾〈醉翁亭記〉

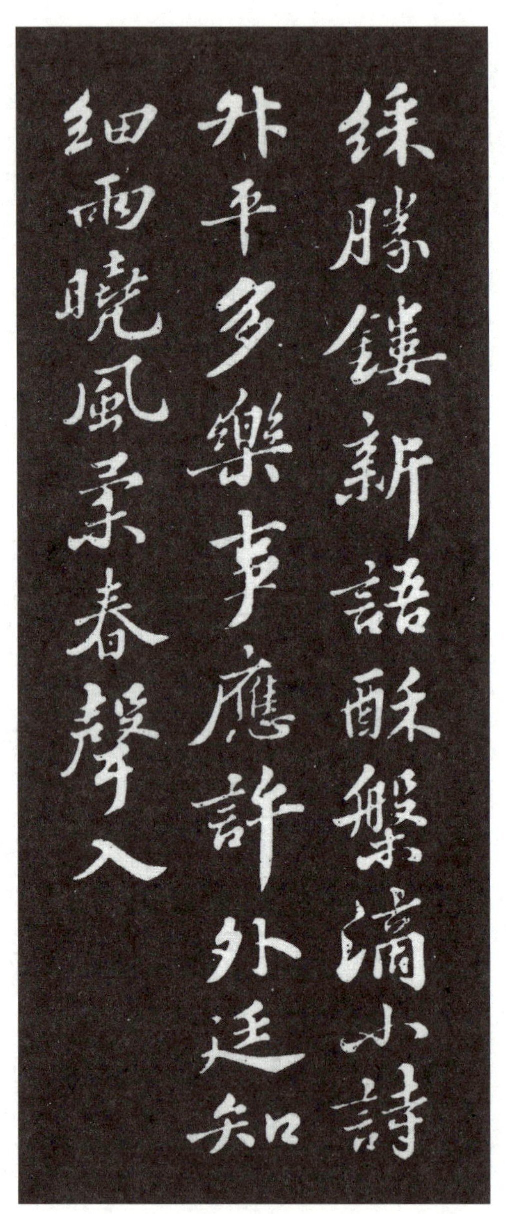

蘇軾〈春帖子〉

蘇軾〈新歲展慶帖〉

蘇軾〈歸去來辭〉

春江欲入戶雨勢來
不已小屋如漁舟濛
濛水雲裏空庖煮寒菜
破竈燒濕葦那

蘇軾〈黃州寒食詩帖〉

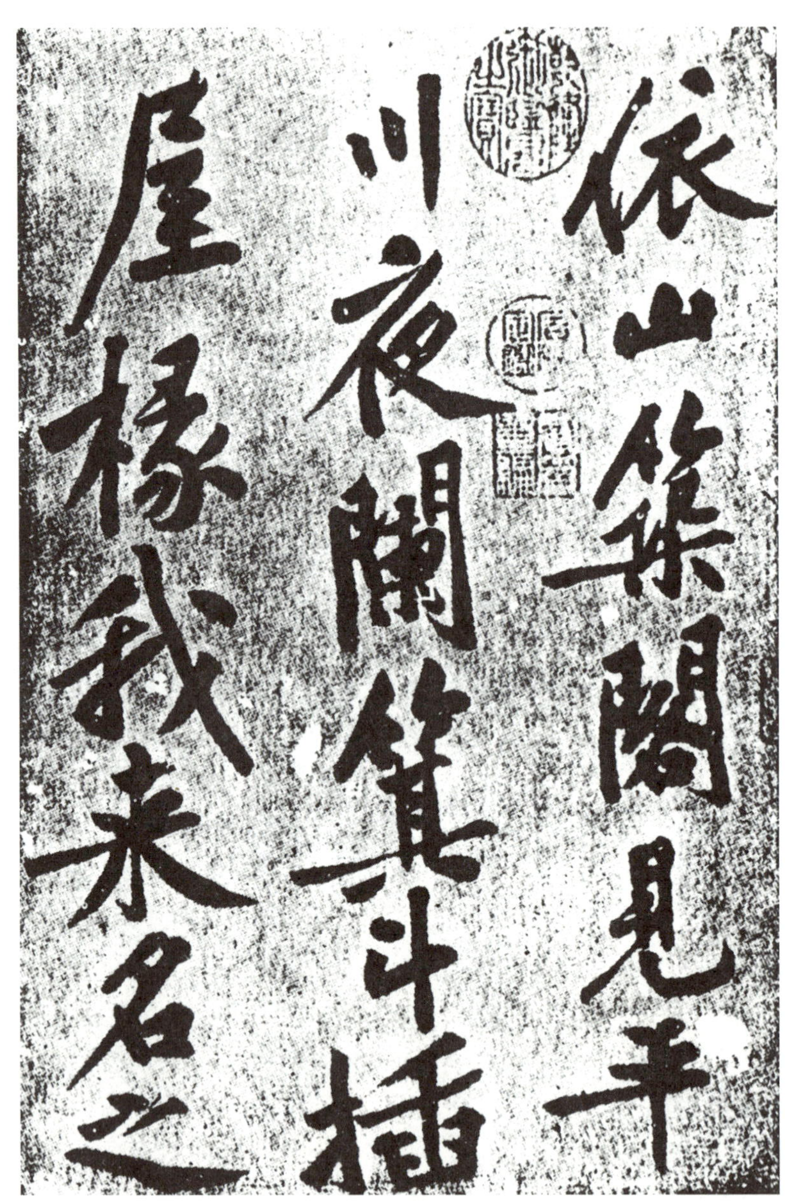

黃庭堅〈松風閣〉

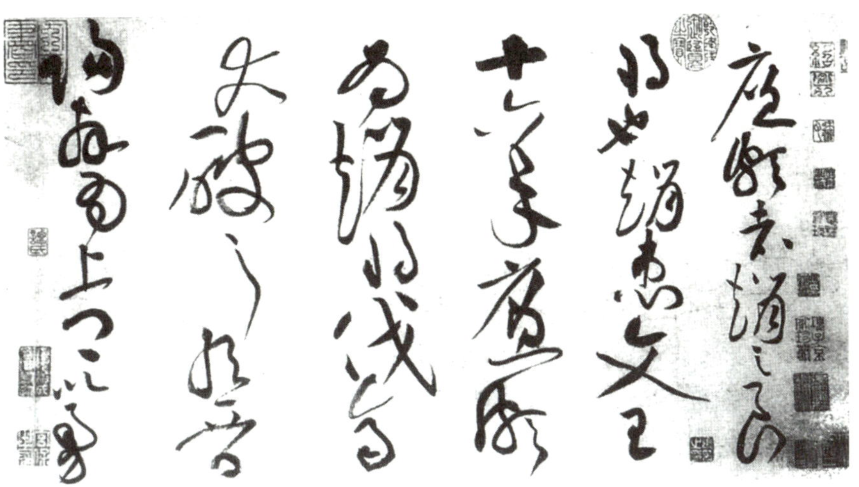

黃庭堅〈廉頗傳卷〉

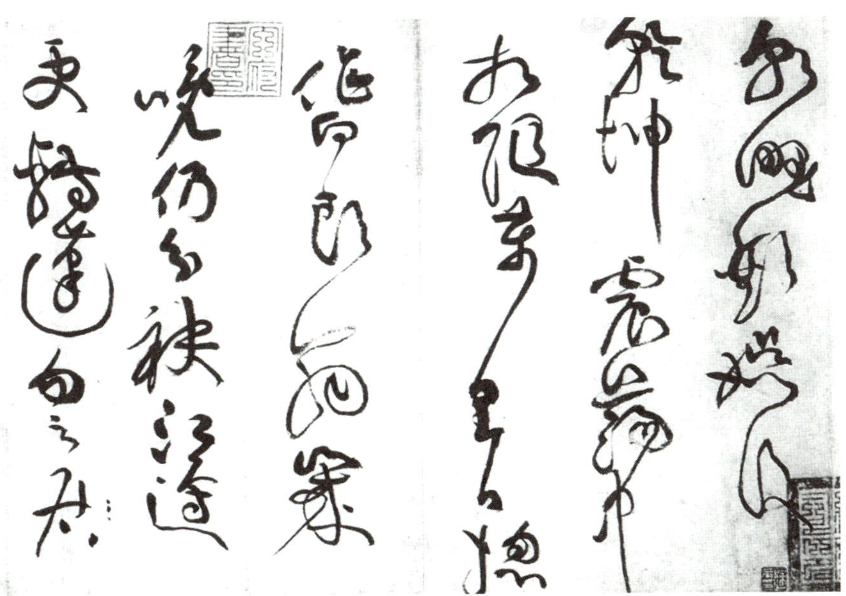

黃庭堅〈杜甫詩卷〉

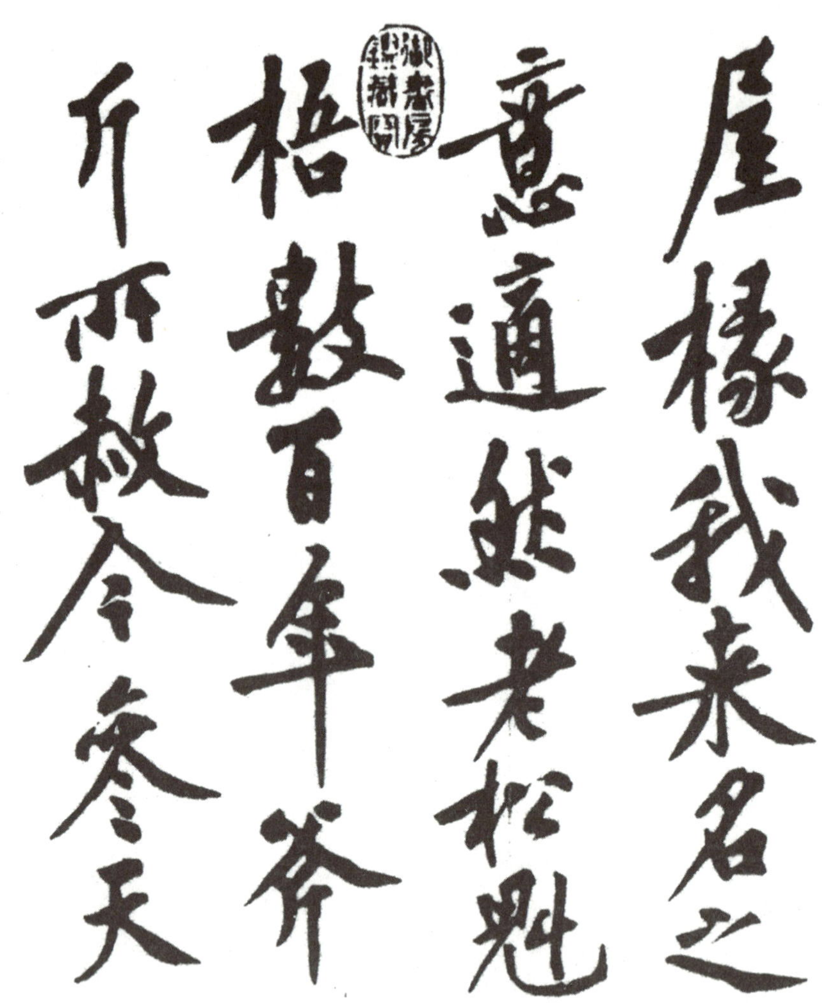

黃庭堅〈松風閣詩帖〉

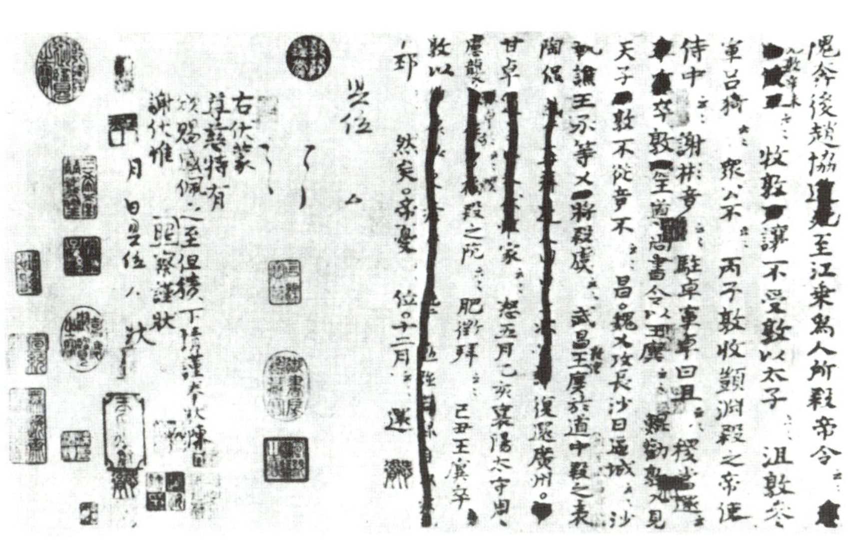

司馬光〈資治通鑑草稿〉

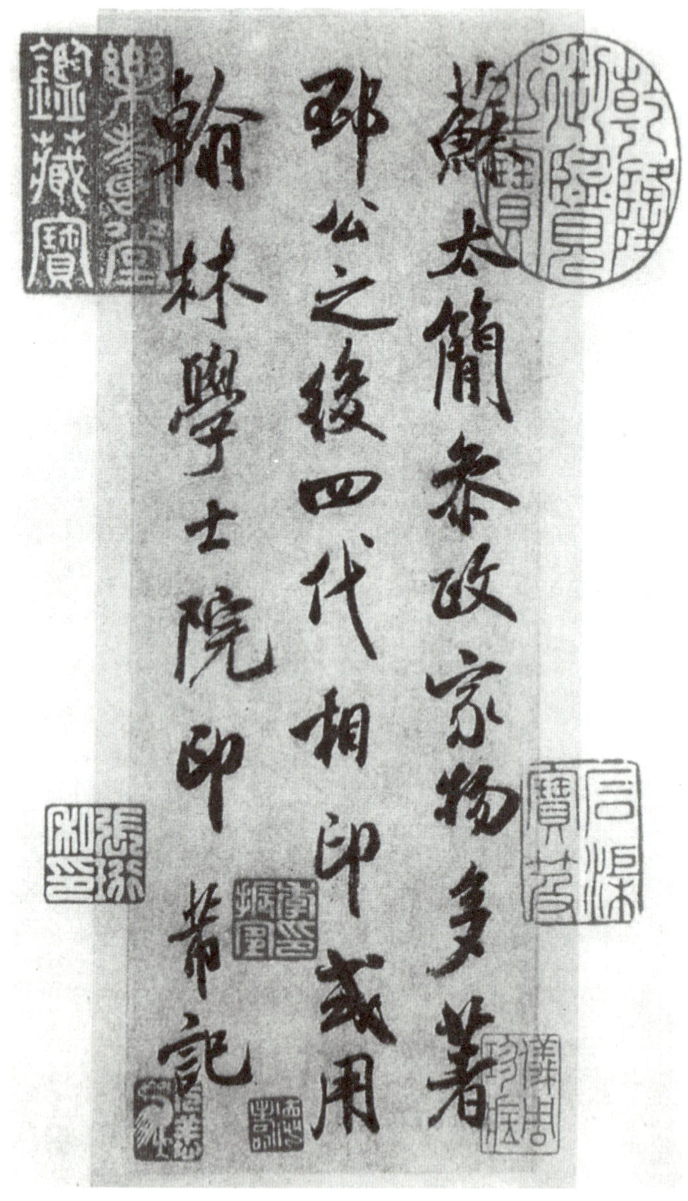

米芾〈參政帖〉

擬古
青松勁挺姿凌霄恥
屈盤種種出枝葉牽
連上松端秋花起絳烟
旖旎雲錦殷不羞不
自立舒光射丸丸柏見
吐子效鶴鶩縮頸還

米芾〈蜀素帖〉

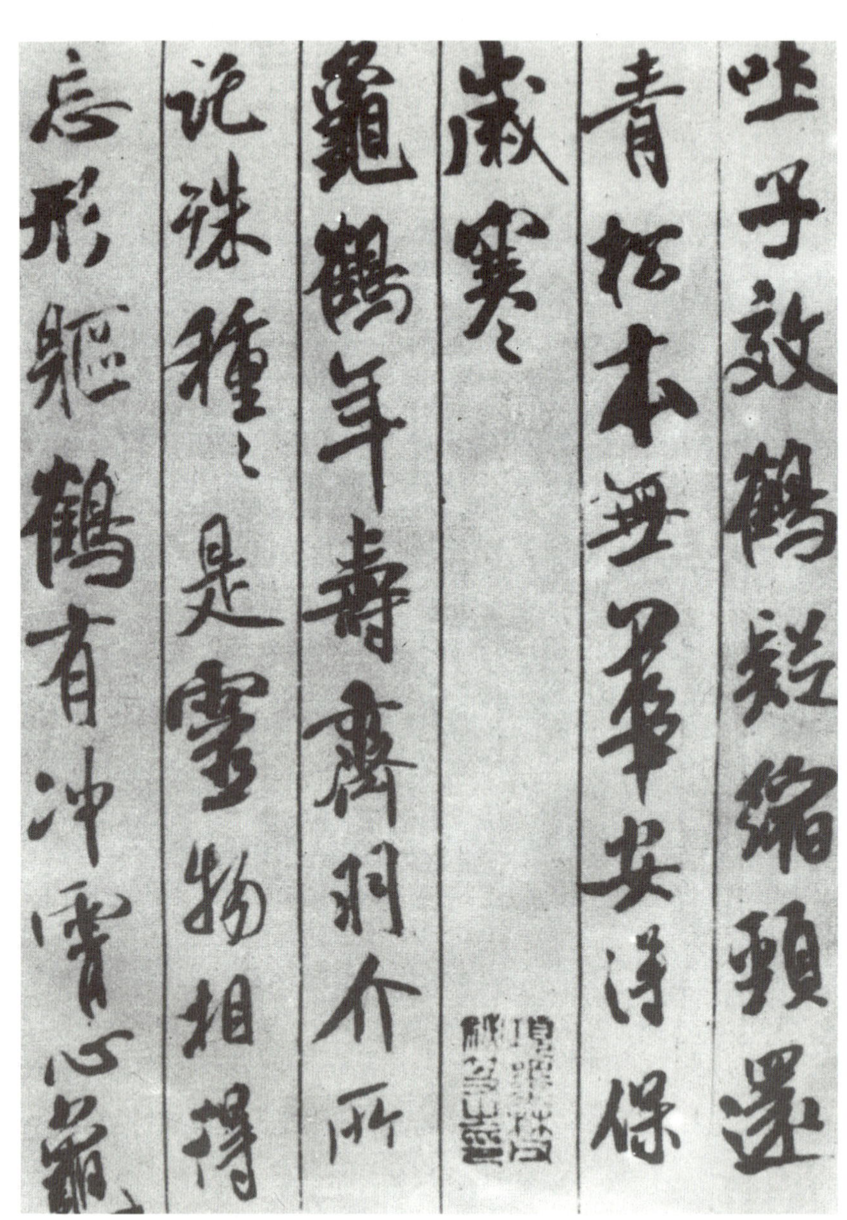

米芾〈蜀素帖〉

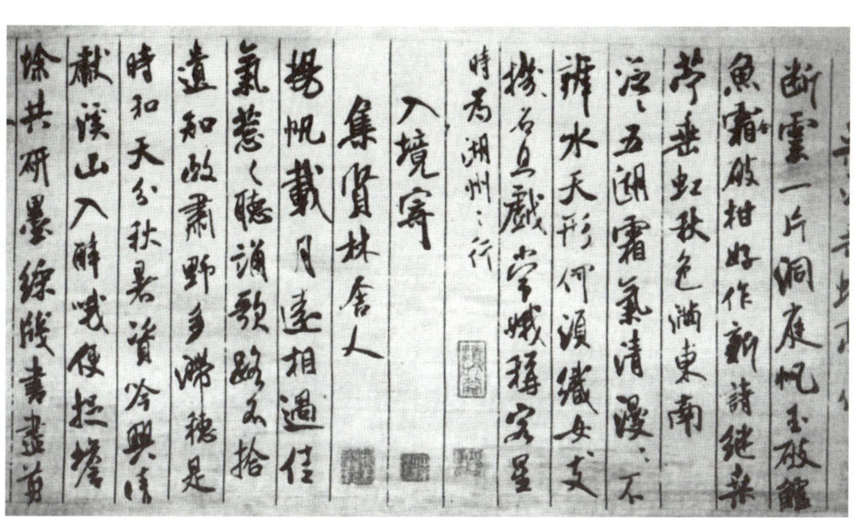

米芾〈蜀素帖〉

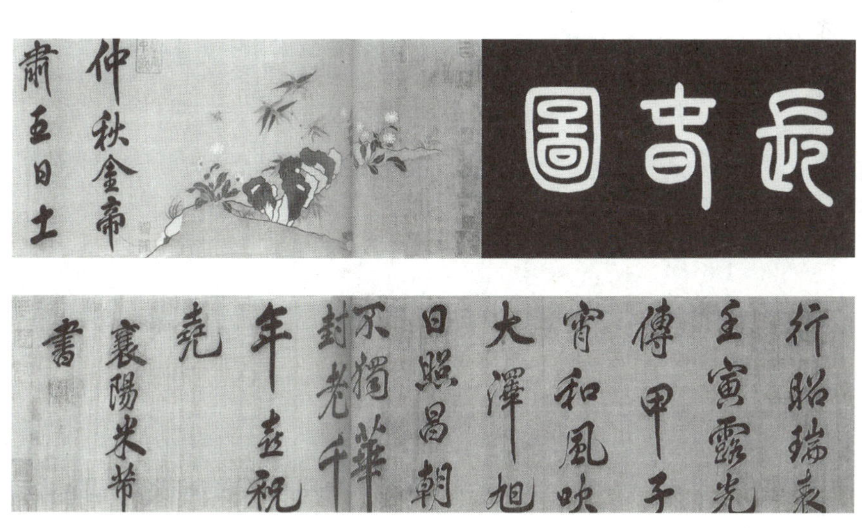

米芾〈長春圖〉

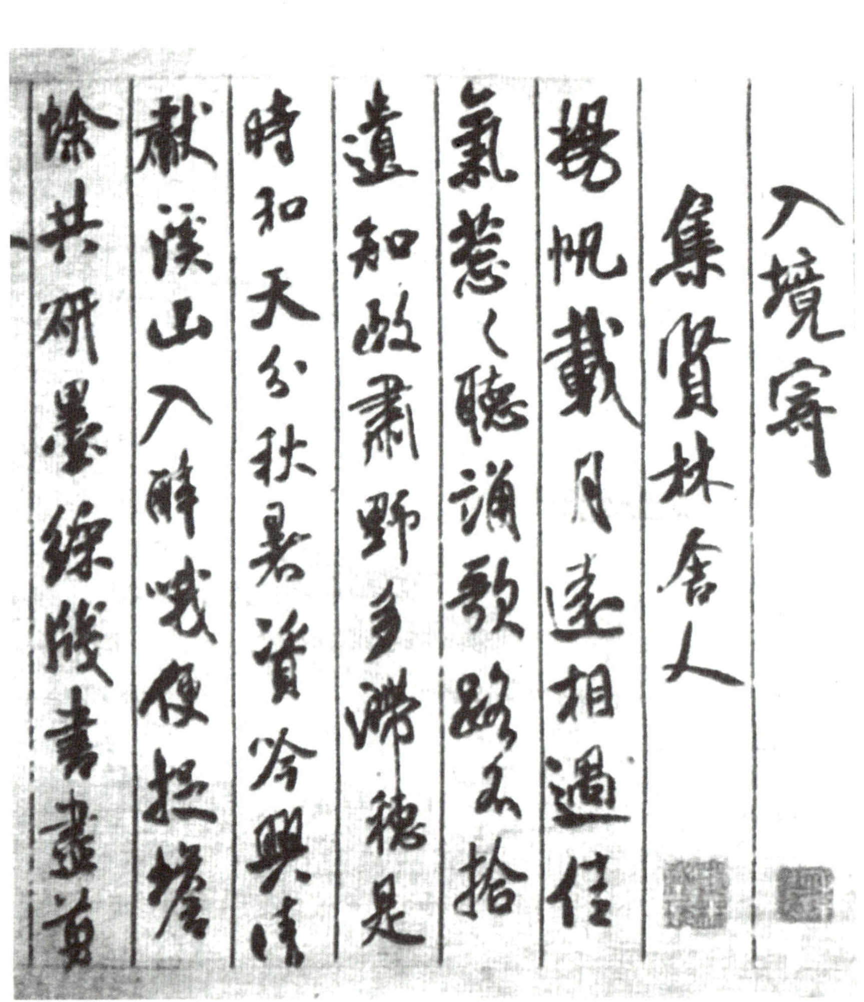
入境寄
集賢林舍人
揚帆載月遠相過佳
氣蔥蔥聽誦歌路不拾
遺知政肅野多滯穗是
時和天分秋暑資吟興晴
獻溪山入醉哦便捉蟾
蜍共研墨綵牋書盡剪

米芾〈蜀素帖〉

唐鄉杜氏自其曾大父四世與眉山三蘇游
書帖具存紹興癸丑中秋安中過惠
州登白鶴峯拜東坡象觀壁間所

王安石〈尺牘〉

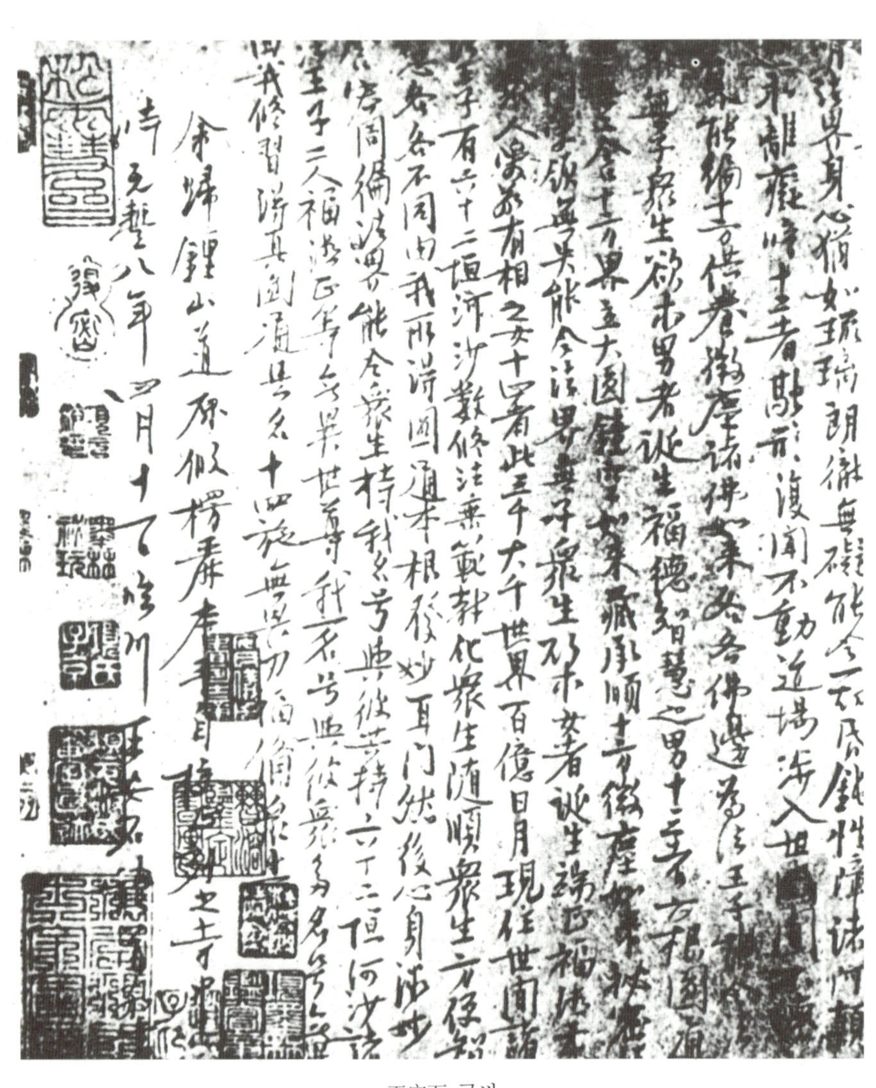

王安石 글씨

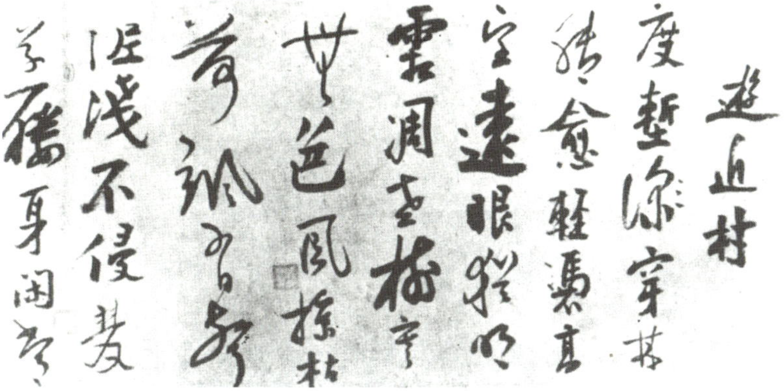

陸游〈詩稿〉

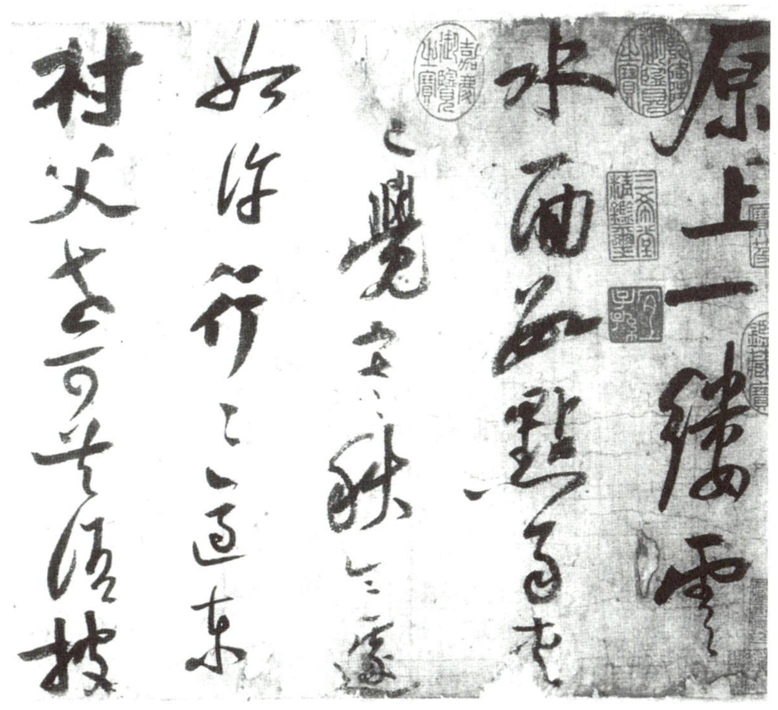

陸游〈自書詩卷〉

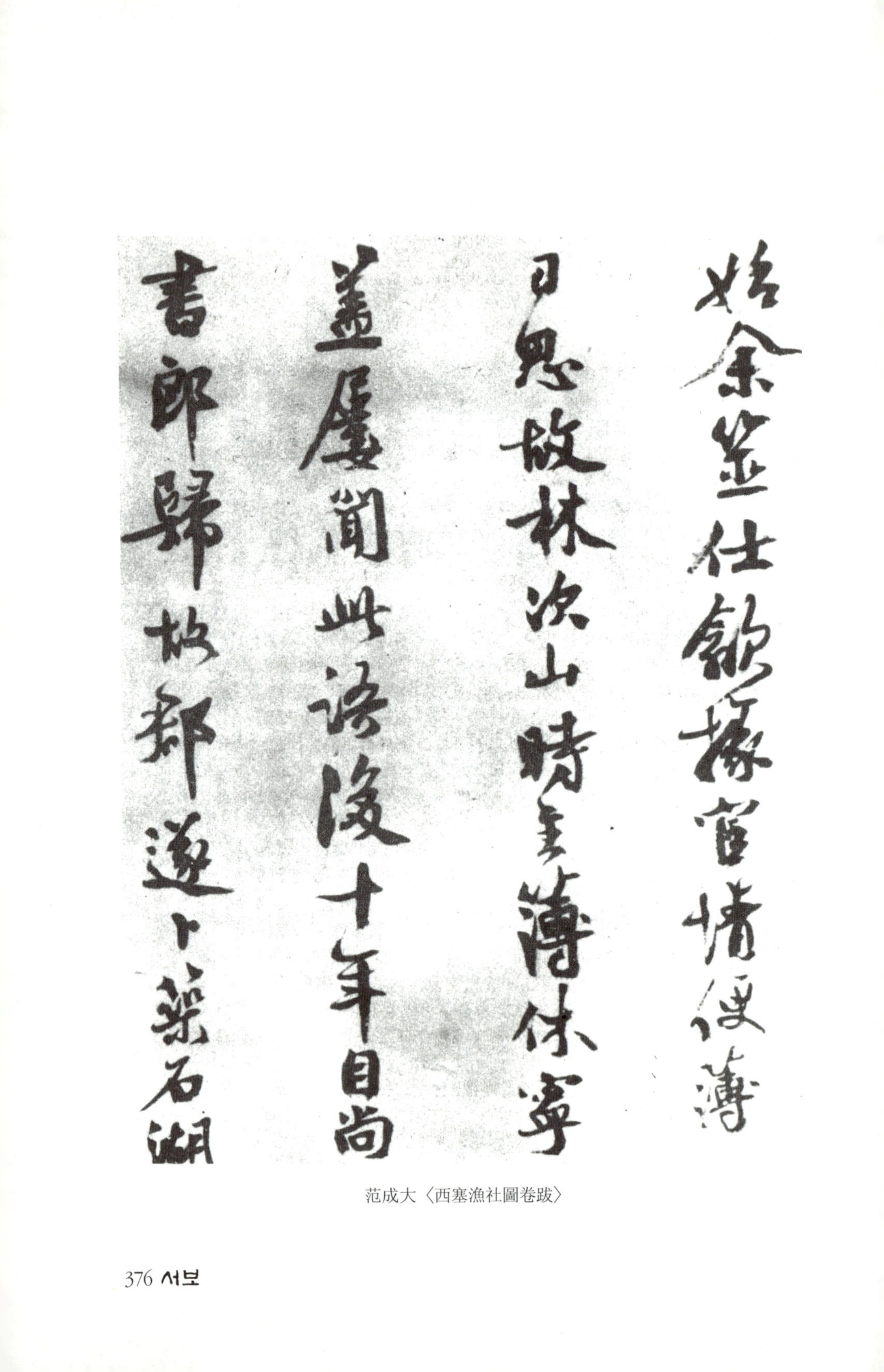

范成大〈西塞漁社圖卷跋〉

汪氏報本庵記

惟[illegible]明汪氏代有隱[illegible][illegible]新城南之俞村其

汪[illegible]也嘗隨[illegible][illegible][illegible][illegible][illegible][illegible][illegible]有一丘

隆然奇峯遠峙秀水縈抱落折面勢岡阜非

若近時積土平田強為丘壟出於人力者此氣象

秀潤真吉穴也是為外高祖大府君之墓府君

以年選為吏古君子也終身掌法一郡稱平允文

正公王荆公皆以士人待之我高祖正議先生為之堂

銘盖積德之允著者是生正奉四先生而汪氏之

衣冠始於此某生長外家逮事外祖少師二十

餘年親見孝友之懿奉墳之歲尤謹遇忌日必躬

至塋下為薦羞之禮遂為汪氏家法仲舅滿書

恪遵先志不敢少怠而增潤色焉俞村之二塋始於

大一府君其子若孫葬於左右者凡十餘所迨今

百七十餘載矣家舍三易歲久易圮仲舅授簡既

久度不可支吾乃營基於松楸之東輟費於伏臘

之餘鳩[illegible]而告成為堂三間後出一間併為

[illegible]之北者為軒如堂之數可以聚族列拜而

廡凡六楹之前又為門及享亭奉神座于東室

張卽之〈汪氏報本庵記〉

心清淨則生實相當知是
人成就第一希有功德世
尊是實相者則是非相是

張即之〈金剛般若經〉

所示要土母令得一小罐子封全
諳送不知可用否是新好歟
門所出者復未知何所用望

李建中〈土母帖〉

薛紹彭〈晴和帖〉

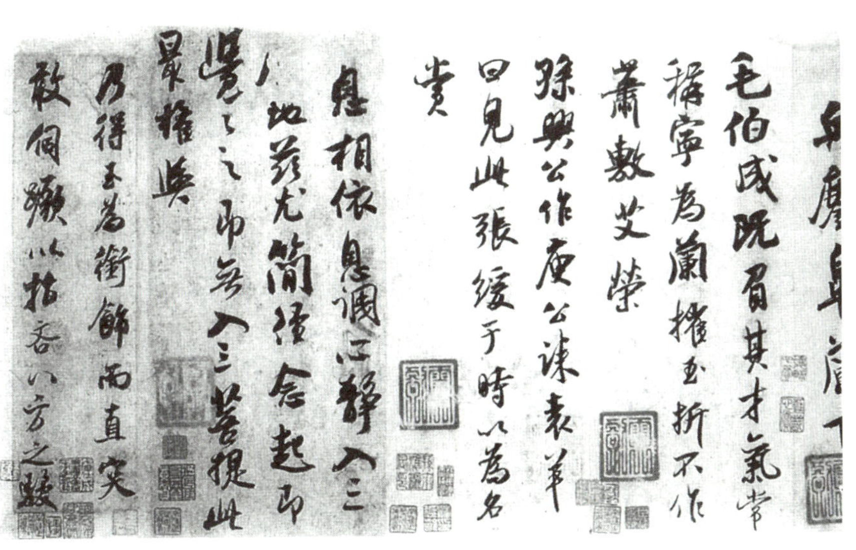

吴琚〈行書五段卷〉

橋畔垂楊下碧溪君
家元在北橋西來時
不似人間世日暖花
香山鳥啼

吳琚〈行書〉

與蘭亭合縱是他字偏旁亦合如兄況吳娛捺踏是也擬是行
草下筆亦合如無妄璽壁是也又衆唐人集右軍書碑率多俗
惡此刻高妙如老夫水三字又似跳竃矣決非集字也　或
又謂降自南朝始有銘志埋之墓中大令時未應有之此又不
然漢謝君墓甎云元和三年五月甲戌翔謝君造此墓甎又武
陽城東彭亡山之蕪石窟中有漢帝建初二年張氏題識三
所洪氏隸釋云此亦埋銘之椎輪也其不始於南朝明矣　或
謂東坡金蟬墓銘云百世之後陵谷易位知其為蘇子之保母
尚勿毀也此末章似之為可疑予謂東坡意其理之或然大令
知其數之必然作者之言自應相延近世人於地中得一石有詩云
笑椎晝皷過江東身到蓬萊第一峰坐看海雲迎日出千山渾
在缺二字中末章又與東坡潮詩合矣東坡固是文宗然以兩保母
志較之高識者自能定其優劣也　或又謂保母王氏之妾不
當言歸王氏金蟬碑謂之隸蘇氏為當予謂既曰母矣稱歸何
嫌且東坡銘其弟之保母故稱隸使子由自銘則不忍稱隸矣
此以見古人之忠厚也

姜夔〈跋王獻之保母帖〉

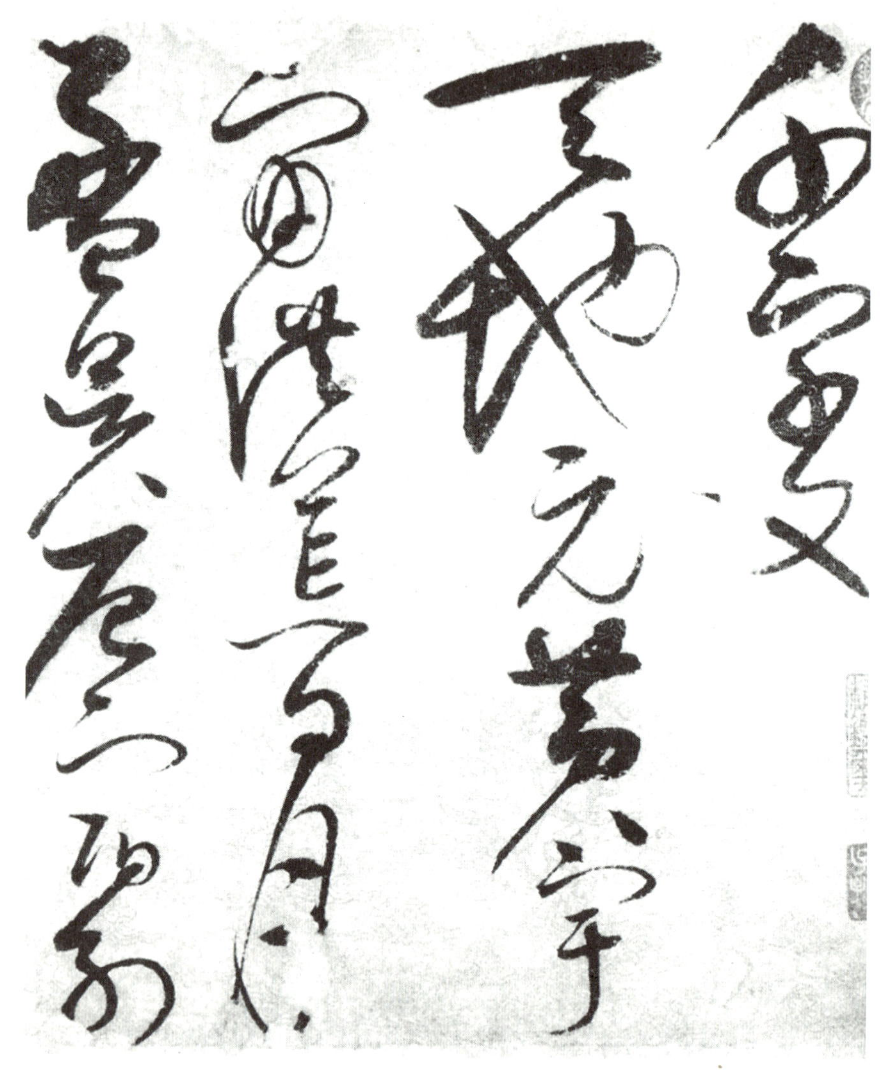

宋 徽宗(趙佶) 〈草書千字文〉

夏日

清和節後緑枝稠寂寞
黃梅雨乍收畏日正長
凝碧漢薰風微度到丹
樓池荷成蓋閑相倚逕

宋 徽宗(趙佶) 〈夏日詩〉

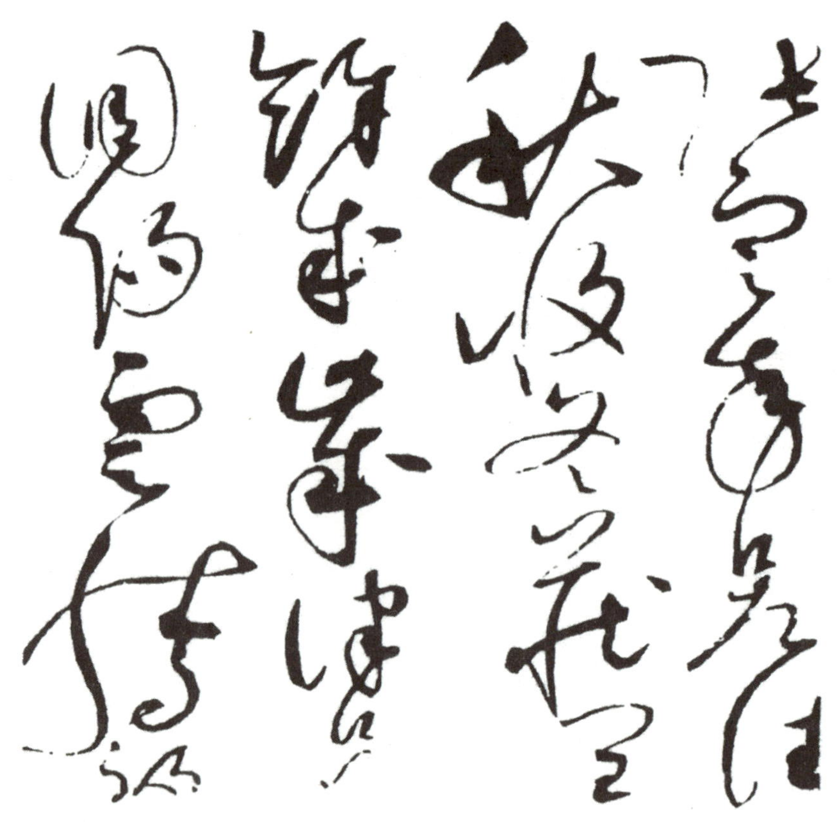

宋 徽宗(趙佶) 〈草書千字文〉

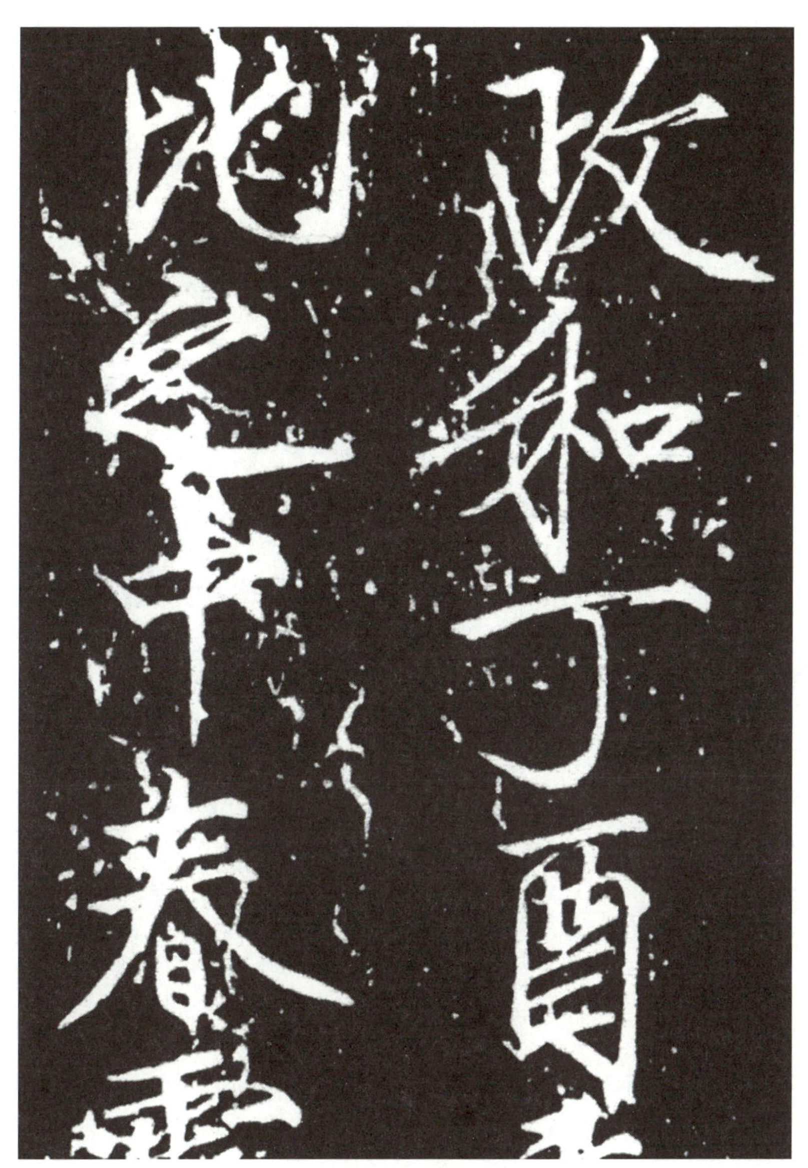

宋 徽宗(趙佶) 瘦金體 글씨

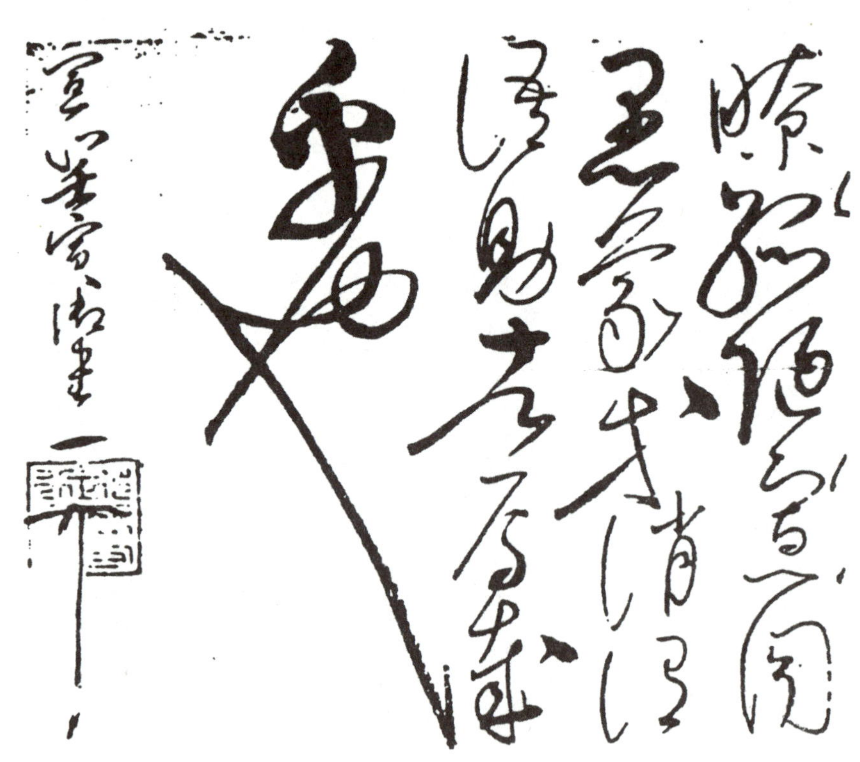

宋 徽宗(趙佶) 〈草書千字文〉

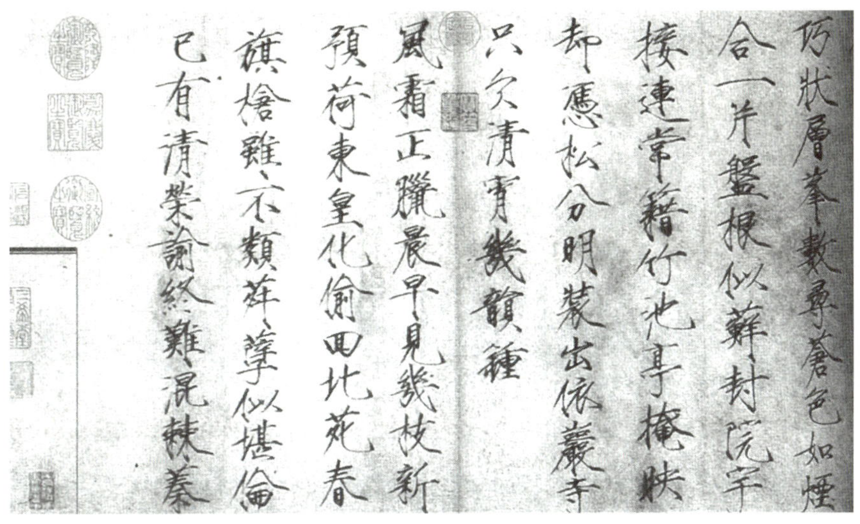

宋 徽宗(趙佶)〈詩書冊〉

宋 徽宗(趙佶)〈草書千字文卷〉

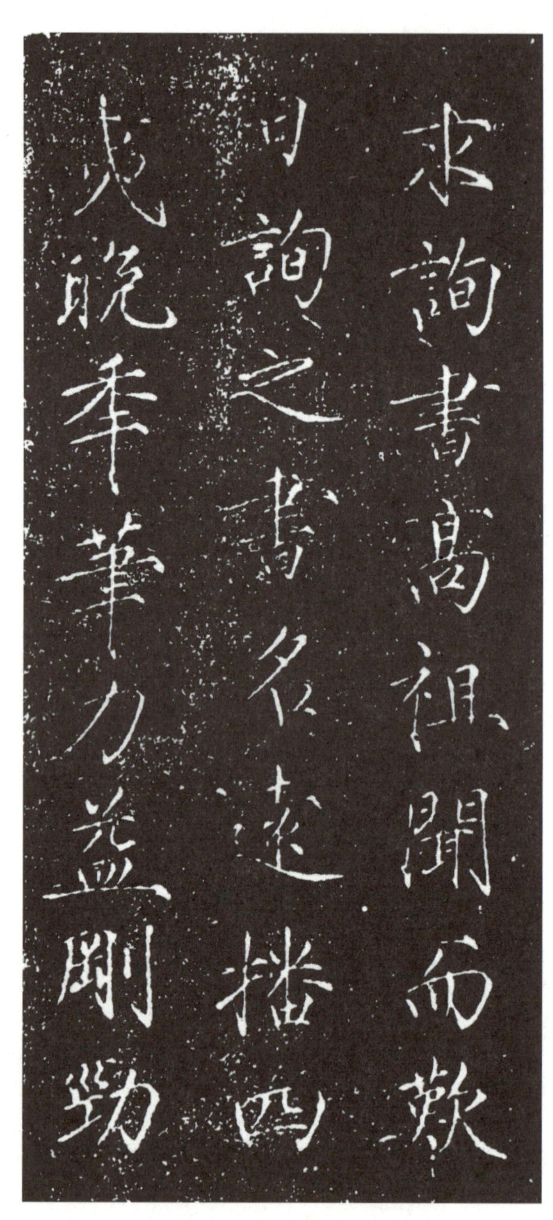

宋 徽宗(趙佶) 痩金體 글씨

詠歸橋

綠漲平橋水
朱欄跨水橋
舞雩千載事
歷歷在今朝

船齋

考槃雖在陸
滉瀁水雲深
正爾滄洲趣
難忘魏闕心

朱熹〈行書〉

朱熹〈尺牘〉

朱熹〈城南唱和詩卷〉

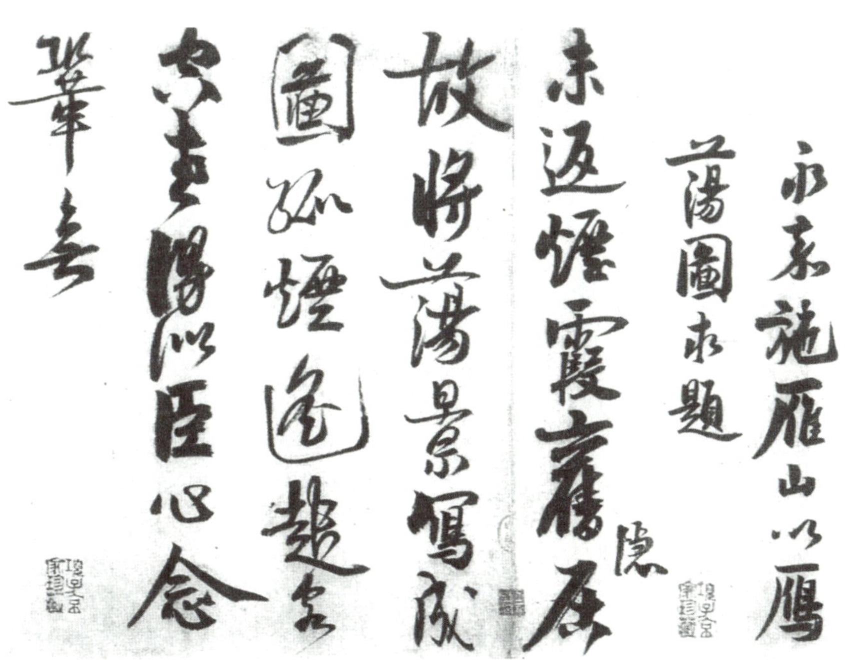

趙孟堅〈自書詩帖〉

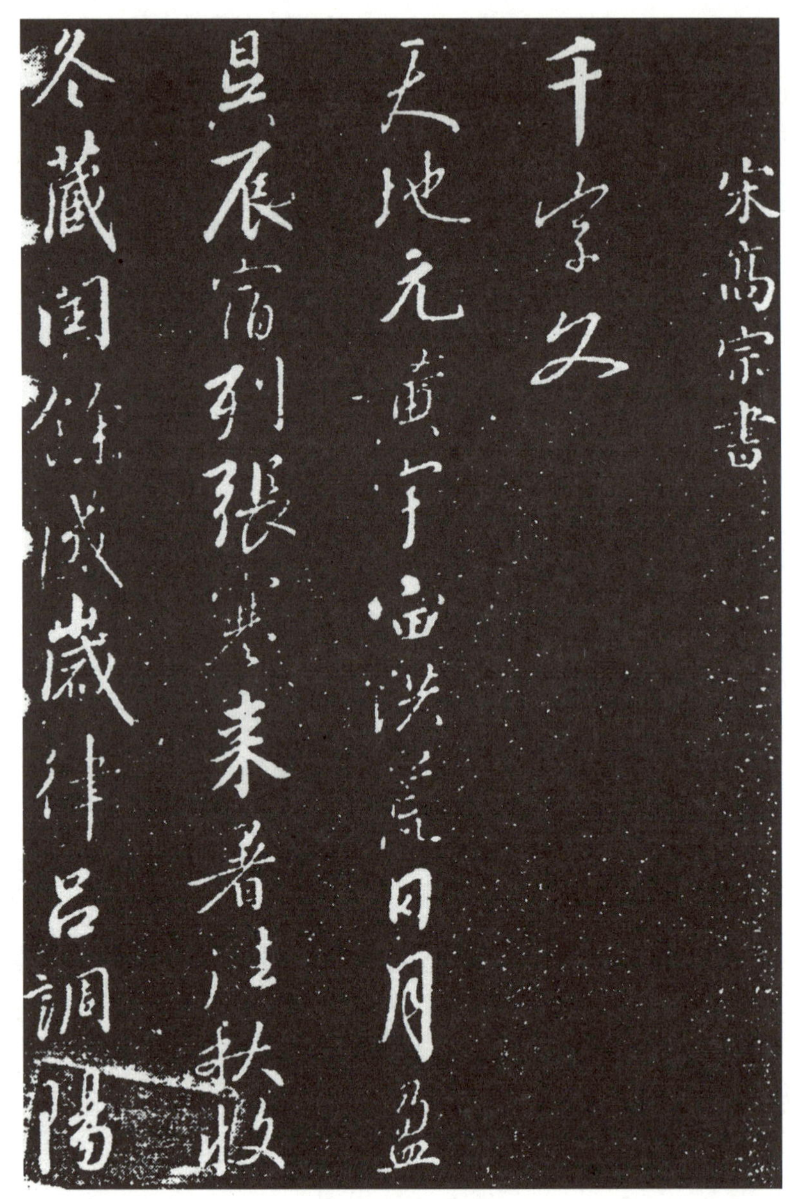

宋 高宗(趙構) 〈千字文〉

宋 高宗(趙構)〈與岳飛書〉

〈西夏文石碑〉 1972 寧夏回族自治區 銀川 西夏皇陵 출토

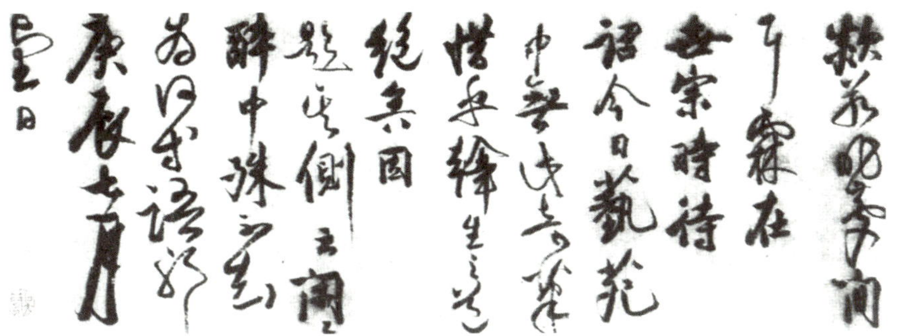

趙秉文(金)〈跋趙霖昭陵六駿圖〉

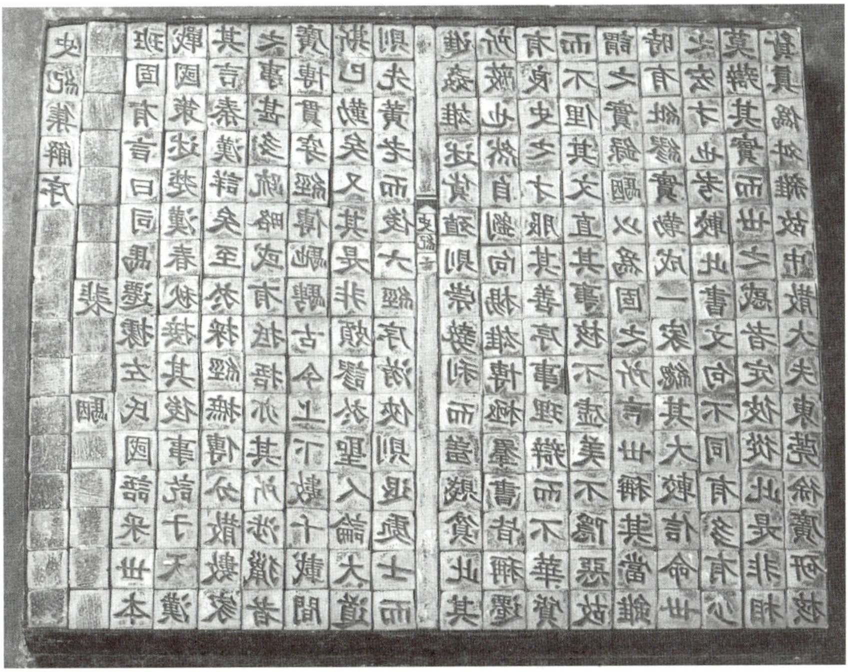

泥活字版〈史記集解〉

予自鄂渚走豫章浙西閩前宋名公墨跡
往往非眞今觀郭仲實所藏坡僊出定州
書二賦筆意雄勁與密國公家鐵溝行元
遺山收王晉卿畫煙江疊嶂圖唱和深於類
好事者尚珍祕之時至元乙酉七夕同吏部尚
書劉伯宣應奉翰林文字楊溢周觀於上都官
舍隆安張孔孫題

張孔孫〈跋蘇軾洞庭春色中山松醪賦卷〉

鮮于樞(元)〈行書〉

鮮于樞〈行書詩贊〉

馮子振(元)〈虹月樓記〉

鄧文原〈章草書〉

康里巎〈草書〉

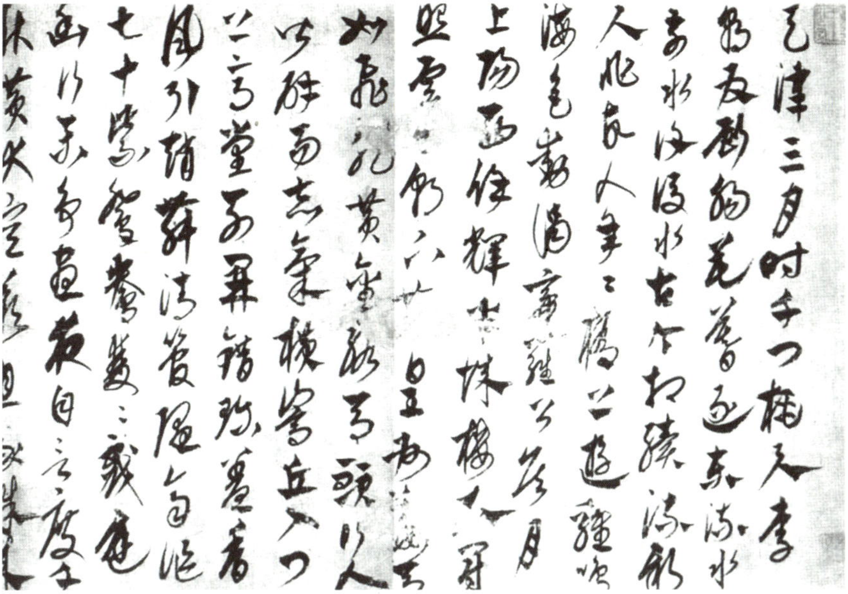

康里巎〈李白詩卷〉

壯欽惟
世祖皇帝知人善任
使故能盡其用哉兩
世爵祿雖未足當其
功多然聞嘗 賜之

虞集〈楷書〉

張雨(元)〈台仙閣記〉

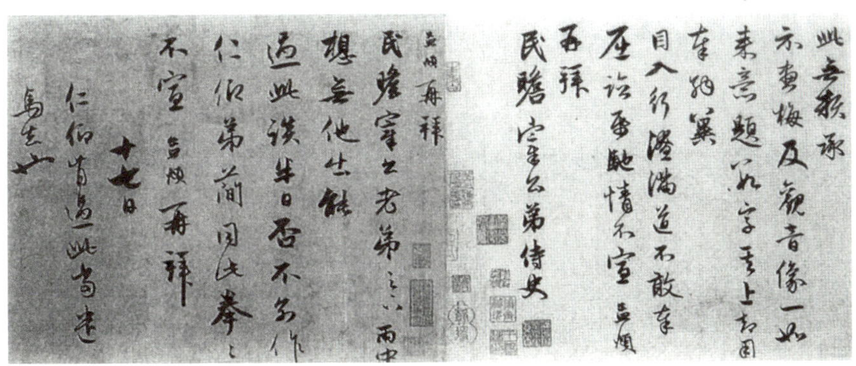

趙孟頫〈行書十札〉

於是精移神駭忽焉思散俯則
未察仰以殊觀睹一麗人于巖
之畔尒乃援御者而告之曰尒有
覿於彼者乎彼何人斯若此之艷
也御者對曰臣聞河洛之神名曰宓
妃則君王之所見也無乃是乎其
狀若何臣願聞之余告之曰其形
也翩若驚鴻婉若游龍榮曜秋

趙孟頫(元)〈洛神賦〉

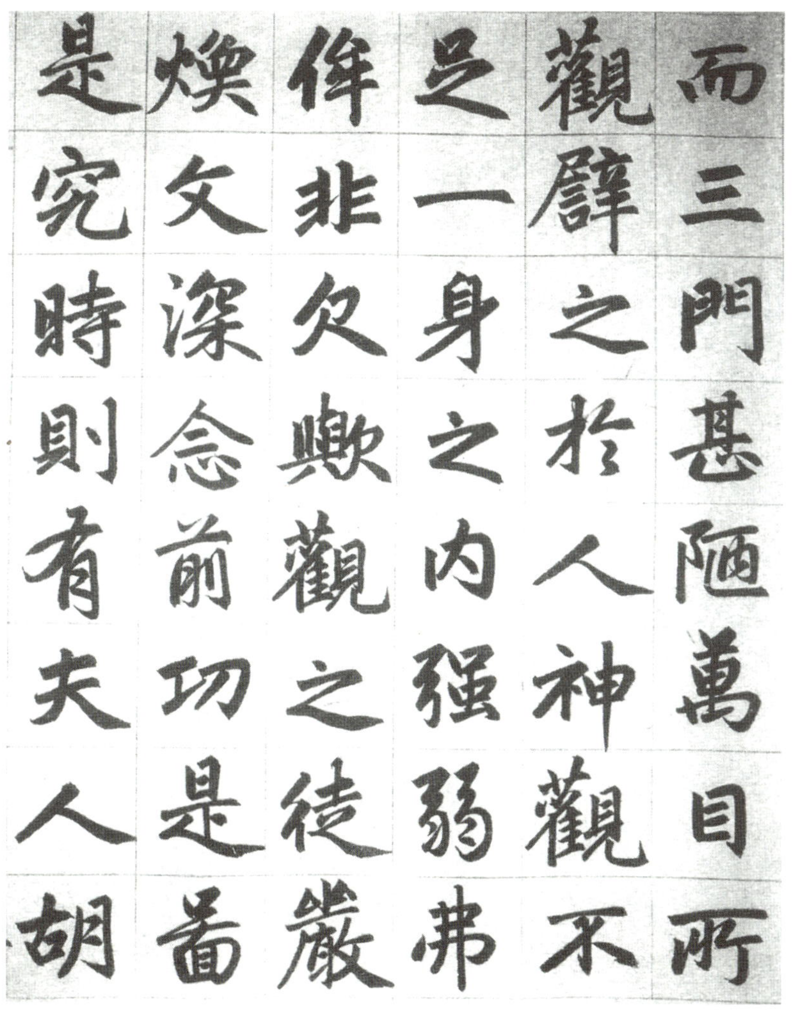

趙孟頫〈玄妙觀重修三門記〉

之使河內失火延燒千餘家上使黯往視之還
報曰家人失火屋比延燒不足憂也臣過河南
河南貧人傷水旱萬餘家或父子相食臣
謹以便宜持節發河南倉粟以振貧民臣請
歸節伏矯制之罪上賢而釋之遷為滎陽
令黯恥為令病歸田里上聞乃召拜為中大

趙孟頫〈汲黯傳〉

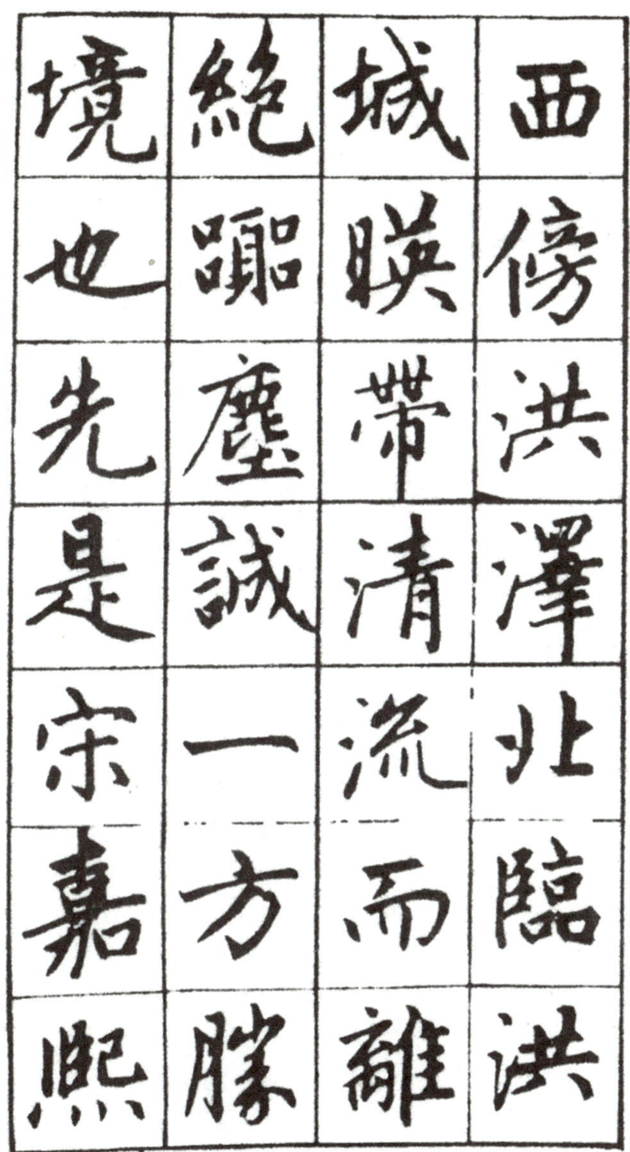

趙孟頫〈妙嚴寺記〉

趙孟頫〈行書千字文卷〉

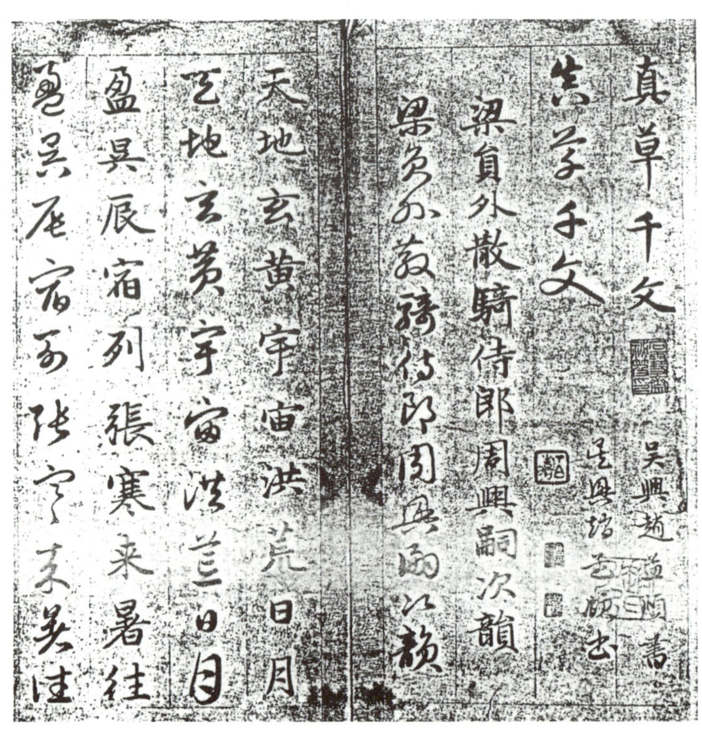

趙孟頫〈眞草千字文〉

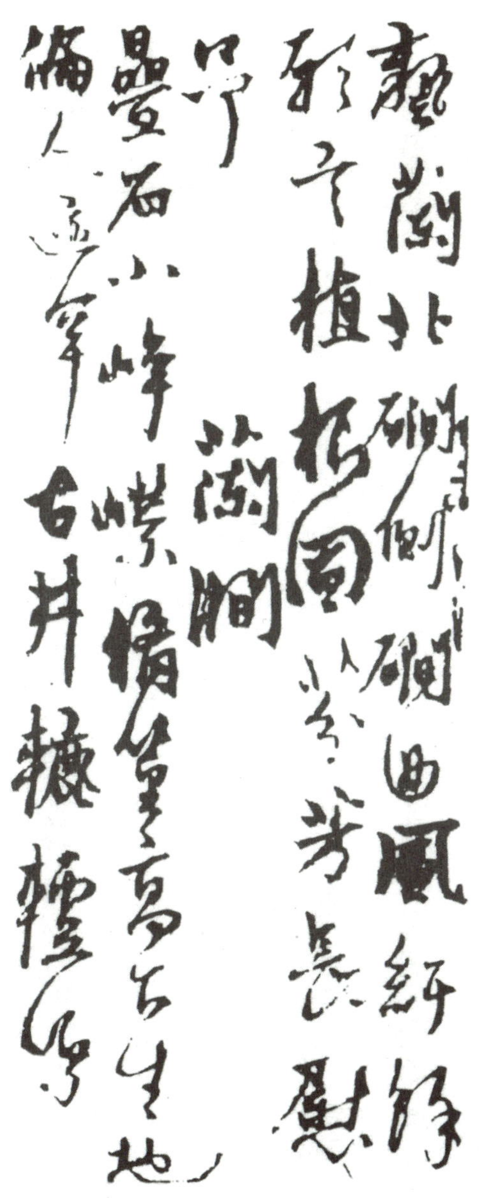

楊維楨(元) 〈草書〉

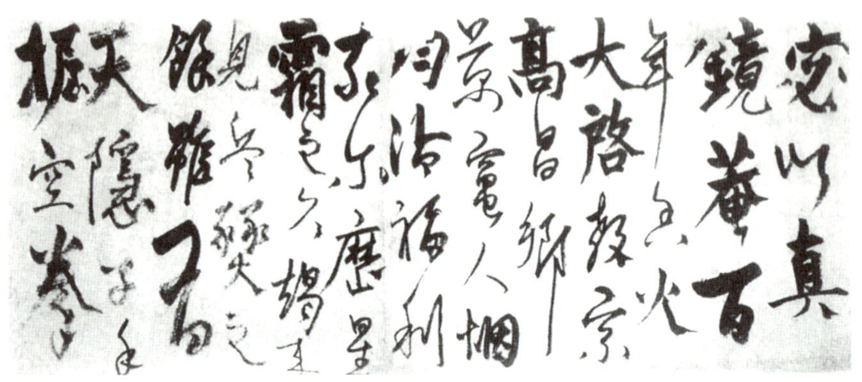

楊維楨〈眞鏡庵募緣疏〉

吳睿(元)〈離騷千字文卷〉

朱元璋(明 太祖) 〈與徐達手札〉

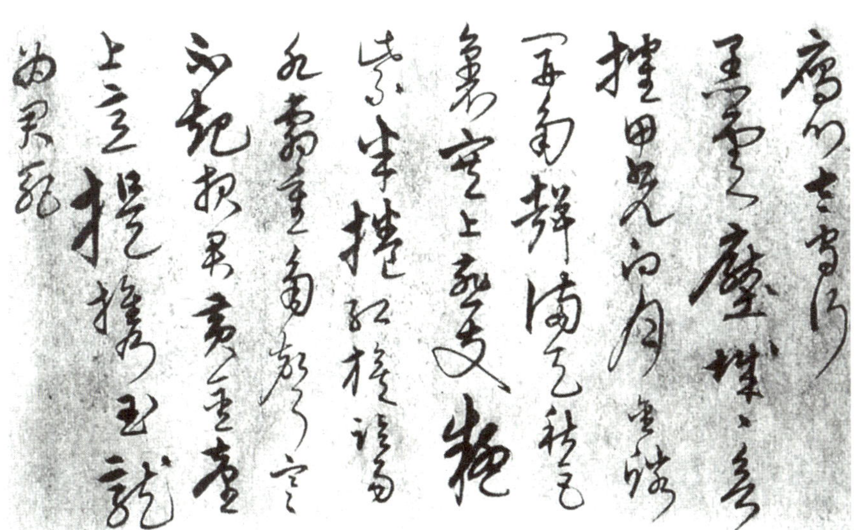

宋克(明) 〈唐宋人詩卷〉

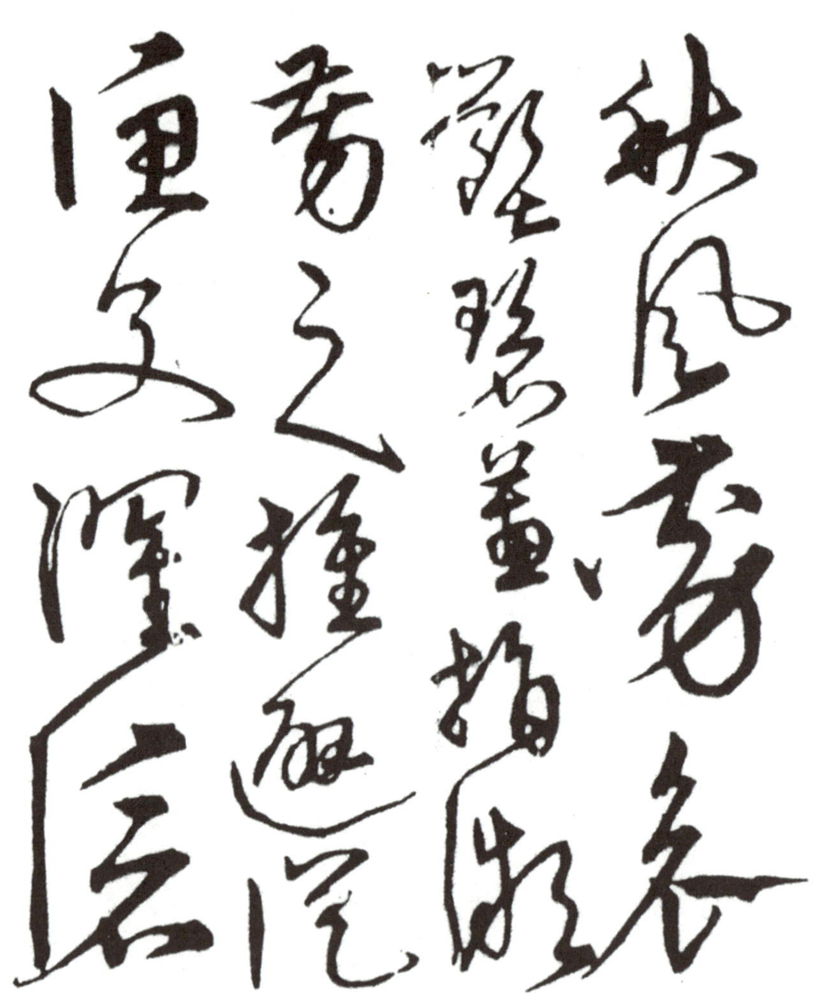

宋克〈草書〉

沈粲(明)〈草書〉

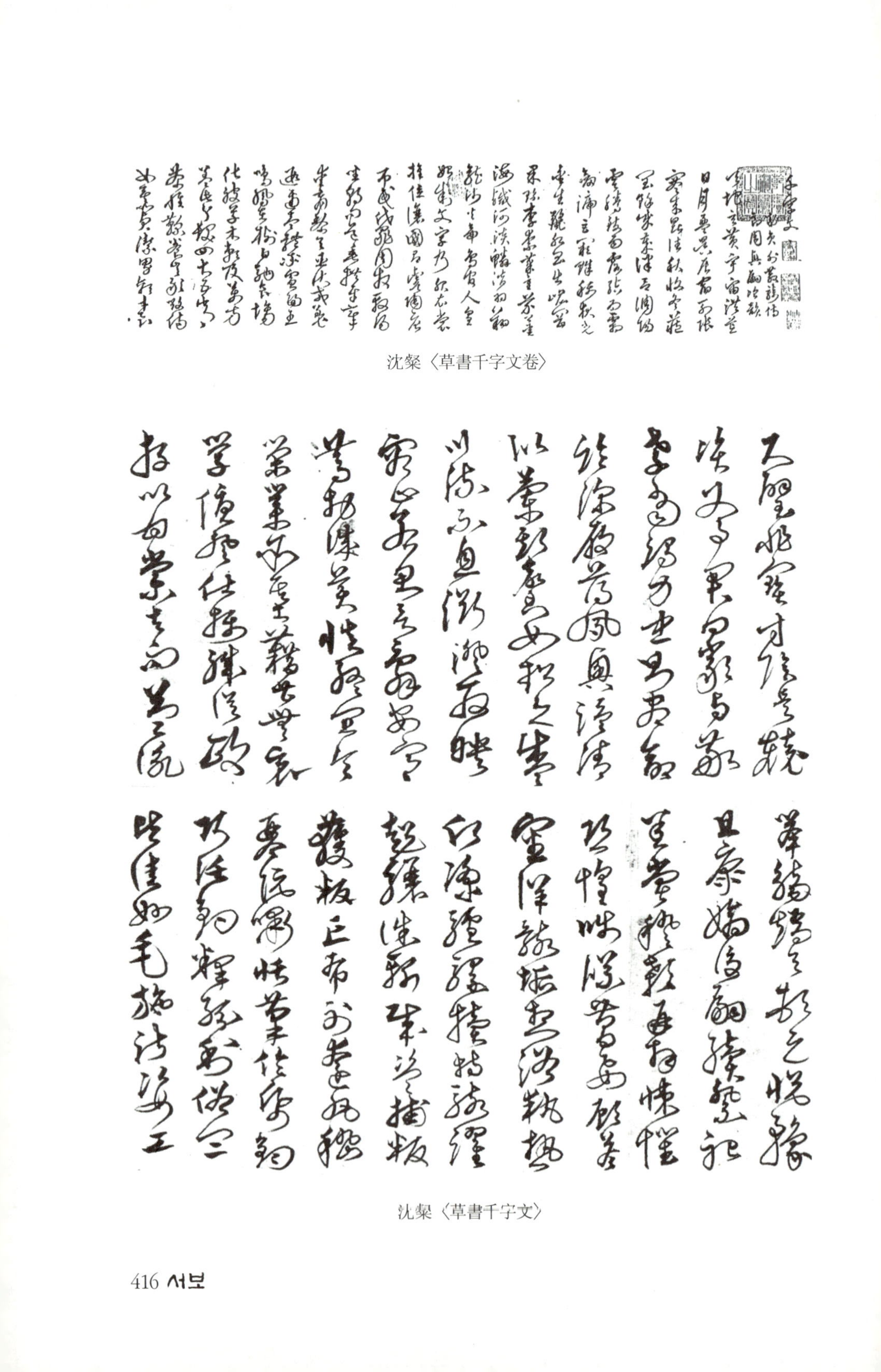

沈粲〈草書千字文卷〉

沈粲〈草書千字文〉

歸去來辭

歸去來兮田園將蕪胡不歸既自以心爲形役奚惆悵而獨悲悟已往之不諫
知來者之可追實迷途其未遠覺今是而昨非舟搖搖以輕颺風飄飄而吹衣問征
夫以前路恨晨光之熹微乃瞻衡宇載欣載奔僮僕歡迎稚子候門三徑就荒
松菊猶存携幼入室有酒盈樽引壺觴以自酌眄庭柯以怡顔倚南窗以寄傲
審容膝之易安園日涉以成趣門雖設而常關策扶老以流憩時矯首而遐觀
雲無心以出岫鳥倦飛而知還景翳翳以將入撫孤松而盤桓歸去來兮請息
交以絶游世與我而相遺復駕言兮焉求悅親戚之情話樂琴書以消憂農人
告余以春及將有事于西疇或命巾車或棹孤舟既窈窕以尋壑亦崎嶇而經
丘木欣欣以向榮泉涓涓而始流善萬物之得時感吾生之行休已矣乎寓形
宇內復幾時曷不委心任去留胡爲乎遑遑欲何之富貴非吾願帝鄉不可期
懷良辰以孤往或植杖而耘耔登東皐以舒嘯臨淸流而賦詩聊乘化以歸盡
樂夫天命復奚疑

雲間沈度書

沈度〈歸去來辭〉

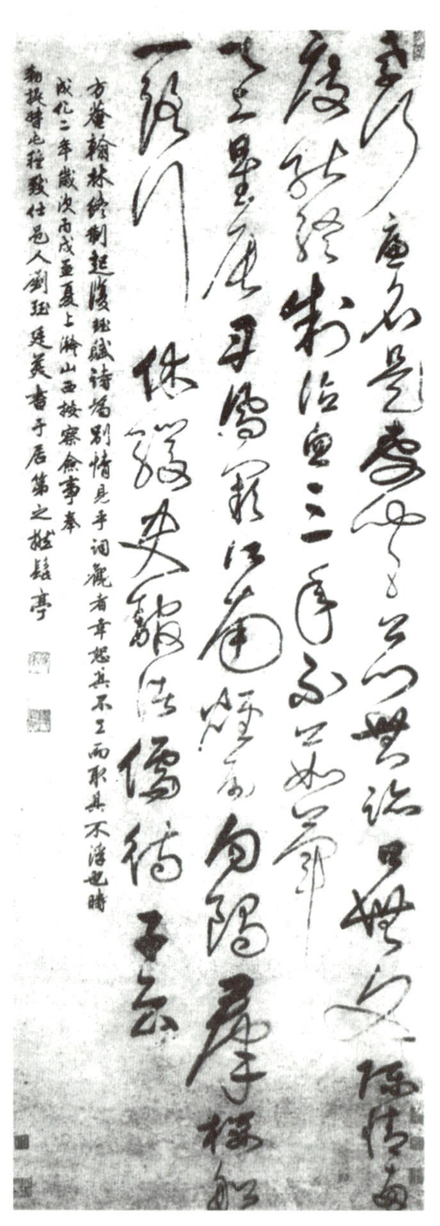

劉珏(明)〈自書詩軸〉

來鴻軒一首
諷詠空齋裏飛鴻隨我前啄我青田
粟浴我綠池泉孤鳴既念侶獨宿亦可
憐雖雖弟兄義爾爾羽毛鮮有弟重
興感清吟寫朱絃
惟寅高士有小軒名來鴻為余言嘗夜讀

倪瓚〈小楷書〉

吳寬(明)〈種竹詩卷〉

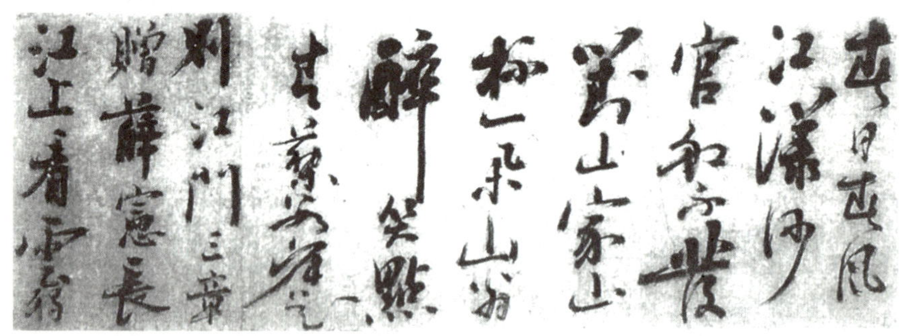

陳獻章(明)〈行書卷〉

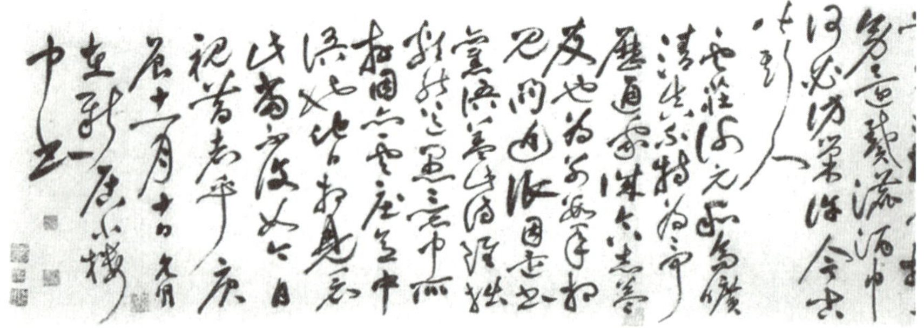

祝允明〈自書詩卷〉

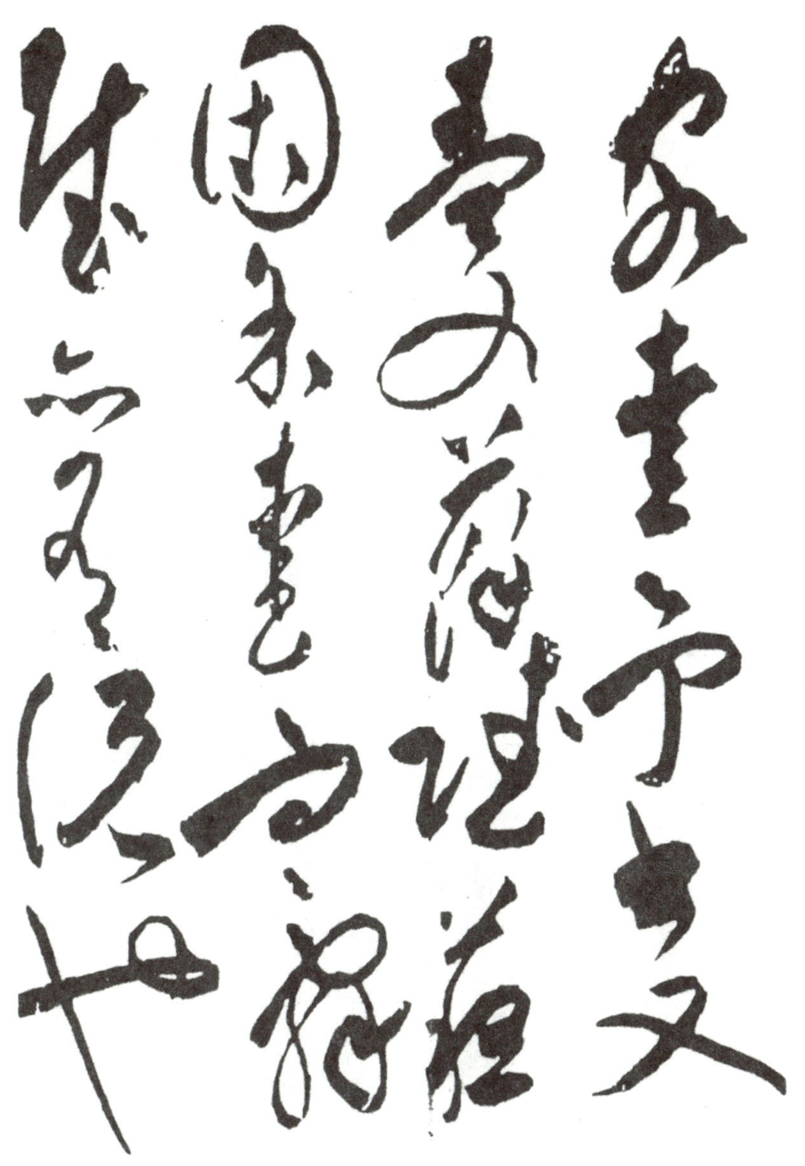

祝允明(明) 〈草書〉

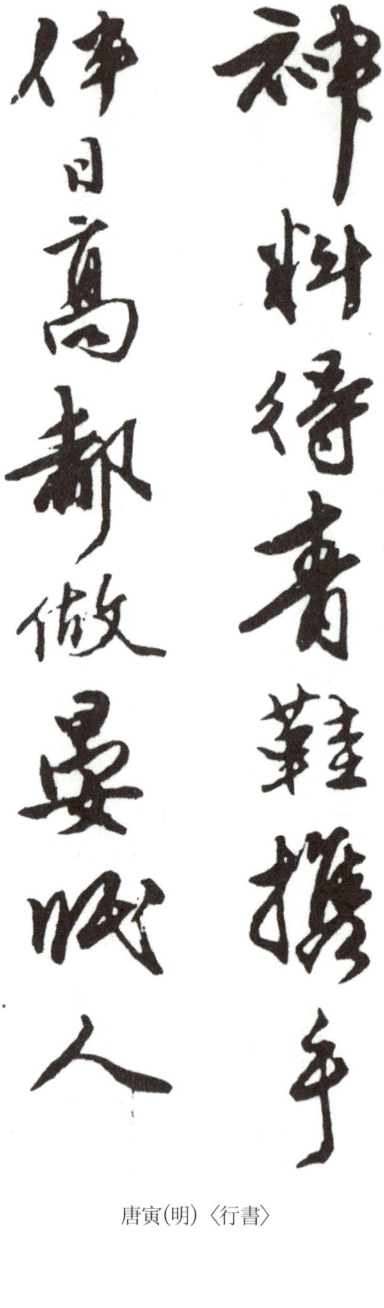

唐寅(明) 〈行書〉

唐寅〈七律二十一首卷〉

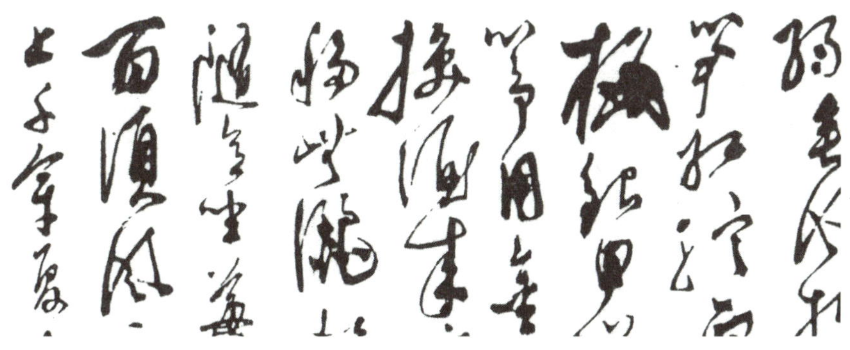

陳淳〈草書〉

文徵明(明)〈自書詩卷〉

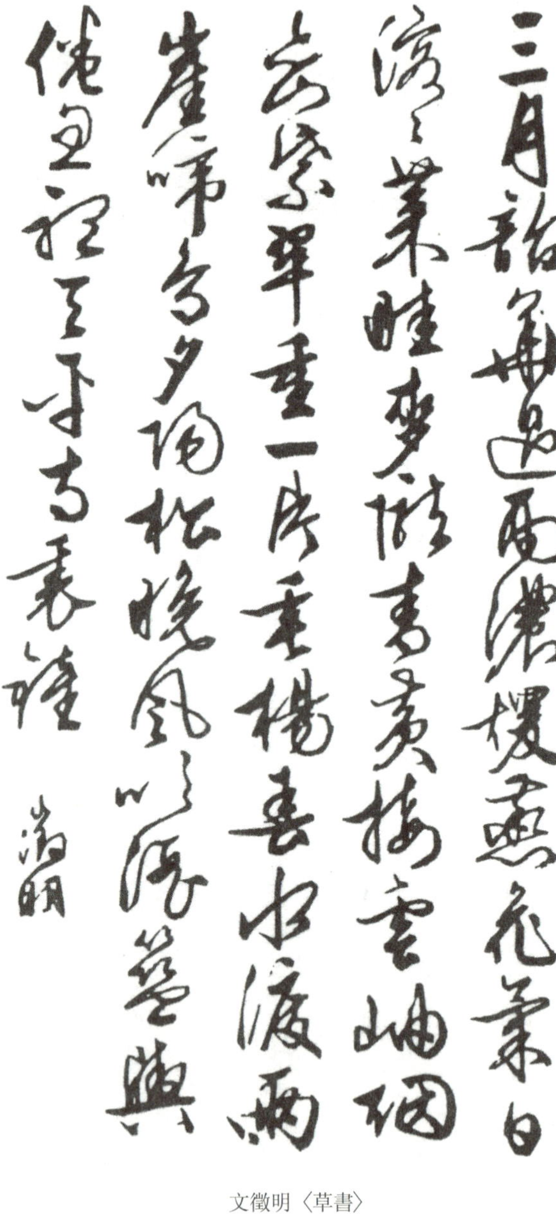

文徵明〈草書〉

離騷經
帝高陽之苗裔兮朕皇考曰伯庸攝提貞
於孟陬兮惟庚寅吾以降皇覽揆余於初
度兮肇錫余以嘉名名余曰正則兮字余
曰靈均紛吾既有此內美兮又重之以修
能扈江離與辟芷兮紉秋蘭以為佩汨余

文徵明〈離騷經〉

韓弊煩刑起翦頗牧用軍最精宣威沙漠馳譽丹青九
州禹蹟百郡秦幷嶽宗恒岱禪主云亭雁門紫塞雞田
赤城昆池碣石鉅野洞庭曠遠綿邈巖岫杳冥治本於
農務茲稼穡俶載南畝我藝黍稷稅熟貢新勸賞黜陟
孟軻敦素史魚秉直庶幾中庸勞謙謹敕聆音察理鑑
貌辨色貽厥嘉猷勉其祗植省躬譏誡寵增抗極殆辱
近恥林皋幸即兩疏見機解組誰逼索居閒處沉默寂

文徵明〈千字文〉

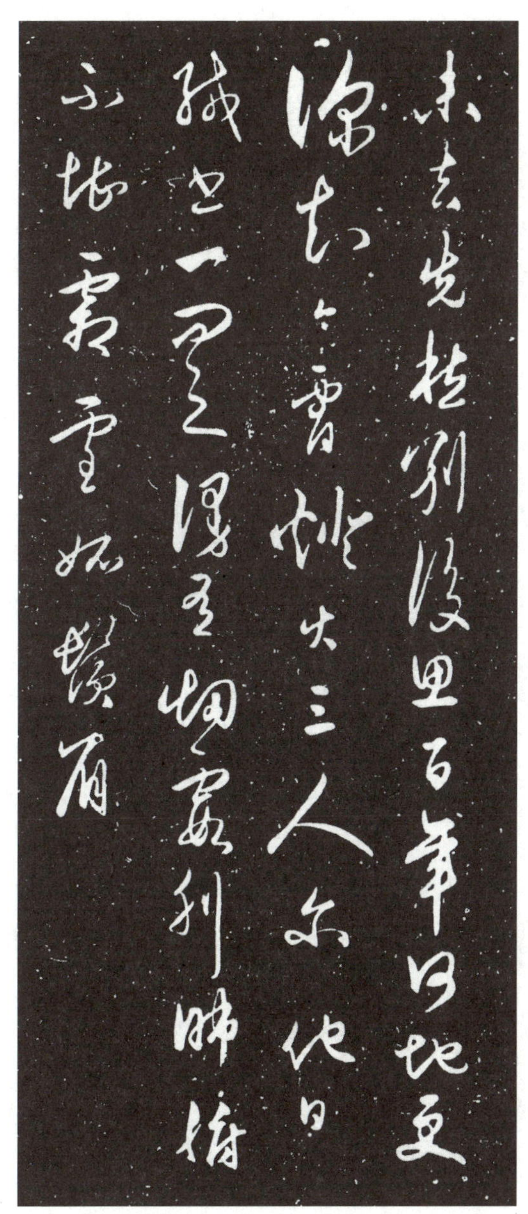

王陽明(明)〈龍江留別詩卷〉

姜立綱(明)〈咏易詩扇〉

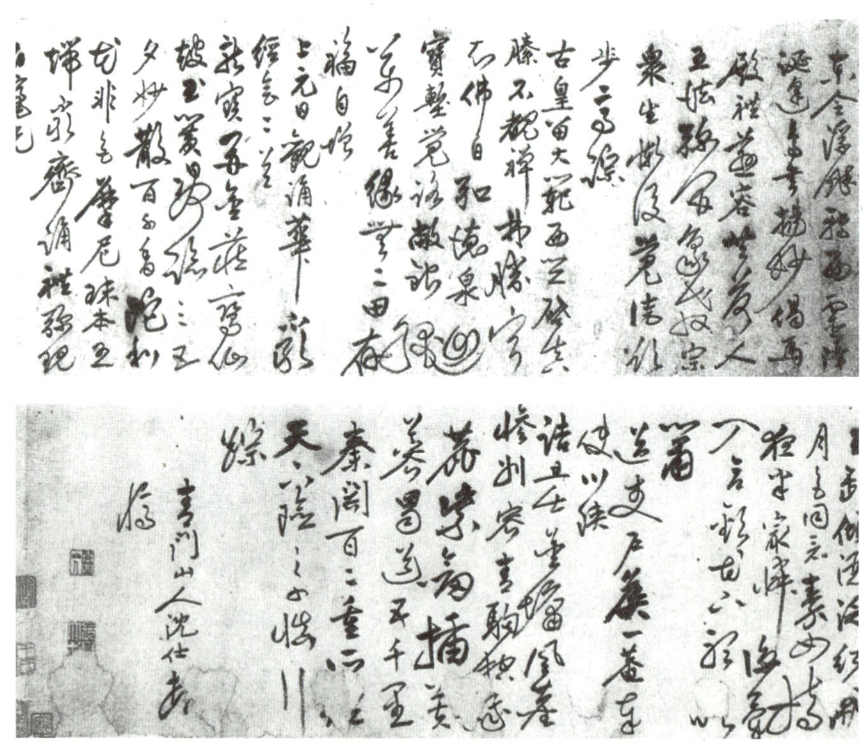

沈仕(明)〈自書詩卷〉

昔欲居南村非為卜
晨夕懷此頗有年今
足蔽牀席隣曲時〻

王寵(明)〈小楷書〉

王寵〈張華詩軸〉

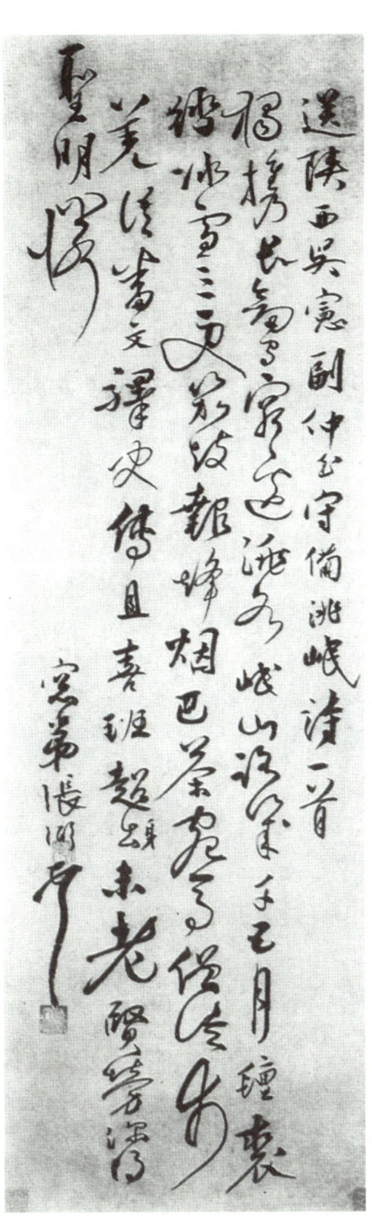

張弼(明) 〈草書詩軸〉

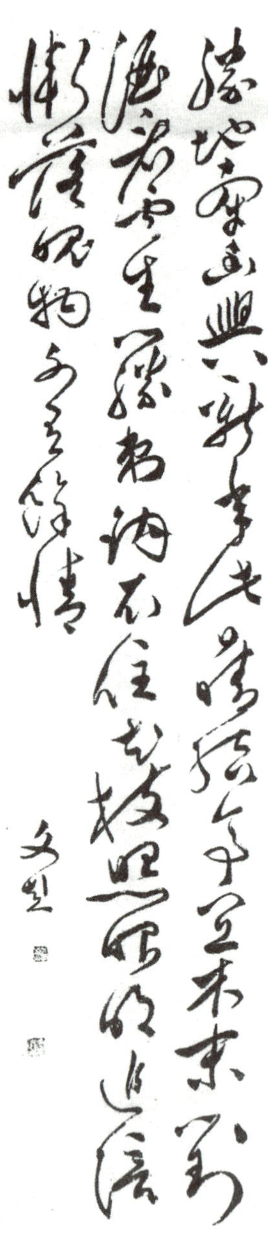

文彭(明) 〈五言詩軸〉

已矣且夫水之積也
不厚則負大舟也無
力覆杯水於坳堂
之上則芥為之舟置
杯焉則膠水淺而舟
大也風之積也不厚

豐坊(明) 〈逍遙游卷〉

吳承恩(明)〈草書詩扇〉

唐順之(明)〈行書詩扇〉

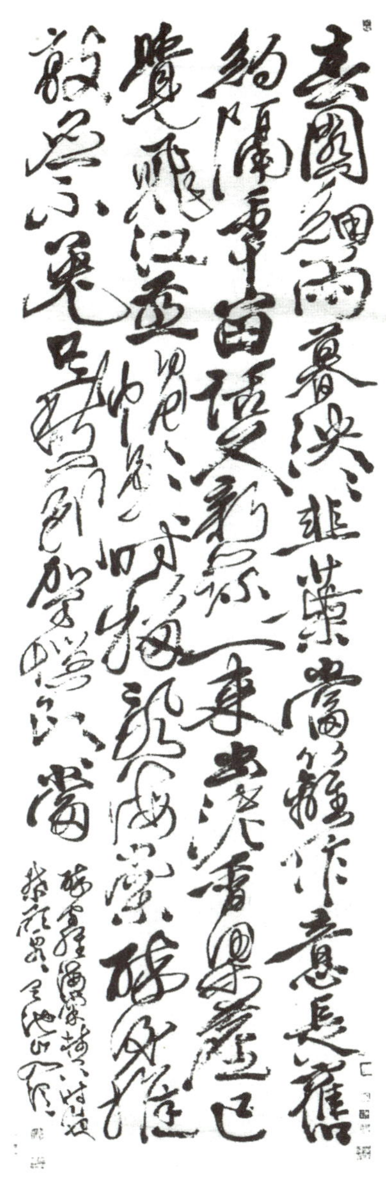

徐渭(明) 〈初試詩軸〉

西原驛路掛城頭客散江亭雨未休君去試看
汾水上白雲猶似漢時秋

邢侗書

邢侗〈行書〉

張瑞圖(明) 〈杜詩軸〉

張瑞圖〈草書〉

董其昌(明)〈行書詞軸〉

董其昌〈行書〉

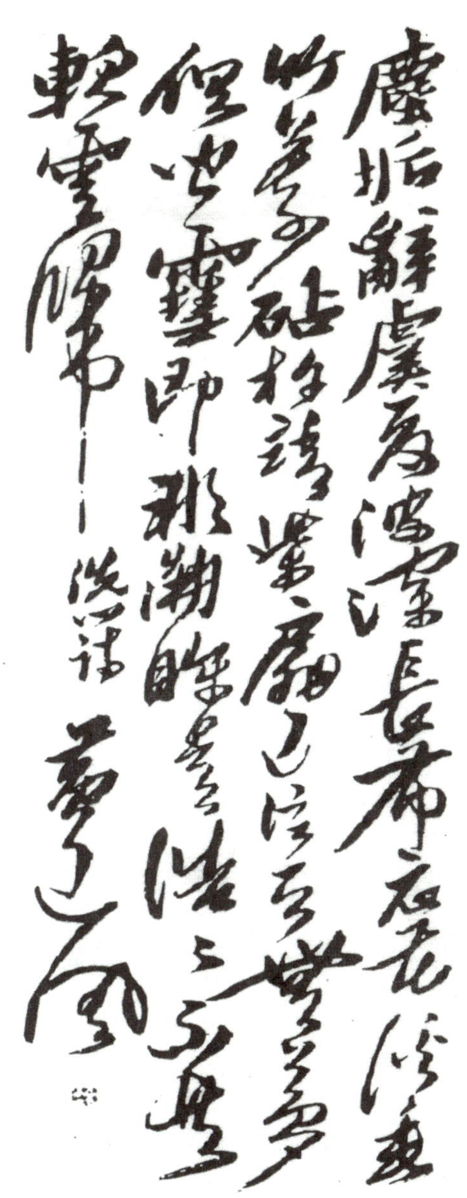

黃道周(明)〈草書〉

黄道周〈行書軸〉

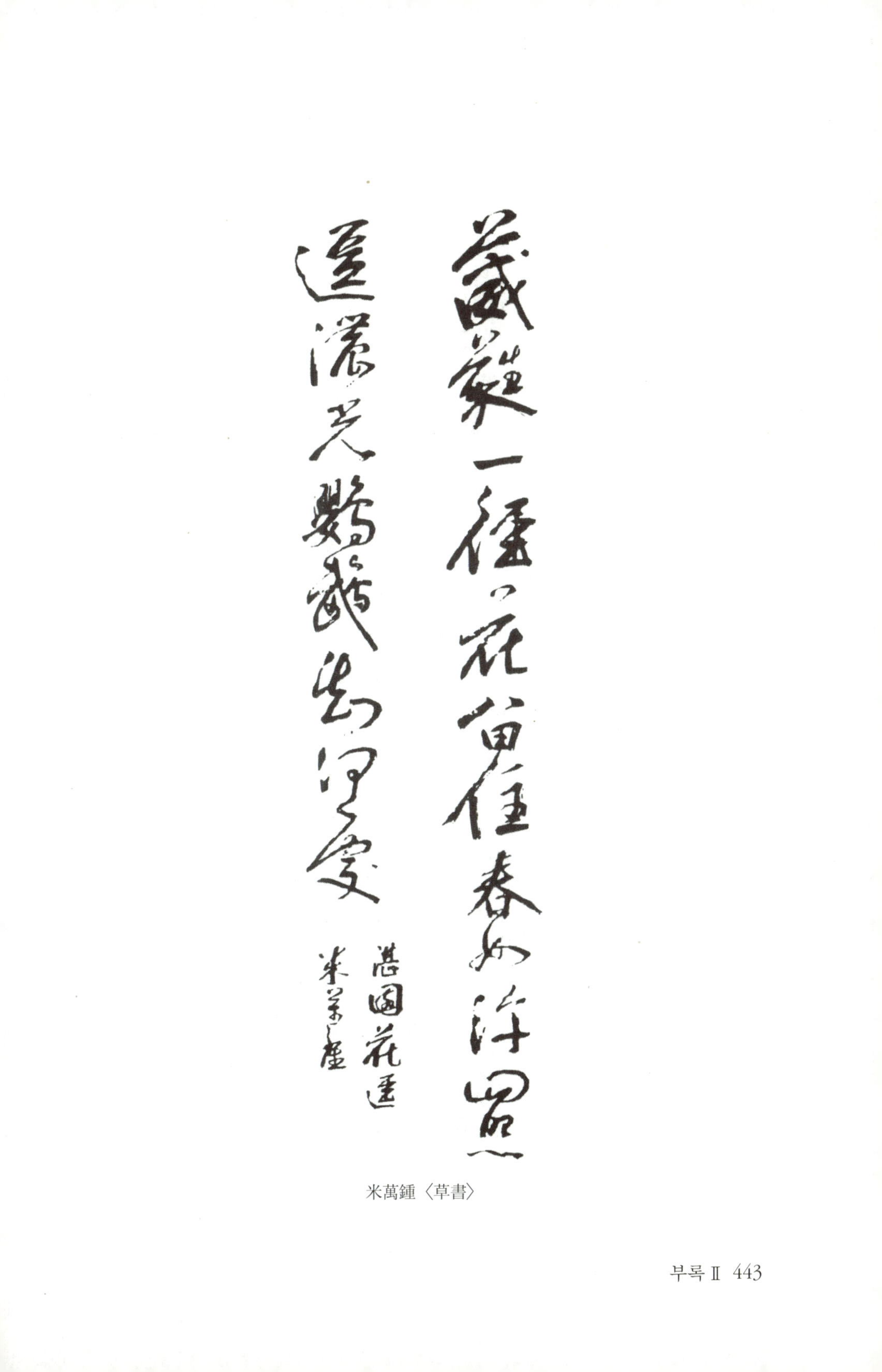

米萬鍾〈草書〉

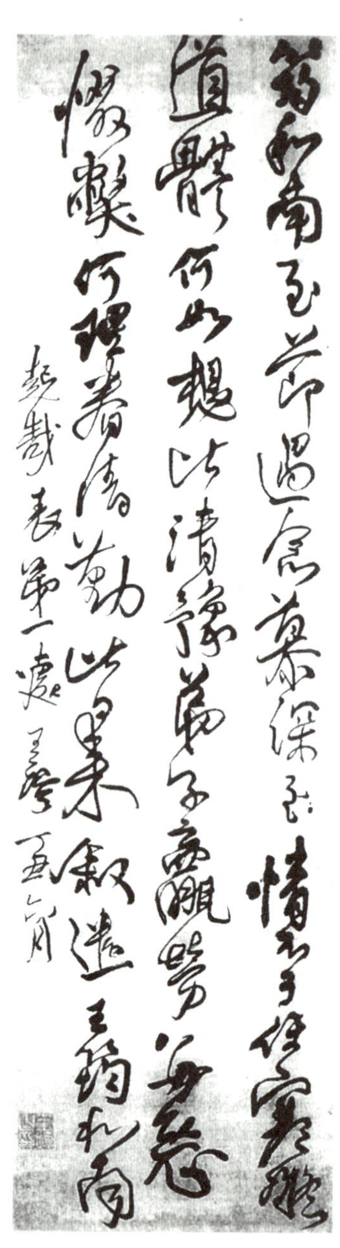

王鐸(淸) 〈臨晉人帖軸〉

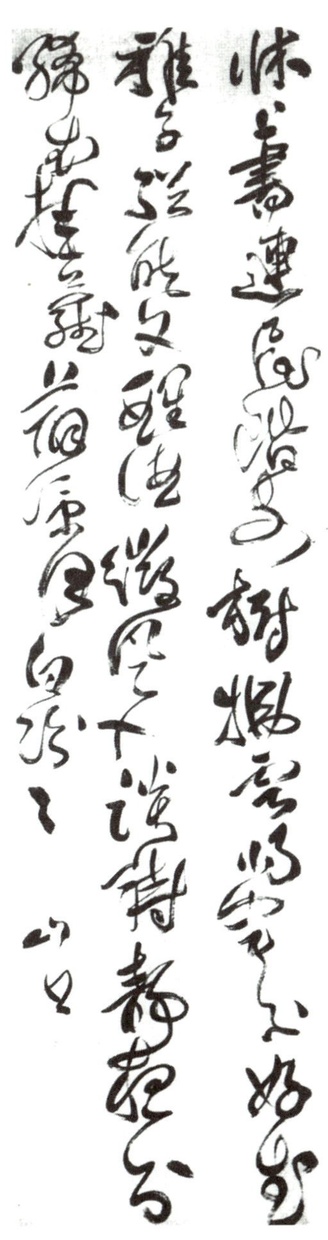

傅山(淸)〈草書詩軸〉

傅青主(淸)〈行草〉

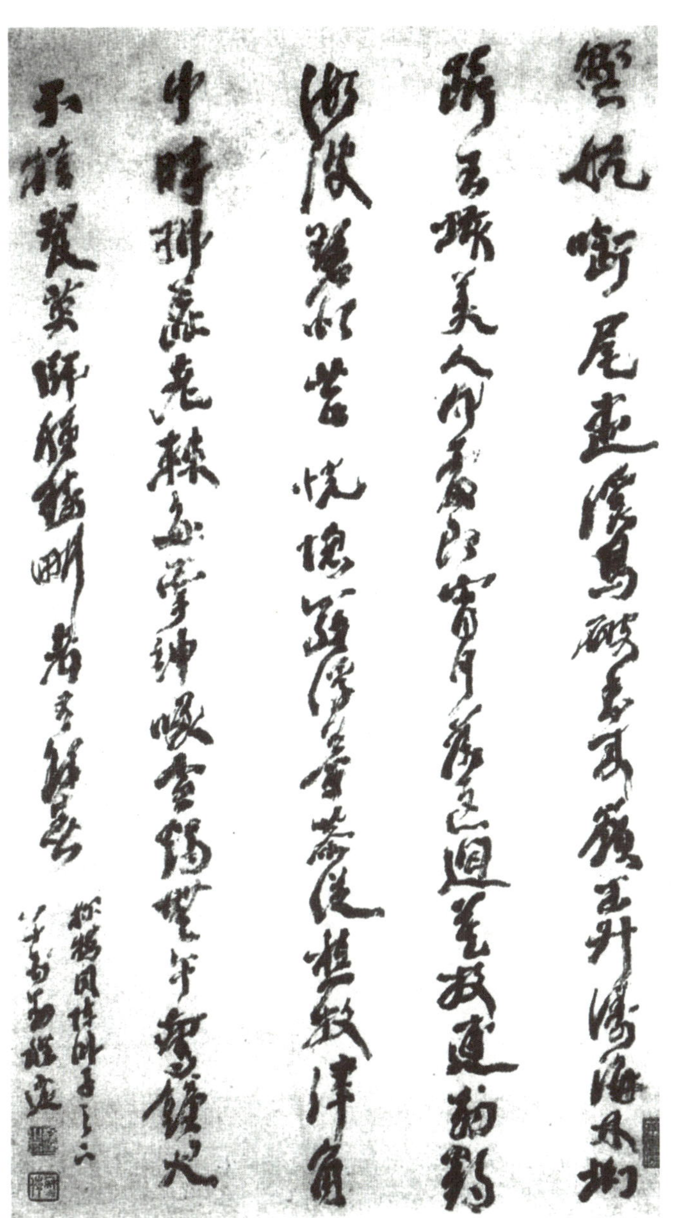

程邃(淸) 〈探梅詩軸〉

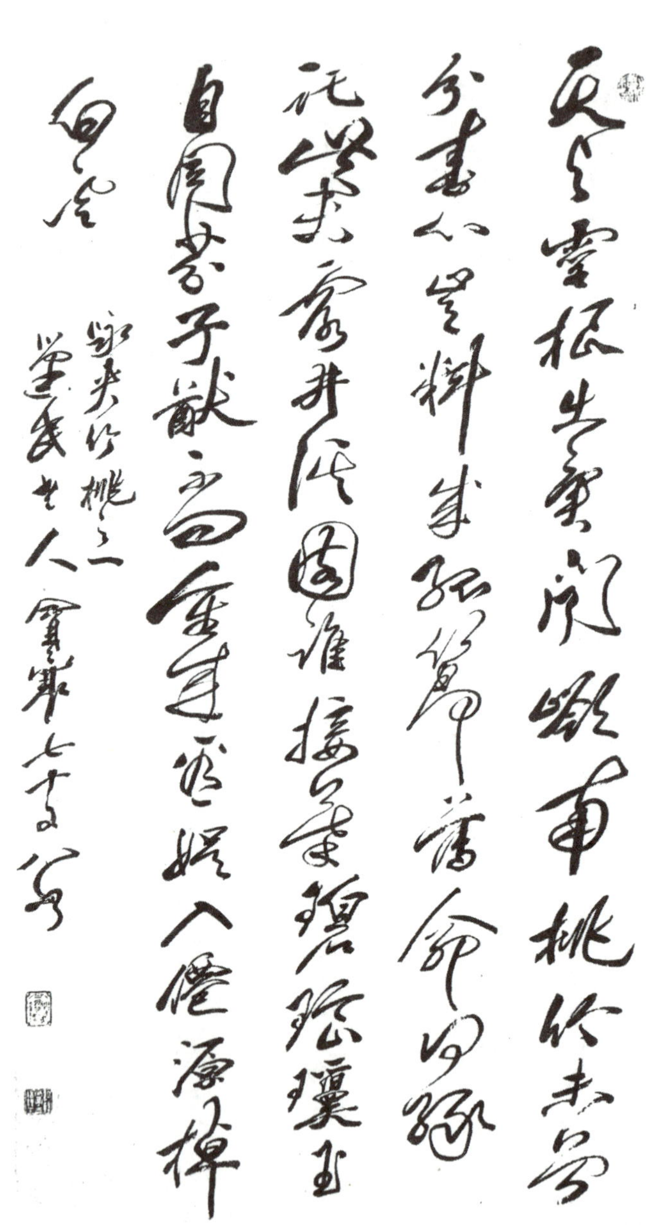

冒襄(淸) 〈行書詩軸〉

鄭簠(淸) 〈隸書詞軸〉

朱耷(淸)〈酒德頌卷〉

惲壽平(淸)〈題畫詩冊〉

四月五月天不晝風師雨師天不宥家家問水不觀天卻笑天公兩不究
雨深水塞路不通農不望耕市不貿人民畏雨不畏天只怪司天
瞀時候雨晴三日卅者興雨晴三日天不覆淮南三十六州埸千里洪
波傾水竇水來來謝雨晴雨去去交水授如此雨多無奈何何當又被
水之又沿途問驛往來希州城團崩莫救世間薪米喜者登世外
軫恤直難覲乾坤不發眼前瘡人民怎去心上肉昨宵夢入江湖寬
兩手恨與水相扣今朝池上望汪洋飛馬飛雲水上騰災祥不記踪
天心雨水不害楚天森請君試上蓬萊山海沸山移方能依舊
乙酉六月十六日雨後洪流千里直下淮揚兩郡俱成澤國
極目駭人難安心地歌此記之
大滌子極艸

石濤(清) 〈喜雨歌軸〉

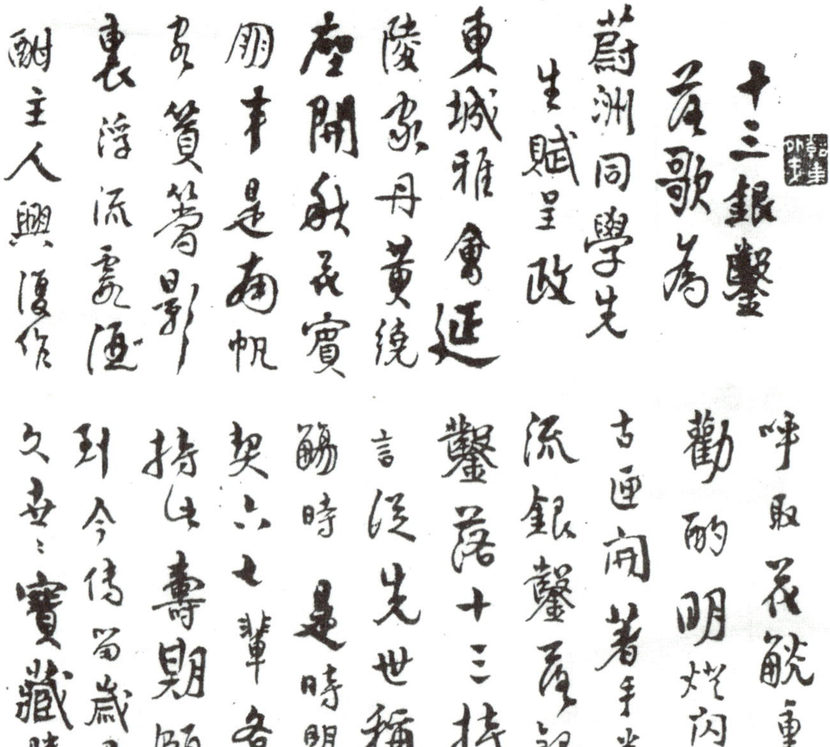

汪士愼(淸)〈十三銀鑿落歌卷〉

金農(淸) 〈漆書軸〉

金農〈隸書軸〉

周官外史掌三皇五帝之書春
秋傳所謂三墳五典是也前賢
謂皋夔稷卨所讀何書理實未
然黃帝顓頊之道在丹書武王
所以端冕而受於師尚父也少
皞之紀官夫子所以見剡子而
學者也孰謂無書可讀哉

澧

錢澧(淸) 〈楷書軸〉

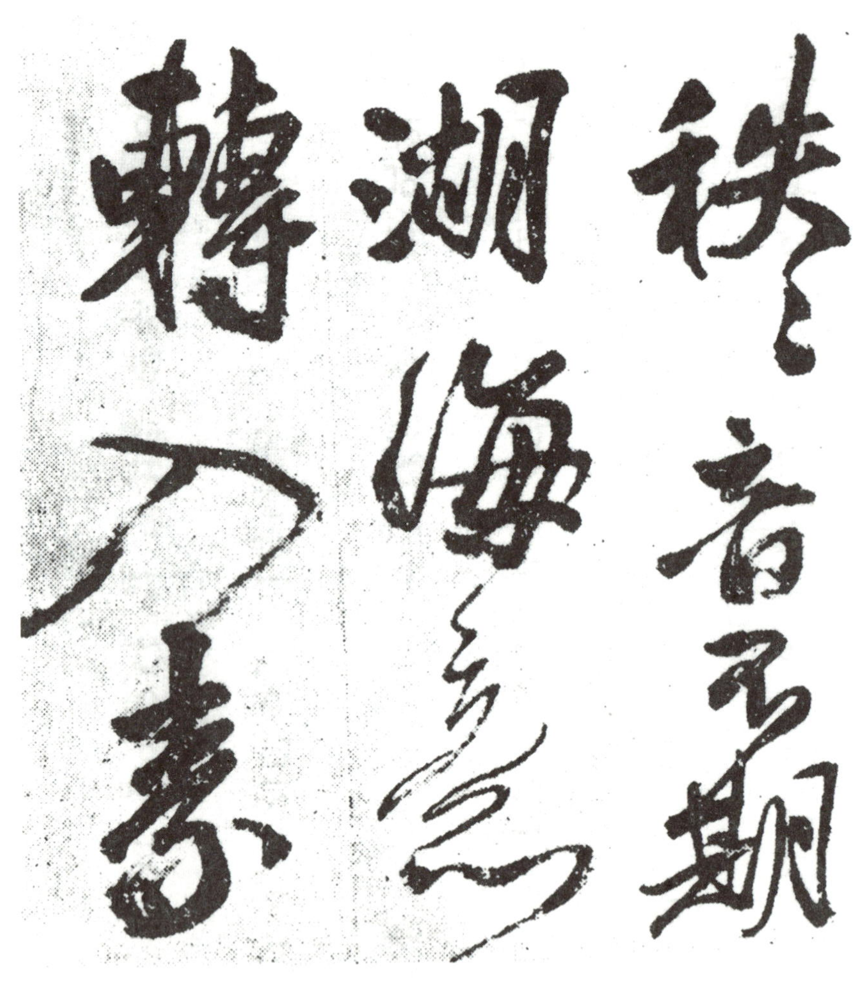

王鐸(淸) 〈詩卷〉

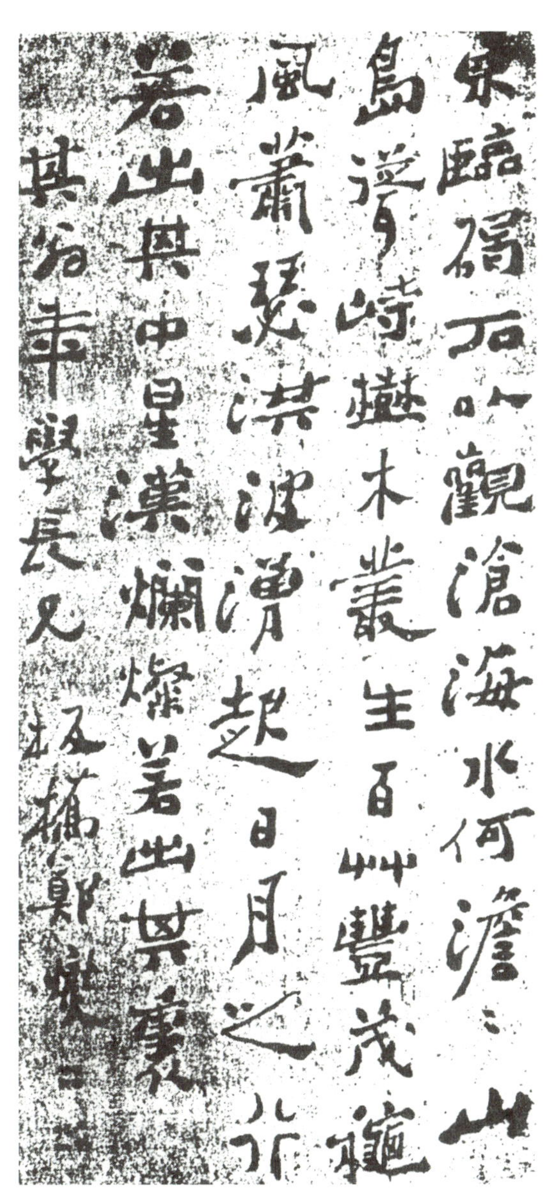

鄭燮(淸) 〈碣石文〉

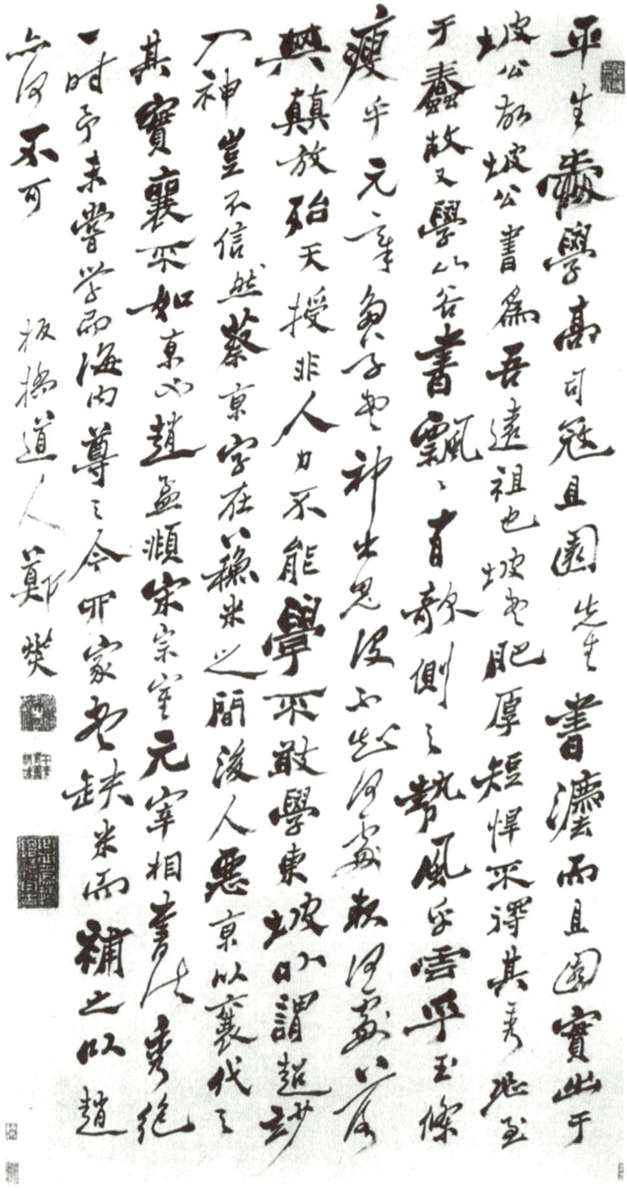

鄭燮〈論書軸〉

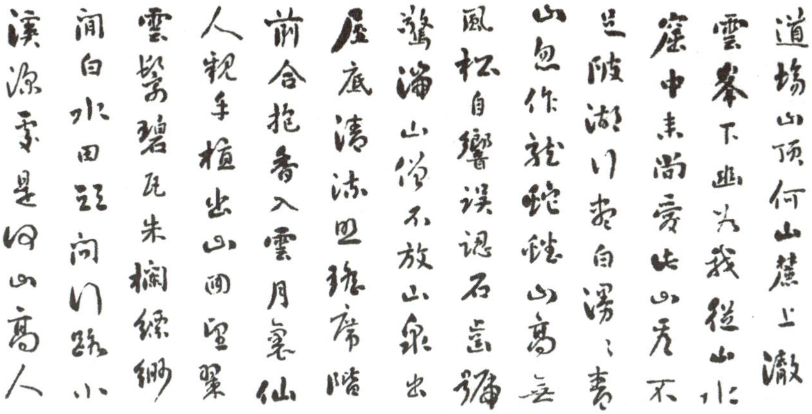

劉墉(淸)〈行書詩卷〉

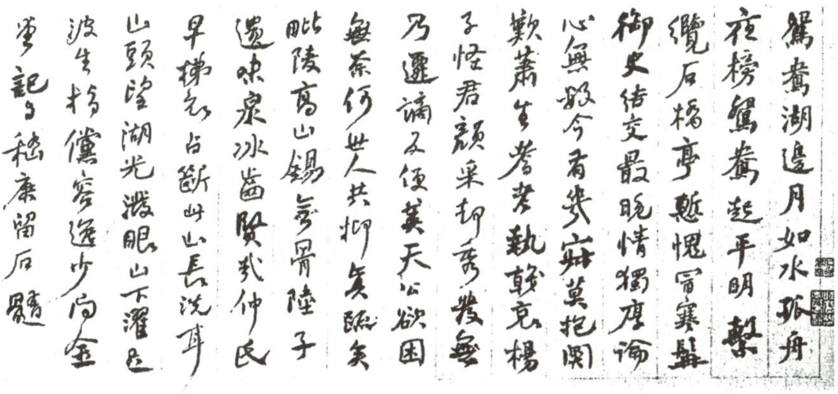

何紹基〈自書詩卷〉

芸鉏有益皆新獲
枕藉無窮是舊編

何紹基

何紹基〈芸鉏有益〉

泰山喬嶽以立身明鏡止水以居心青天白日以應事光風霽月以待人

蘊山二兄屬書 完白鄧石如

鄧石如(淸) 〈楷書軸〉

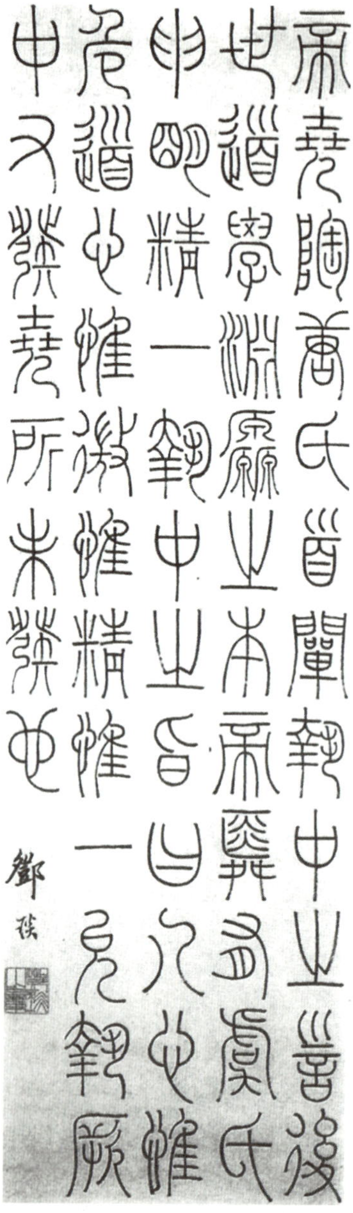

鄧石如〈篆書軸〉

伊秉綬(淸) 〈行書詩軸〉

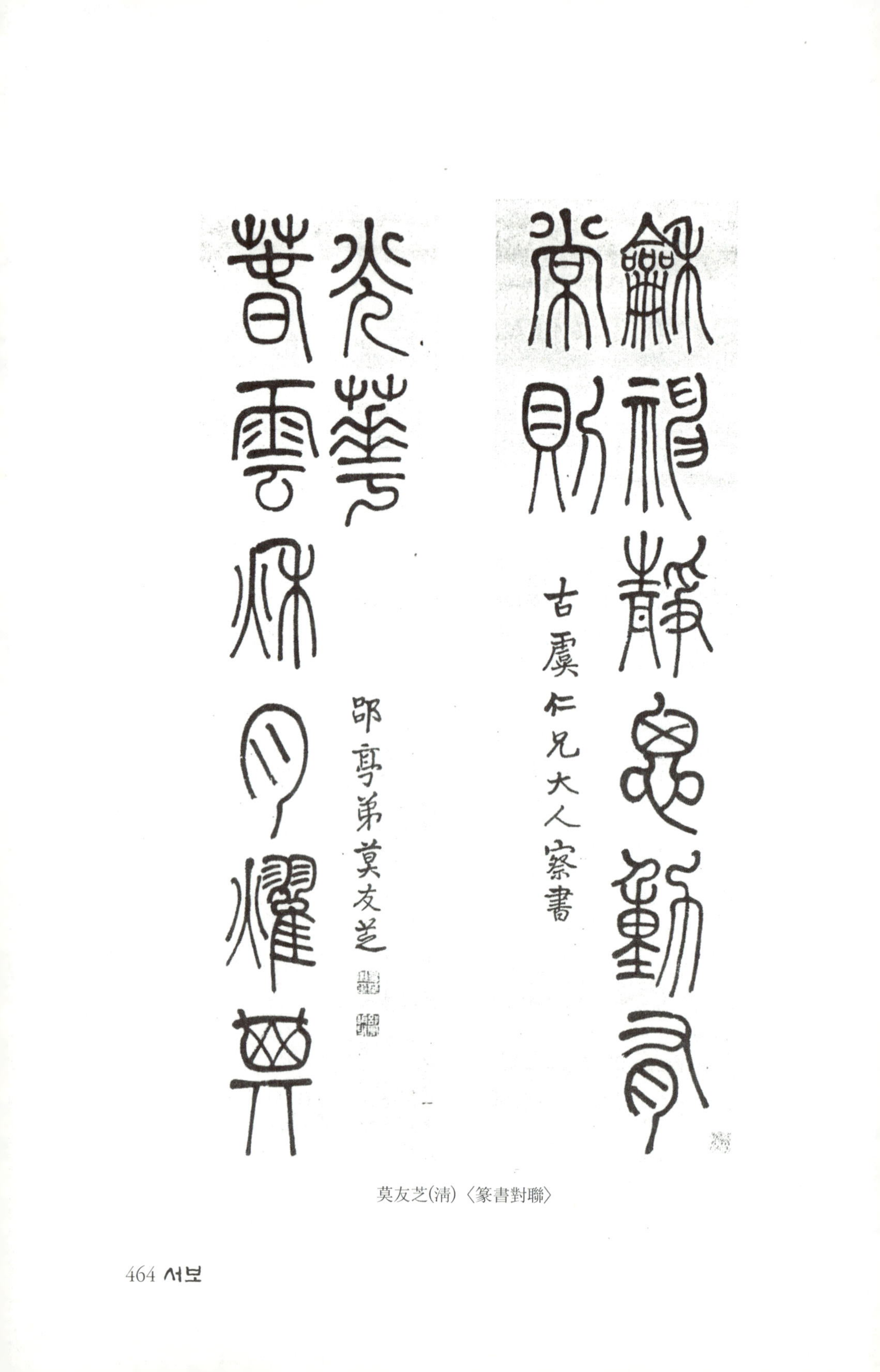

古虞仁兄大人察書

邵亭弟莫友芝

莫友芝(淸) 〈篆書對聯〉

張裕釗(淸)〈行書詩軸〉

古之利器吳楚湛盧大夏龍雀
名冠神都可以懷遠可以柔逋
如風靡草威服九區

水經河水注大夏龍雀
銘

趙之謙(淸) 〈隸書屛〉

翁方綱(淸) 〈論畫語軸〉

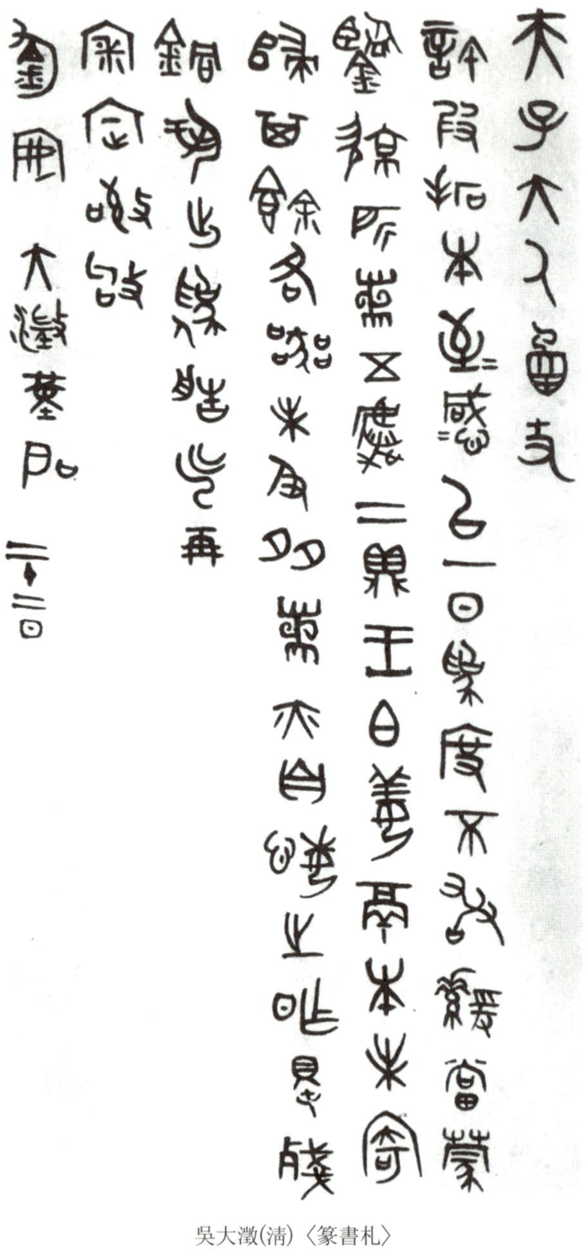

吳大澂(淸)〈篆書札〉

吳昌碩〈草書對聯〉

임동석중국사상100

서 보

書譜

부 록

孫過庭 撰 / 林東錫 譯註

임동석(茁浦 林東錫)

慶北 榮州 上茁에서 출생. 忠北 丹陽 德尙골에서 성장. 丹陽初中 졸업. 京東高 서울敎大 國際大 建國大 대학원 졸업. 雨田 辛鎬烈 선생에게 漢學 배움. 臺灣 國立臺灣師範大學 國文硏究所(大學院) 博士班 졸업. 中華民國 國家文學博士(1983). 建國大學校 敎授. 文科大學長 역임. 成均館大 延世大 高麗大 外國語大 서울대 등 大學院 강의. 韓國中國言語學會 中國語文學硏究會 韓國中語中文學會 會長 역임. 저서에《朝鮮譯學考》(中文)《中國學術槪論》《中韓對比語文論》. 편역서에《수레를 밀기 위해 내린 사람들》《栗谷先生詩文選》. 역서에《漢語音韻學講義》《廣開土王碑硏究》《東北民族源流》《龍鳳文化源流》《論語心得》〈漢語雙聲疊韻硏究〉 등 학술 논문 50여 편.

임동석중국사상100

서보 書譜

孫過庭 撰 / 林東錫 譯註

1판 1쇄 발행/2012년 2월 20일

발행인 고정일

발행처 동서문화사

창업 1956. 12. 12. 등록 16-3799

서울강남구신사동563-10 ☎546-0331~6 (FAX)545-0331

www.dongsuhbook.com

잘못 만들어진 책은 바꾸어 드립니다.

*

*

사업자등록번호 211-87-75330

ISBN 978-89-497-0703-7 04080

ISBN 978-89-497-0542-2 (세트)

부록 Ⅲ

四庫全書(文淵閣本) 原文 影印

《書譜》

唐, 孫過庭(撰)

欽定四庫全書

書譜

唐　孫過庭　撰

夫自古之善書者漢魏有鍾張之絶晉末稱二王之妙
王羲之云頃尋諸名書鍾張信為絶倫其餘不足觀可
謂鍾張亡(改作云)沒而羲獻繼之又云吾書比之鍾張鍾
當抗行或謂過之張草猶當鴈行然張精熟池水盡墨
假令寡人耽之若此未必謝之此乃推張邁鍾之意也

考其專擅雖未果於前規摭以兼通故無慚於即事評
者云彼之四賢古今特絶而今不逮古古質而今妍夫
質以代興妍以俗易雖書契之作適以記言而淳醨一
遷質文三變馳騖沿革物理常然貴能古不乖時今不
同弊所謂文質彬彬然後君子何必易雕宮於穴處反
玉輅於椎輪者乎又云子敬之不及逸少猶逸少之不
及鍾張意者以為評得其綱紀而未詳其始卒也且元
常專工於隷書百英猶(改作尤)精於草體彼之一美而逸

少兼之擬草則餘真比真則長草雖專工小劣而博涉
多優總其終始匪無乖互謝安素善尺牘而輕子敬之
書子敬嘗作佳書與之謂必存録安輒題後答之甚以
為恨安嘗問子敬卿書何如右軍答云故當勝安云物論
殊不爾子敬又答時人那得知子敬雖權以此辭折安所
鑒自稱勝父不亦過乎且立身揚名事資尊顯勝母之
里曾參不入以子敬之豪翰紹右軍之筆札雖復粗傳
楷則實恐未克箕裘況乃假託神仙耻崇家範以斯成

學孰愈面牆後羲之往都臨行題壁子敬密拭除之輒
書易其處私為不惡羲之還見乃嘆曰吾去時真大醉
也敬乃内慚是知逸少之比鍾張則專博斯別子敬之
不及逸少無惑(改作或)疑焉余志學之年留心翰墨味鍾
張之餘烈挹羲獻之前規極慮專精時逾二紀有乖入
木之術無間臨池之志觀夫懸針垂露之異奔雷墜石
之奇鴻飛獸駭之資鸞舞蛇驚之態絶岸頹峰之勢臨
危據槁之形或重若崩雲或輕如蟬翼導之則泉注頓

之則山安纖纖乎似初月之出天涯落落乎猶衆星之列河漢同自然之妙有非力運之能成信可謂志(改作智)巧兼優心手雙暢翰不虛動下必有由一畫之間變起伏於鋒杪一點之内殊衂(一作衄)挫於毫芒況云積其點畫乃成其字曾不傍窺尺牘俯習寸陰引班超以為辭援項籍而自滿任筆為體聚墨成形心昏擬效之方手迷揮運之理求其妍妙不亦謬哉然君子立身務修其本揚雄謂詩賦小道壯夫不為況復溺思豪釐淪精翰

墨者也夫潛神對奕猶標坐隱之名樂志垂綸尚體行藏之趣詎若功定禮樂妙擬神仙猶埏埴之罔窮與工鑪而並運好異尚奇之士翫體勢之多方窮微測妙之夫得推移之奥賾著述者假其糟粕藻鑒者挹其菁華固義理之會歸信賢達之兼善者矣存精寓賞豈徒然與而東晉士人互相陶淬至於王謝之族郗庾之倫縱不盡其神奇咸亦挹其風味去之滋永斯道逾微方復聞疑稱疑得末行末古今阻絕無所質問設有所會緘

秘已深遂令學者茫然莫知領要徒見成功之美不悟所致之由或乃就分布於累年向規矩而猶遠圖真不悟習草將迷假令薄能(改作解)草書麤傳隸法則好溺偏固自闕(改作閡)通規詎知心手會歸若同源而異派轉用之(闕改作術)猶共樹而分條者乎加以趨變適時行書為要題勒方幅真乃居先草不兼真殆於專謹真不通草殊非翰札真以點畫為形質使轉為情性草以點畫為情性使轉為形質草乖使轉不能成字真虧點畫猶可

記文迴互雖殊大體相涉故亦傍通二篆俯貫八分包括篇章涵泳飛白若毫釐不察則胡越殊風者焉至如鍾繇隸奇張芝草聖此乃專精一體以致絶倫伯英不真而點畫狼藉元常不草使轉縱橫自兹已降不能兼善者有所不逮非專精也雖篆隸草章工用多變濟成厥美各有攸宜篆尚婉而通隸欲精而密草貴流而暢章務檢而便然後凜之以風神溫之以妍潤鼓之以枯勁和之以閑雅故可達其情性形其哀樂驗燥濕之殊

節千古依然體老壯之異時百齡俄頃嗟乎不入其門詎窺其奧者也又一時而書有乖有合合則流媚乖則彫踈略言其由各有其五神怡務閒一合也感惠徇知二合也時和氣潤三合也紙墨相發四合也偶然欲書五合也心遽體留一乖也意違勢屈二乖也風燥日炎三乖也紙墨不稱四乖也情怠手闌五乖也乖合之際優劣互差得時不如得器得器不如得志若五乖同萃思遏手蒙五合交臻神融筆暢暢無不適蒙無所從當仁者得意忘言罕陳其要企學者希風叙妙雖述猶踈徒立其工未敷厥旨不揆庸昧輒効所明庶欲弘既往之風規導將來之器識除繁去濫覩迹明心者焉代有筆陣圖七行中畫執筆圖手貌乖舛點畫湮訛頃見南北流傳疑是右軍所製雖則未詳真偽尚可發啓童蒙既常俗所存不藉編録至於諸家勢評多涉浮華莫不外狀其形内迷其理今之所撰亦無取焉若乃師宜官之高名徒彰史牒邯鄲淳之令範空善繼緗暨乎崔

杜以來蕭羊已往代祀綿遠名氏滋繁或藉甚不渝人亡業顯或憑附增價身謝道衰加以糜蠹不傳搜秘將盡偶逢緘賞時亦罕窺優劣紛紜殆難覼縷其有顯聞當代遺跡見存無俟抑揚自標先後且六文之作肇自軒轅八體之興始於嬴政其來尚矣厥用斯弘但今古不同妍質懸隔既非所習又亦略諸復有龍蛇雲露之流龜鶴花英之類乍圖真於率爾或寫瑞於當年巧涉丹青工虧翰墨異夫楷式非所詳焉代傳羲之與子敬筆勢論十章文鄙理踈意乖言拙詳其旨趣殊非右軍且右軍位重才高調清詞雅聲塵未泯翰牘仍存觀夫致一書陳一事造次之際稽古斯在豈有貽謀令嗣道叶義方章則頓虧一至於此又云與張伯英同學斯乃更彰虛誕若指漢末伯英時代全不相接必有晉人同號史傳何其寂寥非訓非經宜從棄擇夫心之所達不易盡於名言言之所通尚難形於紙筆粗可髣髴其狀綱紀其辭冀酌希夷取會佳境闕而未逮請俟將來今

撥執使轉用之由以祛未悟執謂深淺長短之類是也使謂縱橫牽掣之類是也轉謂鉤鐶盤紆之類是也用謂點畫向背之類是也方復會其數法歸於一途編列衆工錯綜羣妙舉前人之未及啓後學於成規窮其根源析其枝派貴使文約理贍迹顯心通披卷可明下筆無滯詭辭異說非所詳焉然今之所陳務裨學者但右軍之書代多稱習良可據為宗匠取立指歸豈惟會古通今亦乃情深調合至(改作致)使摹搨日廣研習歲滋先

後著名多從散落歷代孤紹非其效歟試言其由略陳數意止如樂毅論黃庭經東方朔畫讚太史箴蘭亭集序告誓文斯並代俗所傳真得(改作行)絕致者也寫樂毅則情多怫鬱書畫讚則意涉瓌奇黃庭經則怡懌虛無太師箴又從橫爭折暨乎蘭庭(改作亭)興集思逸神超私門誡誓情拘意(改作志)慘所謂涉樂方笑言哀已歎豈惟馳想流波將貽嘽緩之奏馳神睢渙方思藻繪之文雖其目擊道存尚或心迷議舛莫不强名為體共習分區

豈知情動形言取會風騷之意陽舒陰慘本乎天地之心既失其情理乖其實原夫所致安有體哉夫運用之方雖由己出規模所設信屬目前差之一毫失之千里苟知其術適可兼通心不厭精手不忌(改作忘)熟若運用盡於精熟規矩闇於胸襟自然容與徘徊意先筆後瀟(改作蕭)灑流落翰逸神飛亦猶弘羊之心預乎無際庖丁之目不見全牛嘗有好事就吾求習吾乃粗舉綱要隨而受(改作授)之無不心悟手從言忘意得縱未窮於

衆術斷可極於所臨矣若思通楷則少不如老學成規矩老不如少思則老而逾妙學乃少而可勉勉之不已抑有三時時然一變極其分矣至如初學分布但求平正既知平正務追險絕既能險絕復歸平正初謂未及中則過之後乃通會之際人書俱老仲尼云五十知命也七十從心故以達夷險之情體權變之道亦猶謀而後動動不失宜時然後言言必中理矣是以右軍之書末年多妙當緣思慮通審志氣和平不激不厲而風規

自遠子敬已下莫不劝改作鼓努為力標置成體豈獨工
用不侔亦乃神情懸隔者也或有鄙其所作或乃矜其
所運自矜者將窮性域絕於誘進之途自鄙者尚屈情
涯必有可通之理嗟呼蓋有學而不能未有添不字學而
能者也考之即事斷可明焉然消息多方情性不一乍
剛柔以合體忽勞逸以改作而分驅或恬憺雍容内涵筋
骨或折挫槎枿外曜鋒芒察之者尚精擬之者貴似況
擬不能似察不能精分布猶疎形骸未檢濯改作躍泉之

態未覩其妍窺井之談已聞其醜縱欲唐突羲獻誣罔
鍾張安能掩當年之目杜將來之口慕習之輩尤宜慎
諸至有未悟淹留偏追勁疾不能迅速飜效遲重夫勁
速者超逸之機遲留者賞會之致將反其速行臻會美
之方專溺於遲終爽絕倫之妙能速不速所謂淹留因
遲就遲詎名賞會非夫心閑手敏難以兼通者焉假令
衆妙攸歸務存骨氣骨既存矣而遒潤加之亦猶枝幹
改作榦扶疎淩霜雪而彌勁花葉鮮茂與雲日而相暉如

其骨力偏多遒麗蓋少則若枯槎架險巨石當路雖妍
媚之改作云闕而體質存焉若遒麗居優骨氣將劣譬夫
芳草落蘂空照灼而無依蘭沼漂萍徒青翠而奚託是
知偏工易就盡善難求雖學宗一家而變成多體莫不
隨其性欲便以為姿質直者則徑挺不遒剛佷者又倔
强無潤矜斂者弊於拘束脱易者失於規矩温柔者傷
於軟緩躁勇者過於剽迫狐疑者溺於滯澁遲重者終
於蹇鈍輕鎖者誶改作淬於俗吏斯皆獨行之士偏翫所

乖易曰觀乎天文以察時變觀乎人文以化成天下況
書之為妙近取諸身假令運用未周尚虧工於秘奥而
波瀾之際已濬發於靈臺必能傍通點畫之情博究始
終之理鎔鑄虫改作蟲篆陶鈞草隸體五材之並用儀形
不極象八音之迭起感會無方至若數畫並施其形各
異衆點齊列為體互乖一點成一字之規一字乃終篇
之準違而不犯和而不同留不常遲遣不恒疾帶燥方
潤將濃遂枯泯規矩於方圓遁鉤繩之曲直乍顯乍晦

若行若藏窮變態於毫端合情調於紙上無間心手忘懷楷則自可背羲獻而無失違鍾張而尚工譬夫絳樹青琴殊姿共艷隋珠和璧異質同妍何必刻鶴圖龍竟慙真體得魚獲兔猶恡筌蹄同(改作閒)夫家有南威之容乃可論於淑媛有龍泉之利然後議於斷割語過其分實累樞機吾嘗盡思作書謂為甚合時稱識者輒以引示其中巧麗曾不留目或有誤失翻被嗟賞既昧所見尤喻所聞或以年識(一作職)自高輕至(改作致)陵誚余乃假

欽定四庫全書　書譜　十一

之以緗縹題之以古目則賢者致(改作改)觀愚者(改作夫)繼聲競賞(改作夸)毫末之奇罕議鋒端之失猶惠侯之好偽似葉公之懼真是知伯子之息流波蓋有由矣夫蔡邕不謬賞孫陽不妄顧者以其玄鑒精通故不滯於耳目也向使奇音在爨庸聽驚其妙響逸足伏櫪凡識知其絕羣則伯喈不足稱伯樂未可尚也至若老姥遇題扇初怨而後請門生獲書机父削而子懊知之(改作與)不知也夫士屈於不知己而伸於知己彼不知也曷足怪乎

故莊子曰朝菌不知晦朔蟪蛄不知春秋老子云下士聞道大笑之不笑之則不足以為道也豈可執氷而咎夏虫(改作蟲)哉自漢魏以(改作已)來論書者多矣妍蚩雜揉條目糺紛或重述舊章了不殊於既往或苟興新說竟無益於將來徒使繁者彌繁闕者仍闕令(改作今)撰為六篇分成兩卷第其工用名曰書譜庶使一家後進奉以規模四海知音或存觀省緘秘之旨余無取焉

欽定四庫全書　書譜　十二

書譜

《書斷》

唐, 張懷瓘(撰)

欽定四庫全書

子部

書斷卷上至下

詳校官監察御史臣邱庭漋

編修臣裴謙覆勘

總校官知縣臣繆琪

校對官中書臣秦瀛

謄錄監生臣孫震

書斷 藝術類一 書畫之屬

提要

臣等謹案書斷三卷唐張懷瓘撰是書唐書藝文志著錄稱懷瓘於開元中為翰林供奉竇蒙述書賦注則云懷瓘海寧人鄂州司馬與志不同然述書賦張懷瓌條下又注云懷瓌懷瓘弟盛王府司馬兄弟並翰

林待詔則與志相合葢嘗為鄂州司馬終於翰林供奉二書各舉其一官爾所錄皆古今書體及能書人名上卷列古文大篆籀文小篆八分隸書章草行書飛白草書十體各述其源流繫之以贊末為總論一篇中卷下卷分神妙能三品每品各以體分凡神品二十五人除各體重複得十二人妙品九十八人除各體重複得三十九人能品一百七人除

各體重複得三十五人前列姓名後為小傳
傳中附錄又三十八人其紀述頗詳評論亦
允張彥遠法書要錄全載其文益當代以為
精鑒矣乾隆四十六年四月恭校上
總纂官臣紀昀臣陸錫熊臣孫士毅
總校官臣陸費墀

欽定四庫全書

書斷卷上

唐 張懷瓘 撰

昔庖犧氏畫卦以立象軒轅氏造字以設教至於堯
舜之世則煥乎有文章其後盛於商周備夫秦漢固
夫所由遠矣文章之為用必假乎書書之為徵期合
乎道故能發揮文者莫近乎書若乃思賢哲于千載
覽陳迹于縑簡謀猷在覿作事粲然言察深衷使百

代無隱斯可尚也及夫身處一方含情萬里標拔志
氣黼藻精靈披封覩迹欣如會面又可樂也爾其初
之微也蓋因象以曈曨眇不知其變化範圍無體應
會無方考沖漠以立形齊萬殊而一貫合冥契吸至
精資運動於風神頤浩然於潤色爾其終之彰也流
芳液於筆端忽飛騰而光赫或體殊而勢接若雙樹
之交葉或區分而氣運似兩井之通泉麻蔭相扶津
澤潛應離而不絕曳獨繭之絲卓爾孤標竦危峰之

石龍騰鳳翥若飛若驚電烻爗爗離披爛熳翕如雲
布曳若星流朱焰綠烟乍合乍散飄風驟雨雷怒霆
激呼吁可駭也信足以張皇當世軌範後人矣至若
磔髦竦骨裨短截長有似夫忠臣抗直補過匡主之
節也矩折規轉卻密就踈有似夫孝子承順慎終思
遠之心也耀質含章或柔或剛有似夫哲人行藏知
進知退之行也固其發迹多端觸變成態或分鋒各
讓或合勢交侵亦猶五常之與五行雖相尅而相生

亦相反而相成豈物類之能象賢實則微妙而難名
詩云鼓鐘欽欽鼓瑟鼓琴笙磬同音是之謂也使夫
觀者玩迹探情循由察變運思無已不知其然瓌寶
盈矚坐啟東山之府明珠曜掌頓傾南海之資雖彼
迹已緘而遺情未盡心存目想欲罷不能非夫妙之
至者何以及此且其學者察彼規模采其玄妙技由
心付暗以目成或筆下始思困於鈍滯或不思而製
敗於脫略心不能授之於手手不能受之於心雖自

已而可求終杳茫而無獲又可怪矣及夫意與靈通
筆與冥運神將化合變出無方雖龍伯挈鼇之勇不
能量其力雄圖應籙之帝不能抑其高幽思入于毫
間逸氣彌於宇內鬼出神入追虛捕微則非言象筌
蹄所能存亡也夫幼童而守一藝白首而後能言固
不可恃才曜識以為率爾可知也且知之不易得之
有難千有餘年數人而已昔之評者或以今不逮古
質於醜妍推察疵瑕妄增羽翼自我相物求諸合己

悉為鑒不圓通也亦由蒼黃者唱首冥昧者唱聲風
議混然罕詳孰是又兼論文字始祖各執異端臆說
蜂飛竟無稽古蓋眩如也懷瓘質蔽愚蒙識非通敏
承先人之遺訓或紀錄萬一輒欲芟夷浮議揚搉古
今拔狐疑之根解紛拏之結考窮乖謬敢無隱於昔
賢探索幽微庶不欺於玄匠爰自黃帝史籀蒼頡迄
於皇朝黃門侍郎盧藏用凡三千二百餘年書有十
體源流學有三品優劣今敘其源流之異著十贊一

論較其優劣之差為神妙能三品人為一傳亦有隨事附者通為一評究其臧否分成上中下三卷名曰書斷其目錄如此庶儒流君子知小學之務焉

古文

案古文者黄帝史蒼頡所造也頡首四目通於神明仰觀奎星圜曲之勢俯察龜文鳥跡之象博采衆美合而為字是曰古文孝經援神契云奎主文章蒼頡倣象是也夫文字者揔而為言包意以名事也分而為義則文者祖父字者子孫得之自然備其文理象形之屬則謂

之文因而滋蔓母子相生形聲會意之屬則謂之字字者言孳乳浸多也題之竹帛謂之書書者如也舒也著也記也著明萬事記往知來名言諸無宰制羣有何幽不貫何往不經實可謂事簡而應博豈人力哉易曰上古結繩以治後世聖人易之以書契夫至德之道化其性於未然之前結繩之教懲其罪於已然之後故大道衰而有書利害萌而有契契為信不足書為言立徵書

契者決斷萬事也凡文書相約束皆曰契契亦誓也諸侯約信曰誓故春秋傳曰王叔氏不能舉其契是知契者書其信誓之言而盟之濫觴君臣之大約也亦謂刻木剖而分之君執其左臣執其右即昔之銅竹虎使令之銅魚並契之遺象也皇甫謐曰黃帝史蒼頡造文字記言行策藏之名曰書契故知黃帝導其源堯舜揚其波是有虞夏商周之書神化典謨垂範萬世及周公相成王申明禮樂以加朝祭服色尊卑之節又造爾雅宣尼卜商增益潤色釋言暢物略盡訓詁及秦用小篆焚燒

先典古文絶矣漢文帝時秦博士伏勝獻古文尚書時又有魏文侯樂人竇公年二百八十歲獻古文樂書一篇以今文考之乃周官之大司樂章也及武帝時魯恭王壞孔子宅壁内石函中得孝經尚書等經宣帝時河内女子壞老子屋得古文二篇晋咸寧五年汲郡人不準盜發魏安釐王冢得冊書千餘萬言或寫春秋經傳易經論語夏書周書瑣語大歷梁丘藏穆天子傳及魏

史至安釐王二千年其書隨世變易已成數體其周書論楚事者最妙於是古文備矣甄酆刪定舊文制為六書一曰古文即此也以壁中書為正周幽王時又有省古文者今汲冢書中多有是也滕公冢内得石銘人無識者惟叔孫通云此古文科斗書也科斗者即上古之別名也衛恒古文贊云黃帝之史沮誦蒼頡眺彼鳥跡始作書契紀綱萬事垂法立制覩其措筆綴墨用心精專中正循檢矩折規旋其曲如弓其直如絃矯然特出若龍騰於川淼爾下隤若雨墜於天信黃唐之遺迹為六藝之範先篆籀蓋其子孫隸草乃其曾玄蒼頡即古文之祖也

贊曰

邈邈蒼公軒轅之始創製文字代彼繩理粲若星辰鬱為綱紀千齡萬類如掌斯視生人盛德莫斯之美神章靈篇自茲而起

大篆

案大篆者周宣王太史史籀所作也或云柱下史始變古文或同或異謂之為篆篆者傳也傳其物理施之無窮甄酆定六書三曰篆書八體書法一曰大篆又漢書藝文志云史籀十五篇並此也以史官製之用以教授謂之史書凡九千字秦趙高善篆教始皇少子胡亥書又漢文帝王遵嚴延年並工史書是也秦焚書惟易與史篇得全呂氏春秋云蒼頡造大篆非也若蒼頡造大篆則罝古文何地所謂籀篆蓋其子孫是也蔡邕篆讚云體有六篆巧妙入神或象龜文或比龍鱗紆體放尾長翅短身延頸負翼狀似凌雲史籀即大篆之祖也

贊曰

古文玄胤太史神書千類萬象或龍或魚何詞不錄何物不儲繹思通理從心所如如彼江海大波洪濤如彼音樂干戚羽旄

籀文

案籀文者周太史史籀之所作也與古文大篆小異後人以名稱書謂之籀文七略曰史籀者周時史官教學童書也與孔氏壁中古文異體甄酆定六書二曰奇字是也其跡有石鼓文存焉蓋諷宣王畋獵之所作今在陳

倉李斯小篆兼采其意史籀即籀文之祖也

贊曰

體象卓然殊令異古落落珠玉飄飄纓組蒼頡之嗣小篆之祖以名稱書遺跡石鼓

小篆

案小篆者秦始皇丞相李斯所作也增損大篆異同籀文謂之小篆亦曰秦篆始皇二十年始并六國斯時為廷尉乃奏罷不合秦文者於是天下行之畫如鐵石字

若飛動作楷隸之祖為不易之法其銘題鍾鼎及作符印至令用焉則離之六二黃離元吉得中道也斯雖草創遂造其極矣 蔡邕小篆贊云龜文鍼列櫛比龍鱗隤若黍稷之垂穎蘊若蟲蛇之棼縕若絕若連似水露緣垂下端遠而望之象鴻鵠羣遊絡繹遷延研桑不能數其詰曲離婁不能覩其隙間般垂揖讓而辭巧籀誦拱手而韜翰摛華艷於紈素為六蓺之範先也 李斯即小篆之祖也

贊曰

李君創法神慮精微鐵為肢體虬作驂騑江海淼漫山嶽巍巍長風萬里鸞鳳于飛

八分

案八分者秦羽人上谷王次仲所作也王愔云次仲始以古書方廣少波勢建初中以隸草作楷法字方八分言有模楷又蕭子良云靈帝時王次仲飾隸為八分二家俱言後漢而兩帝不同且靈帝之前工八分者非一而云方廣殊非隸書既言古書豈得稱隸若驗方廣則篆籀有之變古為方不知其謂也案序仙記云王次仲上谷人少有異志少年入學屢有靈奇年未弱冠變蒼

頡書為令隸書始皇時官務煩多得次仲文簡略赴急疾之用甚喜遣使名之三徵不至始皇大怒制檻車送之於道化為大鳥出在檻外翻然長引至於西山落二翮於山上令為大翮小翮山山上立祠為旱祈焉又魏土地記云沮陽縣城東北六十里有大翮小翮山又楊固北都賦云王次仲匿術於秦皇落雙翮而冲天案數家之言明次仲是秦人既變蒼頡書即非效程邈隸也案蔡邕勸學篇上谷王次仲初變古形是也始皇之

善也爾後鍾元常王逸少各造其極焉蔡邕隸書勢曰烏跡之變乃惟佐隸蠲彼繁文崇兹簡易脩短相副異體同勢煥若星陳鬱若雲布纖波濃點錯落其間若鍾簴設張庭燎飛煙似崇臺重宇層雲冠山遠而望之若飛龍在天近而察之心亂目眩成公綏隸勢曰蟲篆既繁草藁近偽適之中庸莫尚於隸程邈即隸書之祖也

贊曰

隸合文質程君是先乃備風雅如聆管絃長毫秋勁素體霜妍摧鋒劒折落點星懸乍發紅焰旋凝紫煙金芝瓊草萬世方傳

章草

案章草者漢黃門令史游所作也衛恒李誕並云漢初而有草法不知其誰蕭子良云章草者漢齊相杜操始變藁法非也王愔云漢元帝時史游作急就章解散隸體麤書之漢俗簡墮漸以行之是也此乃存字之梗槩損隸之規矩縱任奔逸赴俗急就因草創之義謂之草書惟君長告令臣下則可後漢北海敬王劉穆善草書光武器之明帝為太子尤見親幸甚愛其法及穆臨病明帝令為草書尺牘十餘首此其創開草書之善也至建初中杜度善草見稱於章帝上貴其迹詔使草書上事魏文帝亦令劉廣通草書上事蓋因章奏後世謂之章草惟張伯英造其極焉韋誕云杜氏傑有骨力而字畫微瘦惟劉氏之法書體甚濃結字工巧時有不及張芝喜而學焉轉精其巧可謂草聖超前絕後獨步無雙崔瑗草書勢云書契之興始自頡皇寫彼鳥跡以定文章章草之法蓋又簡略應時諭指周旋卒迫兼功并用愛日省力絕險之變豈必古式觀其法象俯仰有義方不中矩圓不副規抑左揚右望之若崎鸞企鳥跱志意

飛移狡獸暴駭將奔未馳狀似連珠絕而不離畜怒怫鬱放逸生奇騰蛇赴穴頭沒尾垂機要微妙臨時從宜懷瓘案章草之書字字區別張芝變為今草如其流速拔茅其茹上下牽連或借上字之下而為下字之上奇形離合數意兼包若懸猿飲澗之象鉤鎖連環之狀神化莫若變態不窮呼史游草為章因張伯英草而謂也亦猶篆周宣王時作及有秦篆分別而有大小之名魏晉之時名流君子一槩呼為草惟知音者乃能辨焉章草即隸書之捷草亦章草之捷也案杜度在史游後一

世出其數書小篆古形猶存其半八分已減小篆之半隸又減八分之半然可云子似父不可云父似子故知隸不能生八分矣本謂之楷書楷者法也式也模也孔子曰今世行之後世以為楷式或云後漢亦有王次仲為上谷太守非上谷人又楷隸初制大範幾同故後人惑之學者務之蓋其歲深漸若八字分散又名之為八分時人用寫篇章或寫法令亦謂之章程書故梁鵠云鍾繇善章程書是也夫人才智有所偏工取其長而捨

其短諺曰韓詩鄭易挂著壁且二王八分即挂壁之類唯蔡伯喈乃造其極焉王次仲即八分之祖也

贊曰

仙客遺範靈姿秀出奮研揚波金相玉質龍騰虎踞弓勢非一交戟橫戈兮氣雄逸楷之為妙兮備華實

隸書

案隸書者秦下邽人程邈所造也邈字元岑始為衙縣獄吏得罪始皇幽繫雲陽獄中覃思十年益大小篆方圓而為隸書三千字奏之始皇善之用惟御史以奏事繁多篆字難成乃用隸字以為隸人佐書故名隸書蔡邕聖皇篇云程邈刪古立隸文甄酆六書云四曰佐書是也秦造隸書以赴急速為官司刑獄用之餘尚用小篆焉漢亦因循至和帝時賈魴撰滂喜篇以蒼頡為上篇訓纂為中篇滂喜為下篇所謂三蒼也皆用隸字寫之隸法由茲而廣酈道元水經注曰臨淄人發古冢得銅棺前板外隱起為字言齊太公六世孫胡公之棺也惟

三字是古餘同今隸書證知隸字出古非始於秦時若爾則隸法當先於大篆矣案胡公者齊哀公之弟靖胡公也五世六公計一百餘年當周穆王時也又二百餘歲至宣王之朝大篆出矣又五百餘載至始皇之世小篆出焉不應隸書而效小篆然程邈所造書籍共傳酈道元之說未可憑也案八分則小篆之捷隸亦八分之捷漢陳遵字孟公京兆杜陵人哀帝之世為河南太守善隸書與人尺牘主皆藏之以為榮此其創開隸書之

百餘年即解散隸體明是史游創焉史游即章草之祖也

贊曰

史游製草始務急就婉若迴鸞攫如舞袖遲迴縑簡勢欲飛透數華垂實尺牘尤奇升功惜日學者為宜

行書

案行書者後漢潁川劉德昇所作也即正書之小偽務從簡易相間流行故謂之行書王愔云晉世以來工書

者多以行書著名昔鍾元常善行押書是也爾後王羲之獻之並造其極焉獻之常白父云古之章草未能宏逸頓異真體合窮偽略之理極草縱之致不若藁行之間於往法固殊也大人宜改體觀其騰煙煬火則迴祿喪精覆海傾河則玄冥失馭天假其魄非學之功若逸氣縱橫則羲謝於獻若簪裾禮樂則獻不繼羲雖諸家之法悉殊而子敬最為遒拔夫古今人民狀貌各異此皆自然妙有萬物莫比惟書之不同可庶幾也故得之者先稟於天然次資於功用而善學者乃學之於造化異類而求之固不取乎似本而各挺之自然王珉行書狀云邈乎嵩岱之峻極爛若列宿之麗天緯字挺特奇書秀出揚波騁藝餘妍宏逸虎踞鳳跱龍伸蠖屈資胡氏之壯傑兼鍾公之精密總二妙之所長盡要妙乎文質詳覽字體究尋筆跡粲乎偉乎如圭如璧宛若盤螭之仰勢翼若翔鸞之舒翮或乃放手飛筆雨下風馳綺靡婉娩縱橫流離劉德昇即行書之祖也

贊曰

非草非真發揮柔翰星劒光芒雲虹照爛鸞鶴嬋娟風行雨散劉子濫觴鍾胡彌漫

飛白

案飛白者後漢左中郎將蔡邕所作也王隱王愔並云飛白變楷製也本是宮殿題署勢既徑丈字宜輕微不滿名為飛白王僧虔云飛白八分之輕者雖有此說不言起由按漢靈帝熹平年詔蔡邕作聖皇篇篇成詣鴻都門上時方脩飾鴻都門伯喈待詔門下見役人以堊帚成字心有悅焉歸而為飛白之書漢末魏初並以題署頟閣其體有二創法於八分窮微於小篆自非蔡公

設妙豈能諧此可謂勝寄冥通縹眇神仙之事也張芝草書得易簡流速之間蔡邕飛白得華豔飄蕩之極字之逸越不復過此二途邇後羲之獻之並造其極其為狀也輪囷蕭索則虞頌以嘉氣非雲雜會飄流則曹風以麻衣似雪盡能窮其神妙也衛恒祖述飛白而造散隸之書開張隸體微露其白拘束於飛白蕭洒於隸書處其季孟之間也劉彥祖飛白贊云蒼頡觀鳥迹興文名繁類殊有革有因世絶常妙索草鍾真爰有飛白貌艷藝珍若乃較析毫芒纖微和惠素翰冰鮮蘭墨電製直準箭飛屈擬蠖勢梁武

帝謂蕭子雲言頃見王獻之書白而不飛卿書飛而不白可斟酌為之令得其衷子雲乃以篆文為之雅合帝意既括鍛而羽則遠而益深雖創法於八分實窮微於小篆其後歐陽詢得之蔡伯喈即飛白之祖也

贊曰

妙哉飛白祖自八分有美君子潤色斯文絲縈箭激電繞雪霏淺如流霧濃若屯雲舉衆仙之奕奕舞羣鶴之紛紛誰其覃思於戲蔡君

草書

案草書者後漢徵士張伯英之所造也梁武帝草書狀曰蔡邕云昔秦之時諸侯爭長簡檄相傳望烽走驛以篆隸之難不能救速遂作赴急之書蓋今草書是也余疑不然創制之始其閑者鮮且此書之約略既是蒼黃之世何粗魯而能識之又云杜氏之變隸亦由程氏之改篆其先出自杜氏以張為祖以衛為父索為伯叔二王為兄弟薄為庶息羊為僕隸者懷瓘以為諸侯爭長

之日則小篆及楷隸未生何但於草蔡公不宜至此誠恐後誣案杜度漢章帝時人元帝朝史游已作草又評羊薄等未曰知書也歐陽詢與楊駙馬書章草千文批後云張芝草聖皇象八絶並是章草西晉悉然迨乎東晉王逸少與從弟洽變章草為今草韻媚宛轉大行於世章草幾將絶矣懷瓘案右軍之前能令草者不可勝數諸君之說一何孟浪欲杜衆口亦猶躡履滅跡扣鐘銷音也又王愔云藁書者若草非草草行之際者非也

案藁亦草也因草呼藁正如真正書寫而又塗改亦謂之草藁豈必草行之際謂之草者蓋取諸渾沌天造草昧之意也文而為藁法此也故孔子曰裨諶草創之是也楚懷王使屈原造憲令草藁未成上官氏見欲奪之又董仲舒欲言災異草藁未上主父偃竊而奏之並是也如淳曰所作起草為藁姚察曰草猶麤也麤書為本曰藁蓋草書之文粗出於此草書之先因於起草自杜度妙於章草崔瑗崔實父子繼能羅暉趙襲亦法此藝

襲與張芝相善芝自云上比崔杜不足下方羅趙有餘然伯英學崔杜之法溫故知新因而變之以成今草轉精其妙字之體勢一筆而成偶有不連而血脉不斷及其連者氣候通而隔行唯王子敬明其深指故行首之字往往繼前行之末世稱一筆書者起自張伯英即此也實亦約文該思應指宣言列缺施鞭飛廉縱轡也伯英雖始草創遂造其極索靖草書狀云聖王御世隨時之宜蒼頡既工書契是為損之草隸以崇簡易草書之狀也宛若銀鉤飄若驚鸞舒翼未發若舉複安於是多才之英篤藝之彥役心精微耽思文憲守道兼權觸類生變離析八體靡形不判騁辭放手雨行氷散高音翰厲溢越流漫著絕藝於紈素垂百代之殊觀張伯英即草書之祖也

贊曰

草法簡略省繁録徵譯言宣事如矢應機霆不暇發電不及飛徵士已沒道愈光輝明神在享其靈有歇斯藝漫流終古無絕

論曰

夫卦象所以陰隲其理文字所以宣載其能卦則渾天

地之窈冥秘鬼神之變化文能以發揮其道幽贊其功是知卦象者文字之祖萬物之根衆學分鑣馳騖不息或安其所習毀所不見終以自蔽也固須原心反本無漫學焉今欲稽其濫觴不可遵諸子之非弃聖人之是先賢說文字所起與八卦同作又云八卦非伏羲自重夫易者太古之書夫子之文章可得而聞也彌綸乎天地錯綜乎四時究極人神盛德大業也子曰學以聚之問以辨之蓋欲討論根源悉其枝派自仲尼沒而微言

絶諸儒之說是或不經左丘明恥之愧無獨斷之明以釋天下之惑孔安國云宓羲造書契代結繩非也厥初生人君道尚矣慮而不求為而不恃執大象也迨乎伏羲氏作始定人道辨乎臣子伏而化之結繩而治故孔子曰三皇伯世叶神無文洛乙紀命頡字胥合又班固云庖犧繼天而王為百王先並是也易曰庖羲氏之王天下也作結繩而為網罟以畋以漁蓋取諸離離者麗也日月麗乎天百穀草木麗乎土重明以麗乎正乃化

成天下離也者明也萬物皆相見南方之卦也聖人南面而聽天下向明而理蓋取諸此也庖犧神農氏沒軒轅氏作始造圖書禮樂度數甲子律歷自開闢之事皆先聖傳流於口黄帝已後紀録言之無幾故春秋國語唯發明五帝太史公叙黄帝顓頊以下事孔子撰書始自堯舜尚年月闕然詩人所述起乎虞氏其可知也巢燧之時淳一無教故言上古昔者俱是伏羲神農之時言後世聖人者即黄帝堯舜之際易曰上古結繩以理

後世聖人易之以書契此猶太陽一照衆星沒矣史記及漢書皆云文王重八卦為六十四卦又帝王世紀及孫盛等以為神農夏禹重之並非也夫八卦雖理象已備尚隱神功引而伸之始通變吉㐫成其妙用觸類而長天下之能事畢矣故易曰聖人立象以盡意設卦以盡情八卦成列象在其中矣因而重之爻在其中矣剛柔相推變在其中矣伏羲自重之驗也又曰昔者聖人之作易也觀變於陰陽而立卦發揮於剛柔而生爻是

以立天之道曰陰與陽立地之道曰柔與剛立人之道曰仁與義兼三才而兩之故易六畫而成卦六位而成章又伏羲自重之驗也若以後世聖人易之以書契謂伏羲即昔者聖人之作易也謂誰矣則知伏羲自重八卦不造書契煥乎可明不至疑惑也又曰河出圖洛出書聖人則之孔安國云河圖八卦是洛之九疇馬融王肅姚信等竝云得河圖而作易禮含文嘉曰伏羲則龜書乃作八卦並乘流而逝不討其源滋誤後生深可歎

息去聖久矣百家衆言自古非一正史之書不經宣尼筆削則未可全是況儒者臆說耶夫悠悠萬載是非手起一犬吠形百犬吠聲一人措虛百人傳實按龍圖出河龜書出洛令或云法龍圖而作卦或云則龜書而畫之假欲遵之何者為是案左傳庖義氏有龍瑞以龍紀官非得八卦八卦若先列於河圖又文王等重之則伏義何功於易也又夫子不言因圖而畫卦自黃帝堯舜及周公攝政時皆得圖書河以通乾出天苞雒以流坤

吐地符是知有聖人膺運則河雒出圖書何必八卦九疇九疇者天始錫禹而黃帝已獲洛書易曰著龜神物聖人則之然伏羲豈則著龜而作易言聖人者通謂後世易經三古不獨指伏義也夫著龜者或悔吝有憂虞之象或得失有吉凶之徵或否泰有陰陽之辭或剛柔有變通之理若河圖洛書者或天地彝倫之法或帝王興亡之數或山川品物之制或治化合神之符故聖人則之而已孔子曰河不出圖洛不出書吾已矣夫是也

故知文字之作確乎權輿十體相沿互明創革萬事皆始自微漸至于昭著春秋則寒暑之濫觴文畫則文字之兆朕其十體內或先有萌芽今取其昭彰者為始祖夫道之將興自然玄應前聖後聖合矩同規雖千萬年至理斯會天或垂範或授聖哲必然而出不在考其甲之與乙耶案道家相傳則有天皇地皇人皇之書各數百言其文猶在像如符印而不傳其音指審爾則八卦未為雲孫矣況古文乎且四裔異音各貌會於文字其

指不殊禽獸之情悉應若是觀其趣向不遠於人其有知方來辨音節非智能所及復何所學哉則知凡庶之流有如草木鳥獸之類或蘊文章又霹靂之下乃時有字或錫貺之瑞往往銘題以古書考之皆可識也夫豈學之於人乎又詳釋典或涉劫已前或他方怪俗云為事況與即意無殊是知天之妙道施於萬類一也但所感有淺深耳豈必在乎義軒周孔將釋老之教乎況論篆籀將草隸之後先乎縷而分之則如彼總而言之其

若此也

欽定四庫全書　書斷 卷上　二十四

書斷卷上

欽定四庫全書

書斷卷中

唐　張懷瓘　撰

我唐四聖高祖神堯皇帝太宗文武聖皇帝高宗天皇太聖皇帝鴻猷大業列乎冊書多才能事俯同人境翰墨之妙資以神功開草隸之規模變張王之今古盡善盡美無得而稱今天子神武聰明制同造化筆精墨妙思極天人或頌德銘勛函耀金石或恩崇惠縟載錫侯

欽定四庫全書　書斷 卷中　二

王赫奕光華懸諸日月然猶進而不已惟奧惟玄非區區小臣所敢揚述

神品二十五人

大篆一　史籀　籀文一　史籀

小篆一　李斯　八分一　蔡邕

隸書三　鍾繇　王羲之　王獻之

行書四　王羲之　鍾繇　王獻之　張芝

章草書八　張芝　杜度　崔瑗　索靖

衛瓘　王羲之　王獻之　皇象
飛白三　蔡邕　王羲之　王獻之
草書三　張芝　王羲之　王獻之
妙品九十八人
古文四　杜林　衛宏　邯鄲淳　衛恒
大篆四　李斯　趙高　蔡邕　邯鄲淳
小篆五　曹喜　蔡邕　邯鄲淳　崔瑗
衛瓘

八分九　張昶　皇象　邯鄲淳　韋誕
鍾繇　師宜官　梁鵠　索靖
王羲之
隸書二十五　張芝　鍾會　蔡邕
邯鄲淳　衛瓘　韋誕　荀輿
謝安　羊欣　王洽　王珉
薄紹之　蕭子雲　宋文帝　衛夫人
胡昭　曹喜　謝靈運　王僧虔

孔琳之　陸柬之　褚遂良　虞世南
釋智永　歐陽詢
行書十六　劉德昇　衛瓘　王珉　謝安
王僧虔　胡昭　鍾會　孔琳之
虞世南　阮研　王洽　羊欣
薄紹之　歐陽詢　陸柬之　褚遂良
章草八　張昶　鍾會　韋誕　衛恒
郗愔　張華　魏武帝　釋智永

飛白五　蕭子雲　張弘　韋誕　歐陽詢
王廙
草書二十二　索靖　衛瓘　嵇康
張昶　鍾繇　羊欣　薄紹之
鍾會　衛恒　荀輿　桓玄
謝安　孔琳之　王珉　王洽
謝靈運　張融　阮研　王僧虔
歐陽詢　虞世南　釋智永

能品一百七人
古文四 張敞 衛覬 衛瓘 韋昶
大篆五 胡昭 嚴延年 韋昶 班固
歐陽詢
小篆十二 衛覬 班固 皇象 張弘
許慎 韋誕 傅玄 蕭子雲
劉紹 張弘 范曄 歐陽詢
八分三 毛弘 左伯 王獻之

隸書二十三 衛恒 張昶 王廙
庾翼 郗愔 王濛 衛覬
張彭祖 阮研 陶弘景 王脩
王襃 王恬 李式 傅玄
楊肇 王承烈 庾肩吾 薛稷
孫過庭 高正臣 釋智果 盧藏用
行書十八 宋文帝 司馬攸 釋智永 蕭子雲
蕭思話 齊高帝 陶弘景 漢王元昌

王導 王承烈 孫過庭 高正臣
裴行儉 王智敬 王脩 盧藏用
薛稷 釋智果
章草十五 羅暉 趙襲 徐幹 庾翼
張超 王濛 衛覬 崔寔
蕭子雲 杜預 陸柬之 歐陽詢
王承烈 王智敬 裴行儉
飛白一 劉紹

草書二十五 王導 何曾 楊肇
郗愔 庾翼 司馬攸 李式
宋文帝 蕭子雲 陸柬之 宋令文
齊高帝 謝朓 庾肩吾 蕭思話
范曄 孫過庭 梁武帝 王智敬
裴行儉 釋智果 盧藏用 高正臣
王廙 王愔
右包羅古今不越三品工拙倫次迨至數百且妙之企

神非徒步驟能之仰妙又甚規隨每一書之中優劣為
次一品之內復有兼并至如神品則李斯杜度崔瑗皇
象衛瓘索靖各惟得其一史籒蔡邕鍾繇得其二張芝
得其三逸少子敬並各得其五考多之類少妙之況神
又上下差降昭然可悉也他皆倣此後所傳則當品之
內時代次之或有紀名而不評迹者蓋古有其傳今絕
其書粗為斟酌列於品第但備其本傳無別商榷然十
書之外乃有龜蛇麟虎雲龍蟲鳥之書既非世要悉所

不取也

神品

周史籒宣王時為史官善書師模蒼頡古文夫蒼頡者
獨蘊聖心啟冥演幽稽諸天意功侔造化德被生靈可
與三光齊懸四序終始何敢抑居品列始籒以為聖跡
湮滅失其真本今所傳者纔髣髴而已故損益而廣之
或同或異謂之為篆亦曰史書加之銛利鉤殺自然機
發信為篆文之權輿非至精孰能與於此窮物合數變

類相名因而以化成天下也故其稱謂無方亦難得而
備舉今妙跡雖絕于世考其遺法肅若神明故可特居
神品又作籒文其狀邪正體則石鼓文存焉乃開闔古
文暢其戚銳但折直勁迅有如鏤鐵而端姿旁逸又婉
潤焉若取於詩人則雅頌之作也亦所謂楷隸曾高字
書淵藪使倣小學者漁獵其中籒大篆籒文入神
秦李斯楚上蔡人少從孫卿學帝王術西入秦位至丞
相胡亥立趙高譖之要斬夷三族斯妙大篆始省改之

以為小篆著蒼頡七篇雖帝王質文世有損益終以文
代質漸就澆漓則三皇結繩五帝畫象三王肉刑斯可
況也古文可為上古大篆為中古小篆為下古三古為
實草隸為華妙極於華者羲獻精窮於實者籒斯始皇
以和氏之璧琢而為璽令斯書其文今泰山嶧山秦望
等碑並其遺迹亦謂傳國之偉寶百代之法式斯小篆
入神大篆入妙也
後漢杜度字伯度京兆杜陵人御史大夫延年曾孫章

帝時為齊相善章草雖史游始草書傳不紀其能又絕
其迹創其神妙其唯杜公韋誕云杜氏傑有骨力而字
畫微瘦崔氏法之書體甚濃結字工巧時有不及張芝
喜而學焉轉精其巧可謂草聖超前絕後獨步無雙張
芝自謂上比崔杜不足下方羅趙有餘誠是尊師之辭
亦其心肺間語伯英損益伯度章草亦猶逸少增減元
常真書雖潤色精於斷割意則美矣至若高深之意質
素之風俱不及其師也然各為古今之獨步蕭子良云

本名操為魏武帝諱改為度非也案蔡邕勸學篇云齊
相杜度美守名篇漢中郎不應預為武帝諱也

崔瑗字子玉安平人曾祖蒙父駰子玉官至濟北相文
章蓋世善章草師於杜度點畫之間莫不調暢伯英祖
述之其骨力精熟過之也索靖乃越制特立風神凜然
其雄勇過之也以此有謝於張索一本云始於杜度媚趣過之點畫精微神變無礙利金百鍊美玉天姿可謂冰寒於水也袁昂云如危峰阻日孤松一枝
王隱謂之草賢晉平苻堅得摹子玉書王子敬云張伯英極

似之其遺跡絕少又妙小篆今有張平子碑以順帝漢
安二年卒年六十六子玉章草入神小篆入妙

張芝字伯英燉煌人父煥為太常徙居弘農華陰伯英
名臣之子幼而高操勤學好古經明行脩朝廷以有道
徵不就故時稱張有道實避世潔白之士也好書凡家
之衣帛皆書而後練尤善章草書出諸杜度崔瑗云龍
驤豹變青出於藍又剏為今草天縱尤異率意超曠無
惜是非若清澗長源流而無限縈迴崖谷任於造化至

於蛟龍駭獸奔騰拏攫之勢心手隨變窈冥而不知其
所如是謂達節也已精熟神妙冠絕古今則百世不易
之法式不可以智識不可以勤求若達士遊乎沉默之
鄉鸞鳳翔乎大荒之野韋仲將謂之草聖豈徒言哉遺
迹絕少故褚遂良云鍾繇張芝之迹不盈片素韋誕云
崔氏之肉張氏之骨其章草金人銘可謂精熟至極其
草書急就章字皆一筆而成合於自然可謂變化至極
羊欣云張芝皇象鍾繇索靖時並號書聖然張勁骨豐

肌德冠諸賢之首斯為當矣其行書則二王之亞也又善隸書以獻帝初平中卒伯英章草草行入神隸書入妙

蔡邕字伯喈陳留圉人父稜徐州刺史有清行謚貞定伯喈官至左中郎將封高陽侯儀容奇偉篤孝博學能畫善音律明天文數術災變卒見問無不對工書絶世尤得八分之精微體法百變窮靈盡妙獨步今古又創造飛白妙有絶倫動合神功真異能之士也董卓用天

下名士而邕一日七遷光照榮顯顧寵彰著王允誅卓收伯喈付廷尉以獻帝初平三年死於獄中年六十一搢紳諸儒莫不流涕伯喈八分飛白入神大篆小篆隸書入妙女琰甚賢明亦工書

魏鍾繇字元常頴川長社人祖皓至德高世父迪黨錮不仕元常才思通敏舉孝廉尚書郎累遷尚書僕射東武亭侯魏國建遷相國明帝即位遷太傅繇善書師曹喜蔡邕劉德昇真書絶世剛柔備焉點畫之間多有異

趣可謂幽深無際古雅有餘秦漢以來一人而已雖古之善政遺愛結于人心未足多也尚德哉若人其行書則羲之獻之之亞草書則衛索之下八分則有魏受禪碑稱能為最太和四年薨八十矣元常隸入神八分入妙

吳皇象字休明廣陵江都人也官至侍中工章草師於杜度先是有張子並於時有陳良輔並稱能書然陳恨瘦張恨峻休明斟酌其間甚得其妙與嚴武等稱八絶

世謂沉着痛快抱朴云書聖者皇象懷瓘以為右軍隸書以一形而衆相萬字皆别休明章草雖相衆而形一萬字皆同各造其極則實而不朴文而不華其寫春秋最為絶妙八分雄才逸力乃相亞於蔡邕而妖冶不逮通議傷於多肉矣休明章草入神八分入妙小篆入能

晉衛瓘字伯玉河東安邑人父覬魏侍郎瓘弱冠仕魏為尚書郎入晉為尚書令善諸書引索靖為尚書郎號一臺二妙時議放手流便過索而法則不如之嘗云我

得伯英之筋恒得其骨靖得其肉伯玉採張芝法取父書參之遂至神妙天姿特秀若鴻鴈奮六翮飄飄乎清風之上率情運用不以為難後為侍中司空楚王瑋矯詔害之元康元年卒年七十二章草入神小篆隸行草入妙

索靖字幼安燉煌龍勒人張伯英之彌甥父湛北地太守幼安善章草書出於韋誕峻險過之有若山形中裂水勢懸流雪嶺孤松氷河危石其堅勁則古今不逮或

云楷法則過於衛瓘然窮兵極勢揚威耀武觀其雄勇欲陵於張何但於衛王隱云靖草書絕世學者如雲是知趣者皆然勸不用賞時人云精熟至極索不及張妙有餘姿張不及索蕭子良云其形甚異又善八分章鍾之亞毋丘興碑是其遺迹也大安二年卒年六十贈太常章草入神草入妙

王羲之字逸少瑯琊臨沂人祖正尚書郎父曠淮南太守逸少骨鯁高爽不顧常流與王丞王沉為王氏三少

起家秘書郎累遷右軍將軍會稽內史初度浙江便有終焉之志昇平五年卒年五十九贈金紫光祿大夫加常侍尤善書草隸八分飛白章行備精諸體自成一家法千變萬化得之神功自非造化發靈豈能登峰造極然剖析張公之草而濃纖折衷乃愧其精熟損益鍾君之隸雖運用增華而古雅不逮至研精體勢則無所不工亦猶鐘鼓云乎雅頌得所觀夫開襟應務若養由之術百發百中飛名蓋世獨映將來其後風靡雲從世所

不易可謂冥通合聖者也隸行草書章草飛白俱入神八分入妙妻郗氏甚工書有七子獻之最知名玄之凝之徽之操之並工草隸凝之妻謝道韞有才華亦善書甚為舅所重

獻之字子敬逸少第七子累遷中書令卒初娶郗曇女離婚後尚新安愍公主無子唯一女後立為安僖皇后后亦善書以后父追贈侍中特進光祿大夫太宰尤善草隸幼學于父次習于張後改變制度別創其法率爾

私心冥合天矩觀其逸志莫之與京至於行草興合如
孤峰四絕迥出天外其峭峻不可量也爾其雄武神縱
靈姿秀出臧武仲之智卞莊子之勇或大鵬搏風長鯨
噴浪懸崖墜石驚電遺光察其所由則意逸乎筆未見
其止蓋欲奪龍蛇之飛動掩鍾張之神氣惜其陽秋尚
富縱逸不羈天骨未全有時而殞人有求書罕能得者
雖權貴所逼了不介懷偶其興會則觸遇造筆皆發於
衷不從於外亦由或默或語即銅鞮伯華之行也初謝

安請為長史太康中新起太極殿安欲使子敬題榜以為
萬世寶而歎言之乃說韋仲將題凌雲臺事子敬知其
指乃正色曰仲將魏之大臣寧有此事使其若此知魏
德之不長安遂不之逼子敬五六歲時學書右軍潛於
後掣其筆不脫乃歎曰此兒當有大名遂書樂毅論與
之學竟能極肖真書可謂窮微入聖筋骨緊密不減於
父如大則尤直而少態豈可同年唯行草之間逸氣過
也及論諸體多劣于右軍總而言之季孟差耳子敬隸

行草章草飛白五體俱入神八分入能或謂小王為小
令非也子敬為中書令太康十一年卒於官年四十三
族弟珉代居之至十三年而卒年三十八時謂子敬為
大令珉為小令

妙品

秦胡毋敬本櫟陽獄吏為太史令博識古今文字亦與
程邈李斯省改大篆著博學篇七章覃思舊章博采眾
訓時趙高為中車府令善史書教始皇太子胡亥書及

獄律法令亥私幸之作爰歷篇六章漢興揔合為蒼頡
篇

後漢杜林字北山扶風茂陵人涼州刺史鄴之子位至
司空尤工古文過於鄴也故世言小學由杜公嘗於西
河得漆書古文尚書一卷寶玩不已每困厄自以為不
能濟於時世嘗抱經嘆曰古文之學將絕於此初衛密
方造林未見則黯然而服及會面林以漆書示密曰常
以此道將絕何意東海衛君復能傳之是道不墜於地

矣子曰德不孤必有鄰豈虛也哉光武建平中辛靈帝時劉陶刪定古文今文尚書號中文尚書以北山本為正陶亦工古文是謂就有道而正焉

衛宏字次仲東海人官至給事中脩古學善屬文作尚書訓指師於杜林後之學者古文皆祖杜林衛宏也同乎東方之美者有醫無閭山珣玗琪焉

曹喜字仲則扶風平陵人明帝建初中為秘書郎篆隸之工妆名天下蔡邕云扶風曹喜建初稱善衛恒云喜

善篆小異於李斯邯鄲淳師焉畧究其妙韋誕師淳而不及也善懸針垂露之法後世行之仲則小篆隸書入妙雖賀彥先沈潛乃青雲之士也

劉德昇字君嗣穎川人桓靈之時以造行書擅名雖以草創亦豈研美風流婉約獨步當時胡昭鍾繇並師其法世謂鍾繇行押書是也而胡書體肥鍾書體瘦亦各有君嗣之美

師宜官南陽人靈帝好書徵天下工書於鴻都門至數百人八分稱宜官為最大則一字徑丈小乃方寸千言甚矜其能性嗜酒或時空至酒家書其壁以售之觀者雲集酤酒多售則鏟去之後為袁術將今鉅鹿耿球碑術所立是宜官書也

梁鵠字孟星安定烏氏人少好書受法於師宜官以善八分知名舉孝廉為郎靈帝重之亦在鴻都門下遷幽州刺史魏武甚愛其書常懸帳中又以釘壁以為勝宜官也時邯鄲淳亦得次仲法淳宜為小字鵠宜為大字

不如鵠之用筆盡勢也

張昶字文舒伯英季弟為黃門侍郎尤善章草家風不墜奕葉清華書類伯英時人謂之亞聖至如筋骨天姿實所未逮若華實兼美可以繼之衛恒云姜孟穎梁孔達田彥和及韋仲將之徒皆張之弟子各有名於世並不及文舒又工極八分況之蔡公長幼差耳華岳廟前一碑建安十年刊也祠堂碑昶造並書後鍾繇鎮關中題此碑後云漢故給事黃門侍郎華陰張府君諱昶字

文舒造此文又題碑頭云時司隷校尉侍中東武亭侯頴川鍾繇字元常書又善隷以建安十一年卒文舒章草入妙隷入能

魏武帝姓曹氏諱操字孟德沛國譙人尤工章草雄逸絶倫年六十六甍張華云漢安平崔瑗子實弘農張芝弟昶並善書而魏武亞焉子植字子建亦工書

邯鄲淳字子淑頴川人志行清潔才學通敏初為臨淄王傅累遷給事中書則八體悉工師於曹喜尤精古文

大篆八分隷書自杜林衛宏以來古文泯絶由淳復著衛恒云魏初傳古文者出於邯鄲淳蔡邕采斯喜之法為古今雜形然精密閑理不如淳也梁鵠云淳得次仲法韋誕師淳而不及也袁昂云應規入矩方圓乃成張華云邯鄲淳善隷書子淑古文小篆八分隷書並入妙

胡昭字孔明頴川人少而博學不躭榮利有夷皓之節甚能隷書眞行又妙衛恒云昭與鍾繇並師於劉德昇俱善草行而胡肥鍾瘦書牘之迹也動見模楷羊欣云胡昭得其骨索靖得其肉韋誕得其筋張華云胡昭善隷書茂先與荀勗共整理記籍立書博士置弟子教習以鍾胡為法嘉平二年公車徵會卒年八十九孔明隷行入妙大篆入能

韋誕字仲將京兆人太僕端之子官至侍中服膺於張芝兼邯鄲淳之法諸書並善尤精題署明帝時凌雲臺初成令誕題榜高下異好宜就加點正因致危懼頭鬢皆白既以下戒子孫無為大字楷法袁昂云仲將書如

龍拏虎踞劒拔弩張張華云京兆韋誕子熊頴川鍾繇子會並善隷書初青龍中洛陽許鄴三都宮觀始成詔令仲將大為題署以為永制給御筆墨皆不任用因曰蔡邕自矜能書兼斯喜之法非流紈體素不妄下筆夫工欲善其事必先利其器若用張芝筆左伯紙及臣墨兼此三具又得臣手然後可以兼徑丈之勢方寸千言然眞迹之妙亞乎索靖也嘉平五年卒年七十五八分隷章草飛白入妙小篆入能兄康字元將亦工書子熊字少

李亦善書時人云名父之子不有二事世所美焉
嵇康字叔夜譙國銍人官至中散大夫奇才不羣身長
七尺八寸而土木形骸不自藻飾未嘗見其疾聲朱顏
人以為龍章鳳姿天質自然恬靜寡欲學不師受博覽
該通以為君子無私心不惜乎是非而行不違乎道叔
夜善書妙於草製觀其體勢得之自然意不在乎筆墨
若高逸之士雖在布衣有傲然之色故知臨不測之水
使人神清登萬仞之巖自然意遠鍾會譖康就刑年四

十四太學生三千人請為師不許
鍾會字士季元常少子官至司徒咸熙元年衛瓘誅之
年四十書有父風稍備筋骨美兼行草尤工隸書遂逸
致飄然有凌雲之志亦所謂劍則干將莫耶焉會嘗詐
為荀勗書就勗母鍾夫人取寶劍會兄弟以千萬造宅
未移居勗乃潛畫元常形像會兄弟入見便大感慟勗
畫亦會之類也會隸行草章草入妙
吳處士張弘字敬禮吳郡人篤學不仕恒着烏巾時號

張烏巾并善篆隸其飛白妙絕當時飄若雲遊激如驚
電飛仙舞鶴之態有類焉自作飛白序勢備說其美也
歐陽詢曰飛白張烏巾冠世其後逸少子敬亦稱妙絕
敬禮飛白入妙小篆入能
晉張華字茂先范陽人父平後漢漁陽太守茂先官至
司空壯武公博涉羣書盈萬餘卷高才達識天文數術
無所不精善章草書體勢尤古度德比義嵇叔夜之倫也
衛恒字巨山瓘之仲子官至黃門侍郎瓘嘗云我得伯

英之筋恒得其骨巨山善古文得汲冢古文論楚事者
最妙恒嘗玩之作四體書勢并造散隸書元康中楚王
瑋害之年四十古文章草書入妙隸入能弟宣善篆
及草名亞父兄宣弟庭亦工書子仲寶叔寶俱有書名
四世家風不墜也
衛夫人名鑠字茂猗廷尉展之女弟恒之從女汝陰太
守李矩之妻也隸書尤善規矩鍾公云碎玉壺之冰爛
瑤臺之月婉然芳樹穆若清風右軍少常師之永和五

年卒年七十八子克為中書郎亦工書先有扶風馬夫人大司農皇甫規之妻也有才學工隸書夫人寡董卓聘以為妻夫人不屈卓殺之

王廙字世將瑯琊臨沂人祖覽父正尚書郎導從父之弟也官至平南將軍荊州刺史侍中逸少之叔父工於草隸飛白祖述張衛遺法自過江東右軍之前世將書與荀勗畫為明帝師其飛白志氣極古垂雕鷃之翅羽類旌旗之卷舒時人云王廙飛白右軍之亞永昌元年卒

年四十七世將飛白入妙隸入能

郗愔字方回高平金鄉人父鑒太尉草書卓絕古而且勁方回官至司空善衆書雖齊名庾翼不可同年其法遵於衛氏尤長於章草纖能得中意態無窮筋骨亦勝王僧虔云郗愔章草亞於右軍太元六年卒年七十二方回章草入妙草隸入能妻傅氏善書子超字景興小字嘉賓亦善書

王洽字敬和導第四子理識明敏拜駙馬都尉累遷中書令書無諸法於草尤工落簡揮毫有郢匠乘風之勢雖卓然孤秀未至運用無方而右軍云弟書遂不減吾飾之過也昇平三年卒年四十四敬和隸行草入妙妻荀氏亦善書

謝安字安石陳郡陽夏人十八徵著作郎辭疾寓居會稽與王逸少許詢桑門支遁等遊處十年累遷尚書僕射太元十年卒贈太傅謚文靖公年六十六人皆比之王導謂文雅過之學草正於右軍右軍云卿是解書者

然知解書者尤難安石尤善行書亦猶衛洗馬風流名士海内所瞻王僧虔云謝安得入能書品錄也安石隸行草入妙兄尚字仁祖弟萬字萬石並工書

王珉字季琰洽之少子官至中書令工隸及行草金劔霜斷崎嶔歷落時謂小王之亞也自導至珉三世善書時人方之杜衛二氏嘗書四足素日朝操筆至暮便竟首尾如一又無誤字子敬戲云弟書如騎騾駸駸欲度驊騮前斯可謂易善矣良兵利馬疾突圍破的難與爭

銘隸行入妙妻汪氏善書凡珣亦善書
桓玄者温之子為義興太守篡晉伏誅嘗慕小王善於草法
譬之於馬則肉翅已就蘭筋初生畜怒而馳日可千里洸
洸赳赳實亦武哉非王之武臣即世之刺客列缺吐火共
工觸山尤剛徤倜儻夫水火之性各有所長火能外光不
能内照水能内照不能外光若包五行之性則可謂通
矣嘗與顧愷之論書至夜不倦愷之字長康善書小名虎
頭時人號為三絶癡書畫也 彦遠案長康三絶者水絶畫絶癡絶書非癡數也

欽定四庫全書　書斷 卷中　二十四

宋文帝姓劉諱義隆彭城人武帝第三子善隸書次及
行草規模大令自謂不減於師雖庶幾德音引領長望
尚遼遠矣然才位發揮亦可謂倬彼雲漢為章于天時
論以為天然勝羊欣工夫恨少是亦天然可尚道心唯
微探索幽遠若泠泠水行有岩石間真聲帝隸書入妙
行草入能
羊欣字敬元泰山南城人官至中散大夫義興太守師
資大令時亦衆矣非無雲塵之遠若親承妙旨入於室

者唯獨此公亦猶顔回與夫子有步驟之近擬若嚴霜
之林婉似流風之雪驚禽走獸絡繹飛馳亦可謂王之
藎臣朝之元老沈約云敬元尤善於隸書子敬之後可
以獨步時人云買王得羊不失所望今大令書中風神
怯者往往是羊也元嘉十九年辛年七十三敬元隸行
草入妙時有丘道護親師於子敬殊劣於羊欣謝綜亦
善書不重敬元亦憚之云力少媚好又有義興康昕與
南州惠式道人俱學二王轉以己書貨之世人或謬寶

欽定四庫全書　書斷 卷中　二十五

此迹亦或謂為羊歐陽通云式道人右軍之甥與王無別
薄紹之字敬叔丹陽人官至給事中善書憲章小王風
格秀異若干將出匣光芒射人魏武臨戎縱横制敵其
行草倜儻時越羊欣若用力取之則真正懸隔敬叔隸
行草入妙
謝靈運會稽人祖玄父煥靈運官至秘書監侍中康樂
侯模憲小王真草俱美石藴千年之色松低百尺之柯
雖不逮師歙風吐雲簸蕩川岳其亦庶幾虞和云靈運

子敬之甥故能書特多王法王僧虔云子敬上表多在中書雜事中靈運竊寫易其真本相與不疑元嘉初帝就索始進親聞文皇說此元嘉十年年四十九以罪棄

廣州市隷草入妙

孔琳之字彦琳會稽山陰人父廞彦琳官至祠部尚書善草行師於小王稍露筋骨飛流懸勢則呂梁之水焉時稱曰羊真孔草又以縱快比於桓玄王僧虔云孔琳之放縱快利筆迹流便二王已後略無其比但工夫少

太自任故當劣於羊欣斯言俞矣景平元年卒年五十五行草入妙妻謝氏亦善書

齊王僧虔瑯琊臨沂人曾祖洽父曇首官至司空善書宋文帝見其書素扇嘆曰非唯迹逾子敬方當器雅過之後孝武欲擅書名僧虔不敢顯跡大明之世常用拙筆書以此見容虞龢云僧虔尋得書術雖不及古不減郄家所制然述小王尤尚古宜有豐厚淳朴稍乏妍華若溪澗含氷岡巒被雪雖甚清肅而寡於風味子曰質

勝文則野是之謂乎永明三年卒僧虔隷行入妙草入能（一本云隷行草入妙）子慈亦善隷書謝超宗嘗問慈曰卿書何當及尊公慈曰我之不得仰及猶雞之不及鳳時人以為名答

張融字思光吳郡人祖禕父暢思光官至司徒左長史博涉經史早標孝行書兼諸體於草尤工而時有稽古之風寬博有餘嚴峻不足可謂有文德而無武功然齊梁之際殆無以過或有鑑不至深見其有古風多誤實

之以為張伯英書也而榻本大行於世

梁蕭子雲字景喬晉陵人父嶷景喬官至侍中少善草行小篆諸體兼備而剏造小篆飛白意趣飄然點畫之際若有騫舉妍妙至極難與比肩但少乏古風抑居妙品故歐陽詢云張烏巾冠世其後逸少子敬又稱絕妙爾飛而不白蕭子雲輕濃得中蟬翼掩素遊霧崩雲可得而語其真草少師子敬晚學元常及其暮年筋骨亦備名蓋當世舉朝效之其肥鈍無力者悉非也今之謬

賞十室九焉梁武帝擢與二王並迹則若兆雞仰於鸞
鳳子貢賢於仲尼雖絕唱於彼朝未曰陽春白雪以太
清三年卒景喬隷書飛白入妙小篆行草章草入能子
特字世達亦善書位至太子舍人先景喬卒
阮研字文幾陳留人官至交州刺史善書其行草出於
大王甚精熟若飛泉交注奔競不息時稱蕭陶等各得
右軍一體而此公筋力最優比之於勇則被堅執鋭所
向無前喻之於談則緩頰朶頤離堅合異有李信王離

之攻伐無子貢魯連之變通其隷則習於鍾公風神稍
怯庾肩吾云阮居今觀古窺衆妙之門雖師王祖鍾終
成別搆一法矣然遲速之對可方於陸柬之則意比公
性急亦猶枚皐文章敏疾長卿製作淹遲各一時之妙
也行草入妙隷書入能
陳永興寺僧智永會稽人師遠祖逸少歷記專精攝齊
升堂真草唯命夷途良轡大海安波微尚有道之風半
得右軍之肉兼能諸體於草最優氣調下於歐虞精熟

過於羊薄智永章草草書入妙隷入能兄智楷亦工草
丁覘亦善隷書時人云丁真楷草
皇朝歐陽詢長沙汨羅人官至銀青光祿大夫率更令
八體盡能筆力勁險篆體尤精高麗愛其書遣使請焉
神堯嘆曰不意詢之書名遠播夷狄彼觀其迹固謂其
形魁梧耶飛白冠絕峻於古人有龍蛇戰鬭之象雲霧
輕濃之勢風旋電激掀舉若神真行之書雖於大令亦
別成一體森森焉若武庫矛戟風神嚴於智永潤色寡

於虞世南其草書迭蕩流通視之二王可為動色然驚
奇跳駿不避危險傷於清雅之致自羊薄以後略無勍
敵唯永公特以訓兵精練議欲旗鼓相當歐以猛鋭長
驅永乃閉壁固守以貞觀十五年卒年八十五飛白隷
行草入妙大小篆章草入能子通亦善書瘦怯於父薛
純陀亦效詢草傷於肥純乃通之亞也
虞世南字伯施會稽餘姚人祖儉梁始興王諮議父荔
陳太子中庶子世南受業於吳郡顧野王門下讀書十

年國朝拜銀青光祿大夫祕書監永興公太宗詔曰世南一人有出世之才遂兼五絕一曰忠讜二曰友悌三曰博文四曰詞藻五曰書翰有一於此足為名臣而世南兼之其書得大令之宏規含五方之正色姿榮秀出智勇在焉秀嶺危峯處處間起行草之際尤所偏工及其暮齒加以遒逸臭味羊薄不亦宜乎是則東南之美會稽之竹箭也貞觀十二年卒年八十一伯施隸行書入妙然歐之與虞可謂智均力敵亦猶韓盧之追東郭㕙

也論其衆體則虞所不逮歐若猛將深入時或不利虞若行人妙選罕有失辭虞則內含剛柔歐則外露筋骨君子藏器以虞為優族子纂書有叔父體則而風骨不繼楊師道上官儀劉伯莊並立師法虞公過於纂矣張志遜又纂之亞也

褚遂良河南陽翟人父亮銀青光祿大夫太常卿遂良官至尚書左僕射河南公博學通識有王佐才忠讜之臣也善書少則服膺虞監長則祖述右軍真書甚得其媚趣若瑤臺青瑣窅映春林美人嬋娟不任羅綺增華綽約歐虞謝之其行草之間即居二公之後顯慶四年卒年六十四遂良隸行入妙亦嘗師授史陵然史有古直傷於踈瘦也

陸柬之吳郡人官至朝散大夫太子司議郎虞世南之甥少學舅氏臨寫所合亦猶張翼換羲之表奏蔡邕為平子後身而晚習二王尤尚其古中年之迹猶有怯懦總章已後乃備筋骨殊矜質朴恥夫綺靡故欲暴露疵

同乎馬不齊髦人不櫛沐雖為時所鄙回也不愚拙於自媒有若通人君子尤善運筆或至興會則窮理極趣矣調雖古澁亦猶文王嗜菖蒲葅孔子蹙頞而嘗之三年乃得其味一覽未窮沉研始精然工於效倣劣於獨斷以此為少也隸行入妙章草書入能（一本云隸行草章草並入能）

書斷卷中

欽定四庫全書

書斷卷下

唐 張懷瓘 撰

能品

漢張敞字子高河東平陽人官至京兆尹善古文傳之子吉吉傳其出杜鄴鄴傳其子林吉子竦字伯松博學文雅過於子高三王以來古文之學蓋絕于高精勤而習之其後杜林衛宏為之嗣子高好古博雅有緝熈之美

焉

嚴延年字次卿東海人河南太守雅工史書規模趙高時稱其妙後以罪弃市

後漢班固字孟堅扶風安陵人官至中郎將工篆李斯曹喜之法悉能究之昔李斯作蒼頡篇趙高作爰歷篇故胡毋敬作博學篇漢興閭里書私合之總謂蒼頡篇斷六十字為一章凡五十五章至平帝元始中徵天下通小學者以百數各令記字於未央庭中揚雄取其有用者作訓纂篇二十四章以纂續蒼頡也孟堅乃復續十三章和帝永初中賈魴又撰異字取固所續章而廣之為三十四章用訓纂之末字以為篇目故曰滂喜篇言滂沱大盛凡百二十三章文字備矣明帝使孟堅成父彪所述漢書永平初受詔至章帝建初二十五年而成以竇憲賓客繫於洛陽獄卒六十三大小篆入能

徐幹字伯張扶風平陵人官至班超軍司馬善章草書班固與超書稱之曰得伯張書藁勢殊工知識讀之莫

不嘆息實亦藝由已立名自人成後有蘇班亦平陵人也五歲能書甚為張伯英所稱嘆

許慎字叔重汝南召陵人官至太尉南閣祭酒少好古學書正文字尤善小篆師模李斯甚得其妙作說文解字十四篇萬五百餘字疾篤令子沖詣闕上之安帝末年卒

晉呂忱字伯雍博識文字撰字林五篇萬二千八百餘字字林則說文之流小篆之工亦叔重之亞也

張超字子並河間鄚人官至別部司馬工章草擅名一時字勢甚峻亦猶楚共王用刑失節不合其宜吳人以皇象方之五原范曄云超草書妙絕

崔湜字子真瑗之子也博學有俊才為五原太守章草雅有父風良冶良弓斯焉不墜張茂先甚稱之

羅暉字叔景京兆杜陵人官至羽林監桓帝永壽年卒善草著聞三輔張伯英自謂方之有餘與太僕朱賜書云上比崔杜不足下方羅趙有餘朱賜亦杜陵人時稱

工書也

趙襲字元嗣京兆長安人為燉煌太守與羅暉並以能草見重關西而矜巧自與衆頗惑之與張芝素相親善靈帝時卒燉煌有張越仕至梁州刺史亦善草書

左伯字子邑東萊人特工八分名與毛弘等列小異於邯鄲淳亦擅名漢末尤甚能作紙漢興用紙代簡至和帝時蔡倫工為之而子邑尤得其妙故蕭子良荅王僧虔書云蔡邕之紙妍妙輝光仲將之墨一點如漆伯英之筆窮神盡思妙物遠矣邈不可追然子邑之八分亦猶斥山之文皮即東北之美者也

張紘字子綱廣陵人善小篆官至侍御史年六十一卒孔融與子綱書曰前勞筆迹乃多為篆舉篇見字欣然獨笑如復覩其人融之此言不易而得紘之小篆時頗有聲

毛弘字大雅河南武陽人服膺梁鵠研精八分亦成一家法獻帝時為郎中教於秘書建安末卒

魏衛覬字伯儒河南安邑人官至侍中尤工古文篆隷草體傷瘦筆迹精絕魏初傳曰古文者篆出於邯鄲淳伯儒嘗寫淳古文尚書還以示淳淳不能別年六十二卒伯儒古文小篆隷書章草並入能子孫皆妙於書

晉何曾字穎考陳郡陽夏人官至太保咸寧四年卒年八十餘工於藁草時人珍之也 一本云穎考善草書甚有古質少於風味孔子曰質勝文則野是之謂乎

傅玄字休奕北地范陽人祖燮漢漢陽太守父幹魏扶

風太守休奕少孤貧博學善屬文解鍾律性剛直不容人之短舉秀才為御史中丞司隷校尉善於篆隷見重時人云得鍾胡之法休奕小篆隷書入能時王允之善草隷官至衛將軍又張嘉善隷書羊欣云嘉師於鍾氏勝王羲之在臨川也嘉字子勝官至光禄大夫時又有皇甫定年七歳善史書從兄謐深奇之

劉名字彦祖彭城人官至御史中丞遷侍中善小篆工飛白雖不及張毛亦一時之秀作飛白勢永和八年卒

小篆飛白入能栁詳亦善飛白彦祖之亞也

楊肇字秀初滎陽宛陵人官至折衝將軍荆州刺史工於草隷咸寧元年卒潘岳誄云草隷兼善尺牘必珍翰動若飛紙落如雲亦猶甘茂不能自通借餘光於蘇代安仁之誄抑其然乎秀初隷草入能

杜預字元凱京兆杜陵人度即六世祖祖畿魏僕射父恕幽州刺史並善行草預博學官至鎮南將軍當陽侯父祖三世善草書時人以衛瓘方之稱杜預三世馬

齊獻王攸字大猷河南人武帝母弟善尺牘尤能行草書蘭芳玉潔奇而且古才望出武帝之右帝用荀勗言出都督青州上道憤恚嘔血咸寧四年卒年三十六行草入能

李式字景則江夏鍾武人官至侍中衛夫人之猶子也甚推其叔母善書右軍云李式平南之流亦可比庾翼咸熙三年卒年五十四隷草入能許静民善題宫觀額得方直之體其草稍乏筋骨亦景則之亞也

王導字茂弘瑯琊臨沂人祖覽父裁導行草兼妙然跡柯迴擢寡葉危隂雖賢有餘而才不足元明二帝並工書皆推難於茂弘王愔云王導行草見貴當世咸寧五年卒年六十四行草入能有六子恬洽書皆知名矣

張彭祖吴郡人官至龍驤將軍善隷書右軍每見其緘牘輒存而玩之夷齊雖賢若仲尼不言未能高舉亦猶彭祖附青雲之士不泯於兹

韋弘字叔思位至原州刺史弟李字咸為平西將軍善

隸書

王濛字仲祖太原晉陽人官至長山令女為皇后贈光禄大夫晉陽侯善隸書法於鍾氏狀貌似而筋骨不備永和三年卒年三十九隸章草入能衛臻陶侃亞也

王恬字敬預導之子官至後將軍會稽内史工於草隸當世難與為比永和五年卒年三十六張翼善隸書尤長於臨倣率性而運復非工劣於敬預也時戴安道隱居不仕總角時以雞子汁溲白玉屑作鄭玄碑文自書刻之文既奇隸書亦妙絕又有康昕亦善隸書王子敬常題方山庭

殿數行昕密改之子敬後過不疑又為謝居士題畫以示子敬子敬嘆能為以西河絕矣昕字君明外國人官至臨沂令

庾翼字稚恭潁川鄢陵人明穆皇后弟安西將軍荊州刺史善草隸書名亞右軍兄亮字元規亦有書名嘗就右軍求書逸少荅云稚恭在彼豈復假此嘗復以章草荅亮亮示翼翼乃大服因與王書云吾昔有伯英章草十紙因喪亂遺失嘗謂人曰妙迹永絕今見足下荅家兄書煥若神明頓還舊觀永和九年卒年四十一

王脩字敬仁濛之子也著作郎善隸求右軍書乃寫東方朔畫贊與之昇平元年卒年二十四始王導愛好鍾氏書喪亂狼狽猶衣帶中盛尚書宣示帖過江後與右軍乞敬仁敬仁亡其母見此書平生所好遂以入棺殷仲堪亦敬仁之亞也

韋昶字文休誕兄涼州刺史庚之玄孫官至潁州刺史散騎常侍善古書大篆見王右軍父子書云二王未足知書也又妙作筆子敬得其筆稱為絕世

宋蕭思話蘭陵人父源思話官至征西將軍左僕射工書學於羊欣得其體法行草連岡盡望勢不斷絕雖無奇峰壁力之秀亦可謂有功矣王僧虔云蕭令法羊欣風流媚態殆欲不減筆力恨弱袁昂云羊真孔草蕭行范篆各一時之妙也然上方琳之不足下方范曄有餘諭之於玄蓋緇緅間耳孝建元年卒年五十時有丘道護善隸書便書素時司馬珣之為吳興羊欣弟倫為臨安令欣吳興肴弟珣之乃以道護素書洛神賦示欣

欣嗟咨其工以為勝已道護烏程人也官至相國主簿時有張昶亦善草書官至征北將軍也

范曄字蔚宗順陽人也父泰曄官至太子詹事工於草隸小篆尤精師範羊欣不能儁拔永嘉二十年伏誅諸葛長民亦善行草論者以為曄之流也長民官至前將軍義熙八年伏誅時人有張休善隸書初羊欣愛子敬正隸法其崇仰以右軍之體微古不復見貴休始改之世乃大行休字弘明官至豫章太守

齊高帝姓蕭氏諱道成字紹伯蘭陵人善草書篤好不已祖述子敬稍乏風骨嘗與王僧虔賭書書畢曰誰為第一對曰臣書臣中第一陛下書帝中第一帝笑曰卿可謂善自謀矣然太祖與簡穆賭書亦猶雞之搏狸稍不自知量力也年五十六太子熙亦善書倫字世調多才藝善隸書始變古法甚有娟好過諸昆弟倫子確字仲正才兼文武甚工草隸為侯景所殺太子熙後當有誤

謝朓字玄暉陳留人官至吏部郎中風華黼藻當時獨步草書甚有聲草殊流美薄暮川上餘霞照人春晚林中飛花滿目詩有美一人清揚婉兮邂逅相遇適我願兮是之謂矣顏延之亦善草書乃其亞也

梁武帝姓蕭氏諱衍字叔達蘭陵中都里人丹陽尹順之之子好草書狀貌亦古乏於筋骨既無奇姿異態有減於齊高矣年八十六崩子綱綸繹並有書名

庾肩吾字叔慎新野人官至度支尚書才華既秀草隸兼善累紀專精偏探名法可謂聰聞之士也變態殊妍

多慙質素雖有奇尚手不稱情乏於筋力文勝質則史是之謂乎嘗作書品亦有佳致天寶元年卒肩吾隸草入能子信亦工草書時有殷鈞范懷約顏協等並善隸書有名於世

陶弘景字通明秣陵人隱居丹陽茅山善書師祖鍾王采其氣骨然時稱與蕭子雲阮研等各得右軍一體其真書勁利歐虞往往不如隸行入能

周王褒字子深瑯琊臨沂人曾祖儉齊侍中太尉祖騫

梁侍中文規並有重名子深官至司空工草隸師蕭子雲而名亞子雲躡而蹤之相去何遠雖風神不峻亦士君子之流也

隋永興寺僧智果會稽人也煬帝甚喜之工書銘石甚為瘦健嘗謂永師云和尚得右軍肉智果得右軍骨夫筋骨藏於膚内山水不厭高深而此公稍乏清幽傷於淺露若吳人之戰輕進易退勇而非猛虛張誇耀毋乃小人儒乎果隸行草入能時有僧述僧特與果並師智

永述困於肥鈍特傷於瘦怯

皇朝漢王元昌神堯之子也尤善行書金玉其姿挺生天骨襟懷宣暢灑落可觀藝業未精過於奔放若呂布之飛將或輕於去就也諸王仲季並有能名韓王曹王即其亞也曹則妙於飛白韓則工於草行魏王魯王即韓王之倫也

高正臣廣平人官至衛尉少卿習右軍之法脂肉頗多骨氣微少脩容整服上有風流可謂堂堂乎張也玄宗甚愛其書懷瓘先君與高有舊朝士就高乞書憑先君書之高曽與人書十五紙先君戲換五紙以示高不辯客曰有人換公書高笑曰必張公也終不能辯宋令文曰力則張勝態則高強有人求高書一屏障曰正臣故人在申州書與僕類可往求之先君乃與書之自任潤州湖州筋骨漸備比見蓄者多謂為褚後任申部等州體法又變幾合於古矣陸柬之為高書告身高常嫌不將入帙後為鼠所傷持示先君曰此鼠甚解正臣意

耳風調不合一至於此正臣隸行草入能

裴行儉河東人官至兵部尚書工草書行及章草並入能有若縉紳之士其貌偉然華衮金章從容省闥

王知敬洛陽人官至太子家令工草及行尤善章草入能膚骨兼有戈戟足以自衛毛翮足以飛翻若翼大略宏圖摩霄殄寇則未奇也房僕射玄齡與此公同品房行草亦風流秀穎可與亞能又殷侍御仲容善篆隸題署尤精亦王之雁行也

宋令文河南陝人官至左衛中郎將奇姿偉麗身有三絶曰書畫力尤工於書備兼諸體偏意在草甚欲究能翰簡翩翩甚得書之媚趣若與高卿比權量力則騶忌之類徐公也

王紹宗字承烈江都人父脩禮越王友道雲孫也承烈官至秘書少監清鑒遠識才高書古祖述子敬欽羡東之其中年小真書體象尤異沈邃堅密雖華不逮陸而古乃齊之其行草及章草次於真晚節之草則攻乎異端

度越繩墨薰猶同器玉石兼儲苦以敗為瑕筆乖其指嘗與人云鄙夫書翰無功者特由微水墨之積習常清心率意虛神靜思以取之每與吳中陸大夫論及此道明朝必不覺已進陸於後密訪知之嗟賞不少將余比虞君以虞亦不臨寫故也但心準目想而已聞虞眠布被中恒手畫肚與余正同也阮交州斷割不足陸大夫蕪穢有餘此公尤甚於陸也又曾謂所親曰自恨不能專有功褚雖以過陸猶未及承烈隸行章草入能凡嗣宗亦善書況之二陸則少監可比德於平原矣

孫處禮字過庭陳留人官至率府録事參軍博雅有文章草書憲章二王工於用筆儁拔剛斷尚異好奇然所謂少功用有天才真行之書亞於草矣嘗作運筆論亦得書之指趣也與王秘監相善王則過於遲緩此公傷於急速使二子寬猛相濟是為合矣雖管夷吾失於奢晏平仲失於儉終為賢大夫也過庭隸行草入能

薛稷河東人官至太子少保書學褚公尤尚綺麗媚好

膚肉得師之半可謂河南公之高弟甚為時所珍尚雖似范雎之口才終畏何曾之面質如聽言信行亦可使為行人觀行察言或見非於宰我以罪伏誅稷隸行入能真草書亦其亞也

盧藏用字子潛京兆長安人官至黃門侍郎書則幼尚孫草晚師逸少雖闕於工稍閑體範八分之製頗傷踈野若況之前列則有奔馳之勞如傳之後昆亦有規矩之法子潛隸行草入能自陳遵劉穆之起濫觴於前曹

喜杜度激洪波於後羣能閒出角立挺拔或秘象天府或藏器竹帛雖經千載歷久彌珍並可耀乎祖先榮及昆裔使夫學者發色開華靈心警悟可謂琴瑟在耳貝錦成章或得之於齊或失之於楚足為龜鏡自可韋弦此皆天下之聞人入於品列其有不遭明主以展其材不遇知音以揚其業蓋不知矣亦猶道雖貴必得時而後動有勢而後行況瑣瑣之勢哉

評曰

蓋一味之嗜五味不同殊音之發契物斯失方類相襲且或如彼況書之臧否情之愛惡無偏乎若毫釐較量誰驗準的推其大率可以言詮觀昔賢之評書或有不當王僧虔云亡從祖中書令筆力過子敬者君子周而不比乃有黨乎梁武帝云鍾繇書法十有二意世之書者多師二王元常逸迹曾不睥睨競巧趣精細殆同機神逸少至於學鍾勢巧及其獨運意疎字緩譬猶楚音夏習不能無子敬之不逮真亦劣章草然觀其行草之會則神勇蓋世況之於父猶擬抗行比之鍾張雖勍敵仍有擒盂之勢夫天下之能事悉難就也假如效蕭子雲書雖則童孺但至效數日見者無不云學蕭書欲窺鍾公其墻數仞罕得其門者小王則若驚風拔樹大力移山其欲效之立見疆外可知而不可得也然小王嘗與謝安書意必珍錄乃題後答之亦以為恨或云安問子敬君書何如家君答云固當不同安云外論殊不爾又云人那得知此乃短謝公也羊欣云張字形不及古

自然不如小王虞龢云古質而今妍數之常愛妍而薄質人之情鍾張方之二王可謂古矣豈得無妍質之殊父子之間又為古今子敬窮其妍妙固其宜也並以小王居勝達人通論不其然乎羊欣云右軍古今莫二虞龢云獻之始學父書正體乃不相似至於筆絕章草殊相擬類筆跡流澤婉轉妍媚乃欲過之王僧虔云獻之骨勢不及父媚越過之蕭子良云崔張以來歸美於逸少僕不見前古人之迹計亦無過之孫過庭云元常專

工於隷書伯英猶精於草體彼之二美而羲獻兼之並
有得也夫椎輪為大輅之始以椎輪之朴不如大輅之
華蓋以拙勝工豈以文勝質若謂文勝質諸子不逮周
孔復何疑哉或以法可傳則輪扁不能授之於子是知
一致而百慮異軌而同奔鍾張雖草創稱能二王乃差
池稱妙若以居先則勝鍾張亦有所師固不可文質先
後而求之蓋一以貫之求其合天下之達道也雖則齊
聖躋深妙各有最若真書古雅道合神明則元常第一

若真行妍美粉黛無施則逸少第一若章草古逸極致
高深則伯度第一若章則勁骨天縱草則變化無方則
伯英第一其間備精諸體唯獨右軍次至大令然子敬
可謂武盡美矣未盡善也逸少可謂韶盡美矣又盡善
也然此五賢各能盡心而際於聖或有侮毀亦猶日月
之餘無損於明白雲在天瞻望悠邈固同為終古獨絕
百世之模楷高步於人倫之表棲遲於墨妙之門不可
以規矩其形律呂其度鵬搏龍躍絕迹霄漢所謂得玄

珠於赤水矣其或繼書者雖百世可知然史籀李斯即
字書累葉之祖其所製作並神妙至極蓋無等異八分
書則伯喈制勝出世獨立誰敢比肩至如崔及小張韋
衛皇索等雖則同品不居其最並不備再較量然各峻
彼雲峰增其海派使後世資瞻仰而露潤焉趙壹有貶
草之論仍笑重張芝之書為祕寶者嗟夫道不同不相為
謀夫藝之在已如木之加實草之增葉繪以衆色為章
食以五味而美亦猶八卦成列八音克諧聾瞽之人不

知其謂若知而故爾想識不該過審其不知則聾瞽者
耳庾尚書以臧否相推而列九品升阮研與衛瓘索靖
韋誕皇象鍾會同居第三等此若棠杜之樹植橘柚之
林又抑薄紹之與齊高帝等三十人同為第七等亦猶
屈塩梅之量處掾屬之伍李夫人以程邈居第一品且
書傳所載程翔為隷法其於工拙蔑爾無聞遺迹又無
何以知其品第又云梁氏石書雅敬於韋蔡以梁比蔡
豈不懸絕又張昶伯英之弟妙於草隷八分混凡之書

故謂之亞聖衛恒兼精體勢時人云得伯英之骨並居第四仍與漢王同流又黜桓玄謝安蕭子雲釋智永陸柬之等與王知敬同居第五第若此數子豈與埒能嗜好不同又加之以言況可盡之於剛柔消息貴乎適宜形象無常不可典要固難平也蕭子雲言欲作二王論草隸法言不盡意遂不能成又云頃得書意轉深點畫之間所言不得盡其妙者事事皆然誠哉是言也藝成而下德成而上然書之為用施於竹帛千載不朽亦

猶愈沒沒而無聞哉萬事無情勝寄在我苟視迹而合趣或循幹而得人雖身沈而名飛冀託之以神契每見片善何慶如之懷瓘恨不果遊目天府備觀名蹟徒勤勞乎其所未聞祈求乎其所未見今錄所聞見粗如前列學慙於博識不逮能繕奇纘異多所未盡且如抱絕俗之才孤秀之質不容於世或復何恨故孔子曰博學深謀而不遇者眾矣何獨丘哉然識貴行藏行忌明潔至人晦迹其可盡知開元甲子歲廣陵臥疾始焉草創

其觸類生變萬物為象庶乎周易之體也其一字褒貶微言勸戒竊乎春秋之意也其不虛美不隱惡近乎馬遷之書也冀其眾美以成一家之言雖知不知為上然獨善之與兼濟取捨其為孰多童蒙有求思盈半矣且二王既沒書或在茲語曰能言之者未必能行能行之者未必能言何必備能而後為評歲洎丁卯薦筆削焉

繫論

趙僎 字克勛

昔犧后作易周公刱禮孔父修雅豈徒異之而已將實

大造化之根出君臣之義考風俗之正耳若三聖不作則後王何述故天地非伏皇不昭長幼非周公不序雅頌又非孔子不列矣是三聖者所謂能弘其道而由之也茲又論夫文字發軔殘翰殊出本于其初以迄今代三千餘載眇然難知而書斷之為義也聞我后之所好述古能以方之不謂其智乎較前人之尢工陳清頌以別之不謂其白乎體物備象有大易之制紀時錄號同春秋之典自古文逮草迹列十書而詳其祖首神品至

能筆出三等而備厥人所謂執簡之太素含毫之萬象
中之宇宙能事斯畢矣若是夫古或作之有不能評之
評之有不能文之今斯書也統三美而絕舉成一家以
孤振雖非孔父所刊猶是丘明同事偉哉獨哉君哉臣
哉前載所不述非夫人之能誰究哉

欽定四庫全書

書斷卷下